目　录

五、固定资产投资

六、对外经济贸易和国际旅游

七、能源消费与库存

八、财政、金融和保险

九、物价指数

十、人民生活

十一、自然资源、城市概况和环境保护

十二、农林牧渔业

十三、工　业

十四、建筑业

十五、交通运输和邮电

十六、批发零售和住宿餐饮业

十七、科技和教育

十八、卫生和社会服务

十九、文化和体育

二十、公共管理及其他

二十一、县(市)社会经济(1978-2018)

二十二、乡镇基本情况

CONTENTS

CHART OF THE ACHIEVEMENTS OF XUZHOU´S NATIONAL ECONOMY AND SOCIAL DEVELOPMENT

Chapter 1 GENERAL SURVEY

Chapter 2 NATIONAL ECONOMIC ACCOUNT

Chapter 3 POPULATION

Chapter 4 EMPLOYMENT AND WAGES

Chapter 5 INVESTMENT IN FIXED ASSETS

Chapter 6 FOREIGN ECONOMY & TRADE AND INTERNATIONAL TOURISM

Chapter 7 ENERGY CONSUMPTION AND STOCK

Chapter 8 FINANCE, BANKING AND INSURANCE

Chapter 9 PRICE INDEX

Chapter 10 PEOPLE´S LIVELIHOOD

Chapter 11 NATURAL RESOURCES, GENERAL SURVEY OF CITIES AND ENVIRONMENTAL PROTECTION

Chapter 12 AGRICULTURE, FORESTRY, ANIMAL, HUSBANDRY AND FISHERY

Chapter 13 INDUSTRY

Chapter 14 CONSTRUCTION

Chapter 15 TRANSPORTATION, POSTAL AND TELECOMMUNICATIONS SERVICES

Chapter 16 WHOLESALE, RETAIL AND ACCOMMDATIONS CATERING INDUSTRY

Chapter 17 SCIENCE AND TECHNOLOGY, EDUCATION

Chapter 18 PUBLIC HEALTH AND SOCIAL SERVICES

Chapter 19 CULTURE AND SPORTS

Chapter 20 PUBLIC MANAGEMENT AND OTHERS

Chapter 21 SOCIAL ECONOMIC OF COUNTIES(CITIES)(1978–2018)

Chapter 22 BASIC CONDITIONS OF COUNTRY AND TOWN

2018年的徐州

2018
国民经济总量(Total National Economy)
6755.23
地区生产总值（亿元）
631.39
第一产业增加值（亿元）
2812.02
第二产业增加值（亿元）
3311.82
第三产业增加值（亿元）
内外贸易
(Internal And
External Trade)
638.35
#出口总额（亿元）
773.69
进出口总额（亿元）
18.98
实际使用外资（亿美元）
3102.00
社会消费品零售总额（亿元）
基层组织
(Qrimary-Level
Organization)
2026 村（个）
715 居委会（个）
97 镇（个）
68 街道（个）
人口(Population)
1044.77
年末户籍人口（万人）
880.20
年末常住人口（万人）
280.98
年末总户数（万户）

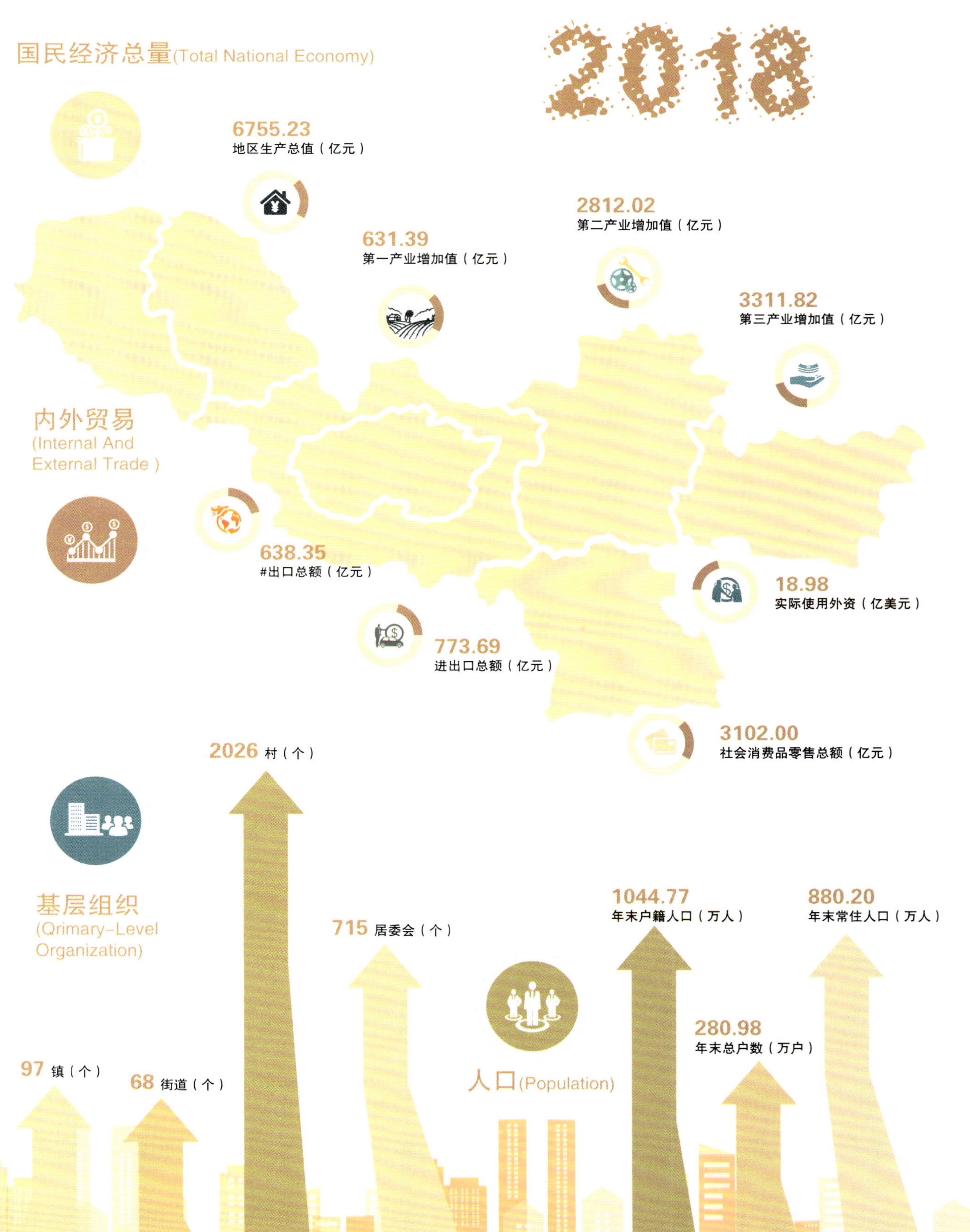

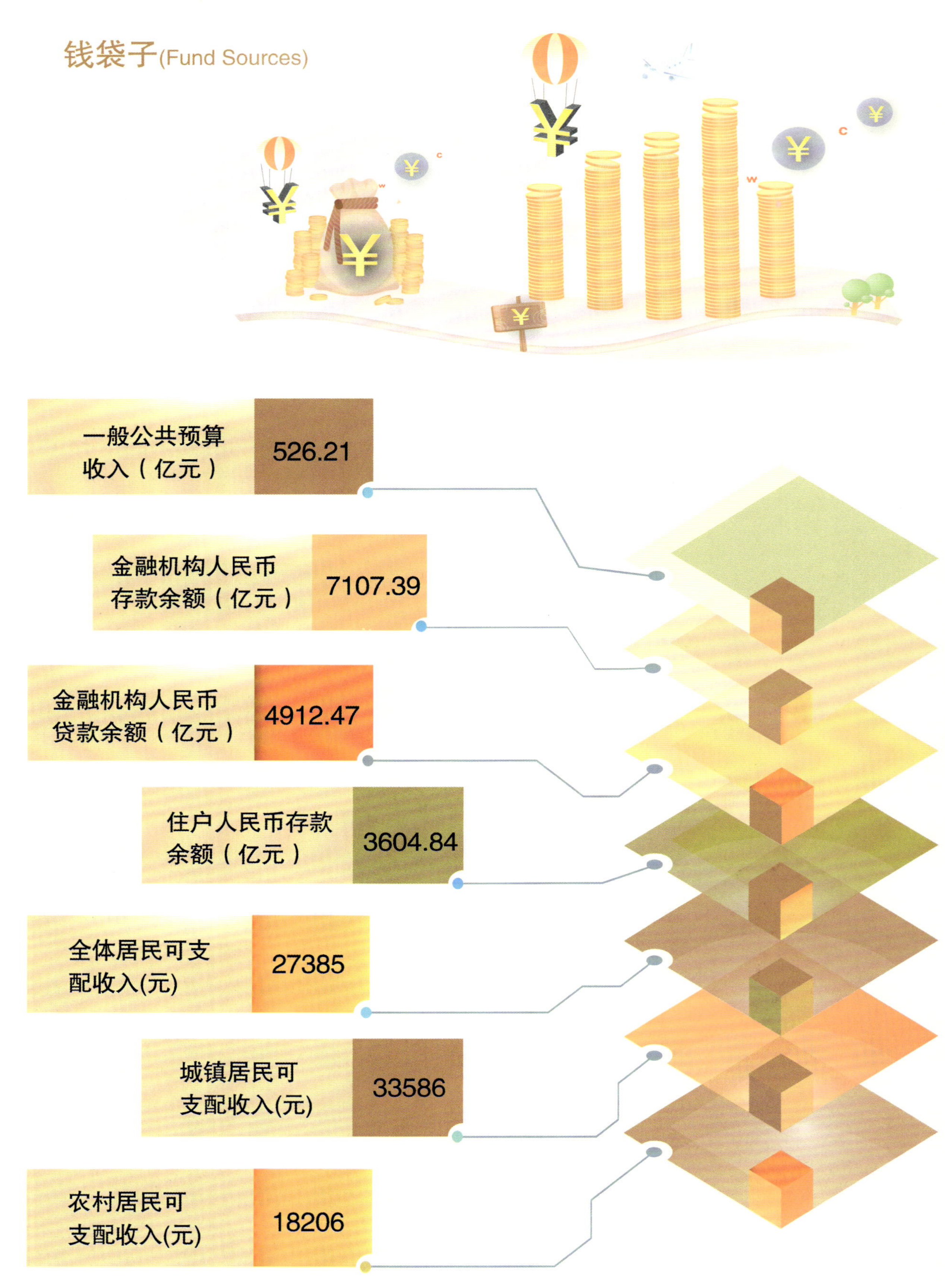
钱袋子(Fund Sources)
一般公共预算收入（亿元）
526.21
金融机构人民币存款余额（亿元）
7107.39
金融机构人民币贷款余额（亿元）
4912.47
住户人民币存款余额（亿元）
3604.84
全体居民可支配收入(元)
27385
城镇居民可支配收入(元)
33586
农村居民可支配收入(元)
18206

民生(People's livelihood)

居民消费价格指数（以上年同期为100） 102.3

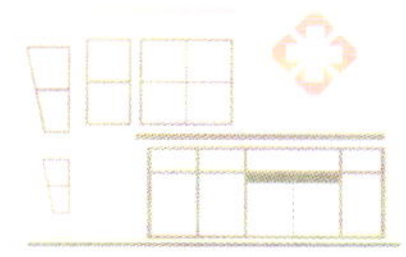

每千人拥有医院床位数（张） 4.72

每千人拥有注册护士数（人） 3.60

每千人拥有医生数（人） 2.93

每千名老人拥有养老床位数（张） 38.7

人均拥有公园绿地面积（平方米） 14.3

建成区绿化覆盖率（%） 43.56

经济发展

地区生产总值（亿元）Gross Domestic Product（100 million yuan）
21.39
28.62
55.57
112.84
403.46
616.30
1236.66
2971.19
3589.75
4060.37
4568.68
5020.09
5383.47
5882.86
6605.95
6755.23
1978
1980
1985
1990
1995
2000
2005
2010
2011
2012
2013
2014
2015
2016
2017
2018

人均地区生产总值（元）Per Capita Gross Domestic Product（yuan）
334
436
790
1438
4762
6948
13974
34421
41852
47388
53263
58308
62246
67701
75611
76915
1978
1980
1985
1990
1995
2000
2005
2010
2011
2012
2013
2014
2015
2016
2017
2018

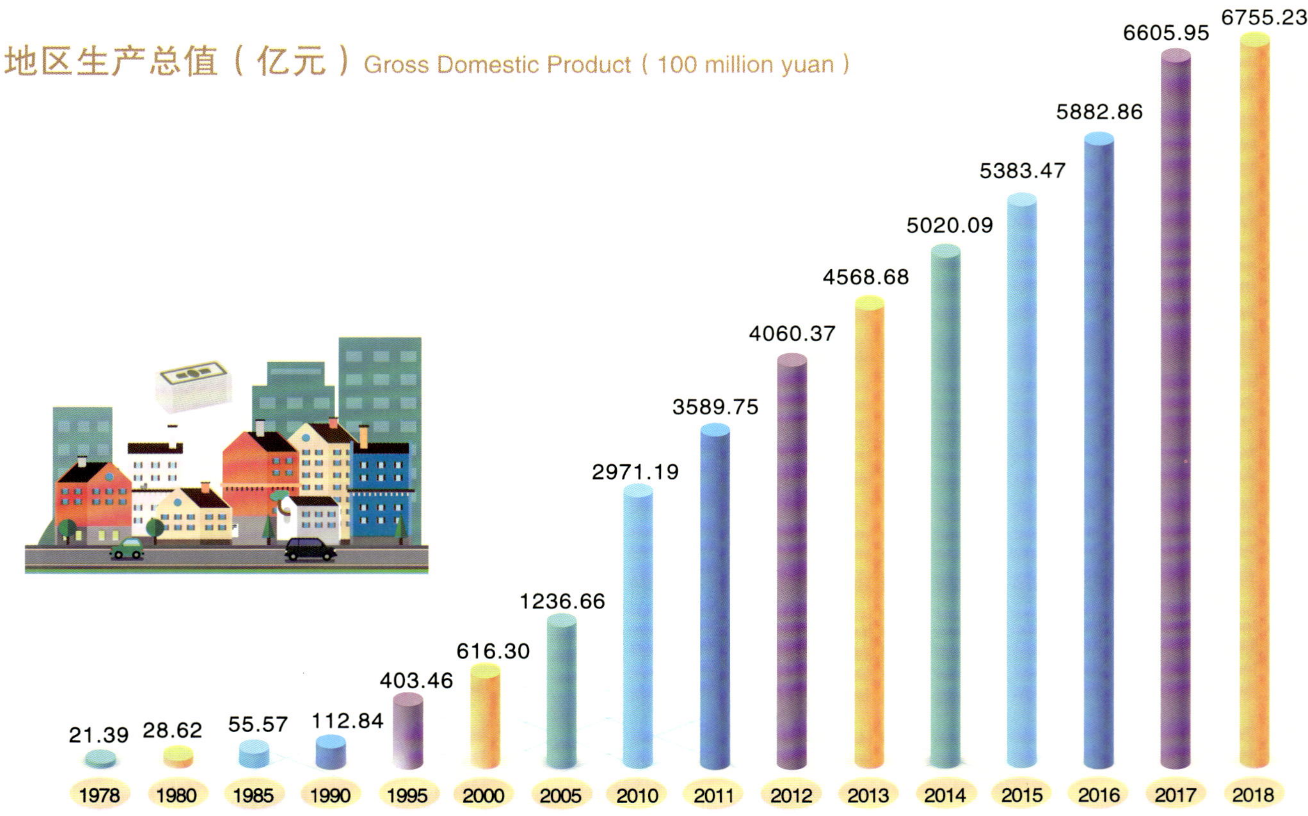

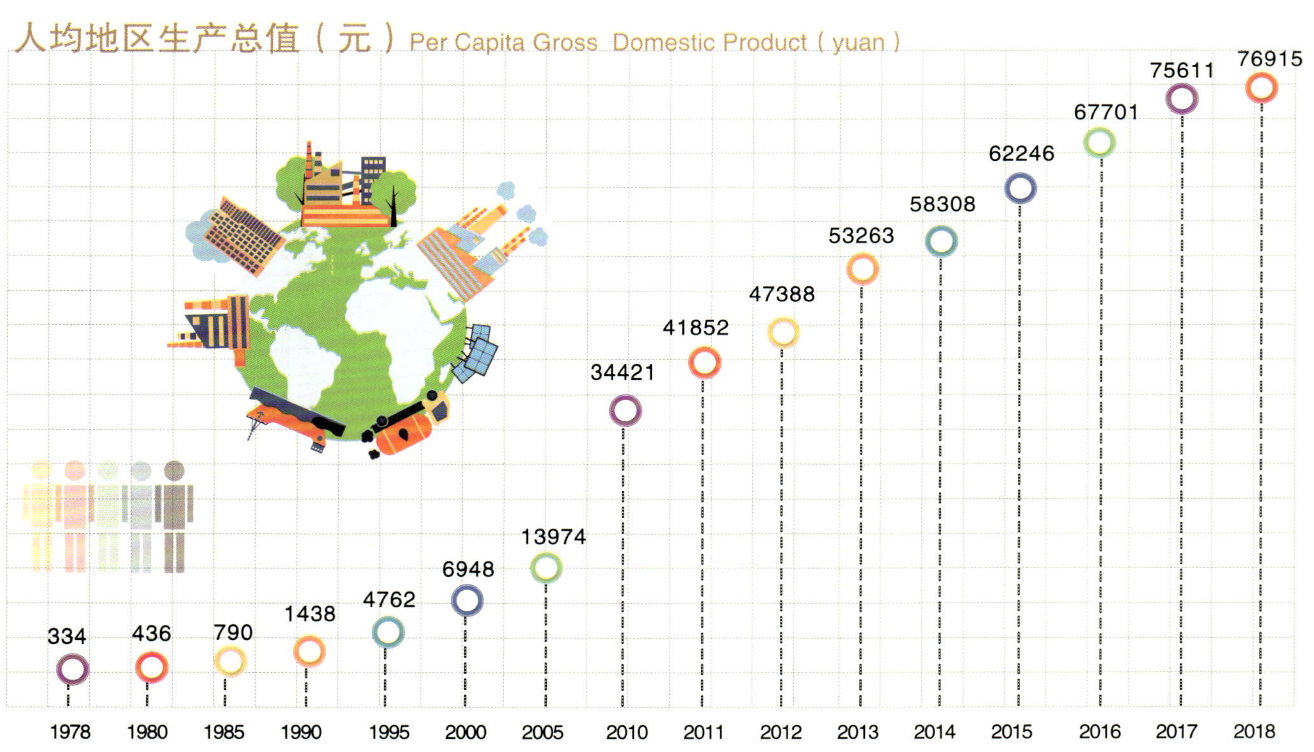

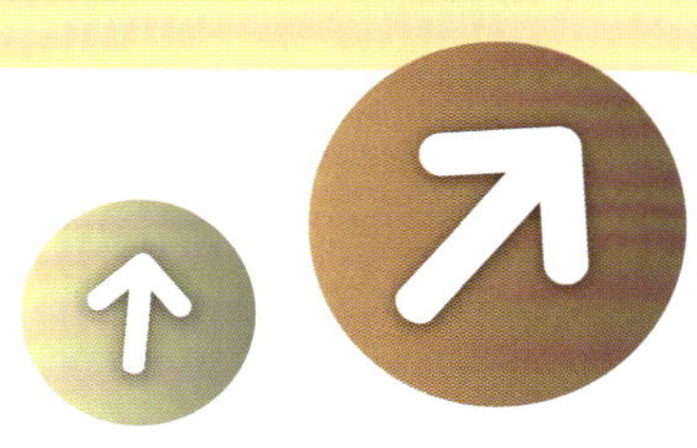

财政总收入（亿元）Total Fiscal Revenue (100 million yuan)

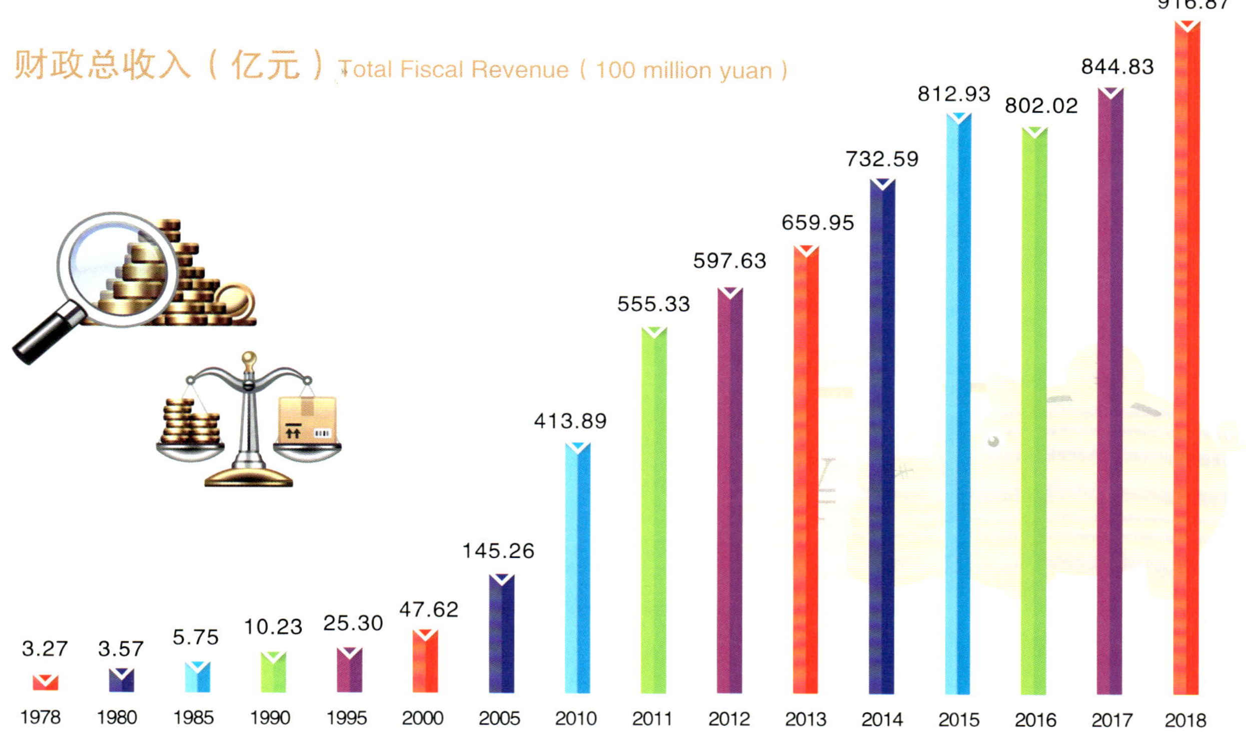

金融机构人民币存贷款余额（亿元）

Financial Institutions Renminbi Deposit And Lending Balances （100 million yuan）

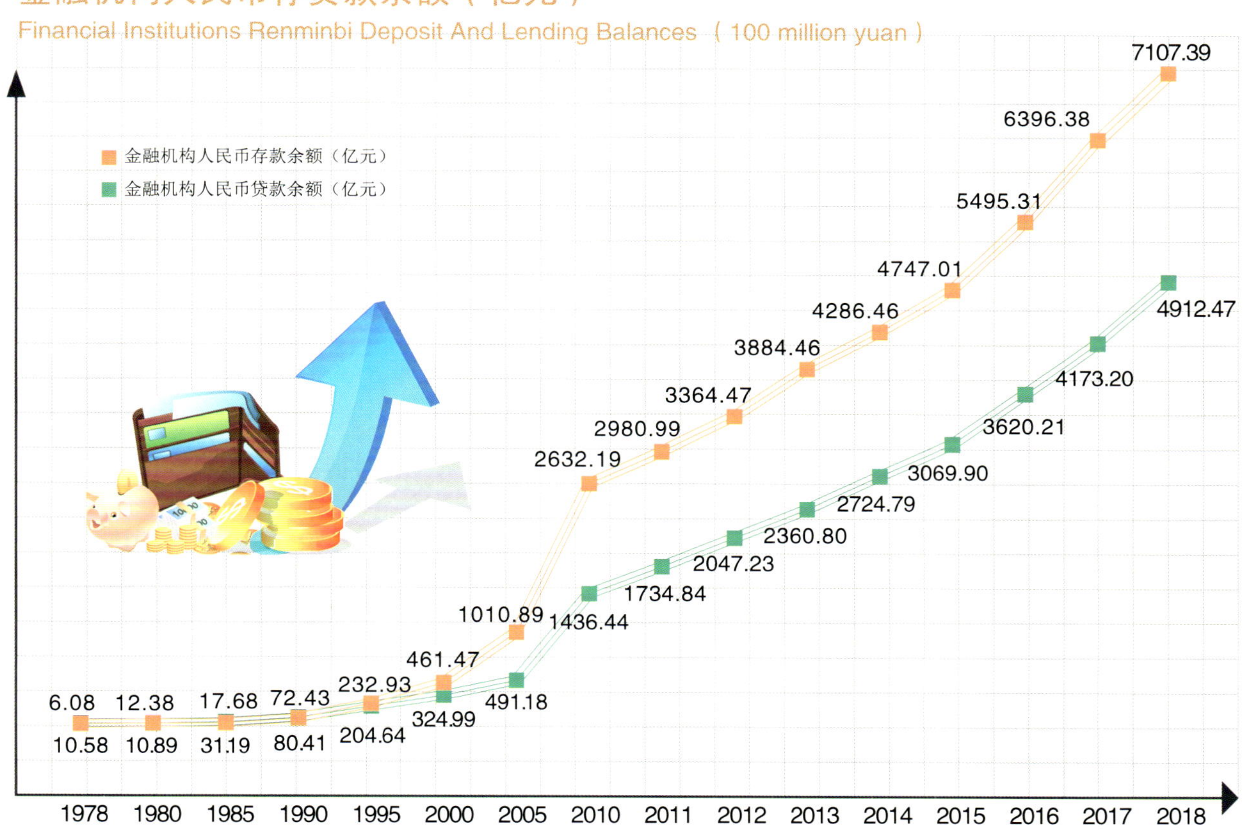

工业增加值（亿元） Value Added of Industry（100 million yuan）

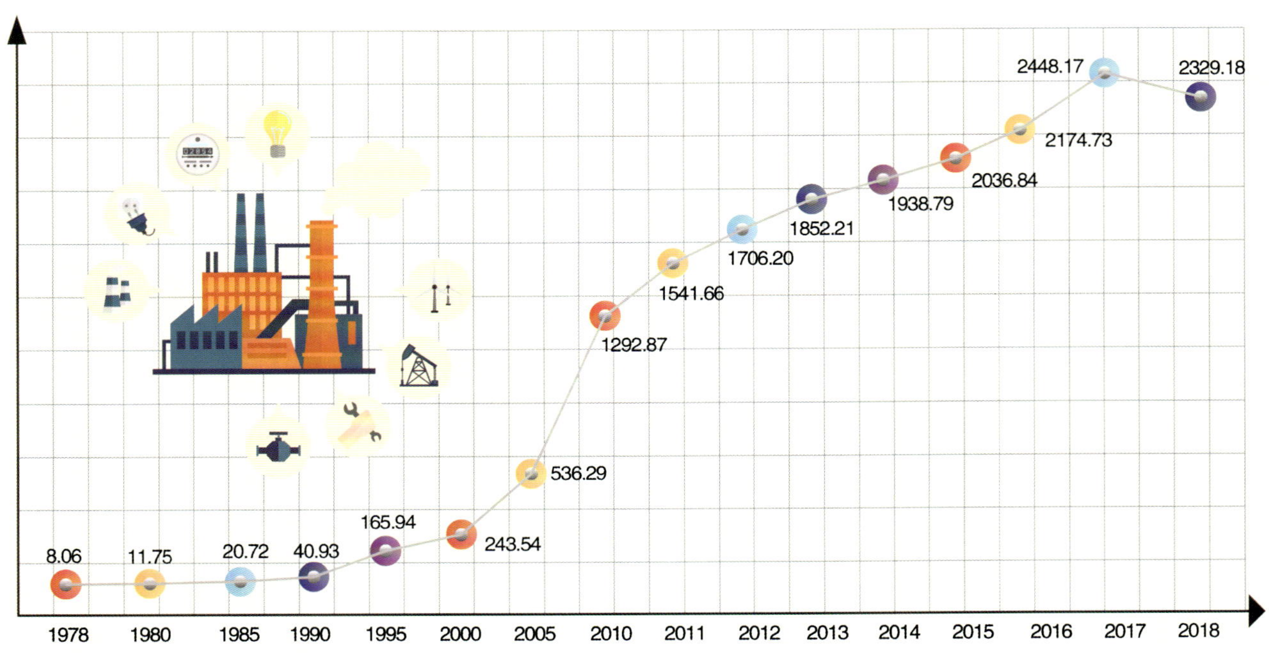

服务业增加值（亿元） Value Added of Service Industry（100 million yuan）

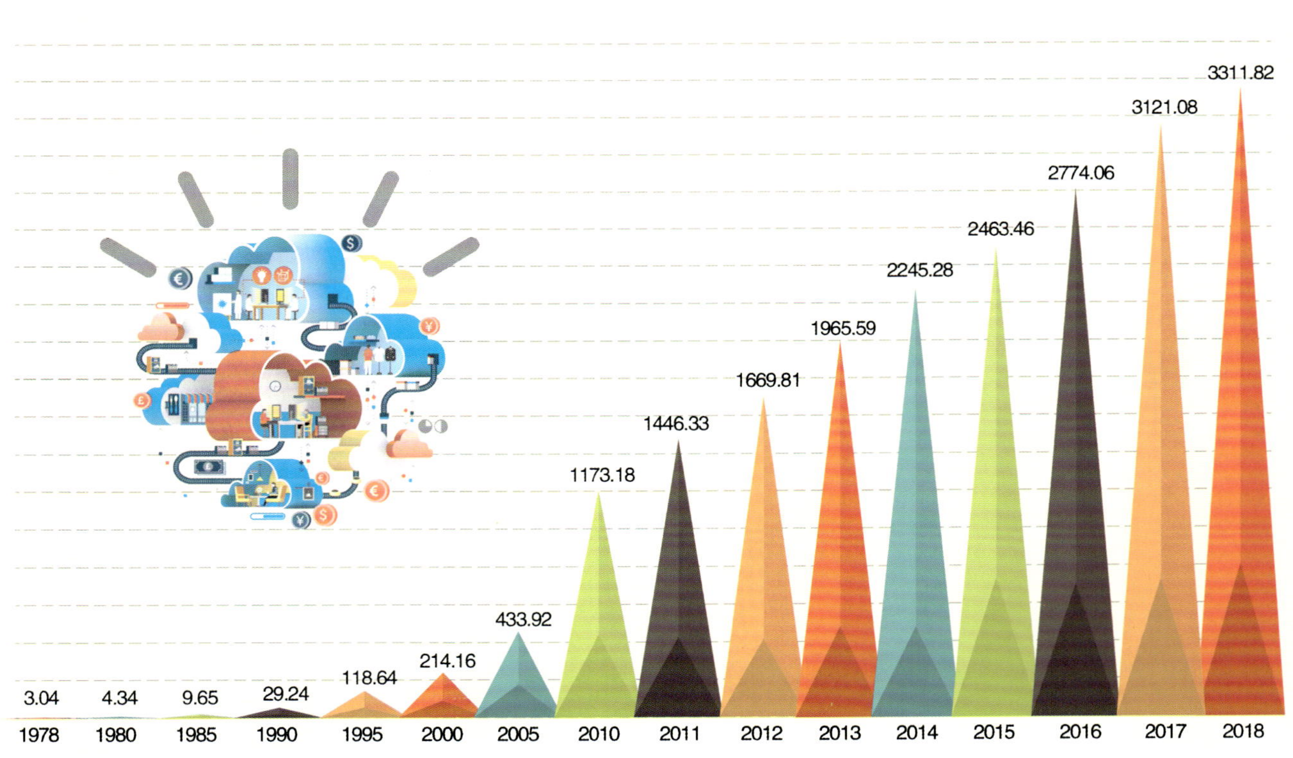

社会消费品零售总额（亿元）

Total Retail Sales of Social Consumer Goods （100 million yuan）

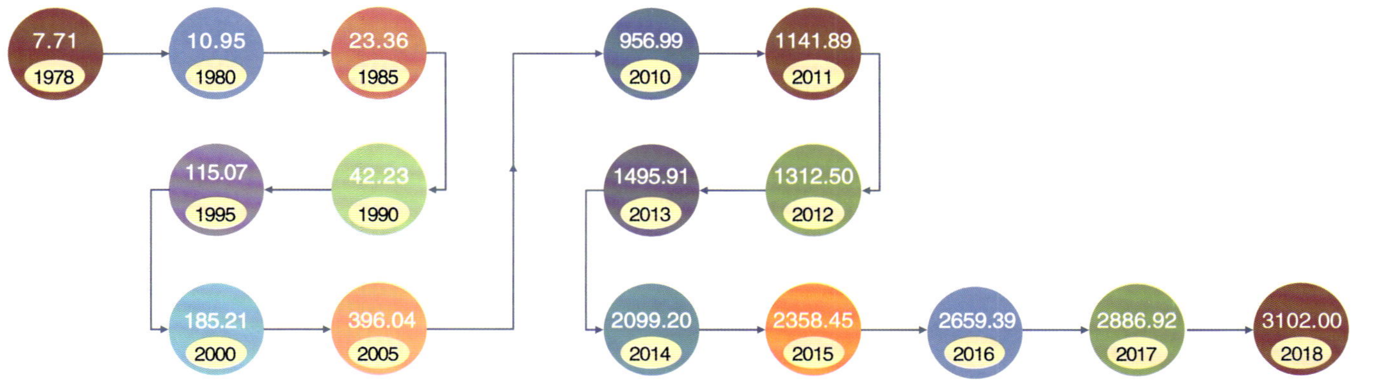

进出口总额（亿美元）

Total Imports and Exports(USD 100 million)

1990	1995	2000	2005	2010	2011	2012	2013	2014	2015	2016	2017	2018
0.10	2.47	3.29	11.26	41.61	63.10	83.27	62.89	59.88	54.13	62.48	78.01	117.44

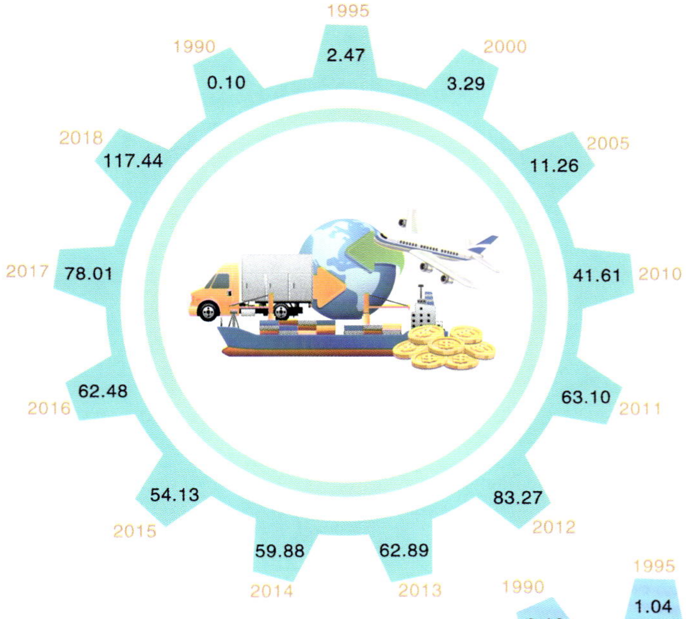

出口总额（亿美元）

Total Exports(USD 100 million)

1990	1995	2000	2005	2010	2011	2012	2013	2014	2015	2016	2017	2018
0.06	1.47	1.87	7.52	26.31	41.59	62.88	48.97	46.77	43.89	52.54	63.34	97.08

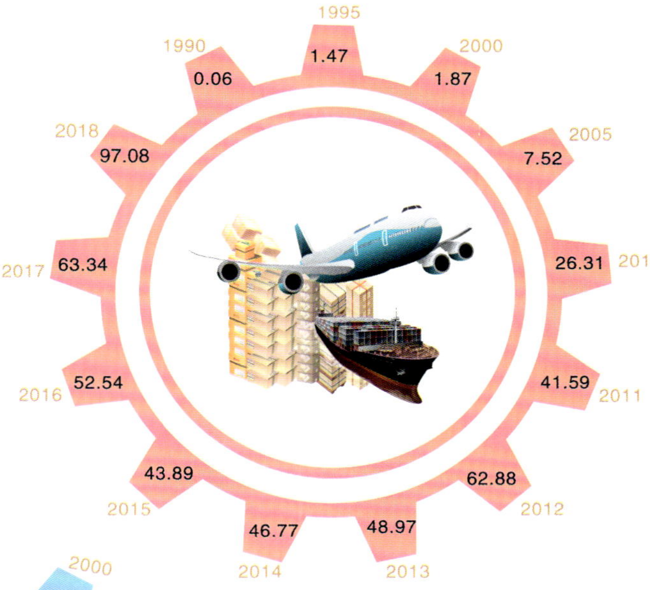

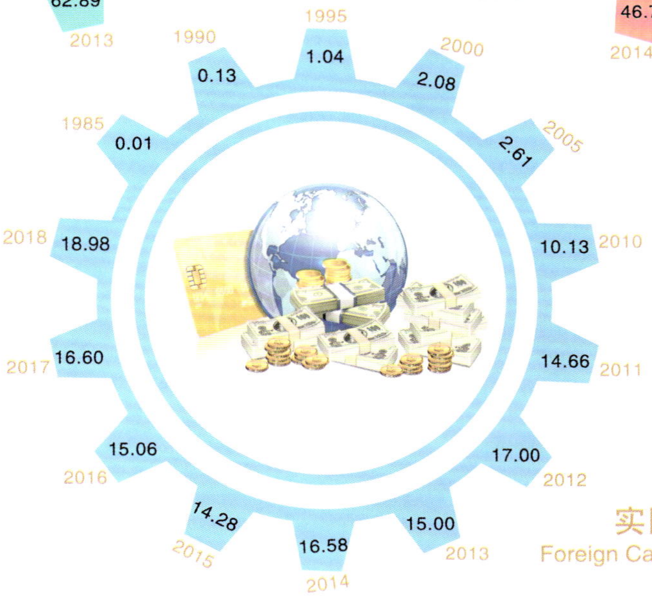

实际使用外资（亿美元）

Foreign Capital Actually Used（USD 100 million）

1985	1990	1995	2000	2005	2010	2011	2012	2013	2014	2015	2016	2017	2018
0.01	0.13	1.04	2.08	2.61	10.13	14.66	17.00	15.00	16.58	14.28	15.06	16.60	18.98

农林牧渔业总产值（亿元）

Gross Output Value of Farming, Forestry, Animal Husbandry and Fishery（100 million yuan）

1978	12.91
1980	15.91
1985	31.84
1990	64.85
1995	190.93
2000	225.80
2005	333.07
2010	514.73
2011	618.34
2012	712.55
2013	802.94
2014	907.33
2015	976.93
2016	1046.76
2017	1150.01
2018	1211.96

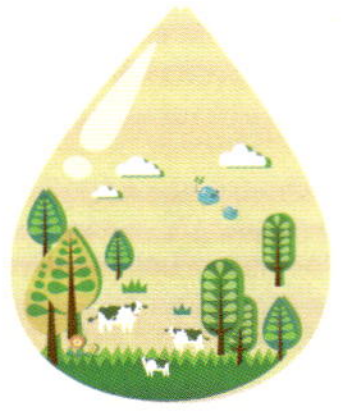

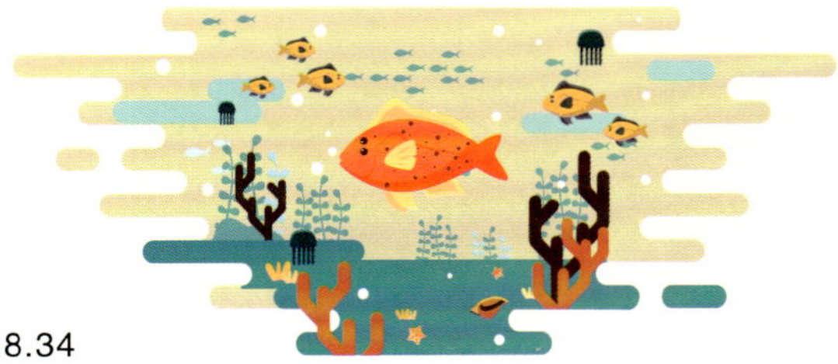

粮食产量（万吨） Grain Crops Production(10 thousand tons)

1978	206.15
1980	249.94
1985	379.70
1990	399.00
1995	406.13
2000	319.50
2005	314.13
2010	440.20
2011	455.30
2012	471.73
2013	451.13
2014	469.18
2015	470.92
2016	469.16
2017	482.72
2018	484.48

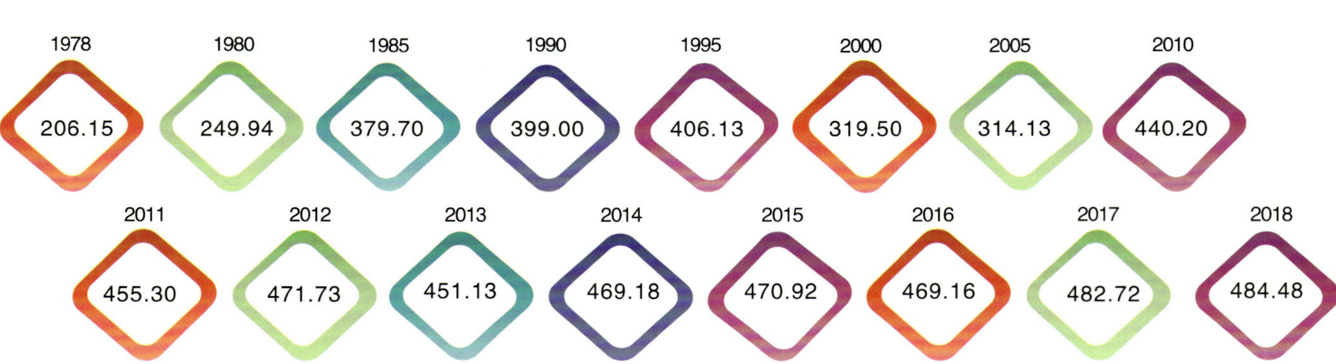

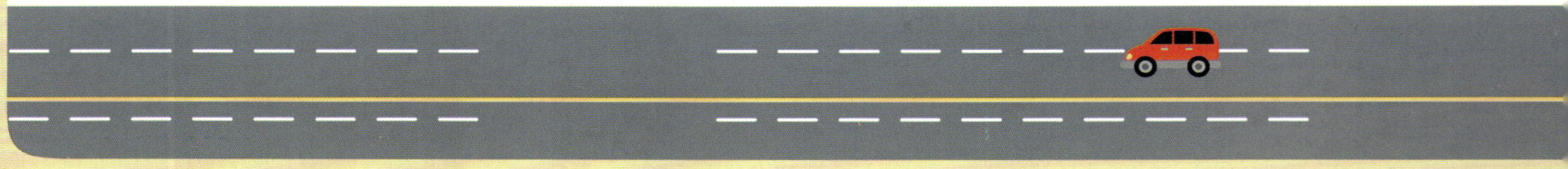

结构优化

地区生产总值构成（%）Proportion of Gross Domestic Product（%）

年份	第一产业	第二产业	第三产业
1978	44.0	41.8	14.2
1980	39.5	45.4	15.2
1985	39.9	42.8	17.4
1990	34.3	39.8	25.9
1995	25.0	45.6	29.4
2000	19.2	46.0	34.7
2005	14.1	50.8	35.1
2010	9.5	51.0	39.5
2011	9.3	50.4	40.3
2012	9.4	49.5	41.1
2013	9.2	47.8	43.0
2014	9.4	45.8	44.7
2015	9.4	44.9	45.8
2016	9.2	43.6	47.2
2017	9.1	43.7	47.2
2018	9.4	41.6	49.0

从业人员构成（%）

Proportion in Number of Employed Persons（%）

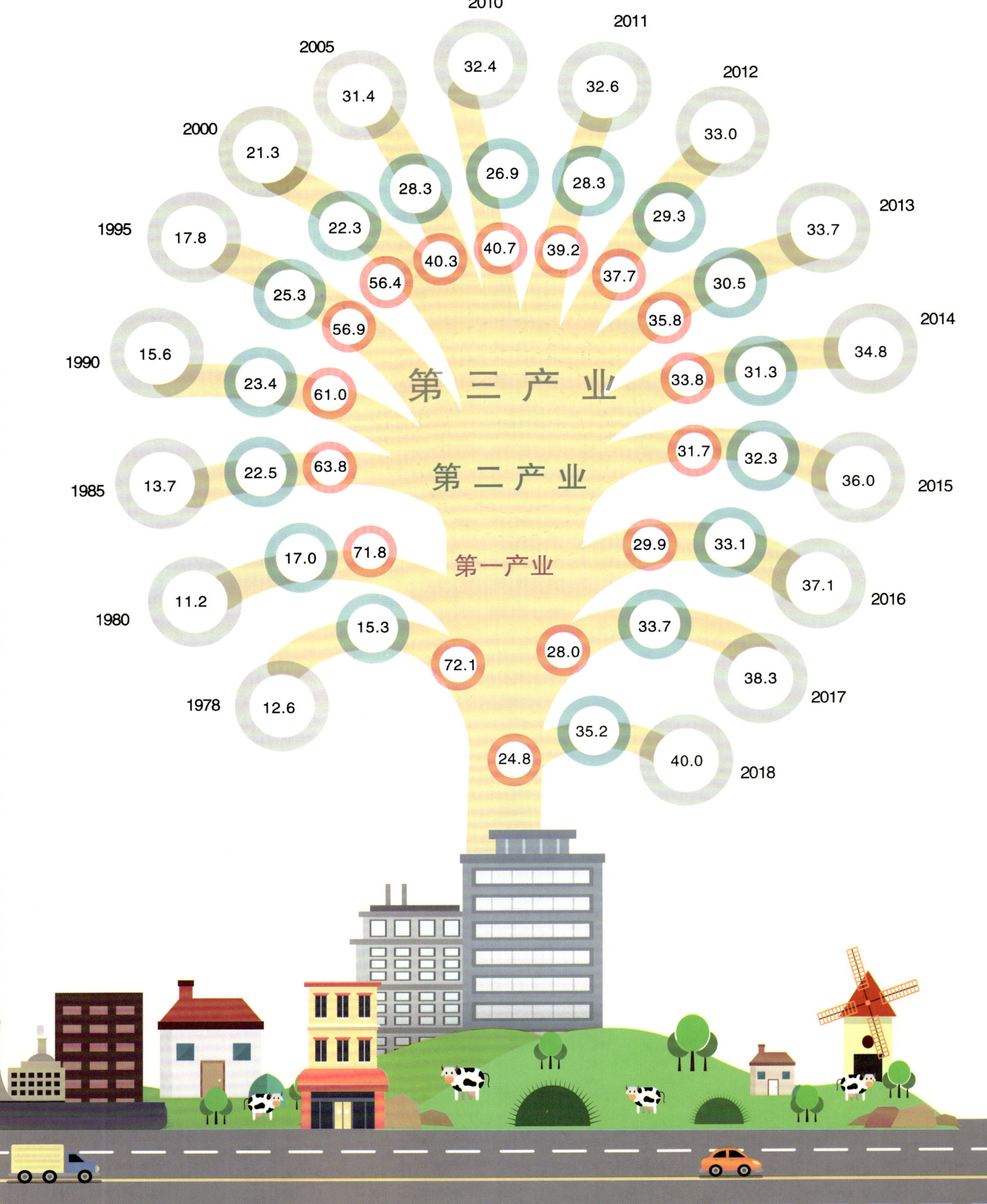

高端装备制造业产值占战略新兴产业产值比重（%）

The Proportion of High-end Equipment Manufacturing in Strategic Emerging Industries Output Value（%）

高新技术产业产值占规模以上工业总产值比重（%）

The Proportion of High-Tech Manufacturing Industries in Gross Industrial Output Value Above the Designated Size（%）

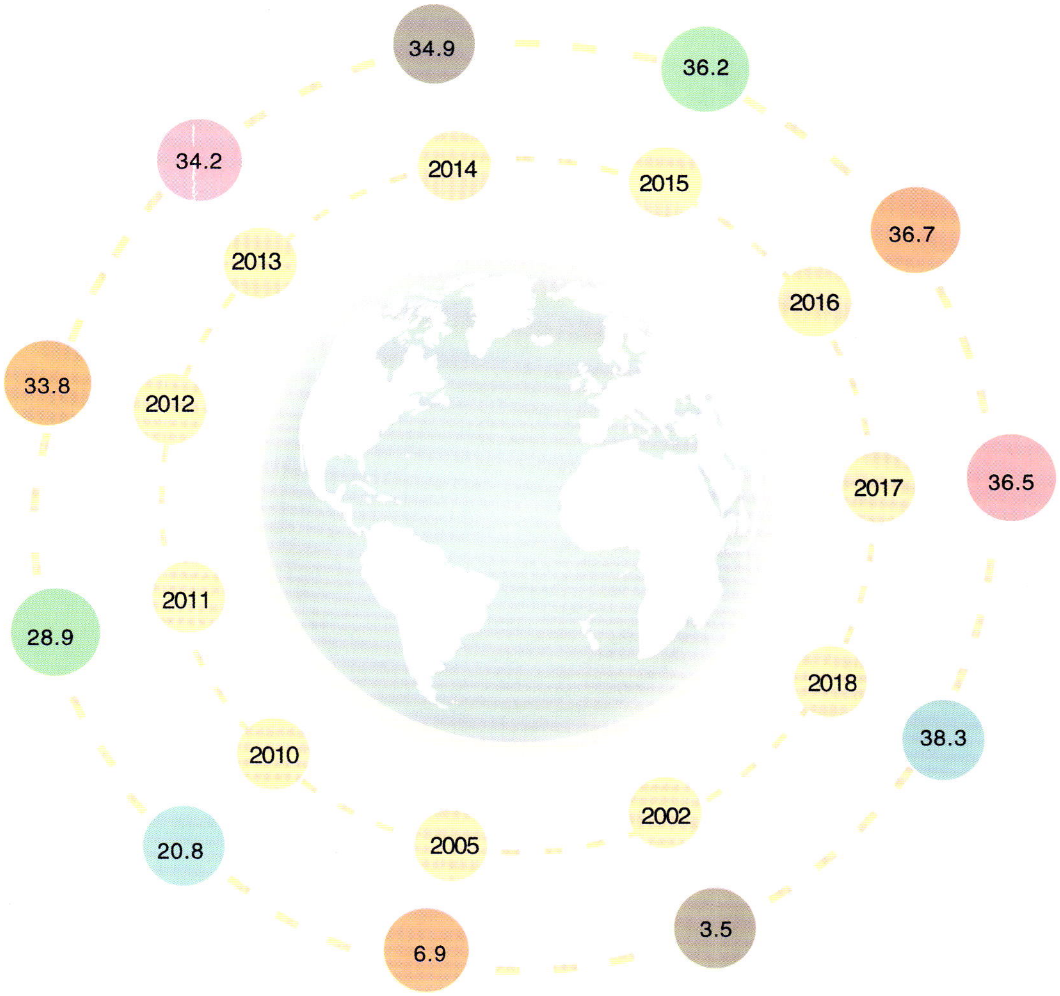

年份	%
2002	3.5
2005	6.9
2010	20.8
2011	28.9
2012	33.8
2013	34.2
2014	34.9
2015	36.2
2016	36.7
2017	36.5
2018	38.3

设施农业面积（万亩）The Area of Facility Agricultural (10 thousand Mu)

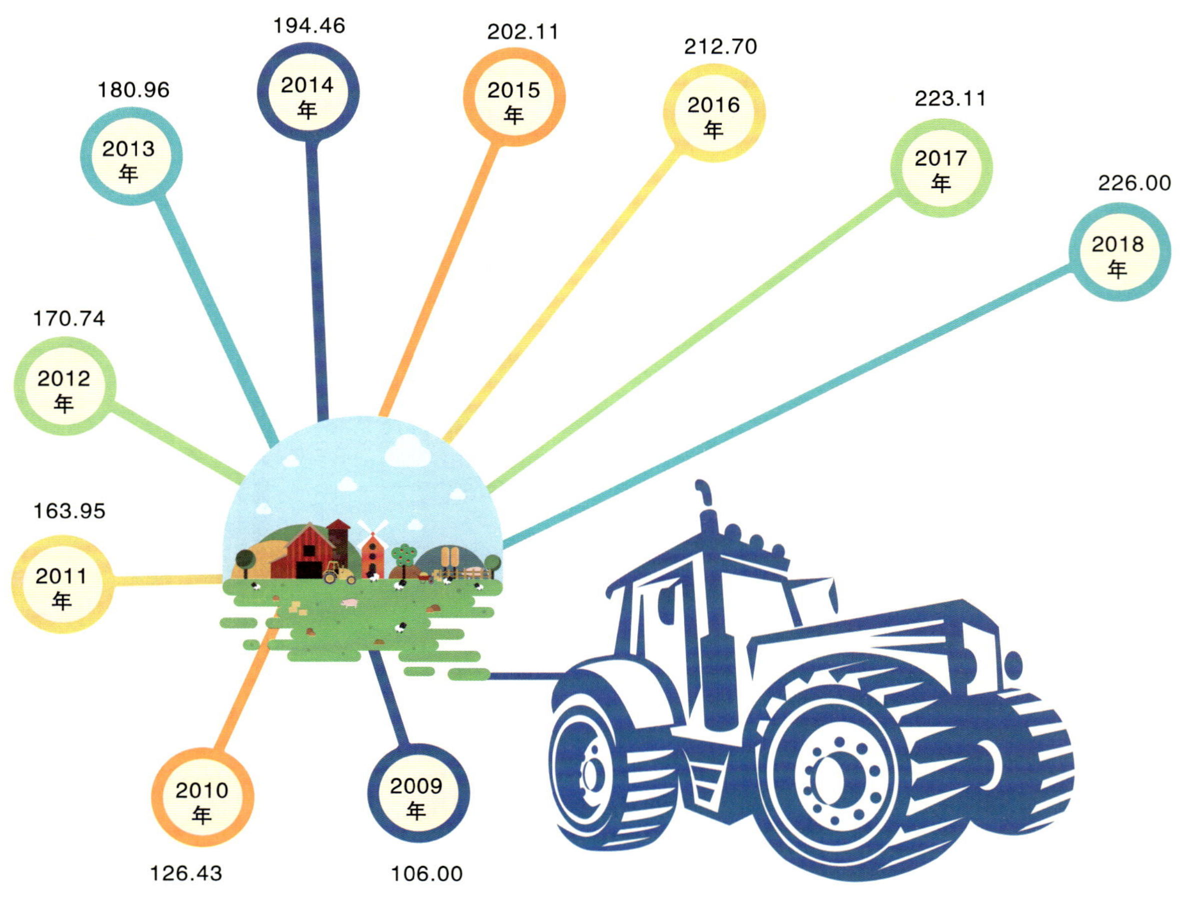

农业机械总动力（万千瓦）Total Power Of Agricultural Machinery (10,000 kW)

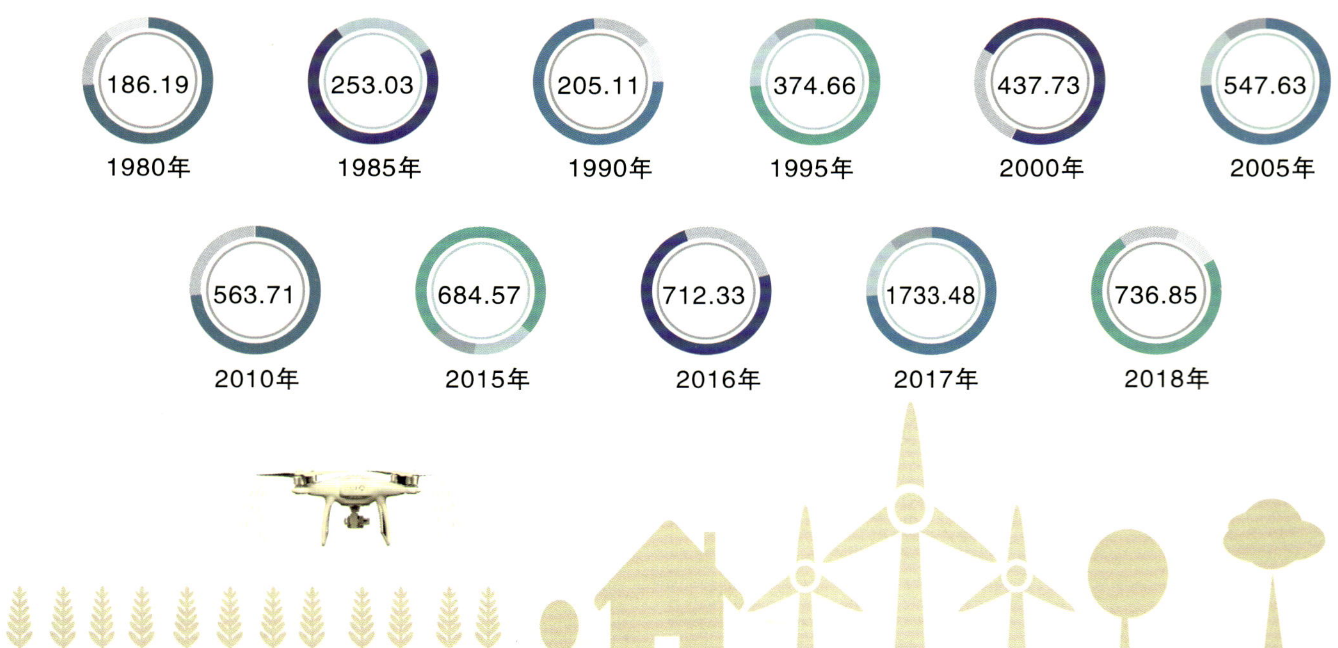

第三产业投资占全部投资比重（%）

The Proportion of Tertiary Industry in Total Fixed Assets Investment（%）

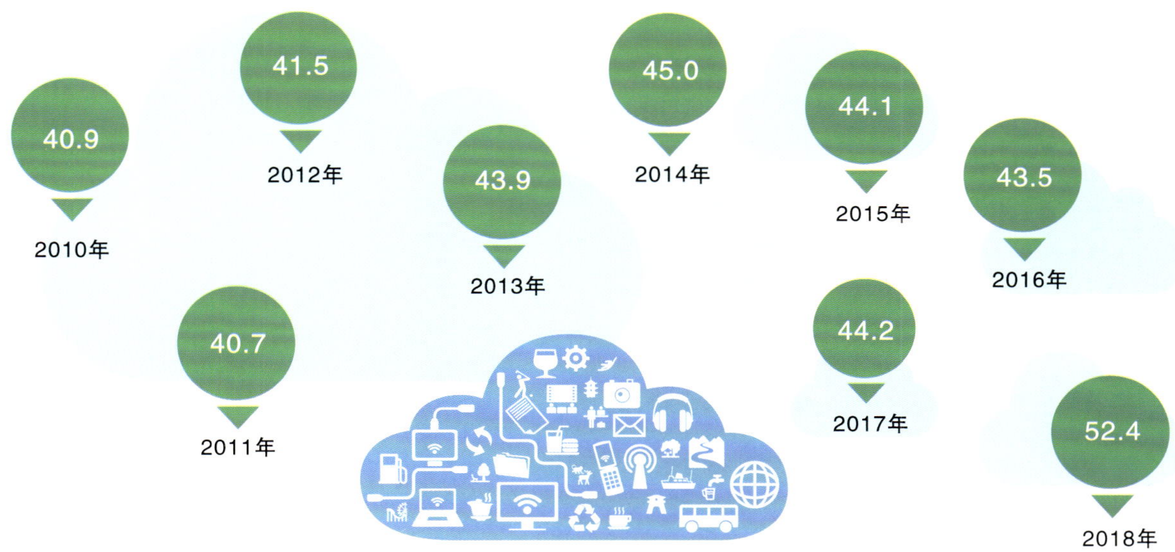

高新技术产业投资占全部投资比重（%）

The Proportion of High-Tech Manufacturing Industries in Total Fixed Assets Investment（%）

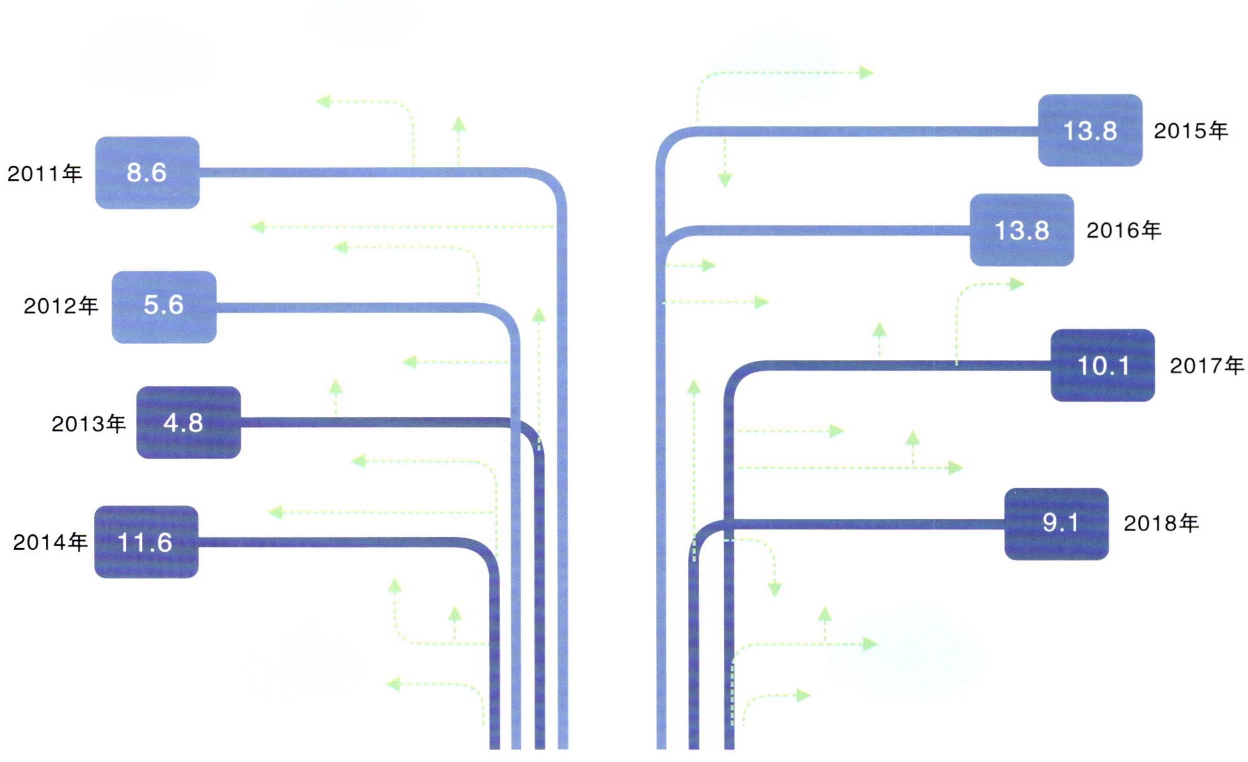

工业技改投资占工业投资比重（%）

The Proportion of Industrial Technical Reformation in Industrial Investment（%）

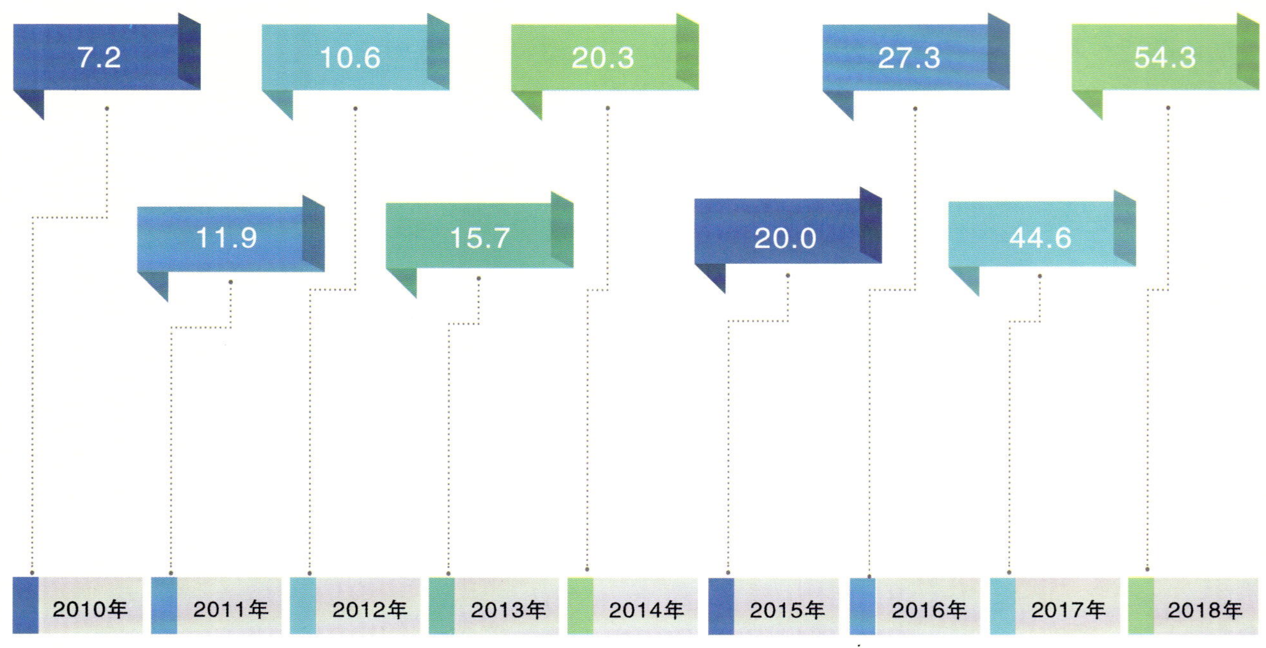

高耗能产业投资占全部投资比重（%）

The Proportion of High Energy-Consuming Industries in Total Fixed Assets Investment（%）

创新驱动

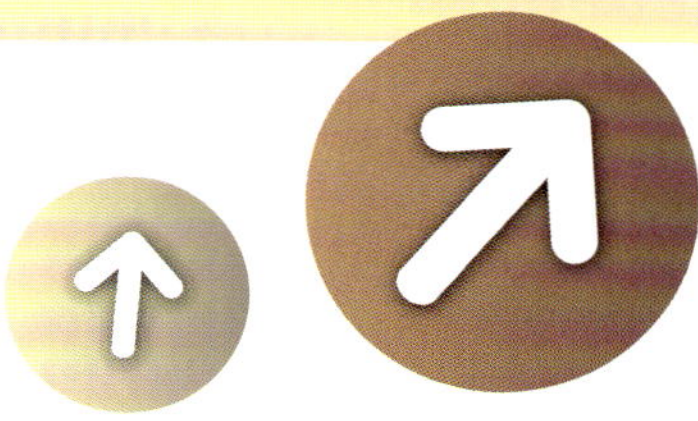

全社会R&D经费支出占GDP的比重（%）

Proportion of Total R&D Expenditure in GDP (%)

年份	比重（%）
2010年	1.50
2011年	1.59
2012年	1.61
2013年	1.68
2014年	1.75
2015年	1.84
2016年	1.95
2017年	2.00
2018年	2.03

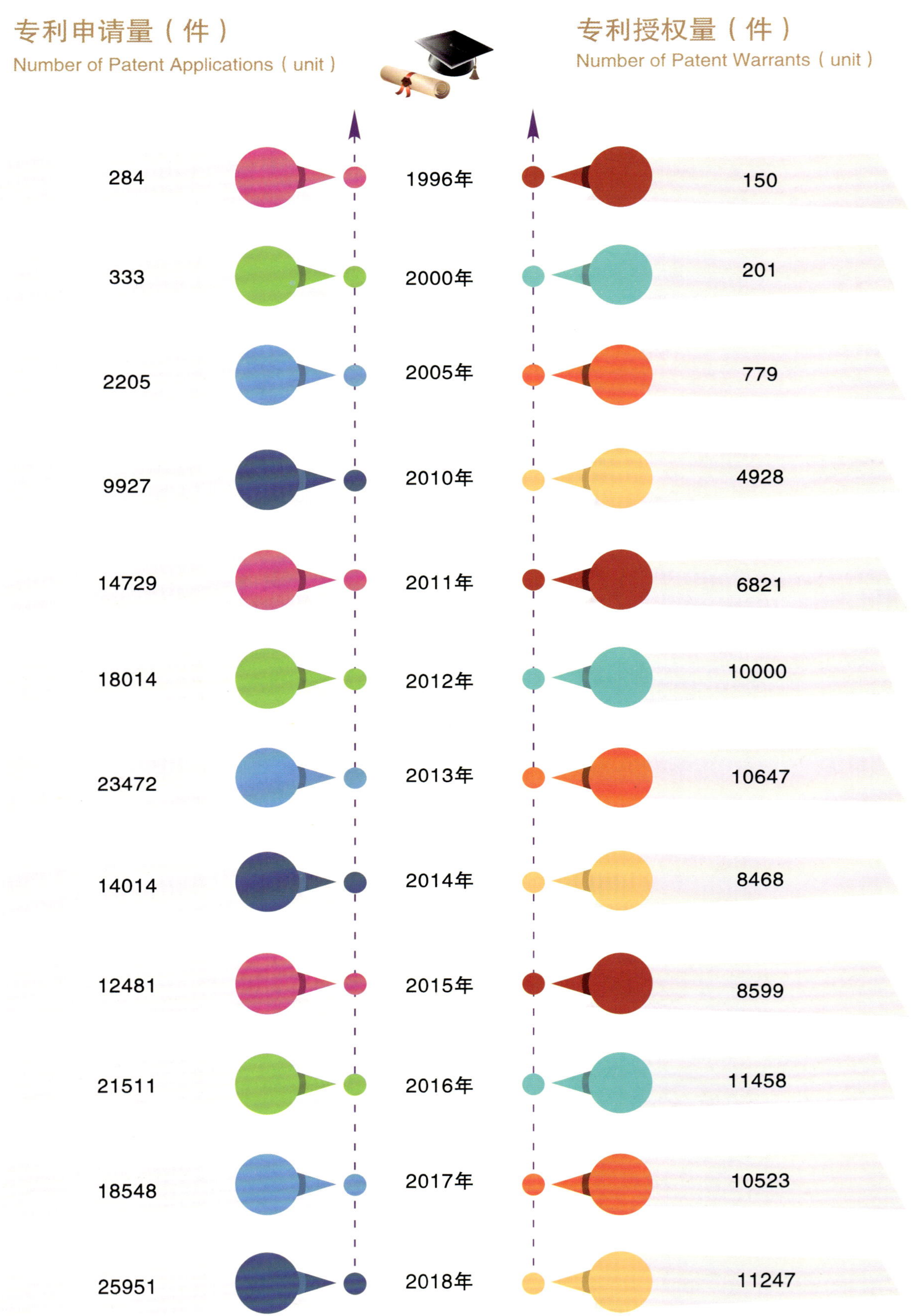
专利申请量（件）
Number of Patent Applications (unit)
专利授权量（件）
Number of Patent Warrants (unit)
284
1996年
150
333
2000年
201
2205
2005年
779
9927
2010年
4928
14729
2011年
6821
18014
2012年
10000
23472
2013年
10647
14014
2014年
8468
12481
2015年
8599
21511
2016年
11458
18548
2017年
10523
25951
2018年
11247

年末万人发明专利拥有量（件）

Number of Invention Patents Ownership Per 10,000 People（unit）

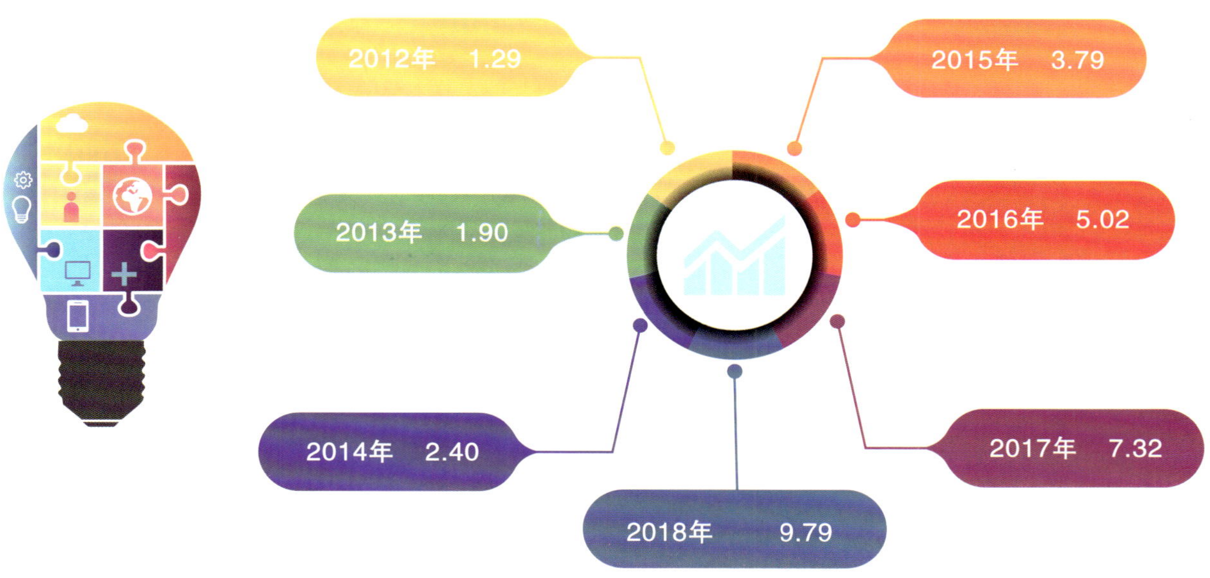

各类专业技术人员数（万人）

Number of Scientific and Technical Personnel（10 thousand person）

1978年	3.09
1980年	3.81
1985年	6.07
1990年	12.53
1995年	18.40
2000年	22.84
2005年	21.76
2010年	27.18
2011年	39.63
2012年	42.00
2013年	43.60
2014年	45.49
2015年	44.10
2016年	45.25
2017年	47.80
2018年	51.65

高层次人才数（万人）Number of High-Level Personnel（10 thousand person）

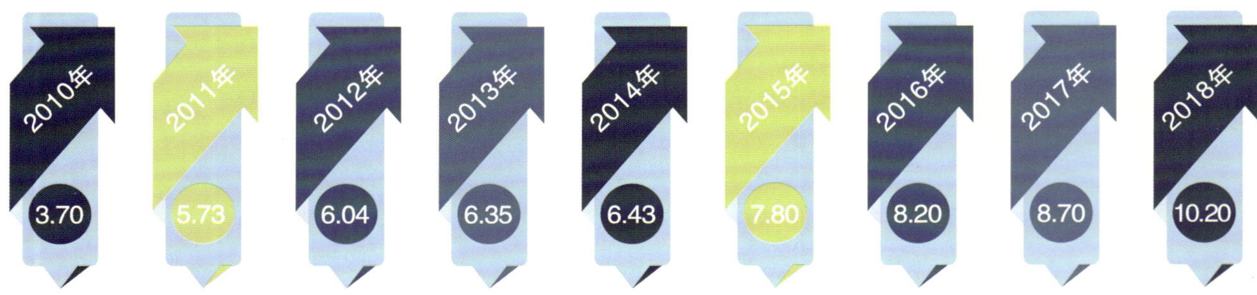

国家"千人计划"人才数（人）

Number of Personnel in Recruitment Program of Global Experts（person）

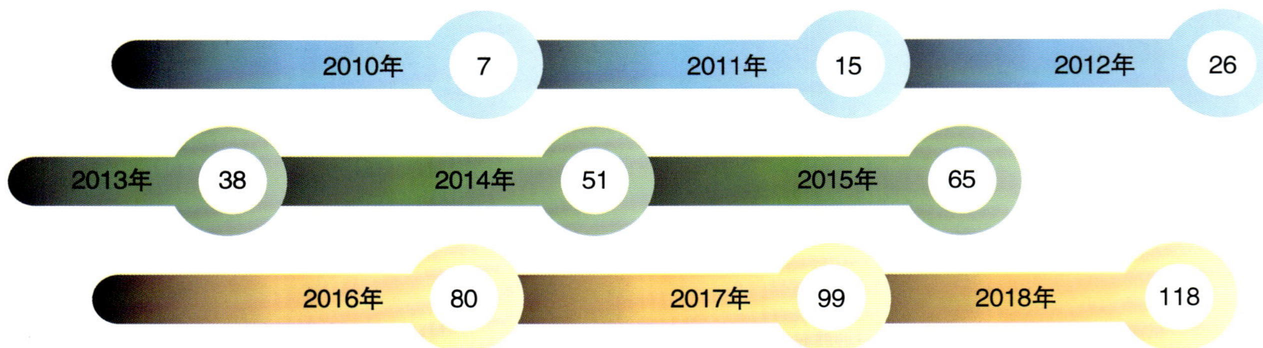

省"双创人才"人数（人）

Number of Personnel in Jiangsu Province High-level Innovation and Entrepreneurship Talent Introduction Plan（person）

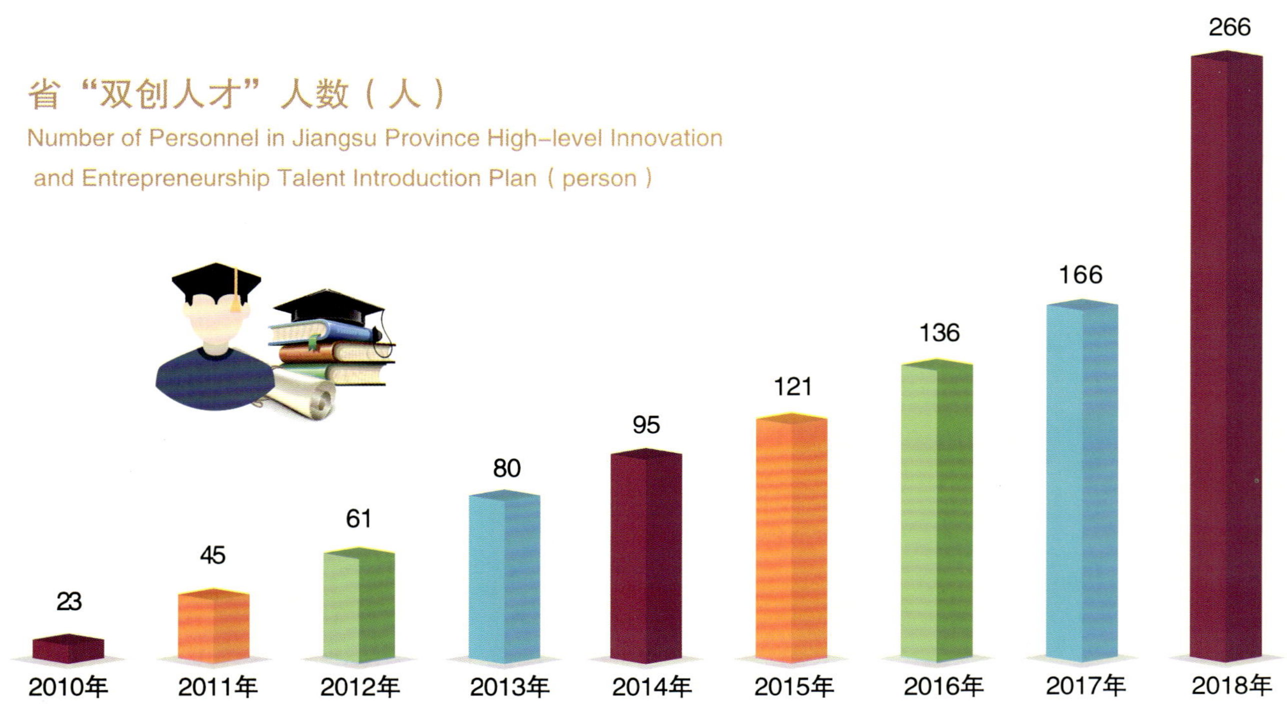

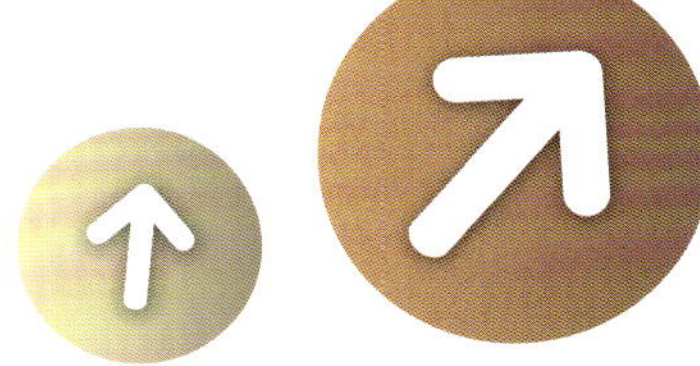

普通高等学校在校学生数（万人）

Number of Student Enrollment in Institutions of Higher Education（10 thousand person）

1978年	0.21
1980年	0.26
1985年	1.00
1990年	1.16
1995年	1.86
2000年	4.61
2005年	9.27
2010年	11.88
2011年	13.17
2012年	13.36
2013年	13.63
2014年	13.72
2015年	13.76
2016年	14.08
2017年	14.26
2018年	14.55

普通中学在校生数（万人）

Number of Student Enrollment in Regular Secondary Schools（10 thousand person）

1978年	45.98
1980年	36.28
1985年	31.10
1990年	31.38
1995年	42.47
2000年	58.43
2005年	81.51
2010年	52.07
2011年	46.36
2012年	42.61
2013年	37.52
2014年	35.93
2015年	34.74
2016年	36.10
2017年	39.94
2018年	45.57

卫生技术人员数（万人）

Number of Medical Technical Personnel（10 thousand person）

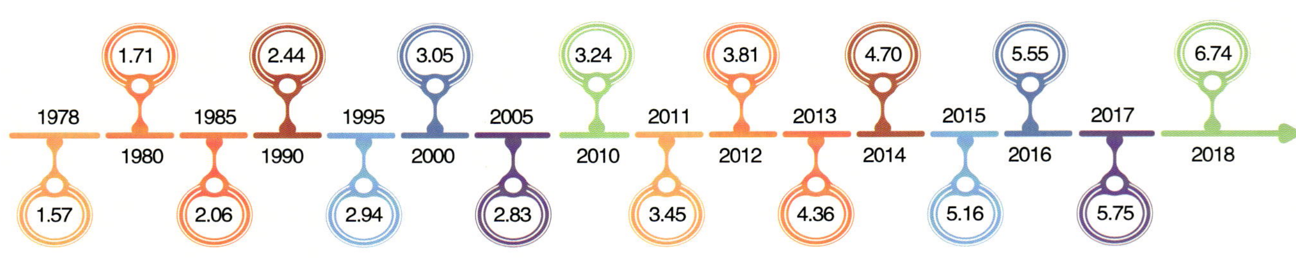

卫生机构床位数（万张）

Number of Beds in Health Institutions（10 thousand unit）

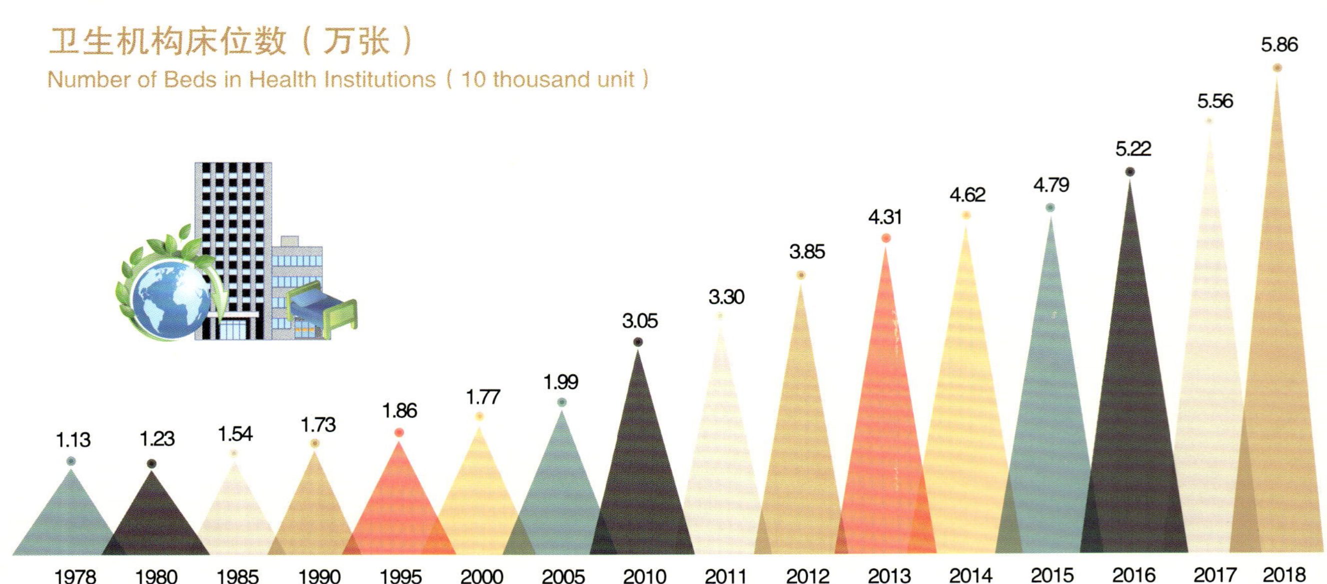

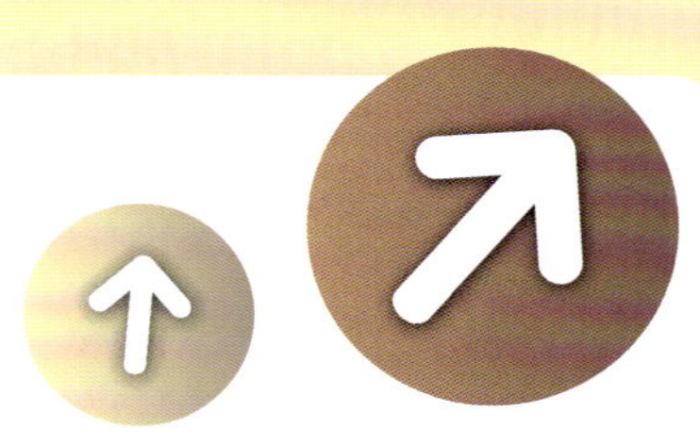

人均公园绿地面积（平方米） Per Capita Park Green Space (sq.m)

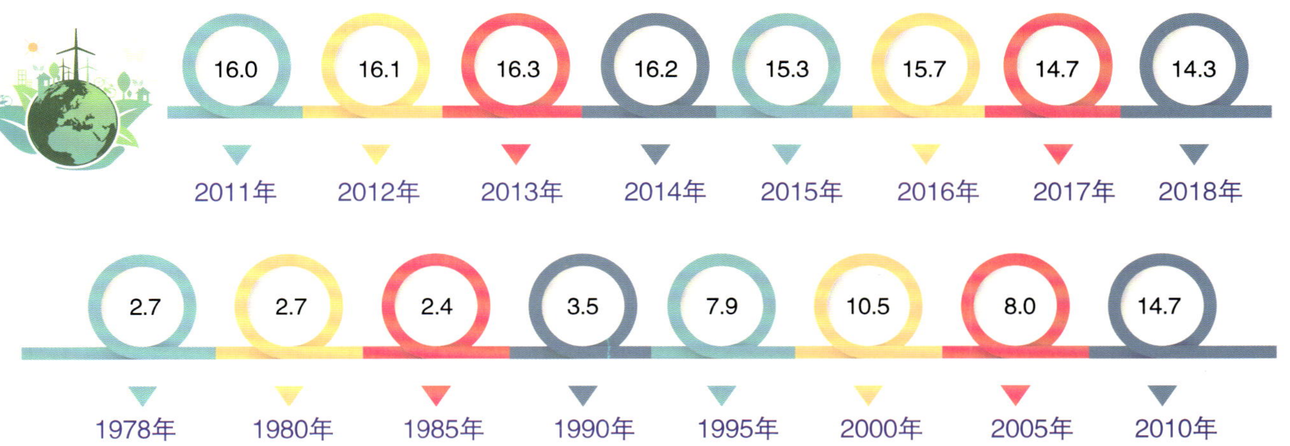

万人公交车拥有量（标台） Number of Urban Buses Per 10,000 people (standard transit bus)

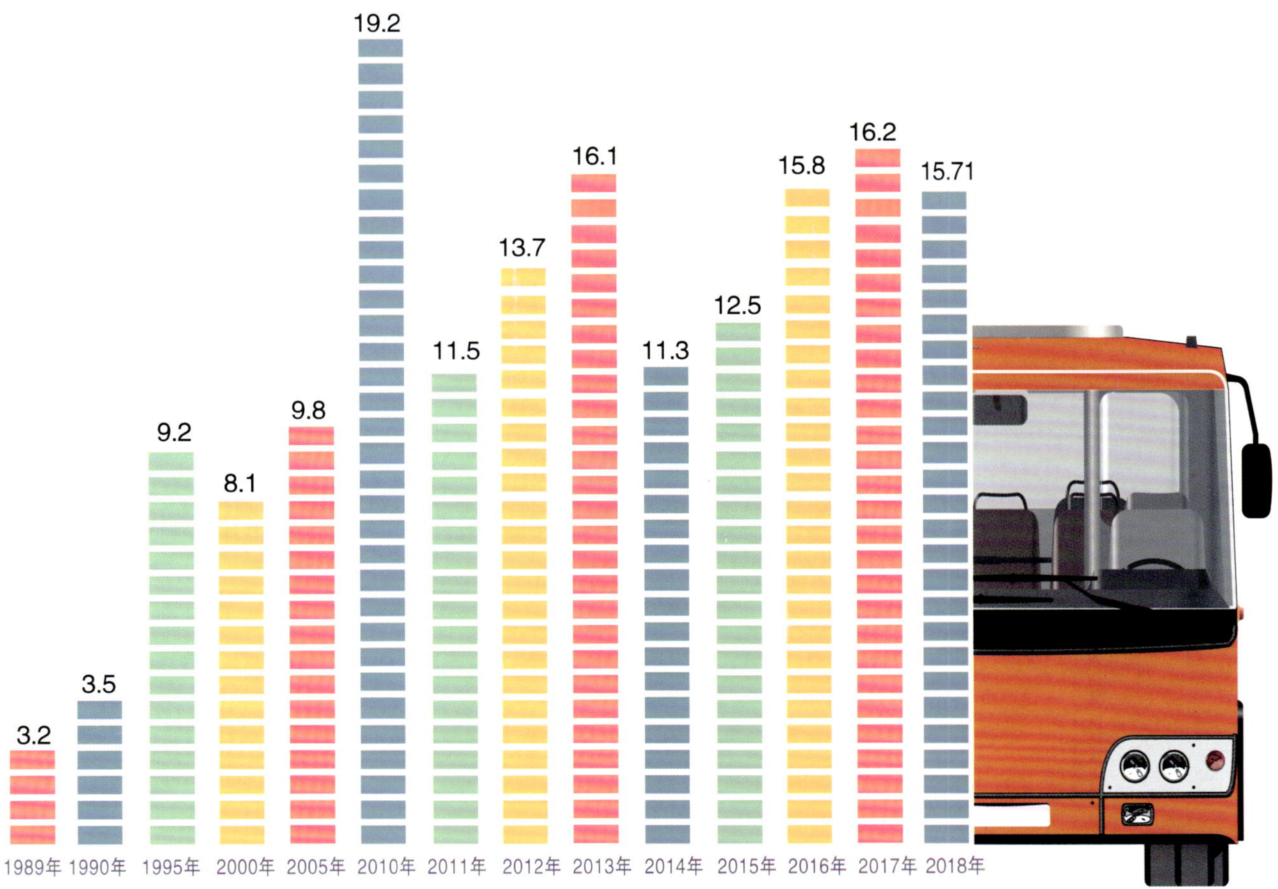

自来水供应总量（亿立方米）Total Water Supply（100 million cu.m）

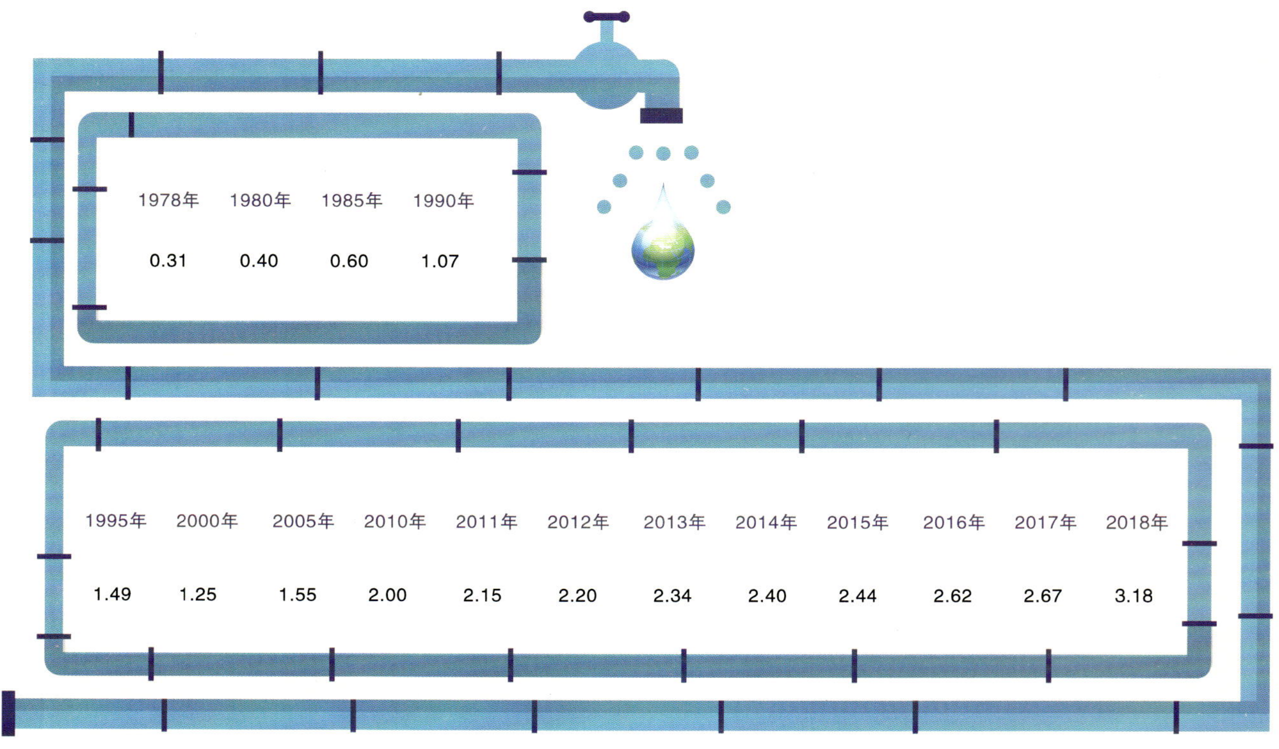

煤气液化气普及率（%）Penetration Rate of Gas and Liquefied Petroleum Gas（%）

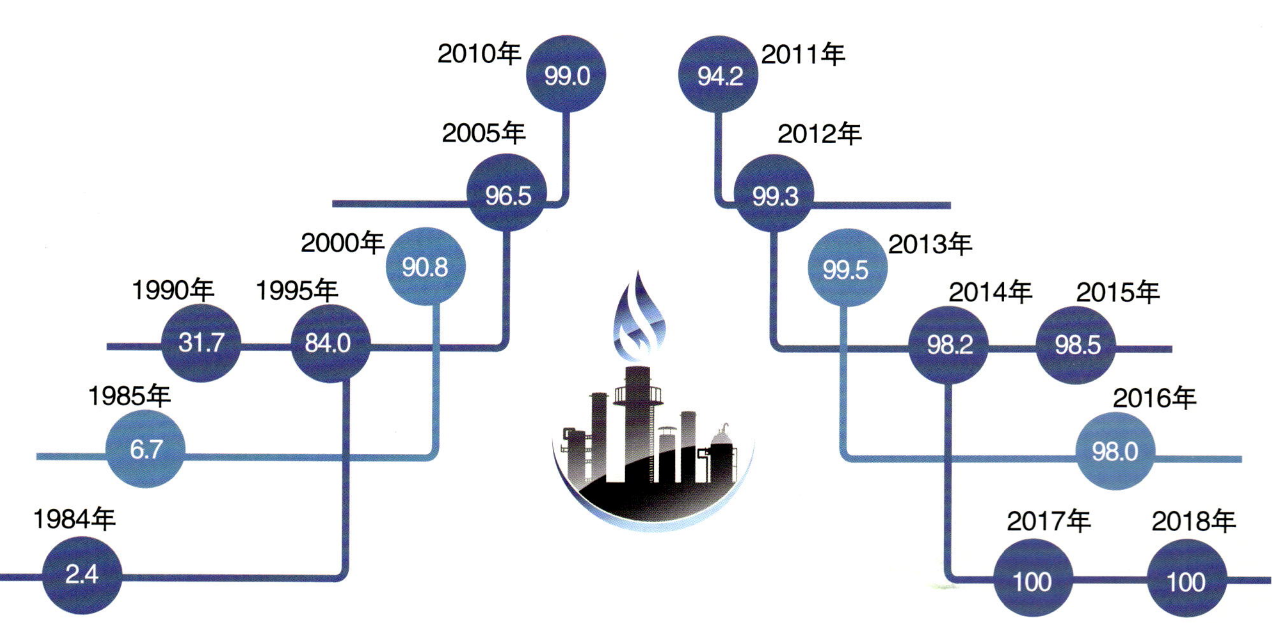

人民生活

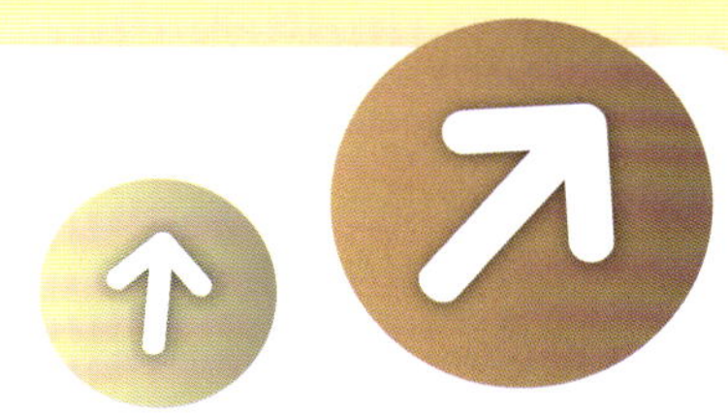

城乡居民储蓄存款余额（亿元）

Urban and Rural Residents Savings Deposit Balance (100 million yuan)

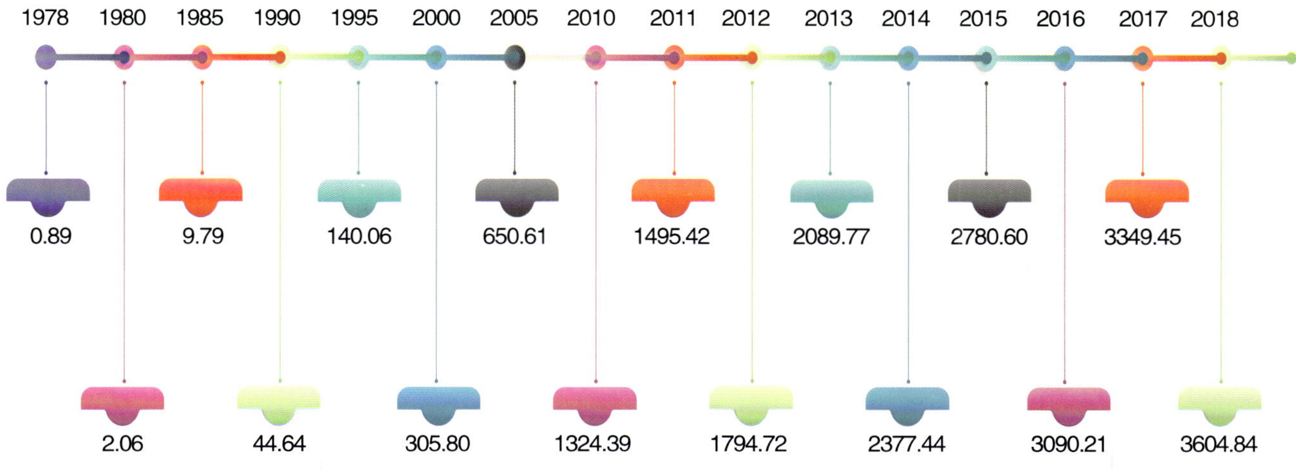

在岗职工平均工资（元）Average Wages of Staff and Workers (yuan)

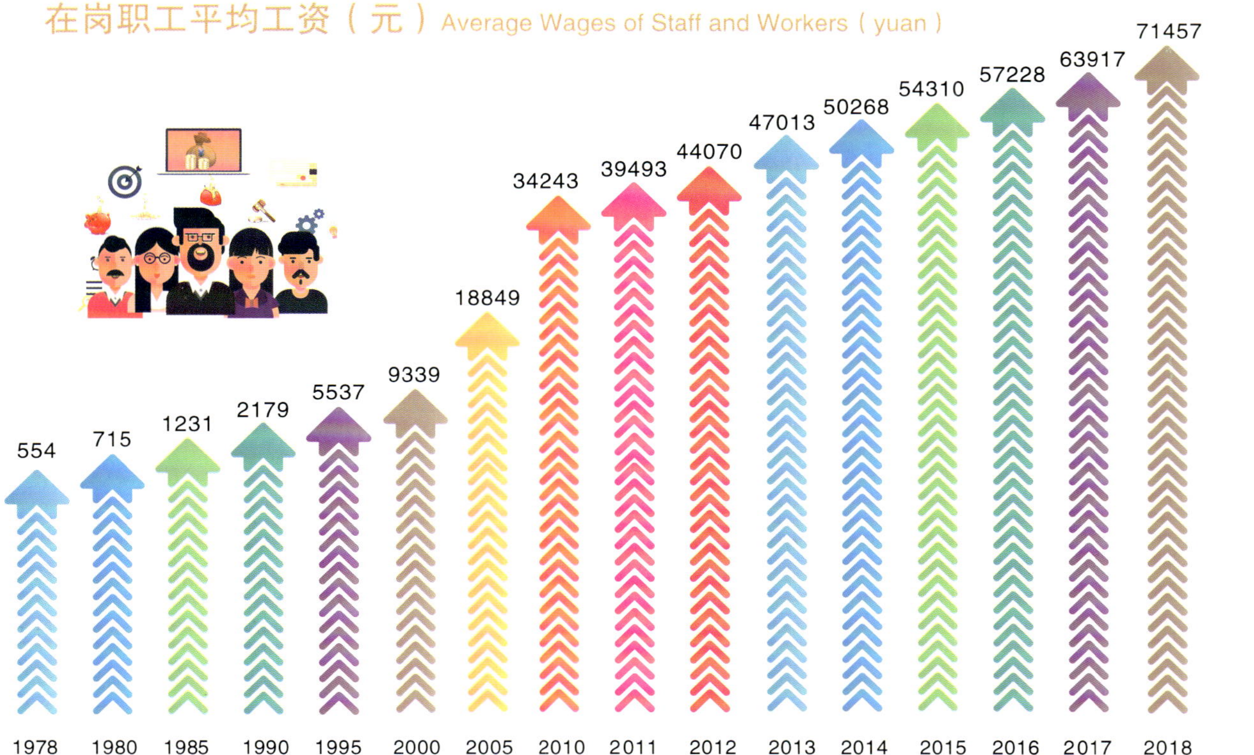

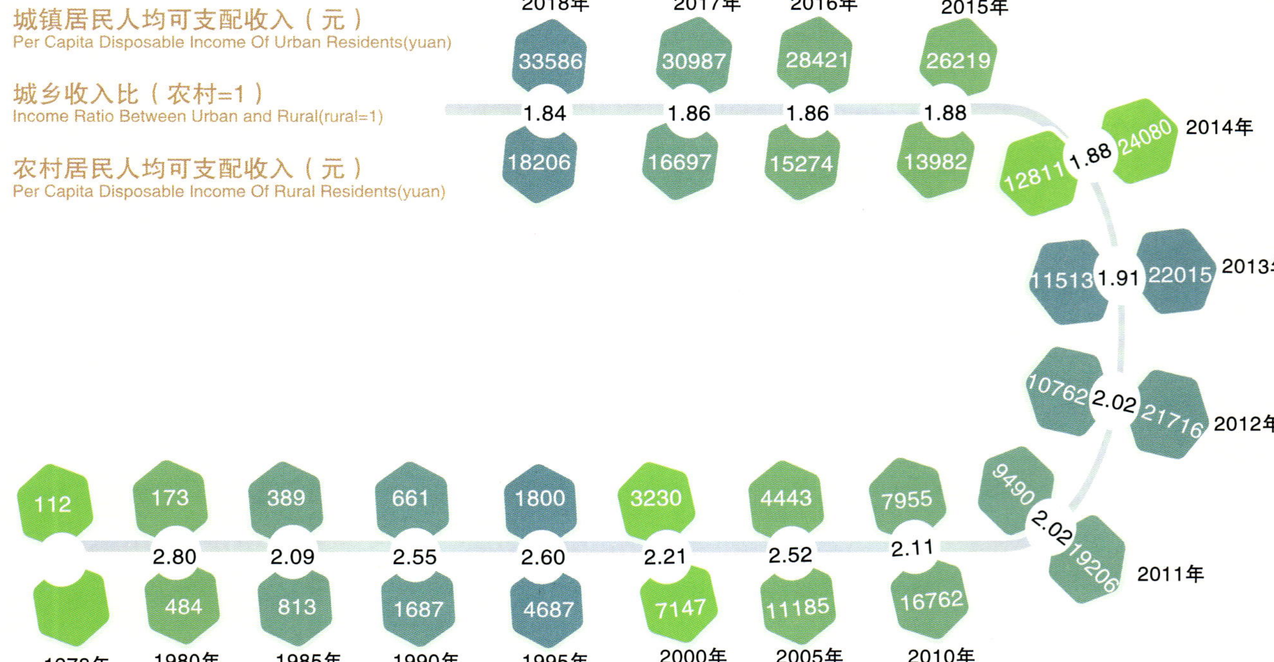

城镇居民人均消费性支出（元）

Per Capita Consumption Expenditure Of Urban Residents(yuan)

农村居民人均消费性支出（元）

Per Capita Consumption Expenditure Of Rural Residents(yuan)

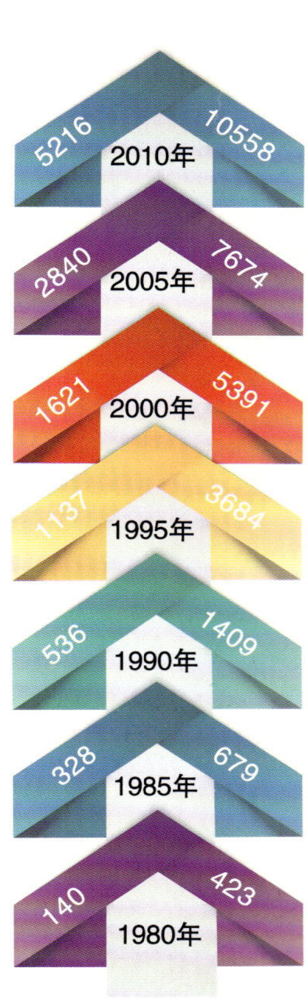

城镇居民人均消费性支出（元）

Per Capita Consumption Expenditure Of Urban Residents(yuan)

居民消费价格总指数（以上年价格为100）
General Consumer Price Index (preceding year is taken as 100)

商品零售价格总指数（以上年价格为100）
General Retail Price Index (preceding year is taken as 100)

居民消费价格总指数		商品零售价格总指数	
2018年	102.3	103.0	2018年
2017年	101.7	101.8	2017年
2016年	102.3	100.5	2016年
2015年	101.5	101.3	2015年
2014年	102.1	101.6	2014年
2013年	102.3	101.2	2013年
2012年	102.6	102.4	2012年
2011年	105.2	103.8	2011年
2010年	103.6	102.1	2010年
2005年	102.2	101.0	2005年
2000年	100.0	98.2	2000年
1995年	116.9	113.2	1995
1990年	104.5	103.9	1990年
1985年	108.7	108.3	1985年
1980年	102.4	102.6	1980年
1978年	100.0	100.1	1978年

环境保护

地表水达到或
优于III类比例（%）
Proportion of Surface Water Reaching
or Exceeding Categories III (%)
2012年
77.4
2013年
71.1
2014年
76.3
2015年
76.3
2016年
75.0
2017年
79.2
2018年
83.3
城镇污水
达标处理率（%）
Treatment Rate of
Urban Sewage (%)
2012年
66.3
2013年
71.7
2014年
76.7
2015年
79.2
2016年
87.6
2017年
86.8
2018年
86.9
生活垃圾无害
化处理率（%）
Harmless Treatment Rate
of Household Garbage (%)
2013年
59.8
2014年
69.1
2015年
85.7
2016年
92.0
2017年
95.5
2018年
100
一般工业固体
废物综合利用率（%）
Comprehensive Utilization Rate
of General Industrial Solid Waste (%)
2012年
93.2
2013年
99.2
2014年
100.0
2015年
99.4
2016年
95.6
2017年
99.5
2018年
99.6

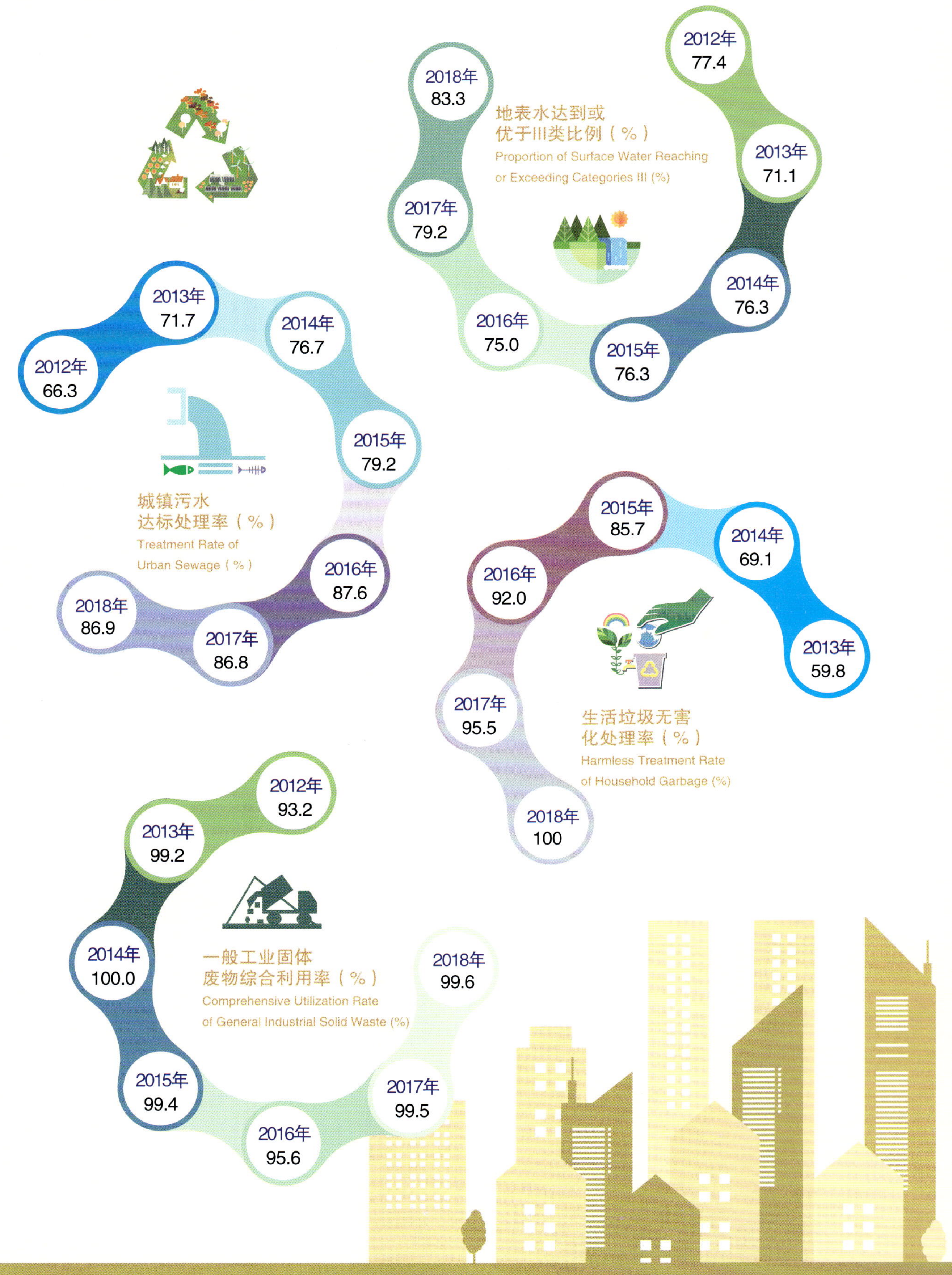

一、综合

GENERAL SURVEY

版面负责人：卢川川

编　　　辑：曹　晶

中华人民共和国统计法实施条例

中华人民共和国国务院令

第 681 号

《中华人民共和国统计法实施条例》已经 2017 年 4 月 12 日国务院第 168 次常务会议通过，现予公布，自 2017 年 8 月 1 日起施行。

总理　李克强

2017 年 5 月 28 日

中华人民共和国统计法实施条例

第一章　总　　则

第一条　根据《中华人民共和国统计法》（以下简称统计法），制定本条例。

第二条　统计资料能够通过行政记录取得的，不得组织实施调查。通过抽样调查、重点调查能够满足统计需要的，不得组织实施全面调查。

第三条　县级以上人民政府统计机构和有关部门应当加强统计规律研究，健全新兴产业等统计，完善经济、社会、科技、资源和环境统计，推进互联网、大数据、云计算等现代信息技术在统计工作中的应用，满足经济社会发展需要。

第四条　地方人民政府、县级以上人民政府统计机构和有关部门应当根据国家有关规定，明确本单位防范和惩治统计造假、弄虚作假的责任主体，严格执行统计法和本条例的规定。

地方人民政府、县级以上人民政府统计机构和有关部门及其负责人应当保障统计活动依法进行，不得侵犯统计机构、统计人员独立行使统计调查、统计报告、统计监督职权，不得非法干预统计调查对象提供统计资料，不得统计造假、弄虚作假。

统计调查对象应当依照统计法和国家有关规定，真实、准确、完整、及时地提供统计资料，拒绝、抵制弄虚作假等违法行为。

第五条　县级以上人民政府统计机构和有关部门不得组织实施营利性统计调查。

国家有计划地推进县级以上人民政府统计机构和有关部门通过向社会购买服务组织实施统计调查和资料开发

徐州自然概貌

位　置

徐州市位于江苏省的西北部，东经 116° 22′ ~118° 40′ 、北纬 33° 43′ ~34° 58′ 之间，东西长约 210 公里，南北宽约 140 公里，土地总面积 11765 平方公里。地处苏、鲁、豫、皖四省交界，为东部沿海与中部地带、上海经济区与环渤海经济圈的结合部。"东襟淮海，西接中原，南屏江淮，北扼齐鲁"，素有"五省通衢"之称。京沪、陇海两大铁路在此交汇，京杭大运河傍城而过贯穿徐州南北，公路四通八达，北通京津，南达沪宁，西接兰新，东抵海滨，为全国重要水陆交通枢纽和东西、南北经济联系的重要"十字路口"。

地　貌

徐州市地貌，根据成因和区域特征自西向东大致可分为丰、沛黄泛冲积平原，铜、邳、睢低山剥蚀平原，沂、沭河洪冲积平原三个地貌区。地形由平原和山丘岗地两部分组成，以平原为主，约占全市总面积的 90%，属黄淮平原一部分，地势低平，海拔高度在 20 ~ 50 米之间，大致由西北向东南降低，系黄河、淮河的支流长期合力冲积所成。丘陵岗地约占 10%，为鲁中南低山丘陵向南延续部分，海拔高度大都在 100 ~ 300 米之间，多属顶平坡缓的侵蚀残丘。

水　系

徐州市位于淮河流域，分属三个水系：故黄河水系、沂沭泗水系、濉安河水系。故黄河是历史上的黄河故道，自成独立水系，是沂沭泗水系和濉安河水系的分水岭，徐州境内长 196km，流域面积 885km^2。故黄河以北为沂沭泗水系，境内面积 8479km^2，流域内主要骨干河道有沂河、沭河、中运河及邳苍分洪道，并有南四湖及骆马湖两座湖泊调蓄洪水。故黄河以南为濉安河水系，境内面积 2020km2，分为安河和濉河，均直接排入洪泽湖。主要支流有龙河、潼河、徐沙河、闸河、奎河、灌沟河、琅河、阎河、看溪河、运料河等。徐州境内有两座湖泊、五座中型水库及六十九座小型水库。各水系河网密布，河、湖、库相互沟通，已初步形成具有防洪、除涝、供水、灌溉、降渍等功能的水利工程体系。

气　候

徐州市位居中纬度地区，属暖温带季风气候区，既受东南季风影响，又受西北季风控制，资源丰富，光、热、水配合较好，有利于农作物的生长，气候资源的地区差异较大，有利于农林牧渔的综合发展。其主要气候特点有：气候温和，四季分明，光照充足，雨量适中；四季之中，冬、夏季长，春、秋季短，春季天气多变，夏季高温多雨，秋季天高气爽，冬季寒潮频袭；以中运河为界，东部属暖温带湿润季风区，西部属暖温带半湿润季风区；主要气象灾害有旱、涝、风、霜冻、冰雹等；全年太阳辐射总量约 119.4 千卡 / 平方厘米，平均日照时数 2100 小时左右，平均降水量 900 毫米左右，无霜期 200–230 天。

土　壤

徐州市土壤，根据成土条件、过程、土体结构和性质的差异，主要分为棕土、褐土、紫色土、潮土、砂姜黑土、水稻土六大类。其中棕土、褐土为暖温带湿润、半湿润气候和落叶植被环境下的地带性土壤，面积分别为 33.9 千公顷和 77.5 千公顷；潮土类为本区冲积平原的主要土类，面积约为 649.9 千公顷，占全市土壤总面积的 79.5%。此外在一些湖荡洼地中还有少量的沼泽土类。

矿　产

徐州市矿产资源具备类型全、矿种多、分布集中等特点。在拥有的矿产资源中，钛矿、制碱用灰岩、镁矿和含钾砂页岩等在全省是属独一无二的矿产，煤炭、玻璃用石英（砂）岩和石膏等在全省属于优势矿产。截至 2018 年底，我市已发现的矿产共计 54 种（含亚种），包含已查明资源储量的矿产 39 种和已发现但尚未查明资源储量的矿产 15 种。其中，主要矿产保有资源储量煤炭 28.85 亿吨、铁 4621.72 万吨、盐矿 7.64 亿吨、水泥用灰岩 6.25 亿吨和石膏 25.69 亿吨。

1-1　行政区划、土地面积与人口密度

（2018年底）　　　　单位：个

地　区	镇	办事处	村民委员会	居民委员会	土地面积（平方公里）	人口密度(常住)（人/平方公里）
全市合计	**97**	**68**	**2026**	**715**	**11764.88**	**748**
市　区	23	50	444	362	3062.51	1094
鼓楼区		7		70	66.23	5921
云龙区		8		78	119.72	3730
贾汪区	5	5	96	38	612.05	705
泉山区		14		121	99.97	7325
铜山区	17	11	294	25	1871.19	562
开发区	1	5	54	30	293.36	1008
县(市)	74	18	1582	353	8702.37	626
丰　县	12	3	343	29	1450.28	655
沛　县	13	4	267	122	1806.77	620
睢宁县	15	3	268	132	1769.34	581
新沂市	13	4	254	30	1592.30	573
邳州市	21	4	450	40	2084.69	692

注：本表行政区域来源于市民政局、土地面积来源于市自然资源和规划局。

1–2　各行政区划街道办事处(镇)名称

（2018 年底）

地　区	街道办事处或镇数(个)	街道办事处或镇名称
鼓楼区	7	丰财街道、环城街道、黄楼街道、牌楼街道、琵琶街道、铜沛街道、九里街道
云龙区	8	彭城街道、子房街道、黄山街道、骆驼山街道、大郭庄街道、翠屏山街道、潘塘街道、大龙湖街道
贾汪区	10	大泉街道、老矿街道、大吴街道、潘安湖街道、茱萸山街道、青山泉镇、紫庄镇、塔山镇、汴塘镇、江庄镇
泉山区	14	王陵街道、永安街道、湖滨街道、段庄街道、翟山街道、奎山街道、和平街道、泰山街道、七里沟街道、火花街道、苏山街道、桃园街道、庞庄街道
铜山区	28	利国街道、张集街道、垞城街道、电厂街道、张双楼街道、三河尖街道、拾屯街道、铜山街道、三堡街道、新区街道、沿湖街道、何桥镇、黄集镇、马坡镇、郑集镇、柳新镇、刘集镇、大彭镇、汉王镇、棠张镇、张集镇、房村镇、伊庄镇、单集镇、大许镇、茅村镇、柳泉镇、利国镇
开发区	6	金山桥街道、东环街道、大庙街道、大黄山街道、金龙湖街道、徐庄镇
丰　县	15	中阳里街道、凤城街道、孙楼街道、首羡镇、顺河镇、常店镇、欢口镇、师寨镇、华山镇、梁寨镇、范楼镇、宋楼镇、大沙河镇、王沟镇、赵庄镇
沛　县	17	沛城街道、大屯街道、汉兴街道、汉源街道、龙固镇、杨屯镇、胡寨镇、魏庙镇、五段镇、张庄镇、张寨镇、敬安镇、河口镇、栖山镇、鹿楼镇、朱寨镇、安国镇
睢宁县	18	睢城街道、睢河街道、金城街道、王集镇、双沟镇、岚山镇、李集镇、桃园镇、官山镇、高作镇、沙集镇、凌城镇、邱集镇、古邳镇、姚集镇、魏集镇、梁集镇、庆安镇
新沂市	17	新安街道、北沟街道、唐店街道、墨河街道、草桥镇、港头镇、合沟镇、窑湾镇、棋盘镇、马陵山镇、邵店镇、高流镇、阿湖镇、时集镇、瓦窑镇、双塘镇、新店镇
邳州市	25	运河街道、炮车街道、戴圩街道、东湖街道、邳城镇、官湖镇、四户镇、宿羊山镇、八义集镇、陈楼镇、土山镇、碾庄镇、港上镇、邹庄镇、占城镇、新河镇、八路镇、铁富镇、岔河镇、邢楼镇、戴庄镇、车辐山镇、燕子埠镇、赵墩镇、议堂镇

1-3 主要年份国民经济和社会发展主要指标

指标		1978	1990	1995	2000	2005	2010	2015	2017	2018
年末人口(常住)	**(万人)**					**881.33**	**858.21**	**866.90**	**876.35**	**880.20**
城镇人口						381.60	462.58	529.24	558.76	573.01
乡村人口						499.73	395.63	337.66	317.59	307.19
常住人口城镇化率	**(%)**					**43.30**	**53.90**	**61.05**	**63.76**	**65.10**
年末人口(户籍)	**(万人)**	**645.41**	**807.14**	**851.15**	**896.44**	**925.31**	**972.89**	**1028.70**	**1039.42**	**1044.77**
#非农业人口		74.51	138.26	168.62	231.11	315.85	445.38	595.34	616.90	632.87
从业人数	**(万人)**	**283.64**	**408.50**	**425.43**	**417.66**	**452.20**	**485.90**	**482.10**	**482.70**	**483.10**
#职工人数		60.12	87.35	92.39	71.02	56.07	58.38	97.17	90.43	79.60
#国有经济单位		41.16	63.69	72.52	57.74	40.13	38.59	32.05	31.30	30.06
城镇集体经济		18.96	23.53	19.13	8.30	3.60	2.89	3.16	3.04	2.85
地区生产总值(当年价格)	**(亿元)**	**21.39**	**112.84**	**403.46**	**616.30**	**1236.66**	**2971.19**	**5383.47**	**6605.95**	**6755.23**
第一产业		9.40	38.69	100.67	118.57	174.24	282.82	504.75	600.55	631.39
第二产业		8.95	44.91	184.14	283.56	628.50	1515.19	2415.26	2884.32	2812.02
#工业		8.06	40.93	165.94	243.54	536.29	1292.87	2036.84	2448.17	2329.18
第三产业		3.04	29.24	118.64	214.16	433.92	1173.18	2463.46	3121.08	3311.82
固定资产投资	**(亿元)**									
固定资产投资						546.08	1938.72	4266.12	5277.03	
#房地产开发投资			1.22	6.07	28.05	62.57	205.32	470.22	538.62	716.43
#住宅投资					19.18	46.79	169.70	338.80	421.81	585.31
固定资产投资竣工的住宅建筑面积	(万平方米)	36.40	58.40	91.90	143.62	255.92	395.22	709.87	529.56	654.00
财政	**(亿元)**									
财政总收入		3.27	10.23	25.30	47.62	145.26	413.89	812.93	844.83	916.87
#公共财政预算收入					22.45	55.22	222.16	530.68	501.64	526.21
地方财政支出		1.77	8.56	18.02	34.52	105.08	325.72	752.46	827.33	880.86
物价	**(%)**									
城市居民消费价格总指数		100.0	104.5	116.9	100.0	102.2	103.6	101.5	101.7	102.3
城市商品零售价格总指数		100.1	103.9	113.2	98.2	101.0	102.1	101.3	101.8	103.0
人民生活										
职工工资总额	(亿元)	3.14	18.59	50.68	65.31	107.26	198.51	524.81	559.13	561.72
职工平均工资	(元)	554	2179	5537	9339	18849	34243	54310	63917	71457
农民人均收入	(元)	112	661	1800	3230	4443	7955	13982	16697	18206

注:2005年及以后从业人员及乡村劳动者中未剔除外出打工人数;2007年及以后财政总收入及财政支出中不包括基金收入(支出);2010年以前固定资产投资竣工的住宅建筑面积为城镇口径;2013年及以前"农民人均收入"为纯收入口径,2014年起为可支配收入口径(下同);2014年及以后地区生产总值数据为含R&D研发支出增加值口径,与往年不可比(下同)。

1-3　续表 1

指　　标		1978	1990	1995	2000	2005	2010	2015	2017	2018
城镇居民人均可支配收入	（元）		1687	4665	7147	11185	20959	26219	30987	33586
城乡居民储蓄存款余额	（亿元）	0.89	44.64	140.06	305.80	650.61	1324.39	2780.60	3349.45	3604.84
城市居民人均现住房建筑面积	（平方米）		11.07	12.71	14.51	17.12	21.16	33.80	34.00	38.20
农民人均现住房建筑面积	（平方米）		18.73	19.51	22.52	29.36	41.83	51.30	54.33	52.82
运输、邮电										
全社会客运量	（万人次）	2030	3156	6071	7255	8099	27761	15660	13662	12750
全社会货运量	（万吨）	2608	6073	10859	9669	14022	37227	36408	40152	46819
内河港口货物吞吐量	（万吨）		837	1399	1452	4189	6308	9030	7420	3140
邮电业务总量	（亿元）	0.05	0.62	3.88	17.73	36.26	73.39	193.39	208.77	446.90
邮电业务收入	（亿元）				13.06	27.05	48.14	74.11	92.30	101.58
计费函件（不含广告）	（万件）		2463	2579	2289	2041	4728	1488	496	271
订销报刊累计份数	（万份）		10291	17075	16451	9116	10845	11015	10223	10792
国内外贸易、旅游										
社会消费品零售总额	（亿元）	7.71	42.23	115.07	185.21	396.04	956.99	2358.45	2886.92	3102.00
进出口总额	（万美元）		1015	24696	32896	112621	416053	541263	780061	1174419
# 出口总额			599	14724	18715	75196	263060	438935	633413	970842
实际到帐注册外资	（万美元）		1324	10432	20790	26057	101330	142788	165991	189848
接待国外旅游人数（含港澳台）	（人次）		4325	4988	17825	73010	158277	33776	39884	44472
科技、教育	**（万人）**									
专业技术人员		3.09	12.53	18.40	22.84	21.76	27.18	44.10	47.80	51.65
高等学校在校学生		0.21	1.16	1.86	4.61	9.27	11.88	13.76	14.26	14.55
中等专业学校在校学生		0.29	1.11	2.45	3.41	5.12	5.75	4.36	4.14	5.25
普通中学在校学生		45.98	31.38	42.47	58.43	81.51	52.07	34.74	39.94	45.57
小学在校学生		95.62	84.77	110.34	126.06	72.24	53.02	84.13	94.02	95.58

注：2014 年城乡一体化住户调查后，“城镇居民人均可支配收入”与往年口径不可比；“实际利用外资”2005 年及以后为“实际到账注册外资”，口径与往年不可比；2011 年及以后邮电业务总量按 2010 年价格计算，2017 年以 2015 年价格计算；2013 年起接待国外旅游人数和专业技术人员统计口径有调整，与往年不可比；“进出口总额”、“出口总额”1997 年及以前年度数字为“自营进出口总额”、“自营出口总额”口径；“城乡居民储蓄存款余额”自 2015 年更改为“住户存款余额”口径，与往年不可比。本表中高等学校在校学生数不含成人本专科学生数，以便与历史数据可比。

1-3 续表 2

指 标		1978	1990	1995	2000	2005	2010	2015	2017	2018
卫生										
卫生机构数	（个）	652	1058	1052	993	1384	1213	4601	4509	4599
床位数	（张）	11325	17303	18596	17736	19888	30500	47949	55589	58588
卫生技术人员数	（万人）	1.57	2.44	2.94	3.05	2.83	3.24	5.16	5.75	6.74
# 医生		0.49	0.99	1.12	1.16	1.05	1.22	2.02	2.29	2.58
主要工农业产品产量	**（万吨）**									
粮食		206.15	399.00	406.13	319.50	314.13	440.20	470.92	482.72	484.48
棉花		2.47	5.57	5.91	5.08	4.17	3.23	2.60	1.89	1.03
油料		1.59	4.77	8.35	20.28	16.26	12.11	11.20	12.85	12.32
水果		2.62	14.13	35.78	81.91	87.52	106.31	108.47	115.33	83.62
生猪存栏	（万头）	149.25	170.36	215.78	201.07	214.26	293.19	299.61	243.46	233.46
猪、牛、羊肉	（万吨）	5.18	18.73	28.71	27.51	35.05	46.58	50.09	42.12	38.77
蚕茧	（吨）	525	6022	22105	15176	13212	6805	6512	4676	4536
水产品	（万吨）	0.72	3.70	8.49	13.52	16.43	17.04	18.79	17.32	16.87
生铁		15.19	29.22	52.00	37.10	152.53	304.92	475.96	273.42	97.89
铝锭		0.31	0.76	1.94	0.50	1.08	10.87			
原煤		1445	2032	2344	2271	2597	2072	1885	1278	
发电量	（亿千瓦时）	27.08	104.40	119.38	146.87	309.97	399.57	497.22	522.50	
合成氨	（万吨）	7.07	13.40	14.86	19.16	36.96	66.40	93.21	55.29	48.77
农用化肥(折 100%)		4.91	12.52	19.76	15.42	29.58	48.05	45.76	4.60	12.55
水泥		66.68	297.67	1031.48	983.36	1295.66	3205.35	2681.63	2660.04	1362.41
纱		1.68	3.63	4.64	7.16	23.01	81.58	141.21	185.87	44.03
布	（万米）	5474	12112	13883	8196	10551	16056	31490	36141	11238
机制纸及纸板	（万吨）	2.47	16.44	71.60	32.65	48.91	105.54	27.58	32.31	14.30
卷烟	（万箱）	14.74	33.50	34.00	34.40	57.57	60.94	66.50	71.38	73.30
饮料酒	（万千升）	1.35	4.99	11.42	8.50	20.28	45.73	58.85	59.40	58.06
多晶硅	（吨）						17799	74358	74818	63540
汽车起重机			419	683	1087	5368	18623	194941	412681	649366
装载机	（辆）			1298	1777	9442	15212	7142	13103	16240
压路机	（台）		802	1897	2466	2434	6874	2721	7063	8258

注：自 2012 年起，汽车起重机的单位由台改为吨。

1-4　国民经济主要指标发展速度

指　　标	指数(2018 年为以下各年的%)								1979-2018 年平均增长(%)	2001-2018 年平均增长(%)
	1978	1990	1995	2000	2005	2010	2015	2017		
从业人数	**170.3**	**118.3**	**113.6**	**115.7**	**106.8**	**99.4**	**100.2**	**100.1**	**1.3**	**0.8**
# 职工人数	132.4	91.1	86.2	112.1	142.0	136.3	81.9	88.0	0.7	0.6
# 国有经济单位	73.0	47.2	41.5	52.1	74.9	77.9	93.8	96.0	-0.8	-3.6
城镇集体经济	15.0	12.1	14.9	34.3	79.2	98.6	90.2	93.8	-4.6	-5.8
地区生产总值(可比价格)	**8232.5**	**2826.1**	**1316.8**	**747.9**	**412.6**	**210.9**	**121.4**	**104.2**	**11.7**	**11.6**
第一产业	713.2	478.6	311.4	208.9	164.3	130.1	107.1	102.4	5.0	4.0
第二产业	15579.9	4049.9	1564.2	852.8	432.0	207.0	116.6	101.5	13.5	12.6
# 工业	16141.3	4144.1	1601.0	893.7	453.7	212.7	118.1	101.3	13.6	12.9
第三产业	16525.5	3618.5	1631.8	903.6	478.5	233.8	128.9	107.0	13.6	12.6
财政										
财政总收入	28038.8	8962.6	3624.0	1925.4	631.2	221.5	112.8	108.5	15.1	17.9
# 公共财政预算收入				2343.9	952.9	236.9	99.2	104.9		19.2
地方财政支出	49765.5	10290.3	4888.2	2551.7	838.3	270.4	117.1	106.5	16.8	19.7
人民生活										
职工年平均工资	12898.4	3279.3	1290.5	765.1	379.1	208.7	131.6	111.8	12.9	12.0
农民人均收入	16255.4	2754.3	1011.4	563.7	409.8	228.9	130.2	109.0	13.6	10.1
城市居民人均可支配收入		1990.9	720.0	469.9	300.3	160.2	112.5	96.0		9.0
城乡居民年末储蓄存款余额	405038.2	8075.4	2573.8	1178.8	554.1	272.2	129.6	107.6	23.1	14.7
运输、邮电										
全社会旅客运输量	628.1	404.0	210.0	175.7	157.4	45.9	81.4	93.3	4.7	3.2
全社会货物运输量	1795.2	770.9	431.2	484.2	333.9	125.8	128.6	116.6	7.5	9.2
邮电业务总量	893800.0	72080.6	11518.0	2520.6	1232.5	608.9	231.1	214.1	25.5	19.6
国内外贸易、旅游										
社会消费品零售总额	40233.5	7345.5	2695.8	1674.9	783.3	324.1	131.5	107.5	16.2	16.9
进出口总额		115704.6	4755.4	3570.0	1042.8	282.3	217.0	150.6		22.0
# 出口总额		162077.1	6593.6	5187.5	1291.1	369.1	221.2	153.3		24.5
实际利用外资		14339.0	1819.9	913.2	728.6	187.4	133.0	114.4		13.1
国际旅游人数		1028.3	891.6	249.5	60.9	28.1	131.7	111.5		5.2

1-4　续表

指　　　标	指数（2018 年为以下各年的%）								1979–2018 年平均增长（%）	2001–2018 年平均增长（%）
	1978	1990	1995	2000	2005	2010	2015	2017		
科技、教育										
专业技术人员	1671.5	412.2	280.7	226.1	237.4	190.0	117.1	108.1	7.3	4.6
高等学校在校学生	6928.6	1254.3	782.3	315.6	157.0	122.5	105.7	102.0	11.2	6.6
中等专业学校在校学生	1810.3	473.0	214.3	154.0	102.5	91.3	120.4	126.9	7.5	2.4
普通中学在校学生	99.1	145.2	107.3	78.0	55.9	87.5	131.2	114.1	–0.02	–1.4
小学在校学生	100.0	112.8	86.6	75.8	132.3	180.3	113.6	101.7	–0.001	–1.5
卫生										
卫生机构数	705.4	434.7	437.2	463.1	332.3	379.1	100.0	102.0	5.0	8.9
床位数	517.3	338.6	315.1	330.3	294.6	192.1	122.2	105.4	4.2	6.9
卫生技术人员数	429.3	276.2	229.3	221.0	238.2	208.0	130.6	117.1	3.7	4.5
# 医生	526.5	260.6	230.4	222.4	245.7	211.5	127.7	112.8	4.2	4.5
主要工农业产品产量										
粮食	235.0	121.4	119.3	151.6	154.2	110.1	102.9	100.4	2.2	2.3
棉花	41.7	18.5	17.4	20.3	24.7	31.9	39.6	54.5	–2.2	–8.5
油料	774.8	258.3	147.5	60.7	75.8	101.7	110.0	95.9	5.3	–2.7
水果	3191.6	591.8	233.7	102.1	95.5	78.7	77.1	72.5	9.0	0.1
生猪存栏	156.4	137.0	108.2	116.1	109.0	79.6	77.9	95.9	1.1	0.8
猪、牛、羊肉	748.5	207.0	135.0	140.9	110.6	83.2	77.4	92.0	5.2	1.9
蚕茧	864.0	75.3	20.5	29.9	34.3	66.7	69.7	97.0	5.5	–6.5
水产品	2317.9	451.1	196.6	123.4	101.6	97.9	88.8	96.4	8.2	1.2
生铁	644.4	335.0	188.3	263.9	64.2	32.1	20.6	35.8	4.8	5.5
合成氨	689.8	364.0	328.2	254.5	132.0	73.4	52.3	88.2	4.9	5.3
农用化肥（折 100%）	255.6	100.2	63.5	81.4	42.4	26.1	27.4	272.8	2.4	–1.1
水泥	2043.2	457.7	132.1	138.5	105.2	42.5	50.8	51.2	7.8	1.8
纱	2620.8	1212.9	948.9	614.9	191.4	54.0	31.2	23.7	8.5	10.6
布	205.3	92.8	80.9	137.1	106.5	70.0	35.7	31.1	1.8	1.8
机制纸及纸板	578.9	87.0	20.0	43.8	29.2	13.5	51.8	44.3	4.5	–4.5
卷烟	497.3	218.8	215.6	213.1	127.3	120.3	110.2	102.7	4.1	4.3
饮料酒	4300.5	1163.5	508.4	683.0	286.3	127.0	98.7	97.7	9.9	11.3
多晶硅						420.3	100.6			
汽车起重机		154980.0	95075.5	59739.3	12097.0	3486.9	15884.7	157.4		42.6
装载机			1251.2	913.9	172.0	106.8	227.4	123.9		13.1
压路机		1029.7	435.3	334.9	339.3	120.1	303.5	116.9		6.9

1-5　各时期国民经济主要指标平均增长速度

单位:%

指　　标	“一五”时期	“二五”时期	调整时期	“三五”时期	“四五”时期	“五五”时期
年末总人口(户籍)	**2.9**	**0.6**	**1.9**	**2.9**	**1.7**	**1.4**
职工人数	**4.4**	**11.0**	**-3.6**	**7.8**	**14.1**	**8.8**
# 国有单位	4.4	11.0	-3.6	7.8	5.7	9.1
地区生产总值	**9.9**	**4.4**	**7.4**	**8.9**	**7.9**	**15.3**
第一产业	-0.2	-1.3	11.1	7.2	5.1	10.7
第二产业	34.3	3.5	12.5	15.7	10.5	20.0
# 工业						
第三产业	16.3	6.0	-0.8	4.2	7.7	16.0
农林牧渔业总产值	**1.3**	**-1.1**	**9.0**	**4.7**	**7.7**	**6.2**
固定资产投资额	**43.3**	**25.2**	**10.2**	**5.3**	**10.6**	**31.7**
# 房地产开发投资						
财政						
财政收入	18.5	3.2	4.5	11.8	5.2	12.9
财政支出	26.0	-4.5	12.0	3.6	11.5	13.4
人民生活						
职工工资总额	9.2	12.5	-2.9	3.5	13.5	16.3
职工年平均工资	2.6	-0.9	3.0	-1.6	-1.6	7.0
城乡居民储蓄存款余额	29.1	4.8	17.3	4.3	14.7	33.6
运输、邮电						
客运量						
货运量						
邮电业务总量	14.9	16.8	-1.8	2.4	7.8	6.8
内外贸易						
社会消费品零售总额	14.3	5.0	1.5	2.9	10.9	13.8
教育						
高等学校在校学生数			-28.4			12.2
中等专业学校在校学生数	7.0	0.8	-7.3			17.1

1-5　续表 1　　单位:%

指　　标	"一五"时期	"二五"时期	调整时期	"三五"时期	"四五"时期	"五五"时期
普通中学在校学生数	23.2	9.6	0.5	23.9	5.1	10.0
小学在校学生数	8.4	1.6	15.5	−1.9	10.8	−1.3
卫生						
卫生机构数	14.3	6.1	3.7	−0.6	7.4	9.2
床位数	17.6	24.1	−0.5	4.4	5.6	5.3
卫生技术人员数	16.3	13.3	6.5	6.0	8.9	8.7
# 医生	20.4	12.0	5.6	−0.3	4.7	10.6
主要工农业产品产量						
粮食	1.2	0.6	1.4	6.4	7.3	6.0
棉花	13.3	−12.2	34.3	25.6	2.8	5.5
油料	−8.4	−13.7	32.9	−10.4	2.8	21.1
水果	−4.1	−13.2	8.5	14.5	9.9	9.5
生猪存栏	12.5	0.4	13.1	3.0	10.0	2.2
水产品	1.7	−0.1	14.0	−19.3	24.9	18.2
生铁		65.4	−0.6	23.1	19.1	8.1
铝锭			6.7	9.3	7.7	5.3
原煤	10.0	20.0	1.8	6.0	7.3	10.9
发电量	35.1	33.1	5.6	10.3	17.2	24.5
合成氨				80.4	27.0	29.4
农用化肥(折 100%)		89.0	22.9	24.6	30.0	3.1
水泥		68.8	9.7	7.6	23.0	16.7
纱	1.4	22.5	60.8	15.0	5.9	13.5
布	17.7	11.1	17.3	17.9	13.9	16.6
机制纸及纸板	150.6	11.7	−1.6	20.0	4.3	22.9
卷烟	−2.0	1.0	38.4	9.7	1.9	10.1
饮料酒	15.7	2.8	−3.6	9.7	12.8	17.5

1-5　续表 2

单位:%

指　　标	"六五"时期	"七五"时期	"八五"时期	"九五"时期	"十五"时期	"十一五"时期	"十二五"时期
年末总人口(常住)						**−0.5**	**0.2**
年末总人口(户籍)	**1.4**	**2.7**	**1.1**	**1.0**	**0.6**	**1.0**	**1.1**
职工人数	**3.7**	**2.3**	**1.1**	**−1.7**	**−4.6**	**0.8**	**10.7**
# 国有单位	4.1	2.9	2.6	−1.6	−7.0	−0.8	−3.6
地区生产总值	**11.3**	**7.0**	**16.5**	**12.0**	**12.6**	**14.4**	**11.7**
第一产业	8.2	0.8	9.0	8.3	4.9	4.8	4.0
第二产业	12.5	8.3	21.0	12.9	14.6	15.9	12.0
# 工业	11.7	9.2	21.0	12.4	14.5	16.5	12.3
第三产业	14.2	12.1	17.3	12.5	13.5	15.3	12.9
农林牧渔业总产值	**10.5**	**3.9**	**10.7**	**8.9**	**4.6**	**9.1**	**4.5**
固定资产投资额	**7.6**	**9.3**	**36.8**	**25.4**	**19.7**	**27.7**	**17.1**
# 房地产开发投资			32.7	38.8	8.5	26.3	18.0
财政							
财政收入	10.0	12.2	19.9	13.5	24.5	28.8	15.1
财政支出	13.4	20.5	16.1	13.9	24.9	25.4	18.2
人民生活							
职工工资总额	15.8	14.8	22.2	6.2	10.4	13.1	21.5
职工年平均工资	11.5	12.1	20.5	8.5	15.1	12.7	9.7
城乡居民储蓄存款余额	36.6	35.5	25.7	16.9	16.3	15.3	16.0
运输、邮电							
客运量	5.7	−2.5	14.0	3.6	1.8	27.9	−10.8
货运量	14.1	−0.7	12.3	−2.3	7.7	21.6	−0.4
邮电业务总量	11.2	34.5	44.5	35.5	15.4	15.1	5.4
内外贸易							
社会消费品零售总额	16.4	12.6	22.2	10.0	12.7	19.3	19.8
进出口总额				15.7	27.9	29.9	5.4
实际到帐注册外资				13.0	14.1	34.7	7.1
教育							
高等学校在校学生数	31.0	3.1	8.7	19.9	13.2	5.1	3.0
中等专业学校在校学生数	6.4	5.0	17.2	6.8	3.6	1.6	−4.6

1-5 续表 3

单位:%

指标	“六五”时期	“七五”时期	“八五”时期	“九五”时期	“十五”时期	“十一五”时期	“十二五”时期
普通中学在校学生数	-3.0	0.2	6.2	6.6	6.9	-8.6	-7.8
小学在校学生数	-1.9	-0.7	5.4	2.7	-10.5	-6.0	9.7
卫生							
卫生机构数	4.2	0.1	-0.1	-1.1	6.9	-2.6	30.6
床位数	4.6	2.3	1.5	-0.9	2.3	8.9	9.5
卫生技术人员数	3.8	3.5	3.8	0.7	-1.5	2.7	9.8
# 医生	6.2	4.9	2.5	0.7	-2.0	2.4	11.4
主要工农业产品产量							
粮食	10.9	1.5	0.4	-4.7	-0.4	7.0	1.4
棉花	9.6	-4.6	1.2	-3.0	-3.9	-5.0	-4.2
油料	27.2	-14.6	11.8	19.4	-4.3	-5.7	-1.6
水果	9.1	19.6	20.4	18.0	1.3	4.0	0.4
生猪存栏	5.7	-2.2	4.8	-1.4	1.3	6.5	0.4
水产品	8.2	15.8	18.1	9.8	4.0	0.7	2.0
生铁	0.2	12.1	12.2	-6.5	32.7	14.9	9.3
铝锭	2.4	19.8	20.6	-23.7	16.6	58.7	
原煤	3.7	2.4	2.9	-0.6	2.7	-4.4	-1.9
发电量	4.1	12.3	2.7	4.2	16.1	5.2	4.5
合成氨	2.9	-1.3	2.1	5.2	14.1	12.4	7.0
农用化肥(折 100%)	1.5	9.6	-4.8		13.9	10.2	-1.0
水泥	8.0	28.2	-1.0		5.7	19.9	-3.5
纱	2.9	8.4	5.0	9.1	26.3	28.8	11.6
布	-0.4	10.5	2.8	-10.0	5.2	8.8	14.4
机制纸及纸板	15.6	20.5	34.2	-14.5	8.4	16.6	-23.5
卷烟	6.1	5.1	0.3	0.2	10.8	1.1	1.8
饮料酒	7.0	11.9	18.0	-5.7	19.0	17.7	5.2
多晶硅							33.1
汽车起重机		5.2	10.3	9.7	37.6	28.2	-26.2
装载机				6.5	39.7	10.0	-14.0
压路机		1.9	18.8	5.4	-0.3	23.1	-16.9

1-6　徐州的一天

指　　标		1978	1990	1995	2000	2005	2010	2015	2017	2018
全市每天创造的财富										
地区生产总值	（万元）	586	3092	11054	16839	33881	81402	147492	180985	185075
第一产业		258	1060	2758	3240	4774	7748	13829	16453	17298
第二产业		245	1230	5045	7748	17219	41512	66172	79022	77042
第三产业		83	801	3251	5851	11888	32142	67492	85509	90735
工业		221	1121	4546	6654	14693	35421	55804	67073	63813
建筑业		24	109	499	1093	2526	6091	10429	12013	13299
交通、仓储邮电通信业			198	810	1563	3464	7637	12629	10110	10598
批发、零售、住宿和餐饮业			187	869	1589	3358	10517	23512	29785	30101
财政总收入	（万元）	90	280	693	1301	3980	11339	22272	23146	25120
# 公共财政预算收入					613	1513	6086	14539	13743	14417
生铁	（吨）	416	801	1425	1014	4179	8354	13040	7491	2682
原煤	（万吨）	3.96	5.57	6.42	6.20	7.12	5.68	5.16	3.50	
发电量	（万千瓦时）	742	2860	3271	4013	8492	10947	13622	14315	
水泥	（吨）	1827	8155	28260	26868	35498	87818	73469	72878	37326
布	（万米）	15.00	33.18	38.04	22.39	28.91	43.99	86.27	99.02	30.79
机制纸及纸板	（吨）	68	450	1962	892	1340	2892	756	885	392
卷烟	（箱）	404	918	932	940	1577	1670	1822	1956	2008
全市每天消费量										
社会消费品零售总额	（万元）	211	1157	3153	5060	10850	26219	64615	79094	84986
城镇居民每人生活费支出	（元）		3.86	10.09	14.73	21.02	36.04	44.23	49.96	53.32
# 食品消费			2.22	5.04	5.42	7.42	12.32	13.35	14.84	15.76
农民每人生活费支出	（元）		1.47	3.12	4.43	7.78	14.29	27.05	32.98	35.35
# 食品消费			0.78	1.86	1.87	3.31	5.37	8.64	10.22	10.90
每天其他经济活动										
旅客运输量	（万人次）	5.56	8.65	16.63	19.82	22.19	76.06	42.91	37.43	34.93
货物运输量	（万吨）	7.15	16.64	29.75	26.42	38.42	101.99	99.75	110.01	128.27
投资竣工的房屋建筑面积	（平方米）	2071	3063	5022	8055	14720	38619	99003	45271	30627
# 住宅竣工面积		997	1600	2518	3923	7012	10827	19447	14510	17918
邮寄函件	（万件）		8.15	8.59	6.27	5.59	12.95	4.08	1.36	0.74
每天人口变动和婚姻										
出生人数	（人）		432	228	460	192	596	416	443	382
死亡人数	（人）		98	108	122	62	218	162	401	146
结婚对数	（对）		189	178	153	146	279	269	240	226
离婚对数	（对）		1	3	4	17	30	60	75	79

注：2017 年公安部门集中销户，死亡人数较大，与往年不可比。

1-7 徐州市国民经济主要指标占全省比重

（2018 年）

指　　标		全　省	徐州市	徐州市占全省的比重(%)
年末人口(常住)	**(万人)**	**8050.70**	**880.20**	**10.9**
年末人口(户籍)		7831.86	1044.77	13.3
就业人数		**4750.90**	**483.10**	**10.2**
#职工人数		1359.40	79.60	5.9
地区生产总值(GDP)(当年价格)	**(亿元)**	**92595.40**	**6755.23**	**7.3**
第一产业		4141.72	631.39	15.2
第二产业		41248.52	2812.02	6.8
#工业		36111.64	2329.18	6.4
第三产业		47205.16	3311.82	7.0
人均 GDP	(元)	115168	76915	
社会消费品零售总额	**(亿元)**	**33230.35**	**3102.00**	**9.3**
进出口总额	**(亿美元)**	**6640.39**	**117.44**	**1.8**
#出口总额		4040.50	97.08	2.4
实际到帐注册外资		**255.92**	**18.98**	**7.4**
财政总收入	**(亿元)**	**15042.75**	**916.87**	**6.1**
#公共财政预算收入		8630.16	526.21	6.1
地方财政支出		11658.22	880.86	7.6
职工工资总额	**(亿元)**	**11784.92**	**561.72**	**4.8**
城镇非私营单位在岗职工平均工资	**(元)**	**86590**	**71457**	
居民人均可支配收入		**38096**	**27385**	
农村居民人均可支配收入		20845	18206	
城镇居民人均可支配收入		47200	33586	
金融机构存款余额	**(亿元)**	**139717.98**	**7107.39**	**5.1**
#住户存款		50768.61	3604.84	7.1
金融机构贷款余额		115719.00	4912.47	4.2

注:就业人数为全省劳动力抽样调查数据,非全社会口径。

1-7　续表　　　　　　（2018 年）

指　　标		全　省	徐州市	徐州市占全省的　比　重（%）
全社会客运量	**（万人）**	**121883**	**12750**	**10.5**
全社会货运量	（万吨）	247388	46819	18.9
邮电业务总量	（亿元）	5861.80	446.90	7.6
高等学校本专科在校学生	**（万人）**	**180.63**	**17.50**	**9.7**
普通中学在校学生		323.84	45.57	14.1
小学在校学生		560.44	95.58	17.1
卫生机构数	**（个）**	**33254**	**4599**	**13.8**
# 医院、卫生院		2912	322	11.1
卫生机构床位数	（万张）	49.08	5.86	11.9
# 医院、卫生院		45.94	5.43	11.8
卫生技术人员数	（万人）	59.00	6.74	11.4
# 执业医师、执业助理医师		23.34	2.58	11.0
主要工农业产品产量	**（万吨）**			
粮食		3660.28	484.48	13.2
棉花		2.06	1.03	50.0
油料		86.04	12.32	14.3
水产品产量		494.80	16.87	3.4
农用化肥（折 100%）	（万吨）	165.93	12.55	7.6
水泥		14692.03	1362.41	9.3
纱		303.20	44.03	14.5
布	（亿米）	69.40	1.12	1.6

注：为与全省可比，本表中高等学校本专科在校学生含成人本专科学生数。

1-8 主要年份国民经济和社会发展结构指标

单位：%

指 标	1978	1990	1995	2000	2005	2010	2015	2017	2018
人口结构									
常住人口									
城镇人口					43.3	53.9	61.1	63.8	65.1
农村人口					56.7	46.1	39.0	36.2	34.9
户籍人口									
农业人口	88.5	82.9	80.2	74.2	65.9	54.2	42.1	40.6	39.4
非农业人口	11.5	17.1	19.8	25.8	34.1	45.8	57.9	59.4	60.6
就业结构									
第一产业	72.1	61.0	56.9	56.4	40.3	40.7	31.7	28.0	24.8
第二产业	15.3	23.4	25.3	22.3	28.3	26.9	32.3	33.7	35.2
第三产业	12.6	15.6	17.8	21.3	31.4	32.4	36.0	38.3	40.0
地区生产总值产业结构									
第一产业	44.0	34.3	25.0	19.2	14.1	9.5	9.4	9.1	9.4
第二产业	41.8	39.8	45.6	46.0	50.8	51.0	44.9	43.7	41.6
第三产业	14.2	25.9	29.4	34.7	35.1	39.5	45.8	47.2	49.0
地区生产总值支出结构									
总消费			45.3	48.9	50.0	45.7	43.3	42.4	
居民消费			84.9	80.5	79.5	73.0	76.0	77.6	
政府消费			15.1	19.5	20.5	27.0	24.0	22.4	
资本形成总额			44.3	49.5	55.9	58.7	57.4	57.1	
固定资产形成			64.1	85.7	88.2	97.4	95.8	95.6	
存货增加			35.9	14.3	11.8	2.6	4.2	4.4	
财政总收入相当于地区生产总值比例	**15.3**	**9.1**	**6.2**	**7.3**	**12.0**	**14.1**	**15.7**	**12.8**	**13.6**
科教文卫事业费占财政支出的比例		**33.1**	**40.4**	**33.5**	**24.1**	**41.4**	**31.6**	**33.1**	**31.7**
农林牧渔业总产值结构									
农 业	84.1	65.0	59.4	65.7	62.7	62.6	62.3	62.1	62.8
林 业	2.7	2.3	2.4	2.6	2.7	2.0	1.7	1.7	1.8
牧 业	12.5	30.0	35.0	26.1	27.2	28.3	29.1	28.7	27.8
渔 业	0.7	2.7	3.2	5.6	5.4	5.0	3.9	4.1	4.0
农林牧渔服务业					2.0	2.1	3.0	3.4	3.6
农作物播种面积结构									
粮食作物	74.1	86.1	76.8	59.3	56.3	65.0	63.4	64.0	64.9
经济作物	23.7	8.8	9.9	10.7	13.0	7.6	6.9	6.2	5.8
其他作物	2.2	5.1	13.3	30.0	30.7	27.4	29.7	29.8	29.3

1-8　续表　　　　单位:%

指　标	1978	1990	1995	2000	2005	2010	2015	2017	2018
货运量结构									
铁路	56.7	43.8	18.6	17.6	10.6	26.7	2.7	1.5	9.6
公路	25.0	45.9	61.9	49.5	43.6	39.6	46.4	48.5	42.4
水运	3.6	7.6	10.9	5.8	6.3	6.8	15.5	15.7	12.9
管道	14.7	2.7	8.6	27.1	39.5	26.8	35.3	34.3	28.8
在校学生结构									
大学生	0.1	1.0	1.2	2.4	5.0	10.2	9.6	9.0	10.5
中学生	32.6	28.6	30.1	33.2	53.2	44.5	31.8	31.5	32.2
小学生	67.2	70.4	68.8	64.5	41.8	45.3	58.6	59.5	57.3
专任教师结构									
大学		3.6	3.3	3.6	6.3	8.0	9.0	9.0	8.9
中学		37.4	38.1	39.3	46.4	48.8	44.9	43.0	41.6
小学		59.0	58.6	57.1	47.3	43.2	46.1	48.0	49.5
城市居民消费结构									
食品		57.4	49.9	36.8	35.3	34.2	29.3	29.2	29.6
衣着		14.0	15.1	10.0	9.5	10.8	8.4	8.2	8.2
娱乐文教		8.7	8.7	14.4	16.5	11.4	11.4	11.4	11.5
居住		2.3	6.0	6.3	11.3	9.2	19.3	19.4	20.8
用品及其他		17.5	20.3	32.5	27.4	34.4	31.6	31.8	29.9
农村居民消费结构									
食品		53.4	59.9	42.2	42.6	37.6	31.9	31.0	30.8
衣着		10.3	7.2	6.2	6.9	8.3	8.0	7.4	7.4
娱乐文教		6.2	6.5	12.0	16.7	15.3	10.7	10.9	11.0
居住		17.8	15.4	19.9	10.8	15.6	18.4	19.2	19.2
用品及其他		18.5	17.6	31.8	23.0	23.1	31.0	31.4	31.6
卫生技术人员结构									
# 医生	31.0	40.5	38.1	38.1	37.1	36.0	39.1	39.7	38.2
护师、护士		28.3	33.4	28.6	30.3	36.6	41.4	44.0	47.1

主要统计指标解释

平均每年增长速度 在我国计算平均增长速度有两种方法，一种是习惯上经常使用的“水平法”，又称几何平均法，是以间隔期最后一年的水平同基期水平对比来计算平均每年增长(或下降)速度。另一种是“累计法”，又称代数平均法或方程法，是以间隔期内各年水平的总和同基期水平对比来计算平均每年增长(或下降)速度。

在一般正常情况下，两种方法计算的平均每年增长速度比较接近，但在经济发展不平衡，出现大起大落时，两种方法计算的结果差别较大。

本《年鉴》内所列的平均每年增长速度，除固定资产投资是用“累计法”计算以外，其余均用“水平法”计算。从某年到某年平均增长速度的年份，均不包括基期年在内。如改革开放以来的平均增长速度是以 1978 年为基期计算的，则写为 1979–2015 年平均增长速度，其余类推。

各个计划时期 表内所用各个“时期”代表的年份如下：恢复时期为 1950 年到 1952 年；第一个五年计划时期(简称一五时期)为 1953 年到 1957 年；第二个五年计划时期(简称二五时期)为 1958 年到 1962 年；三年调整时期为 1963 年到 1965 年；第三个五年计划时期(简称三五时期)为 1966 年到 1970 年；第四个五年计划时期(简称四五时期)为 1971 年到 1975 年；第五个五年计划时期(简称五五时期)为 1976 年到 1980 年；第六个五年计划时期(简称六五时期)为 1981 年到 1985 年；第七个五年计划时期(简称七五时期)为 1986 年到 1990 年；第八个五年计划时期(简称八五时期)为 1991 年到 1995 年，第九个五年计划时期(简称九五时期)为 1996 年到 2000 年；第十个五年计划时期(简称十五时期)为 2001 年到 2005 年；第十一个五年计划时期(简称十一五时期)为 2006 年到 2010 年；第十二个五年计划时期(简称十二五时期)为 2011 年到 2015 年。

“倍数”的用法 倍，就是跟原数相同的数。倍数，只能用于数字的增加，不能用于数字的减少。如“增长多少倍”、“扩大多少倍”、“提高多少倍”都可以，但不能说“降低多少倍”、“缩小多少倍”、“减少多少倍”。因为减少一倍就减完了，再无什么可减了。运用倍数时，还要注意词的准确。如“增加了两倍”即原来是一，现在是三；“增加到两倍”，即原来是一，现在是二。这里的“了”和“到”不能缺少，也不能互换。

“百分数”的用法 百分数，是用一百做分母的分数，在数学中用“%”来表示，在文章中一般都写作“百分之多少”。百分数与倍数不同，它既可以表示数量的增加，也可以表示数量的减少。运用百分数时，也要注意概念的精确。如“比过去增长 30%，即过去为 100，现在是“130”；比过去降低 30%，即过去是 100，现在是“70”；“降低到原来的 30%”，即原来是 100，现在是“30”。

运用百分数时，还要注意有些数最多只能达到 100%，如产品合格率，种子发芽率等；有些百分数只能小于 100%，如粮食出粉率等；有些百分数却可以超过 100%，如产品产量计划完成情况等。

“番”的用法与“倍”的关系 增加一倍，就是增加 100%；翻一番，也是增加 100%。除了一倍与一番相当外，两倍与两番以上数字含义就不同了，而且数字越大，差距越大。如增加两倍，就指增加 200%；翻两番，就是 400%(一番二、二番是四、三番就是八)，所以说翻两番就是增加了 300%，翻三番就是增加了 700%。“番”是按几何级数计算的，“倍”是按算术级数计算的。

计算翻番公式为：

n=[lg(报告期数 ÷ 基数)] ÷ lg2

n 表示翻番数　lg 是常用对数符号

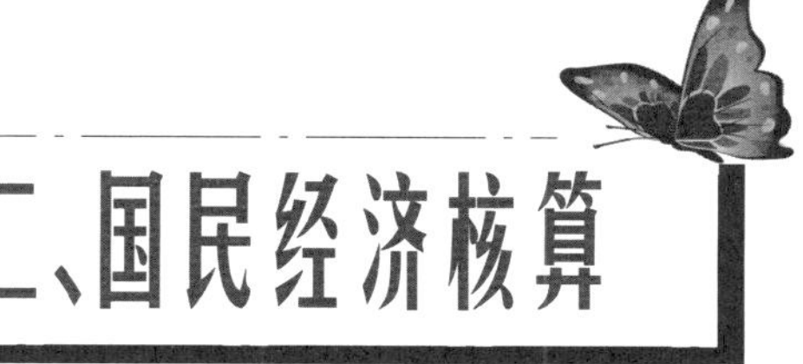

二、国民经济核算

NATIONAL ACCOUNTS

版面负责人：卓卫华

编　　　辑：王　楠　徐向忠

中华人民共和国统计法实施条例

第二章　统计调查项目

第六条　部门统计调查项目、地方统计调查项目的主要内容不得与国家统计调查项目的内容重复、矛盾。

第七条　统计调查项目的制定机关(以下简称制定机关)应当就项目的必要性、可行性、科学性进行论证,征求有关地方、部门、统计调查对象和专家的意见,并由制定机关按照会议制度集体讨论决定。

重要统计调查项目应当进行试点。

第八条　制定机关申请审批统计调查项目，应当以公文形式向审批机关提交统计调查项目审批申请表、项目的统计调查制度和工作经费来源说明。

申请材料不齐全或者不符合法定形式的,审批机关应当一次性告知需要补正的全部内容,制定机关应当按照审批机关的要求予以补正。

申请材料齐全、符合法定形式的,审批机关应当受理。

第九条　统计调查项目符合下列条件的,审批机关应当作出予以批准的书面决定:

(一)具有法定依据或者确为公共管理和服务所必需;

(二)与已批准或者备案的统计调查项目的主要内容不重复、不矛盾;

(三)主要统计指标无法通过行政记录或者已有统计调查资料加工整理取得;

(四)统计调查制度符合统计法律法规规定,科学、合理、可行;

(五)采用的统计标准符合国家有关规定;

(六)制定机关具备项目执行能力。

不符合前款规定条件的,审批机关应当向制定机关提出修改意见;修改后仍不符合前款规定条件的,审批机关应当作出不予批准的书面决定并说明理由。

2-1 主要年份地区生产总值

（当年价格）

单位:亿元

年份	地区生产总值	第一产业	第二产业	第三产业	#工业	#建筑业	#交通、仓储邮电通信业	#批发零售、住宿餐饮业	人均地区生产总值（元）
1949	1.73	1.34	0.13	0.26					46
1952	2.30	1.64	0.27	0.39					60
1957	3.69	1.72	1.15	0.82					83
1962	4.58	2.06	1.42	1.10					100
1965	5.67	2.69	1.90	1.08					117
1970	8.69	3.98	3.39	1.32					156
1975	12.69	5.35	5.42	1.92					207
1978	21.39	9.40	8.95	3.04	8.06	0.88			334
1979	24.87	10.71	10.60	3.55	9.51	1.09			383
1980	28.62	11.30	12.99	4.34	11.75	1.24			436
1981	30.37	12.58	13.20	4.60	12.08	1.12			456
1982	35.41	14.50	15.26	5.66	13.70	1.56			522
1983	42.26	16.91	17.74	7.61	15.20	2.53			468
1984	49.68	20.35	20.56	8.77	18.20	2.36			713
1985	55.57	22.16	23.76	9.65	20.72	3.04			790
1986	63.04	24.61	25.96	12.48	21.99	3.97			886
1987	71.99	27.26	29.69	15.04	25.41	4.28			999
1988	84.63	30.28	36.42	17.93	32.60	3.83			1152
1989	99.26	34.79	40.22	24.25	36.65	3.57			1319
1990	112.84	38.69	44.91	29.24	40.93	3.98	7.21	6.83	1438
1991	130.05	43.68	50.11	36.26	45.75	4.36	8.23	9.29	1598
1992	162.15	46.80	70.29	45.06	62.36	7.93	9.66	11.79	1969
1993	220.57	55.86	103.70	61.01	93.47	10.23	14.86	15.97	2656
1994	314.76	79.71	148.21	86.83	134.69	13.52	20.84	22.49	3754
1995	403.46	100.67	184.14	118.64	165.94	18.20	29.56	31.73	4762
1996	488.04	115.67	223.21	149.16	199.80	23.41	37.47	40.63	5706
1997	504.23	107.93	233.84	162.45	208.20	25.64	41.40	44.80	5841
1998	536.76	112.45	247.95	176.37	215.87	32.08	46.92	48.87	6159
1999	577.09	113.58	270.02	193.49	234.07	35.96	51.84	52.16	6583
2000	616.30	118.57	283.56	214.16	243.54	40.02	57.20	58.17	6948
2001	681.49	126.03	314.38	241.08	269.84	44.54	63.31	65.34	7579
2002	749.34	134.05	351.14	264.15	302.88	48.26	68.52	72.61	8297
2003	852.26	134.68	419.83	297.75	362.72	57.11	72.42	84.65	9401
2004	1039.51	161.59	518.66	359.26	442.37	76.29	98.74	98.55	11691
2005	1236.66	174.24	628.50	433.92	536.29	92.21	126.42	122.57	13974
2006	1476.14	190.05	766.02	520.07	657.03	108.99	155.38	147.56	16795
2007	1762.76	207.58	921.78	633.40	799.45	122.32	187.54	181.84	20173
2008	2133.71	230.00	1118.18	785.53	965.12	153.06	225.17	231.20	24521
2009	2412.54	249.90	1267.74	894.90	1083.98	183.76	243.88	273.84	27772
2010	2971.19	282.82	1515.19	1173.18	1292.87	222.31	278.75	383.86	34421
2011	3589.75	334.54	1808.88	1446.33	1541.66	267.22	327.38	515.87	41852
2012	4060.37	382.46	2008.10	1669.81	1706.20	301.91	372.83	594.18	47388
2013	4568.68	418.88	2184.21	1965.59	1852.21	334.04	410.27	684.70	53263
2014	5020.09	473.54	2301.27	2245.28	1938.79	364.61	452.68	782.35	58308
2015	5383.47	504.75	2415.26	2463.46	2036.84	380.65	460.95	858.19	62246
2016	5882.86	542.88	2565.92	2774.06	2174.73	393.60	475.26	936.36	67701
2017	6605.95	600.55	2884.32	3121.08	2448.17	438.48	369.03	1087.15	75611
2018	6755.23	631.39	2812.02	3311.82	2329.18	485.40	386.81	1098.69	76915

注:根据国家统计局《三次产业划分规定》(国统字【2012】108号)要求,2013年起原第一产业中的农林牧渔服务业调整到第三产业中,原第二产业中的金属制品、机械和设备修理业调整到第三产业中,产业划分调整后,工业与建筑业合计要大于等于第二产业;1993-2004年数据是2004年第一次经济普查调整修订数据;2006-2008年数据是第二次经济普查调整修订数据;2013年数据是第三次经济普查调整修订数据;2004年及以后全市数据为含R&D研发支出增加值口径,与往年不可比;2018年因四经普工作暂使用4季度快报数,现公布及空缺数据待四经普数据核定后按照国家要求统一修订和补充(下同)。

2-2 主要年份地区生产总值指数

（按可比价格计算、以 1978 年为 100）

年份	地区生产总值	第一产业	第二产业	第三产业	# 工业	# 建筑业	# 交通、仓储邮电通信业	# 批发零售、住宿餐饮业	人均地区生产总值
1978	100.0	100.0	100.0	100.0	100.0	100.0			100.0
1979	106.0	92.1	117.4	115.4	117.5	117.2			105.3
1980	121.3	96.3	143.7	133.0	144.5	136.1			119.2
1981	127.0	104.3	146.7	139.2	149.3	122.9			122.9
1982	145.5	112.8	171.8	169.7	172.1	168.9			138.4
1983	172.7	126.8	202.1	228.0	193.8	277.9			161.6
1984	197.5	144.7	232.9	256.5	230.3	256.2			182.8
1985	207.6	142.9	258.6	257.8	251.4	324.4			190.2
1986	224.3	146.3	276.6	311.3	261.5	415.3			203.2
1987	240.6	146.2	305.0	343.2	290.6	436.1			215.3
1988	251.0	132.2	347.5	334.5	346.1	360.5			220.2
1989	263.4	145.3	345.5	387.4	349.6	307.3			225.6
1990	291.3	149.0	384.7	456.7	389.5	340.4	100.0	100.0	239.4
1991	334.7	165.8	422.8	581.4	423.8	417.0	101.4	139.2	265.3
1992	407.0	176.2	566.1	707.6	561.5	611.7	115.9	162.4	318.6
1993	459.1	184.5	730.3	679.3	745.1	592.7	134.4	188.8	356.7
1994	537.1	200.2	867.6	832.8	885.9	695.8	176.9	218.4	399.3
1995	625.2	229.0	996.0	1012.7	1008.2	893.4	229.6	268.2	460.1
1996	722.7	248.0	1181.3	1171.7	1188.7	1130.2	245.0	320.3	524.2
1997	810.1	282.2	1319.5	1311.1	1326.6	1265.8	293.5	362.6	582.2
1998	908.9	306.8	1497.6	1463.2	1489.8	1620.2	331.9	385.8	646.8
1999	1000.7	325.8	1653.4	1632.9	1637.4	1874.6	374.1	422.5	707.9
2000	1100.8	341.4	1827.0	1828.8	1806.1	2120.2	423.9	475.3	769.6
2001	1221.9	363.6	2048.1	2044.6	2021.0	2393.7	469.3	538.0	842.7
2002	1361.2	386.5	2320.5	2277.7	2310.0	2599.6	529.4	604.2	934.6
2003	1531.4	379.5	2719.6	2576.1	2728.1	2924.6	591.3	705.1	1047.2
2004	1745.8	417.5	3135.7	2929.0	3118.2	3532.9	685.3	798.2	1185.4
2005	1995.4	434.1	3606.1	3453.3	3557.9	4278.4	850.0	955.9	1360.9
2006	2296.8	452.8	4240.7	3995.5	4187.6	5005.7	981.2	1120.8	1577.3
2007	2648.2	471.4	4982.8	4638.8	5016.8	5200.9	1140.6	1296.1	1829.6
2008	3005.7	498.7	5685.4	5348.5	5769.3	5601.4	1309.0	1543.5	2085.8
2009	3423.4	526.2	6504.1	6188.2	6536.6	6839.3	1445.1	1859.4	2379.9
2010	3902.7	548.3	7525.3	7066.9	7589.0	7742.1	1518.5	2221.1	2732.1
2011	4429.6	572.9	8616.4	8084.6	8765.3	8431.1	1684.2	2714.2	3122.8
2012	5015.6	602.1	9874.4	9151.7	10027.5	9729.5	1829.5	3109.9	3538.1
2013	5605.4	620.7	11079.6	10331.1	11336.7	10490.0	1978.4	3680.3	3948.5
2014	6191.6	643.6	12254.0	11529.5	12595.1	11266.3	2171.2	4112.8	4347.3
2015	6779.8	666.2	13356.9	12820.8	13665.7	12595.7	2287.3	4490.8	4738.6
2016	7335.8	679.5	14425.4	14051.6	14827.3	13250.7	2418.5	4855.1	5103.4
2017	7900.6	696.5	15349.7	15444.4	15934.2	13316.0	2616.8	5474.2	5466.0
2018	8232.5	713.2	15579.9	16525.5	16141.3	13715.4	2797.4	5786.2	5668.3

2–3 主要年份地区生产总值指数

（按可比价格计算、以上年为 100）

年份	地区生产总值	第一产业	第二产业	第三产业	#工业	#建筑业	#交通、仓储邮电通信业	#批发零售、住宿餐饮业	人均地区生产总值
1978	100.0	100.0	100.0	100.0	100.0	100.0			100.0
1979	106.0	92.1	117.4	115.4	117.5	117.2			105.3
1980	114.4	104.6	122.4	115.3	123.0	116.1			113.2
1981	104.7	108.3	102.1	104.7	103.3	90.3			103.1
1982	114.6	108.1	117.1	121.9	115.3	137.4			112.6
1983	118.7	112.4	117.6	134.4	112.6	164.5			116.8
1984	114.4	114.1	115.2	112.5	118.8	92.2			113.1
1985	105.1	98.8	111.0	100.5	109.2	126.6			104.0
1986	108.0	102.4	107.0	120.8	104.0	128.0			106.8
1987	107.3	99.9	110.3	110.2	111.1	105.0			106.0
1988	104.3	90.4	113.9	97.5	119.1	82.7			102.3
1989	104.9	109.9	99.4	115.8	101.0	85.2			102.5
1990	110.6	102.5	111.3	117.9	111.4	110.8			106.1
1991	114.9	111.3	109.9	127.3	108.8	122.5	101.4	139.2	110.8
1992	121.6	106.3	133.9	121.7	132.5	146.7	114.3	116.7	120.1
1993	112.8	104.7	129.0	96.0	132.7	96.9	116.0	116.3	112.0
1994	117.0	108.5	118.8	122.6	118.9	117.4	131.6	115.7	111.9
1995	116.4	114.4	114.8	121.6	113.8	128.4	129.8	122.8	115.2
1996	115.6	108.3	118.6	115.7	117.9	126.5	106.7	119.4	113.9
1997	112.1	113.8	111.7	111.9	111.6	112.0	119.8	113.2	111.1
1998	112.2	108.7	113.5	111.6	112.3	128.0	113.1	106.4	111.1
1999	110.1	106.2	110.4	111.6	109.9	115.7	112.7	109.5	109.4
2000	110.0	104.8	110.5	112.0	110.3	113.1	113.3	112.5	108.7
2001	111.0	106.5	112.1	111.8	111.9	112.9	110.7	113.2	109.5
2002	111.4	106.3	113.3	111.4	114.3	108.6	112.8	112.3	110.9
2003	112.5	98.2	117.2	113.1	118.1	112.5	111.7	116.7	112.0
2004	114.0	110.0	115.3	113.7	114.3	120.8	115.9	113.2	113.2
2005	114.3	104.0	115.0	117.9	114.1	121.1	124.0	119.8	114.8
2006	115.1	104.3	117.6	115.7	117.7	117.0	115.4	117.3	115.9
2007	115.3	104.1	117.5	116.1	119.8	103.9	116.2	115.6	116.0
2008	113.5	105.8	114.1	115.3	115.0	107.7	114.8	119.1	114.0
2009	113.9	105.5	114.4	115.7	113.3	122.1	110.4	120.5	114.1
2010	114.0	104.2	115.7	114.2	116.1	113.2	105.1	119.5	114.8
2011	113.5	104.5	114.5	114.4	115.5	108.9	110.9	122.2	114.3
2012	113.2	105.1	114.6	113.2	114.4	115.4	108.6	114.6	113.3
2013	111.8	103.1	112.2	112.9	113.1	107.8	108.1	118.3	111.6
2014	110.5	103.7	110.6	111.6	111.1	107.4	109.7	111.8	110.1
2015	109.5	103.5	109.0	111.2	108.5	111.8	105.3	109.2	109.0
2016	108.2	102.0	108.0	109.6	108.5	105.2	105.7	108.1	107.7
2017	107.7	102.5	106.4	109.9	107.5	100.5	108.2	112.8	107.1
2018	104.2	102.4	101.5	107.0	101.3	103.0	106.9	105.7	103.7

2–4 市区主要年份地区生产总值

（当年价格）　　单位：亿元

年 份	地区生产总 值	第一产业	第二产业	第三产业	#工 业	#建筑业	#交通、仓储邮电通信业	#批发零售、住宿餐饮业	人均地区生产总值（元）
1949	0.30	0.01	0.12	0.17					100
1952	0.48	0.02	0.24	0.21					215
1957	1.40	0.03	1.00	0.37					367
1962	1.79	0.03	1.21	0.55					392
1965	2.00	0.03	1.45	0.52					391
1970	3.41	0.06	2.73	0.61					625
1975	5.06	0.11	4.21	0.74					841
1978	7.70	0.15	6.36	1.19	5.98	0.38			1169
1979	9.29	0.15	7.65	1.49	7.24	0.41			1347
1980	11.41	0.14	9.29	1.98	8.78	0.51			1588
1981	11.56	0.19	9.23	2.14	8.69	0.53			1564
1982	13.26	0.27	10.28	2.72	9.61	0.67			1742
1983	15.90	0.33	12.05	3.52	10.44	1.61			2031
1984	17.88	0.26	13.92	3.70	12.75	1.17			2236
1985	20.14	0.39	15.53	4.22	14.21	1.32			2469
1986	22.62	0.35	16.77	5.50	14.67	2.11			2717
1987	26.17	0.36	18.52	7.29	16.26	2.26			3086
1988	29.00	0.54	19.76	8.70	18.33	1.42			3357
1989	39.39	2.69	24.35	12.36	22.90	1.45			3036
1990	46.54	2.89	28.66	14.98	26.80	1.87	4.74	3.49	3486
1991	52.71	3.47	30.25	18.99	28.11	2.14	5.24	5.22	3864
1992	69.15	3.51	42.37	23.27	38.06	4.31	6.03	6.67	5005
1993	101.07	4.35	63.68	33.04	58.44	5.24	9.57	10.15	7217
1994	140.75	4.82	87.23	48.70	81.00	6.24	12.87	14.47	9922
1995	175.65	6.51	102.37	66.77	93.86	8.52	17.41	21.43	12199
1996	209.93	7.38	115.59	86.96	103.91	11.69	22.34	28.34	14356
1997	226.83	6.62	126.36	93.85	112.24	14.11	24.49	30.88	15291
1998	244.33	6.92	139.53	97.88	118.66	20.87	25.31	33.77	16224
1999	257.81	6.56	140.63	110.62	117.57	23.06	27.77	37.14	16945
2000	290.33	6.65	156.16	127.53	128.94	27.22	32.97	42.99	18551
2001	322.50	6.96	170.25	145.30	140.20	30.05	37.67	48.26	19959
2002	359.33	7.40	191.10	160.82	158.56	32.55	41.01	54.42	21970
2003	426.00	7.40	234.37	184.23	199.80	34.57	46.18	62.90	25672
2004	538.39	8.07	305.21	225.11	260.76	44.45	57.57	76.14	28544
2005	625.81	11.79	355.16	258.86	311.67	43.49	62.25	93.61	31203
2006	727.28	11.18	411.18	304.92	372.03	39.15	68.33	116.70	38836
2007	868.60	16.28	482.09	370.23	443.25	38.84	75.00	147.82	45407
2008	998.48	17.71	551.70	429.07	518.37	33.33	93.79	180.34	50586
2009	1143.36	17.42	618.92	507.02	577.58	41.34	107.85	211.93	56833
2010	1779.47	52.12	967.37	759.98	883.11	84.26	147.37	290.64	57743
2011	2115.17	63.26	1149.53	902.38	1034.00	115.53	163.03	326.69	68564
2012	2402.93	67.79	1307.01	1028.13	1179.21	127.80	177.22	402.14	76923
2013	2641.76	72.51	1423.18	1146.07	1281.93	141.25	196.23	458.41	83976
2014	2792.94	91.60	1445.24	1256.10	1279.52	165.72	205.90	501.76	87617
2015	2910.48	103.52	1435.06	1371.90	1265.19	170.28	228.57	537.85	90287
2016	3072.18	109.01	1442.79	1520.39	1268.39	174.82	253.82	567.95	94402
2017	3397.88	120.42	1467.88	1809.59	1264.63	203.62	230.64	679.70	103339
2018	3527.26	124.73	1523.81	1878.71					105955

2–5 市区主要年份地区生产总值指数

（按可比价格计算、以 1978 年为 100）

年 份	地区生产总 值	第一产业	第二产业	第三产业	# 工 业	# 建筑业	# 交通、仓储邮电通信业	# 批发零售、住宿餐饮业	人均地区生产总值
1978	100.0	100.0	100.0	100.0	100.0	100.0			100.0
1979	119.4	79.8	119.5	123.6	120.6	102.4			114.0
1980	145.1	76.4	144.9	154.7	145.7	131.5			132.9
1981	146.9	101.1	144.5	165.2	145.0	136.3			130.8
1982	169.5	131.6	163.3	207.4	162.9	169.9			146.6
1983	204.3	156.8	193.3	268.9	179.5	410.9			171.8
1984	228.6	116.8	222.3	276.0	217.6	297.1			188.2
1985	244.4	162.4	238.3	286.8	232.6	328.3			197.2
1986	264.7	131.8	251.9	349.6	235.3	514.4			209.2
1987	289.4	124.6	267.9	423.8	250.9	536.7			224.5
1988	286.3	150.9	265.6	413.3	262.6	313.0			218.2
1989	334.9	716.1	294.5	502.8	294.7	290.7			249.8
1990	391.6	711.7	345.8	595.9	344.1	372.7	100.0	100.0	286.5
1991	456.6	911.7	358.9	833.7	352.0	467.4	100.4	160.4	329.2
1992	591.3	859.7	479.5	1 079.6	463.2	734.8	115.9	176.0	419.7
1993	667.0	1 097.8	625.3	909.0	623.5	648.8	129.3	223.3	465.0
1994	779.1	999.0	704.7	1 163.5	706.4	675.4	176.4	247.6	341.8
1995	867.9	1 273.7	741.3	1 432.3	733.9	870.6	230.7	306.8	417.1
1996	979.9	1 348.8	813.9	1 713.0	793.3	1 175.3	262.8	357.4	455.0
1997	1 078.9	1 583.5	904.2	1 846.6	873.4	1 446.7	293.5	375.3	493.7
1998	1 173.8	1 721.3	1 010.9	1 913.1	945.0	2 162.8	306.1	409.5	529.2
1999	1 270.1	1 772.9	1 064.5	2 180.9	985.6	2 446.1	337.6	447.6	566.8
2000	1 432.7	1 804.8	1 185.9	2 529.8	1 089.1	2 869.3	419.0	490.6	621.5
2001	1 580.3	1 913.1	1 279.4	2 820.7	1 186.0	3 193.5	490.2	535.2	664.0
2002	1 776.3	2 012.6	1 472.5	3 147.9	1 363.9	3 445.8	537.7	587.1	737.4
2003	2 064.1	1 934.1	1 750.8	3 585.5	1 668.0	3 618.1	625.1	655.2	844.3
2004	2 435.6	2 282.2	1 988.9	4 105.4	2 035.0	4 204.2	715.7	750.2	987.0
2005	2 813.2	2 257.1	2 337.0	4 667.8	2 376.8	5 150.2	959.8	865.7	1 072.9
2006	3 251.5	2 056.2	2 731.7	5 357.7	2 802.3	5 721.3	1 104.7	1 009.4	1 208.0
2007	3 765.6	2 118.8	3 175.0	6 196.4	3 262.3	6 584.2	1 289.4	1 151.3	1 369.0
2008	4 266.4	2 226.9	3 603.6	7 070.1	3 735.3	7 005.6	1 454.4	1 341.3	1 518.1
2009	4 890.7	2 426.5	4 061.7	8 293.5	4 178.6	8 959.5	1 690.1	1 535.7	1 706.3
2010	5678.0	2 318.7	4 613.1	10 059.6	4 679.6	11 934.1	1789.8	1 934.4	1 953.0
2011	6401.0	2 373.2	5 222.1	11 352.0	5 248.3	14 822.0	1934.8	2 064.2	2 181.5
2012	7225.8	2466.9	5913.3	12827.2	5944.3	16748.0	2153.4	2419.6	2432.4
2013	8042.3	2541.4	6563.8	14238.2	6598.1	18591.5	2395.1	2778.1	2682.9
2014	8845.7	2638.1	7400.5	16053.3	7439.6	20954.2	2425.1	3087.8	2956.5
2015	9444.8	2724.1	7747.4	16805.6	7747.1	23036.3	2695.8	3318.3	3121.5
2016	10015.0	2823.3	8078.7	17524.4	8074.0	24059.6	3065.4	3472.0	3278.7
2017	10524.4	2898.3	7738.2	20091.7	7624.5	25509.3	3550.6	3695.4	3445.4
2018	10998.0	2956.3	7908.4	21417.8					3555.7

2–6 市区主要年份地区生产总值指数

（按可比价格计算、以上年为 100）

年份	地区生产总值	第一产业	第二产业	第三产业	#工业	#建筑业	#交通、仓储邮电通信业	#批发零售、住宿餐饮业	人均地区生产总值
1978	100.0	100.0	100.0	100.0	100.0	100.0			100.0
1979	119.4	79.8	119.5	123.6	120.6	102.4			114.0
1980	121.5	95.7	121.3	125.2	120.8	128.4			116.6
1981	101.2	132.3	99.7	106.8	99.5	103.7			98.4
1982	115.4	130.2	113.0	125.5	112.3	124.7			112.1
1983	120.5	119.1	118.4	129.7	110.2	241.8			117.2
1984	111.9	74.5	115.0	102.6	121.2	72.3			109.5
1985	106.9	139.0	107.2	103.9	106.9	110.5			104.8
1986	108.3	81.2	105.7	121.9	101.2	156.7			106.1
1987	109.3	94.5	106.4	121.2	106.6	104.3			107.3
1988	98.9	121.1	99.1	97.5	104.7	58.3			97.2
1989	117.0	474.6	110.9	121.7	112.2	92.9			114.5
1990	116.9	99.4	117.4	118.5	116.8	128.2			114.7
1991	116.6	128.1	103.8	139.9	102.3	125.4	100.4	160.4	114.9
1992	129.5	94.3	133.6	129.5	131.6	157.2	115.4	109.7	127.5
1993	112.8	127.7	130.4	84.2	134.6	88.3	111.6	126.9	110.8
1994	116.8	91.0	112.7	128.0	113.3	104.1	136.4	110.9	73.5
1995	111.4	127.5	105.2	123.1	103.9	128.9	130.8	123.9	122.0
1996	112.9	105.9	109.8	119.6	108.1	135.0	113.9	116.5	109.1
1997	110.1	117.4	111.1	107.8	110.1	123.1	111.7	105.0	108.5
1998	108.8	108.7	111.8	103.6	108.2	149.5	104.3	109.1	107.2
1999	108.2	103.0	105.3	114.0	104.3	113.1	110.3	109.3	107.1
2000	112.8	101.8	111.4	116.0	110.5	117.3	124.1	109.6	109.7
2001	110.3	106.0	107.9	111.5	108.9	111.3	117.0	109.1	106.8
2002	112.4	105.2	115.1	111.6	115.0	107.9	109.7	109.7	111.1
2003	116.2	96.1	118.9	113.9	122.3	105.0	116.3	111.6	114.5
2004	118.0	118.0	113.6	114.5	122.0	116.2	114.5	114.5	116.9
2005	115.5	98.9	117.5	113.7	116.8	122.5	134.1	115.4	108.7
2006	115.6	91.1	116.9	114.8	117.9	111.1	115.1	116.6	112.6
2007	115.8	103.0	116.2	115.7	116.4	115.1	116.7	114.1	113.4
2008	113.3	105.1	113.5	114.1	114.5	106.4	112.8	116.5	110.9
2009	114.6	109.0	112.7	117.3	111.9	127.9	116.2	114.5	112.4
2010	116.1	95.6	113.6	121.3	112.0	133.2	105.9	126.0	114.5
2011	112.7	102.4	113.2	112.8	112.2	124.2	108.1	106.7	111.7
2012	112.9	103.9	113.2	113.0	113.3	113.0	111.3	117.2	111.5
2013	111.3	103.0	111.0	112.2	111.0	111.0	111.2	114.8	110.3
2014	110.0	103.8	112.7	106.8	112.8	112.7	101.3	111.1	110.2
2015	106.8	103.3	104.7	109.8	104.1	109.9	111.2	107.5	105.6
2016	106.0	103.6	104.3	108.1	104.2	104.4	113.7	104.6	105.0
2017	105.1	102.7	95.8	114.7	94.4	106.0	115.8	106.4	105.1
2018	104.5	102.0	102.2	106.6					103.2

2-7 全市及市区主要年份生产总值构成

（当年价格）

年 份	全市地区生产总值	第一产业	第二产业	第三产业	市区地区生产总值	第一产业	第二产业	第三产业
1949	100.0	77.5	7.4	15.1	100.0	4.3	39.3	56.3
1952	100.0	71.4	11.8	16.8	100.0	5.1	50.3	44.6
1957	100.0	46.6	31.2	22.3	100.0	2.2	71.4	26.3
1962	100.0	44.9	31.0	24.1	100.0	1.8	67.6	30.5
1965	100.0	47.4	33.6	19.0	100.0	1.5	72.3	26.2
1970	100.0	45.8	39.0	15.2	100.0	1.9	80.2	17.9
1975	100.0	42.2	42.7	15.1	100.0	2.2	83.2	14.7
1978	100.0	44.0	41.8	14.2	100.0	1.9	82.6	15.5
1979	100.0	43.1	42.6	14.3	100.0	1.6	82.3	16.1
1980	100.0	39.5	45.4	15.2	100.0	1.2	81.4	17.4
1981	100.0	41.4	43.4	15.1	100.0	1.7	79.8	18.5
1982	100.0	40.9	43.1	16.0	100.0	2.0	77.5	20.5
1983	100.0	40.0	42.0	18.0	100.0	2.1	75.8	22.2
1984	100.0	41.0	41.4	17.6	100.0	1.4	77.8	20.7
1985	100.0	39.9	42.8	17.4	100.0	2.0	77.1	20.9
1986	100.0	39.0	41.2	19.8	100.0	1.5	74.1	24.3
1987	100.0	37.9	41.2	20.9	100.0	1.4	70.7	27.9
1988	100.0	35.8	43.0	21.2	100.0	1.9	68.1	30.0
1989	100.0	35.0	40.5	24.4	100.0	6.8	61.8	31.4
1990	100.0	34.3	39.8	25.9	100.0	6.2	61.6	32.2
1991	100.0	33.6	38.5	27.9	100.0	6.6	57.4	36.0
1992	100.0	28.9	43.3	27.8	100.0	5.1	61.3	33.7
1993	100.0	25.3	47.0	27.7	100.0	4.3	63.0	32.7
1994	100.0	25.3	47.1	27.6	100.0	3.4	62.0	34.6
1995	100.0	25.0	45.6	29.4	100.0	3.7	58.3	38.0
1996	100.0	23.7	45.7	30.6	100.0	3.5	55.1	41.4
1997	100.0	21.4	46.4	32.2	100.0	2.9	55.7	41.4
1998	100.0	20.9	46.2	32.9	100.0	2.8	57.1	40.1
1999	100.0	19.7	46.8	33.5	100.0	2.5	54.5	42.9
2000	100.0	19.2	46.0	34.7	100.0	2.3	53.8	43.9
2001	100.0	18.5	46.1	35.4	100.0	2.2	52.8	45.1
2002	100.0	17.9	46.9	35.3	100.0	2.1	53.2	44.8
2003	100.0	15.8	49.3	34.9	100.0	1.7	55.0	43.2
2004	100.0	15.5	49.9	34.6	100.0	1.5	56.7	41.8
2005	100.0	14.1	50.8	35.1	100.0	1.9	56.8	41.4
2006	100.0	12.9	51.9	35.2	100.0	1.5	56.5	41.9
2007	100.0	11.8	52.3	35.9	100.0	1.9	55.5	42.6
2008	100.0	10.8	52.4	36.8	100.0	1.8	55.3	43.0
2009	100.0	10.4	52.5	37.1	100.0	1.5	54.1	44.3
2010	100.0	9.5	51.0	39.5	100.0	2.9	54.4	42.7
2011	100.0	9.3	50.4	40.3	100.0	3.0	54.3	42.7
2012	100.0	9.4	49.5	41.1	100.0	2.8	54.4	42.8
2013	100.0	9.2	47.8	43.0	100.0	2.7	53.9	43.4
2014	100.0	9.4	45.8	44.7	100.0	3.3	51.7	45.0
2015	100.0	9.4	44.9	45.8	100.0	3.6	49.3	47.1
2016	100.0	9.2	43.6	47.2	100.0	3.5	47.0	49.5
2017	100.0	9.1	43.7	47.2	100.0	3.5	43.2	53.3
2018	100.0	9.4	41.6	49.0	100.0	3.5	43.2	53.3

2–8 分行业地区生产总值

（当年价格） 单位：亿元

行业	全市			市区		
	2016	2017	2018	2016	2017	2018
地区生产总值	**5882.86**	**6605.95**	**6755.23**	**3072.18**	**3397.88**	**3527.26**
农、林、牧、渔业	563.19	625.03	659.21	113.30	125.13	
农业	385.97	428.47	454.88	77.28	86.74	
林业	10.89	11.95	12.79	1.19	1.21	
牧业	119.35	130.75	133.81	25.56	27.22	
渔业	26.67	29.38	29.91	4.98	5.25	
农、林、牧、渔服务业	20.31	24.48	27.82	4.29	4.71	
工业	2174.73	2448.17	2329.18	1268.39	1264.63	
采矿业	132.94	156.17		107.55	133.78	
制造业	1979.33	2230.44		1104.69	1080.75	
电力、燃气及水的生产和供应	62.45	61.56		56.14	50.10	
建筑业	393.60	438.48	485.40	174.82	203.62	
批发和零售业	825.76	977.95	979.33	510.48	626.71	
交通运输、仓储和邮政业	414.78	322.97	336.36	216.28	199.30	
住宿和餐饮业	110.60	109.19	119.36	57.47	52.99	
信息传输、计算机服务和软件业	90.55	80.61		54.11	50.10	
金融业	279.53	291.01	322.69	148.00	168.35	
房地产业	221.86	317.35	342.88	106.26	158.67	
租赁和商务服务业	113.34	125.54		57.72	65.08	
科学研究、技术服务和地质勘查业	65.49	85.44		36.83	53.99	
水利、环境和公共设施管理业	22.38	26.75		9.23	9.52	
居民服务和其他服务业	174.37	173.17		74.14	77.26	
教育	137.56	176.54		76.54	98.43	
卫生、社会保障和社会福利业	150.92	181.87		93.98	112.94	
文化、体育和娱乐业	17.95	66.89		9.20	36.77	
公共管理和社会组织	126.28	158.99		65.43	94.39	

主要统计指标解释

国内生产总值(GDP) 国内生产总值(GDP) 指一个国家(地区)所有常住单位在一定时期内生产活动的最终成果。国内生产总值有三种表现形态,即价值形态、收入形态和产品形态。从价值形态看,它是所有常住单位在一定时期内所生产的全部货物和服务价值超过同期投入的全部非固定资产货物和服务价值的差额,即所有常住单位的增加值之和;从收入形态看,它是所有常住单位在一定时期内所创造并分配给常住单位和非常住单位的初次分配收入之和;从产品形态看,它是所有常住单位在一定时期内最终使用的货物和服务减去进口货物和服务价值。在实际核算中,国内生产总值的三种表现形态表现为三种计算方法,即生产法、收入法和支出法。三种方法分别从不同的方面反映国内生产总值及其构成。对于地区(省、市、县),GDP 中文名称为“地区生产总值”。

当年价格 指报告期的实际价格,如工厂的出厂价格,农产品的收购价格,商业的零售价格等。使用当年价格计算的数字,是为了使国民经济各项指标互相衔接,便于考察当年社会经济效益,便于对生产和流通、生产和分配、生产和消费进行经济核算和综合平衡。

按当年价格计算的价值指标,在不同年份之间进行对比时,因为包含有各年间价格变动的因素,不能确切地反映实物量的增添变动。必须消除价格变动因素后,才能真实反映经济发展动态。因此,在计算增长速度时都使用按可比价格计算的数字。

可比价格 指在不同时期的价值指标对比时,扣除了价格变动的因素,以确切反映物量的变化。按可比价格计算有两种方法:一种是直接用产品产量乘某一年的不变价格计算;另一种是用价格指数换算。

不变价格 指用同类产品的年平均价格作为固定价格,来计算各年产品价值。按不变价格计算的产品价值消除了价格变动因素,不同时期对比可以反映生产的发展速度。新中国成立后,随着工农业产品价格水平的变化,国家统计局先后五次制定了全国统一的工业产品不变价格和农业产品不变价格,从 1949 年到 1957 年使用 1952 年工(农)业产品不变价格,从 1957 年到 1971 年使用 1957 年不变价格,从 1971 年到 1981 年使用 1970 年不变价格, 从 1981 年到 1990 年使用 1980 年不变价格,从 1990 年开始使用 1990 年不变价格。

三次产业 根据社会生产活动历史发展的顺序对产业结构的划分,产品直接取自自然界的部门称为第一产业,对初级产品进行再加工的部门称为第二产业, 为生产和消费提供各种服务的部门称为第三产业。它是世界上通用的产业结构分类,但各国的划分不尽一致。我国的三次产业划分是:

第一产业是指农、林、牧、渔业(不含农、林、牧、渔服务业)。

第二产业是指采矿业(不含开采辅助活动),制造业(不含金属制品、机械和设备修理业),电力、热力、燃气及水生产和供应业,建筑业。

第三产业即服务业,是指除第一产业、第二产业以外的其他各业。第三产业包括:批发和零售业,交通运输、仓储和邮政业,住宿和餐饮业,信息传输、软件和信息技术服务业,金融业,房地产业,租凭和商务服务业,科学研究和技术服务业,水利、环境和公共设施管理业,居民服务、修理和其他服务业,教育,卫生和社会工作,文化、体育和娱乐业,公共管理、社会保障和社会组织,国际组织,以及农、林、牧、渔业中的农、林、牧、渔服务业,采矿业中的开采辅助活动,制造业中的金属制品、机械和设备修理业。

三、人口

POPULATION

版面负责人：李跃东

编　　　辑：闫礼建

中华人民共和国统计法实施条例

第十条 统计调查项目涉及其他部门职责的,审批机关应当在作出审批决定前,征求相关部门的意见。

第十一条 审批机关应当自受理统计调查项目审批申请之日起 20 日内作出决定。20 日内不能作出决定的,经审批机关负责人批准可以延长 10 日,并应当将延长审批期限的理由告知制定机关。

制定机关修改统计调查项目的时间,不计算在审批期限内。

第十二条 制定机关申请备案统计调查项目，应当以公文形式向备案机关提交统计调查项目备案申请表和项目的统计调查制度。

统计调查项目的调查对象属于制定机关管辖系统,且主要内容与已批准、备案的统计调查项目不重复、不矛盾的,备案机关应当依法给予备案文号。

第十三条 统计调查项目经批准或者备案的，审批机关或者备案机关应当及时公布统计调查项目及其统计调查制度的主要内容。涉及国家秘密的统计调查项目除外。

第十四条 统计调查项目有下列情形之一的，审批机关或者备案机关应当简化审批或者备案程序,缩短期限:

(一)发生突发事件需要迅速实施统计调查;

(二)统计调查制度内容未作变动,统计调查项目有效期届满需要延长期限。

第十五条 统计法第十七条第二款规定的国家统计标准是强制执行标准。各级人民政府、县级以上人民政府统计机构和有关部门组织实施的统计调查活动,应当执行国家统计标准。

制定国家统计标准,应当征求国务院有关部门的意见。

3-1　主要年份户数、人口数及构成(常住人口)

(年底数)

年　份	总户数(万户)	总人口(万人)	按性别分				平均每户人数(人/户)	年平均人口(万人)	人口密度(人/平方公里)
			男		女				
			人口数(万人)	比重(%)	人口数(万人)	比重(%)			
2006	284.06	872.07	436.91	50.1	435.16	49.9	3.07	—	741
2007	280.10	871.12	437.30	50.2	433.82	49.8	3.11	871.60	740
2008	275.94	869.21	436.34	50.2	432.87	49.8	3.15	870.17	739
2009	273.88	868.19	436.70	50.3	431.49	49.7	3.17	868.70	738
2010	264.88	858.21	431.68	50.3	426.53	49.7	3.24	863.20	729
2011	267.89	857.26	431.20	50.3	426.06	49.7	3.20	857.74	729
2012	271.02	856.41	429.92	50.2	426.49	49.8	3.16	856.84	728
2013	271.01	859.10	432.13	50.3	426.97	49.7	3.17	857.76	730
2014	271.33	862.83	434.00	50.3	428.83	49.7	3.18	860.97	733
2015	270.91	866.90	436.92	50.4	429.98	49.6	3.20	864.87	737
2016	271.34	871.00	438.98	50.4	432.02	49.6	3.21	868.95	740
2017	272.16	876.35	441.68	50.4	434.67	49.6	3.22	873.68	745
2018	275.08	880.20	442.74	50.3	437.46	49.7	3.20	878.28	748

注:除普查年份外,数据均以年度人口抽样调查数据测算。

3-2　全市镇、乡村人口数及其构成(常住人口)

(年底数)　　单位:万人

年　份	总人口数	城　镇		乡　村	
		人口数	占总人口比重(%)	人口数	占总人口比重(%)
2006	872.07	390.69	44.80	481.38	55.20
2007	871.12	398.97	45.80	472.15	54.20
2008	869.21	416.35	47.90	452.86	52.10
2009	868.19	430.62	49.60	437.57	50.40
2010	858.21	462.58	53.90	395.63	46.10
2011	857.26	475.18	55.43	382.08	44.57
2012	856.41	485.67	56.71	370.74	43.29
2013	859.10	498.97	58.08	360.13	41.92
2014	862.83	513.04	59.46	349.79	40.54
2015	866.90	529.24	61.05	337.66	38.95
2016	871.00	543.85	62.44	327.15	37.56
2017	876.35	558.76	63.76	317.59	36.24
2018	880.20	573.01	65.10	307.19	34.90

3-3　主要年份人口数及构成（户籍人口）

（年底数）　　单位：万人

年份	总人口	按性别分				按户口性质分			
		男		女		农业人口		非农业人口	
		人口数	比重(%)	人口数	比重(%)	人口数	比重(%)	人口数	比重(%)
1949	372.61	186.90	50.2	185.71	49.8	340.89	91.5	31.72	8.5
1952	390.60	195.09	49.9	195.51	50.1	362.62	92.8	27.98	7.2
1957	450.86	225.50	50.0	225.36	50.0	401.62	89.1	49.24	10.9
1962	463.94	233.10	50.2	230.84	49.8	410.56	88.5	53.38	11.5
1965	490.87	248.12	50.5	242.75	49.5	434.30	88.5	56.57	11.5
1970	565.88	286.11	50.6	279.77	49.4	508.33	89.8	57.55	10.2
1975	616.98	313.92	50.9	303.06	49.1	549.55	89.1	67.43	10.9
1978	645.41	329.21	51.0	316.20	49.0	570.90	88.5	74.51	11.5
1979	652.47	333.30	51.1	319.44	48.9	572.40	87.7	80.34	12.3
1980	659.86	336.37	51.0	323.49	49.0	576.22	87.3	83.64	12.7
1981	672.02	343.13	51.1	328.89	48.9	585.14	87.1	86.88	12.9
1982	684.45	350.08	51.1	334.37	48.9	594.34	86.8	90.11	13.2
1983	692.94	355.10	51.2	337.84	48.8	599.89	86.6	93.05	13.4
1984	700.04	358.91	51.3	341.13	48.7	603.98	86.3	96.06	13.7
1985	707.56	363.42	51.4	344.14	48.6	605.66	85.6	101.90	14.4
1986	715.41	367.27	51.3	348.14	48.7	610.43	85.3	104.98	14.7
1987	725.88	372.76	51.4	352.12	48.6	616.53	84.9	109.35	15.1
1988	743.78	382.42	51.4	361.36	48.6	621.93	83.6	121.85	16.4
1989	761.81	390.65	51.3	371.16	48.7	629.65	82.7	132.16	17.3
1990	807.14	412.92	51.2	394.22	48.8	668.88	82.9	138.26	17.1
1991	820.17	419.73	51.2	400.44	48.8	675.69	82.4	144.48	17.6
1992	826.74	423.34	51.2	403.40	48.8	676.90	81.9	149.84	18.1
1993	833.94	427.03	51.2	406.91	48.8	678.33	81.3	155.61	18.7
1994	843.21	431.56	51.2	411.65	48.8	683.15	81.0	160.06	19.0
1995	851.15	435.79	51.2	415.36	48.8	682.53	80.2	168.62	19.8
1996	859.43	440.95	51.3	418.48	48.7	682.89	79.5	176.54	20.5
1997	867.16	444.54	51.3	422.62	48.7	684.73	79.0	182.43	21.0
1998	875.78	450.53	51.4	425.25	48.6	687.36	78.5	188.42	21.5
1999	877.53	452.68	51.6	424.85	48.4	684.36	78.0	193.17	22.0
2000	896.44	461.12	51.4	435.32	48.6	665.33	74.2	231.11	25.8
2001	901.86	463.64	51.4	438.21	48.6	661.15	73.3	240.71	26.7
2002	904.44	465.45	51.5	438.99	48.5	654.14	72.3	250.30	27.7
2003	908.66	467.80	51.5	440.86	48.5	624.16	68.7	284.50	31.3
2004	916.85	471.36	51.4	445.49	48.6	614.31	67.0	302.54	33.0
2005	925.31	476.08	51.5	449.23	48.5	609.46	65.9	315.85	34.1
2006	934.73	481.46	51.5	453.27	48.5	613.97	65.7	320.76	34.3
2007	940.95	484.56	51.5	456.39	48.5	617.49	65.6	323.46	34.4
2008	946.86	488.31	51.6	458.55	48.4	610.21	64.4	336.65	35.6
2009	957.61	494.55	51.6	463.06	48.4	579.09	60.5	378.52	39.5
2010	972.89	502.44	51.6	470.45	48.4	527.51	54.2	445.38	45.8
2011	976.66	505.72	51.8	470.94	48.2	351.16	36.0	625.50	64.0
2012	990.52	513.26	51.8	477.26	48.2	325.46	32.9	665.06	67.1
2013	1006.85	521.91	51.8	484.94	48.2	286.23	28.4	720.62	71.6
2014	1023.52	530.37	51.8	493.15	48.2	286.13	28.0	737.39	72.0
2015	1028.70	533.06	51.8	495.64	48.2	433.36	42.1	595.34	57.9
2016	1041.39	539.47	51.8	501.92	48.2	430.05	41.3	611.34	58.7
2017	1039.42	538.04	51.8	501.38	48.2	422.52	40.6	616.90	59.4
2018	1044.77	540.65	51.7	504.12	48.3	411.90	39.4	632.87	60.6

注：户籍人口由公安部门提供。

3-4 主要年份户口数、平均人口及人口密度(户籍人口)

年份	户数（万户）	平均每户人口（人）	年平均人口（万人）	农业人口	非农业人口	人口密度（人/平方公里）
1949	85.85	4.34				331
1952	91.05	4.29	384.46	357.37	27.07	347
1957	104.97	4.30	445.51	398.88	46.63	400
1962	115.02	4.03	458.18	402.01	56.17	412
1965	116.76	4.20	485.20	429.36	55.84	436
1970	124.88	4.53	557.98	499.57	58.41	503
1975	132.87	4.64	611.72	545.36	66.36	548
1978	143.57	4.50	640.77	567.85	72.92	573
1979	146.72	4.45	649.07	571.65	77.42	580
1980	149.43	4.42	656.30	574.31	81.99	586
1981	155.52	4.32	665.94	580.68	85.26	597
1982	157.29	4.35	678.24	589.74	88.50	608
1983	158.32	4.38	688.69	597.11	91.58	616
1984	161.16	4.34	696.49	601.93	94.56	622
1985	163.80	4.32	703.80	604.82	98.98	628
1986	168.46	4.25	711.48	608.04	103.44	635
1987	173.15	4.19	720.65	613.48	107.17	645
1988	182.07	4.09	734.83	619.23	115.60	661
1989	191.43	3.98	752.80	625.79	127.01	677
1990	204.40	3.95	784.47	649.26	135.21	717
1991	209.15	3.92	813.65	672.28	141.37	729
1992	214.47	3.85	823.46	676.30	147.16	734
1993	216.59	3.85	830.34	677.62	152.72	741
1994	220.58	3.82	838.58	680.74	157.84	749
1995	227.60	3.74	847.18	682.84	164.34	756
1996	232.50	3.70	855.29	682.71	172.58	763
1997	238.73	3.63	863.29	683.81	179.48	770
1998	249.75	3.51	871.47	686.04	185.43	778
1999	257.66	3.41	876.66	685.86	190.80	779
2000	270.80	3.31	886.99	674.85	212.14	796
2001	275.91	3.27	899.15	663.24	235.91	801
2002	279.22	3.24	903.15	657.64	245.51	803
2003	282.84	3.21	906.55	639.15	267.40	807
2004	285.00	3.22	912.75	619.23	293.52	814
2005	286.44	3.23	921.08	611.89	309.19	822
2006	284.25	3.29	930.02	611.71	318.31	830
2007	279.33	3.37	937.84	615.73	322.11	836
2008	277.76	3.41	943.91	613.86	330.05	841
2009	278.46	3.44	952.24	594.65	357.59	851
2010	277.28	3.51	965.25	553.30	411.95	864
2011	273.21	3.57	974.78	439.34	535.44	867
2012	274.09	3.61	983.59	338.31	645.28	879
2013	275.57	3.65	998.69	305.85	692.84	894
2014	277.82	3.68	1015.19	286.18	729.00	909
2015	277.66	3.70	1026.11	359.75	666.36	919
2016	278.49	3.72	1035.04	431.71	603.33	925
2017	278.05	3.74	1040.41	426.29	614.12	924
2018	280.98	3.71	1042.10	417.21	624.89	886

3-5 主要年份人口自然变动(户籍人口)

单位:人

年份	出生		死亡		自然增长	
	人数	‰	人数	‰	人数	‰
1949		24.95				
1952	129371	33.65				
1957	138958	31.19	40675	9.13	98273	22.06
1962	164440	35.89	34635	7.56	129805	28.33
1965	181877	37.48	44313	9.13	137564	28.35
1970	185564	33.26	37511	6.72	148053	26.54
1975	125373	20.50	36260	5.93	89113	14.57
1978	102744	16.03	35276	5.51	67468	10.52
1979	85371	13.15	34814	5.36	50557	7.79
1980	125947	19.19	44562	6.79	81385	12.40
1981	120099	18.03	36366	5.46	83733	12.57
1982	119391	17.60	32890	4.85	86501	12.75
1983	98387	14.29	32972	4.79	65415	9.50
1984	98214	14.10	35109	5.04	63105	9.06
1985	85653	12.17	33919	4.82	51734	7.35
1986	97011	13.64	33463	4.70	63548	8.94
1987	110981	15.40	33568	4.66	77413	10.74
1988	169348	23.04	35284	4.80	134064	18.24
1989	170011	22.58	34013	4.52	135998	18.06
1990	157605	20.09	35867	4.57	121738	15.52
1991	156429	19.23	40402	4.97	116027	14.26
1992	101899	12.37	42462	5.16	59437	7.21
1993	99582	11.99	42517	5.12	57065	6.87
1994	113310	13.51	41946	5.00	71364	8.51
1995	83162	9.82	39442	4.66	39442	5.16
1996	81414	9.52	41982	4.91	39432	4.61
1997	99902	11.57	40210	4.66	59692	6.91
1998	91325	10.48	41298	4.74	50027	5.74
1999	71921	8.20	34545	3.94	37376	4.26
2000	167764	18.91	44483	5.02	123281	13.89
2001	69383	7.72	29094	3.24	40289	4.48
2002	69905	7.74	33811	3.74	36094	4.07
2003	85756	9.46	34229	3.78	51527	5.68
2004	132605	14.53	42775	4.69	89830	9.84
2005	125308	13.60	22775	2.47	102533	11.13
2006	138879	14.93	34254	3.68	104644	11.25
2007	190322	20.29	133825	14.27	56497	6.02
2008	170661	18.08	106845	11.32	63816	6.76
2009	182950	19.21	68358	7.18	114592	12.03
2010	217399	22.52	79390	8.22	138009	14.30
2011	177663	18.23	71598	7.35	106065	10.88
2012	193812	19.71	45778	4.65	148045	15.05
2013	211582	21.19	33430	3.35	178152	17.84
2014	205463	20.24	30120	2.97	175343	17.27
2015	151956	14.81	59174	5.77	92782	9.04
2016	184364	17.81	39293	3.80	145071	14.02
2017	161550	15.53	146280	14.06	15270	1.47
2018	139514	13.39	53436	5.13	86078	8.26

3-6　市区主要年份人口数及构成(户籍人口)

（年底数）　　单位:万人

年份	总人口	按性别分				按户口性质分			
		男		女		农业人口		非农业人口	
		人口数	比重(%)	人口数	比重(%)	人口数	比重(%)	人口数	比重(%)
1949	29.94	15.91	53.1	14.03	46.9	4.30	14.4	25.64	85.6
1952	22.21	11.53	51.9	10.68	48.1	3.19	14.4	19.02	85.6
1957	38.66	19.93	51.6	18.73	48.4	3.00	7.8	35.66	92.2
1962	45.35	23.63	52.1	21.72	47.9	8.46	18.7	36.89	81.3
1965	51.73	27.76	53.7	23.97	46.3	7.32	14.2	44.41	85.8
1970	53.86	28.68	53.2	25.18	46.8	8.82	16.4	45.04	83.6
1975	61.24	33.21	54.2	28.03	45.8	10.32	16.9	50.92	83.1
1978	67.07	36.57	54.5	30.50	45.5	11.08	16.5	55.99	83.5
1979	70.87	38.74	54.7	32.13	45.3	10.05	14.2	60.82	85.8
1980	72.85	39.71	54.5	33.14	45.5	9.92	13.6	62.93	86.4
1981	74.96	40.78	54.4	34.18	45.6	10.18	13.6	64.78	86.4
1982	77.29	42.16	54.5	35.13	45.5	10.48	13.6	66.81	86.4
1983	79.28	43.34	54.7	35.94	45.3	10.69	13.5	68.59	86.5
1984	80.64	44.04	54.6	36.60	45.4	10.73	13.3	69.91	86.7
1985	82.48	44.99	54.5	37.49	45.5	10.31	12.5	72.17	87.5
1986	84.08	45.83	54.5	38.25	45.5	10.24	12.2	73.84	87.8
1987	85.57	46.45	54.3	39.12	45.7	10.32	12.1	75.25	87.9
1988	87.20	47.27	54.2	39.93	45.8	9.88	11.3	77.32	88.7
1989	89.27	48.34	54.2	40.93	45.8	9.92	11.1	79.35	88.9
1990	90.66	48.98	54.0	41.68	46.0	10.09	11.1	80.57	88.9
1991	91.86	49.52	53.9	42.34	46.1	10.00	10.9	81.86	89.1
1992	93.65	50.48	53.9	43.17	46.1	9.64	10.3	84.01	89.7
1993	95.17	51.14	53.7	44.03	46.3	9.64	10.1	85.53	89.9
1994	142.84	74.73	52.3	68.11	47.7	49.13	34.4	93.71	65.6
1995	145.14	75.74	52.2	69.39	47.8	48.65	33.5	96.48	66.5
1996	147.34	76.91	52.2	70.42	47.8	47.13	32.0	100.21	68.0
1997	149.34	77.90	52.2	71.44	47.8	47.12	31.5	102.22	68.5
1998	151.87	79.09	52.1	72.78	47.9	47.40	31.2	104.47	68.8
1999	152.41	79.12	51.9	73.29	48.1	46.90	30.8	105.51	69.2
2000	160.61	83.28	51.9	77.33	48.1	51.51	32.1	109.10	67.9
2001	162.54	84.27	51.8	78.27	48.2	50.49	31.1	112.05	68.9
2002	164.55	85.30	51.8	79.25	48.2	43.47	26.4	121.08	73.6
2003	167.33	86.87	51.9	80.46	48.1	31.89	19.1	135.44	80.9
2004	167.42	86.76	51.8	80.66	48.2	28.76	17.2	138.66	82.8
2005	179.87	93.21	51.8	86.66	48.2	30.22	16.8	149.65	83.2
2006	181.61	94.11	51.8	87.50	48.2	27.88	15.4	153.73	84.6
2007	182.93	94.70	51.8	88.23	48.2	26.87	14.7	156.06	85.3
2008	184.40	95.38	51.7	89.02	48.3	26.42	14.3	157.98	85.7
2009	186.22	96.29	51.7	89.93	48.3	26.91	14.4	159.31	85.6
2010	312.72	161.06	51.5	151.66	48.5	108.50	34.7	204.22	65.3
2011	315.67	162.58	51.5	153.09	48.5	70.59	22.4	245.08	77.6
2012	320.85	165.27	51.5	155.58	48.5	71.07	22.2	249.78	77.8
2013	326.36	167.96	51.5	158.40	48.5	40.89	12.53	285.47	87.5
2014	331.47	170.37	51.4	161.10	48.6	38.87	11.73	292.60	88.3
2015	333.46	171.26	51.4	162.20	48.6	88.04	26.4	245.42	73.6
2016	337.65	173.17	51.3	164.48	48.7	87.27	25.8	250.38	74.2
2017	337.85	172.70	51.1	165.15	48.9	85.48	25.3	252.37	74.7
2018	341.81	174.33	51.0	167.48	49.0	85.49	25.0	256.32	75.0

3–7 市区主要年份户数、平均人口及人口密度(户籍人口)

年份	户数（万户）	平均每户人口（人）	年平均人口（万人）	农业人口	非农业人口	人口密度（人/平方公里）
1949	5.99	5.00				667
1952	5.31	4.18	22.34	3.21	19.13	621
1957	8.73	4.43	38.04	4.50	33.54	721
1962	9.76	4.65	45.74	7.90	37.84	2153
1965	10.31	5.02	51.27	7.23	44.04	2970
1970	11.11	4.85	54.52	8.68	45.84	3092
1975	12.95	4.73	60.16	10.11	50.05	3515
1978	14.76	4.54	65.82	11.13	54.69	3636
1979	15.80	4.49	68.97	10.57	58.40	3842
1980	16.82	4.33	71.86	9.99	61.87	3950
1981	18.22	4.11	73.90	10.05	63.85	4063
1982	19.60	3.94	76.13	10.33	65.80	4189
1983	20.64	3.84	78.29	10.59	67.70	4297
1984	21.70	3.72	79.96	10.71	69.25	4371
1985	22.79	3.62	81.56	10.52	71.04	4470
1986	23.71	3.55	83.28	10.28	73.00	4557
1987	24.46	3.50	84.83	10.28	74.55	4638
1988	25.56	3.41	86.39	10.10	76.29	4726
1989	26.57	3.36	88.24	9.90	78.34	4838
1990	27.44	3.30	89.97	10.01	79.96	4914
1991	28.18	3.26	91.26	10.05	81.21	4979
1992	28.84	3.25	92.76	9.82	82.94	5076
1993	29.42	3.24	94.41	9.64	84.77	5158
1994	42.92	3.33	141.86	49.13	93.71	1483
1995	44.02	3.30	143.99	48.89	95.10	1507
1996	44.76	3.29	146.24	47.89	98.35	1530
1997	45.72	3.27	148.34	47.12	101.22	1551
1998	46.66	3.25	150.60	47.26	103.34	1577
1999	47.35	3.22	152.14	47.15	104.99	1583
2000	49.74	3.23	156.51	49.20	107.31	1547
2001	50.65	3.21	161.58	51.00	110.31	1566
2002	51.22	3.21	163.55	46.98	116.57	1576
2003	51.81	3.23	165.94	37.68	128.26	1612
2004	52.29	3.20	167.38	30.33	137.05	1613
2005	56.29	3.20	179.03	35.78	143.25	1543
2006	56.59	3.21	180.74	29.05	151.69	1566
2007	56.84	3.22	182.27	27.38	154.90	1577
2008	57.15	3.23	183.67	26.65	157.02	1590
2009	57.52	3.24	185.31	26.67	158.64	1605
2010	95.16	3.29	314.58	110.36	204.22	1029
2011	94.77	3.33	314.20	89.55	224.65	1039
2012	95.27	3.36	318.26	70.83	247.43	1056
2013	96.14	3.39	323.61	55.98	267.63	1074
2014	96.93	3.42	328.90	39.86	289.04	1092
2015	97.10	3.43	332.46	63.45	269.01	1104
2016	97.91	3.45	335.56	87.66	247.90	1118
2017	98.11	3.44	337.75	86.37	251.38	1125
2018	99.60	3.41	339.83	85.48	254.35	1110

3-8 市区主要年份人口自然变动(户籍人口)

单位:人、‰

年　份	出　生		死　亡		自然增长	
	人　数	出生率	人　数	死亡率	人　数	自然增长率
1949						23.44
1952	8237	36.87	2784	12.46	5453	24.41
1957	14012	36.84	2898	7.62	11114	29.22
1962	18156	39.70	3022	6.61	15134	33.09
1965	12905	25.10	2840	5.50	10065	19.60
1970	14121	25.90	3217	5.90	10904	20.00
1975	10242	17.02	2821	4.69	7421	12.33
1978	7190	10.92	3001	4.56	4189	6.36
1979	9081	13.17	3129	4.54	5952	8.63
1980	11590	16.13	3405	4.74	8185	11.39
1981	13518	18.29	3478	4.71	10040	13.59
1982	13343	17.53	3455	4.54	9888	12.99
1983	10570	13.50	3294	4.21	7276	9.29
1984	9512	11.90	3325	4.16	6187	7.74
1985	9612	11.78	3429	4.20	6183	7.58
1986	12006	14.42	3253	3.91	8753	10.51
1987	14076	16.59	3472	4.09	10604	12.50
1988	13299	15.39	3598	4.17	9701	11.22
1989	12535	14.21	3642	4.13	8893	10.08
1990	7662	8.52	3525	3.92	4137	4.60
1991	8139	8.92	4013	4.40	4126	4.52
1992	8131	8.77	3953	4.26	4178	4.51
1993	8885	9.41	4252	4.50	4633	4.91
1994	15513	10.94	4873	3.44	10640	7.50
1995	11960	8.31	5650	3.92	6310	4.39
1996	11831	8.09	5939	4.06	5892	4.03
1997	14429	9.73	5590	3.77	8839	5.96
1998	14758	9.80	8273	5.49	6485	4.31
1999	12234	8.04	5819	3.82	6415	4.22
2000	23718	15.15	8152	5.21	15566	9.94
2001	11175	6.92	4366	2.70	6809	4.22
2002	11598	7.09	5444	3.33	6154	3.76
2003	11459	6.91	5540	3.34	5919	3.57
2004	13234	7.91	6690	4.00	6544	3.91
2005	17323	9.68	5551	3.10	11772	6.58
2006	19567	10.83	5368	2.97	14199	7.86
2007	23946	13.14	15701	8.61	8245	4.53
2008	24004	13.07	9462	5.15	14542	7.92
2009	25797	13.92	5511	2.97	20286	10.95
2010	64556	20.72	31217	9.92	33339	10.60
2011	59766	19.02	19167	6.10	40599	12.92
2012	58680	18.43	10139	3.18	48541	15.25
2013	62770	19.40	11104	3.43	51666	15.97
2014	56863	17.29	10068	3.06	46795	14.23
2015	45790	13.77	20886	6.28	24904	7.49
2016	45298	13.50	8951	2.67	36347	10.83
2017	51055	15.12	56258	16.66	-5203	-1.54
2018	43434	12.78	14866	4.37	28568	8.41

3-9　市区分区户数、人口数(户籍人口)

(2018年底)　　单位:人

地　　区	总户数(户)	总人口(人)	男	女	农业人口	非农业人口
市　区	**996022**	**3418060**	**1743334**	**1674726**	**854959**	**2563101**
鼓楼区	193811	626810	315862	310948		626810
云龙区	121660	368559	182028	186531		368559
贾汪区	136381	522707	272912	249795	210705	312002
泉山区	190121	568522	284140	284382		568522
铜山区	354049	1331462	688392	643070	644254	687208

3-10　市区分区人口自然变动(户籍人口)

(2018年底)　　单位:人、‰

年　　份	出　生		死　亡		自然增长	
	人　数	出生率	人　数	死亡率	人　数	自然增长率
市　区	**43434**	**12.78**	**14866**	**4.37**	**28568**	**8.41**
鼓楼区	8089	13.03	2281	3.67	5808	9.36
云龙区	5484	15.13	1470	4.06	4014	11.07
贾汪区	6925	13.27	2978	5.71	3947	7.56
泉山区	5920	10.44	2816	4.97	3104	5.47
铜山区	17016	12.83	5321	4.01	11695	8.82

主要统计指标解释

总人口数　是指在一定时点、一定地域范围内所有的有生命的个人总和，它是由不同性别、不同年代出生的人所组成，是反映一个国家人口资源的重要指标。

人口总数随人口的出生、死亡、迁入、迁出的变动而变动，也随计算时地域范围和依据的人口范畴（户籍人口和常住人口）的不同而不同，如户籍人口统计中的人口总数和人口普查所取得的人口总数，由于统计的口径不同，在相同地域范围内得到的人口数也不尽相同。

户籍人口　是指在户口管理部门登记了常住户口的人。本《年鉴》内所列人口数除特别说明外均为户籍人口。

农业人口　依靠从事农业生产（包括林、牧、渔业）维持生活的全部人口，包括实际从事农业生产的人口以及由他们所抚养的人口。由于改革开放，一些人外出务工经商，其户口性质仍为农村户口的人也统计在农业人口范围内。

非农业人口　不依靠从事农业生产的职业来维持生活的人口，主要指城镇的非农业户口性质的人口。

年平均人数　是指一年内的各个时点人口的平均数。在实际统计工作中，由于资料的限制，无法按理论上所讲的方法计算，一般根据年初、年末人数按简单算术平均数计算，也常用年中人数来表示年平均人数。

出生率　一定时期内出生人数与同期平均人口数之比。又称总出生率或粗出生率。它反映人口的出生水平。出生人口数是指活产，即离开母体时有生命现象的活产婴儿总和。

出生率通常以年为单位计算，计算方法为：年出生人数除以年平均人数，以千分数表示。

死亡率　一定时期内（通常为一年）死亡人数与同期平均人数（或期中人数）之比。说明该时期人口的死亡强度。计算方法为：年死亡人数除以年平均人数，以千分数表示。

自然增长率　它是表明人口自然增长的趋势和程度（或速度）的指标，即一定时期内人口自然增长数（出生人数减死亡人数）与同期平均人口数之比。通常以一年为期计算，用千分数表示。计算公式为：人口自然增长率 =（全年出生人数减死亡人数）/ 年平均总人数 × 1000‰。实际工作中，一般用出生率减死亡率计算而得。

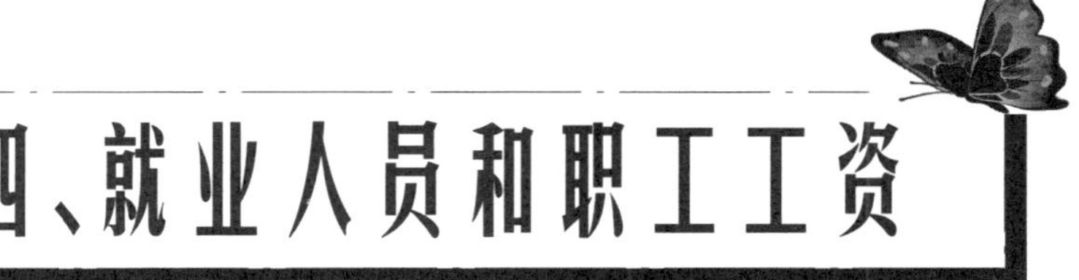

四、就业人员和职工工资

EMPLOYMENT AND WAGES

版面负责人：李跃东　卢川川　顾元林

编　　　辑：唐子午　曹　晶　刘　畅

中华人民共和国统计法实施条例

第三章　统计调查的组织实施

第十六条　统计机构、统计人员组织实施统计调查，应当就统计调查对象的法定填报义务、主要指标涵义和有关填报要求等，向统计调查对象作出说明。

第十七条　国家机关、企业事业单位或者其他组织等统计调查对象提供统计资料，应当由填报人员和单位负责人签字，并加盖公章。个人作为统计调查对象提供统计资料，应当由本人签字。统计调查制度规定不需要签字、加盖公章的除外。

统计调查对象使用网络提供统计资料的，按照国家有关规定执行。

第十八条　县级以上人民政府统计机构、有关部门推广使用网络报送统计资料，应当采取有效的网络安全保障措施。

第十九条　县级以上人民政府统计机构、有关部门和乡、镇统计人员，应当对统计调查对象提供的统计资料进行审核。统计资料不完整或者存在明显错误的，应当由统计调查对象依法予以补充或者改正。

第二十条　国家统计局应当建立健全统计数据质量监控和评估制度，加强对各省、自治区、直辖市重要统计数据的监控和评估。

第四章　统计资料的管理和公布

第二十一条　县级以上人民政府统计机构、有关部门和乡、镇人民政府应当妥善保管统计调查中取得的统计资料。

国家建立统计资料灾难备份系统。

第二十二条　统计调查中取得的统计调查对象的原始资料，应当至少保存 2 年。

汇总性统计资料应当至少保存 10 年，重要的汇总性统计资料应当永久保存。法律法规另有规定的，从其规定。

4-1 从业人员

单位：万人

年 份	从业人数	职工人数	国有经济单位	城镇集体经济单位	其他经济类型单位	城镇私营企业从业人员和个体劳动者	其他从业人员
1978	283.64	60.12	41.16	18.96			
1979	282.72	61.94	41.04	20.90		0.19	
1980	292.22	64.97	45.16	19.81		0.53	
1981	302.62	67.64	47.80	19.84		0.74	
1982	314.75	70.10	50.18	19.92		0.36	
1983	322.66	72.17	52.60	19.57		0.57	
1984	337.62	76.65	53.40	23.25		1.10	
1985	349.04	78.06	55.19	22.87		1.56	
1986	357.72	80.41	56.82	23.58	0.01	1.15	
1987	367.36	82.15	58.96	23.17	0.02	1.44	
1988	381.43	85.87	61.88	23.96	0.04	2.29	
1989	390.31	85.39	61.88	23.42	0.09	3.16	
1990	408.50	87.35	63.69	23.53	0.13	3.27	
1991	419.35	89.59	65.55	23.85	0.19	2.60	
1992	421.81	90.25	67.10	22.87	0.28	3.04	
1993	423.40	91.83	69.40	21.54	0.89	3.62	1.08
1994	423.45	91.39	70.80	19.60	0.99	5.12	1.16
1995	425.43	92.39	72.52	19.13	0.74	8.03	1.24
1996	428.26	94.16	73.94	18.78	1.44	8.98	0.91
1997	432.88	93.85	74.41	17.76	1.68	12.42	1.30
1998	421.09	77.72	63.66	9.79	4.27	17.33	1.35
1999	418.65	75.07	61.95	9.39	3.73	17.81	1.42
2000	417.66	71.02	57.74	8.30	4.98	19.21	1.26
2001	415.78	67.64	53.65	7.01	6.98	20.58	1.29
2002	391.81	61.76	44.55	4.92	12.28	16.09	1.50
2003	382.03	59.15	43.32	4.25	11.58	17.73	2.15
2004	395.50	56.31	40.19	3.90	12.22	28.73	3.08
2005	452.20	56.07	40.13	3.60	12.34	37.74	10.39
2006	469.15	56.91	39.87	3.57	13.47	43.51	15.98
2007	477.21	57.56	40.00	3.35	14.21	53.61	11.49
2008	486.05	58.34	39.53	3.44	15.37	59.38	13.95
2009	501.17	58.29	38.49	2.99	16.81	68.93	15.20
2010	485.90	58.38	38.59	2.89	16.90	80.17	15.96
2011	483.00	59.42	38.94	2.93	17.55	88.82	15.56
2012	478.70	60.59	39.50	2.62	18.46	93.62	15.85
2013	478.70	101.54	32.98	3.04	65.51	104.88	16.21
2014	480.90	99.88	34.06	3.32	62.49	109.77	19.78
2015	482.10	97.17	32.05	3.16	61.95	112.58	22.49
2016	483.40	92.89	31.76	3.21	57.92	134.70	27.20
2017	482.70	90.43	31.30	3.04	56.09	157.50	6.73
2018	483.10	79.60	30.06	2.85	46.69	167.96	11.22

注：1.从 2013 年年报开始在岗职工期末人数为劳资老口径与一套表四上单位合并数据，且为在岗职工与劳务派遣工之和，所以从业人数较上年增加较多。从 2010 年开始从业人数为推算数。2.其他从业人员 2017 年起为当年新增数据，与往年不可比。（下同）

4–2 市区从业人员

单位：万人

年 份	从业人数	职工人数	国有经济单位	城镇集体经济单位	其他经济类型单位	城镇私营企业从业人员和个体劳动者	其他从业人员
1978	43.76	39.20	28.07	11.13			
1979	46.66	42.12	28.90	13.22		0.02	
1980	47.26	42.71	30.76	11.95		0.12	
1981	49.16	44.41	32.44	11.97		0.19	
1982	51.19	46.28	34.24	12.04		0.21	
1983	53.74	48.37	36.37	12.00		0.37	
1984	55.88	50.01	37.69	12.32		0.75	
1985	58.14	51.42	39.51	11.91		1.18	
1986	58.95	52.69	40.30	12.38	0.01	0.72	
1987	59.82	53.34	41.09	12.23	0.02	0.97	
1988	61.42	54.06	42.03	11.98	0.05	1.90	
1989	61.35	54.01	42.22	11.70	0.09	1.72	
1990	62.50	55.05	43.12	11.81	0.12	1.82	
1991	63.48	56.05	43.93	11.93	0.19	1.93	
1992	63.35	56.07	44.57	11.27	0.23	2.06	
1993	63.95	56.13	44.88	10.59	0.66	2.65	0.25
1994	80.20	55.75	45.21	9.69	0.85	3.11	0.63
1995	82.89	55.92	45.98	9.52	0.42	5.11	0.67
1996	82.21	56.12	45.78	9.30	1.04	5.24	0.40
1997	82.85	55.41	45.53	9.00	0.87	7.17	0.42
1998	74.39	44.72	38.92	3.60	2.20	10.52	0.28
1999	71.29	42.84	37.62	3.48	1.74	9.09	0.39
2000	72.16	40.10	34.32	2.88	2.90	10.61	0.43
2001	72.81	38.12	32.08	2.24	3.79	11.91	0.51
2002	63.22	34.33	25.23	1.70	7.40	6.92	0.71
2003	62.74	32.64	24.45	1.40	6.79	8.21	0.64
2004	71.37	30.71	21.99	1.21	7.51	17.42	1.46
2005	91.10	30.35	22.31	1.02	7.02	23.77	8.79
2006	99.74	30.18	22.00	1.00	7.18	26.55	12.75
2007	96.42	30.55	22.39	0.84	7.32	29.74	6.73
2008	99.17	30.30	21.79	1.14	7.37	30.19	9.00
2009	103.83	30.00	21.33	0.84	7.83	34.13	8.27
2010	157.24	35.22	24.17	1.03	10.02	43.98	11.51
2011	156.30	35.48	24.29	1.13	10.06	48.84	10.38
2012	154.91	35.82	24.51	0.87	10.43	51.59	6.93
2013	154.91	54.85	14.69	0.92	39.23	60.36	7.35
2014	155.62	52.84	15.03	0.77	37.04	62.01	5.28
2015	156.01	50.17	14.32	0.70	35.15	61.64	16.52
2016	156.82	45.80	14.43	0.71	30.66	74.43	19.79
2017	157.92	45.84	14.68	0.63	30.53	86.05	4.95
2018	160.07	41.72	13.49	1.25	26.98	90.91	2.91

注：1.2010 年以后市区为包含铜山区口径，与往年不可比。2010 年以后从业人数为推算数。2.其他从业人员 2018 年的数据只包含民办非企业从业人员，与往年数据不可比。

4-3 分三次产业从业人数及构成

单位：万人、%

年份	从业人数	第一产业		第二产业		第三产业	
		人数	比重	人数	比重	人数	比重
1978	283.64	204.41	72.1	43.56	15.3	35.67	12.6
1979	282.72	204.52	72.4	45.06	15.9	33.14	11.7
1980	292.22	209.96	71.8	49.69	17.0	32.57	11.2
1981	302.62	216.86	71.7	51.80	17.1	33.96	11.2
1982	314.75	221.17	70.3	57.62	18.3	35.96	11.4
1983	322.66	223.59	69.3	61.30	19.0	37.77	11.7
1984	337.62	223.01	66.0	69.74	20.7	44.87	13.3
1985	349.04	222.57	63.8	78.65	22.5	47.82	13.7
1986	357.72	222.38	62.2	84.04	23.5	51.30	14.3
1987	367.35	225.07	61.3	89.84	24.4	52.45	14.3
1988	381.43	226.65	59.4	97.06	25.5	57.72	15.1
1989	390.31	235.21	60.2	95.49	24.5	59.61	15.3
1990	408.50	249.36	61.0	95.41	23.4	63.73	15.6
1991	419.35	260.56	62.1	93.90	22.4	64.89	15.5
1992	421.81	258.67	61.3	98.13	23.3	65.01	15.4
1993	423.40	247.05	58.3	105.18	24.9	71.17	16.8
1994	423.45	247.36	58.4	103.56	24.5	72.53	17.1
1995	425.43	242.09	56.9	107.66	25.3	75.68	17.8
1996	428.26	239.60	55.9	108.63	25.4	80.03	18.7
1997	432.88	240.85	55.6	106.11	24.5	85.92	19.9
1998	421.09	242.24	57.5	92.02	21.9	86.83	20.6
1999	418.65	235.80	56.3	92.26	22.0	90.59	21.7
2000	417.66	235.35	56.4	93.24	22.3	89.07	21.3
2001	415.78	230.49	55.4	95.79	23.0	89.50	21.6
2002	391.81	216.01	55.1	94.83	24.2	80.97	20.7
2003	382.03	196.26	51.4	103.31	27.0	82.46	21.6
2004	395.50	189.72	48.0	111.45	28.2	94.33	23.8
2005	452.20	182.63	40.3	127.69	28.3	141.88	31.4
2006	469.15	177.20	37.8	144.99	30.9	146.96	31.3
2007	477.21	170.31	35.7	152.18	31.9	154.72	32.4
2008	486.05	163.19	33.5	168.99	34.8	153.87	31.7
2009	501.17	162.08	32.4	180.01	35.9	159.08	31.7
2010	485.90	197.80	40.7	130.60	26.9	157.50	32.4
2011	483.00	189.10	39.2	136.50	28.3	157.40	32.6
2012	478.70	180.40	37.7	140.30	29.3	158.00	33.0
2013	478.70	171.50	35.8	145.80	30.5	161.40	33.7
2014	480.90	162.70	33.8	150.70	31.3	167.50	34.8
2015	482.10	152.80	31.7	155.60	32.3	173.70	36.0
2016	483.40	144.30	29.9	159.90	33.1	179.20	37.1
2017	482.70	135.00	28.0	162.80	33.7	184.90	38.3
2018	483.10	119.90	24.8	170.20	35.2	193.00	40.0

注：从 2010 开始从业人数为推算数。

4-4 市区分三次产业从业人数及构成

单位：万人、%

年 份	从业人数	第一产业		第二产业		第三产业	
		人 数	比 重	人 数	比 重	人 数	比 重
1978	43.76	3.90	8.9	24.66	56.4	15.20	34.7
1979	46.66	3.83	8.2	27.73	59.4	15.10	32.4
1980	47.26	3.65	7.7	29.47	62.4	14.14	29.9
1981	49.16	3.65	7.4	30.60	62.3	14.91	30.3
1982	51.19	3.56	7.0	32.25	63.0	15.38	30.0
1983	53.74	3.50	6.5	34.59	64.4	15.65	29.1
1984	55.88	3.28	5.9	36.60	65.5	16.00	28.6
1985	58.14	2.78	4.8	39.89	66.9	16.47	28.3
1986	58.95	2.84	4.8	38.85	65.9	17.26	29.3
1987	59.82	2.79	4.6	40.25	67.3	16.78	28.1
1988	61.42	2.71	4.4	40.46	65.9	18.25	29.7
1989	51.35	2.86	4.7	39.94	65.1	18.55	30.2
1990	62.50	2.91	4.7	39.41	63.0	20.19	32.3
1991	63.48	2.83	4.4	39.97	63.0	20.68	32.6
1992	63.35	2.71	4.3	41.23	65.1	19.41	30.6
1993	63.95	2.24	3.5	40.79	63.8	20.92	32.7
1994	80.20	11.46	14.3	43.90	54.7	24.84	31.0
1995	82.89	11.83	14.3	45.71	55.1	25.35	30.6
1996	82.21	11.86	14.4	44.61	54.3	25.74	31.3
1997	82.85	10.96	13.2	44.24	53.4	27.65	33.4
1998	74.39	10.21	13.7	34.85	46.9	29.33	39.4
1999	71.29	10.06	14.1	33.38	46.8	27.85	39.1
2000	72.16	11.18	15.5	32.22	44.6	28.76	39.9
2001	72.81	12.78	17.6	31.19	42.8	28.84	39.6
2002	63.22	11.73	18.6	27.21	43.0	24.28	38.4
2003	62.75	10.71	17.1	26.78	42.7	25.26	40.2
2004	71.38	10.01	14.0	27.80	39.0	33.56	47.0
2005	91.10	12.06	13.2	32.08	35.2	46.95	51.5
2006	99.74	12.41	12.4	34.35	34.5	52.98	53.1
2007	96.42	9.26	9.6	33.07	34.3	54.09	56.1
2008	99.17	10.70	10.8	39.72	40.0	48.75	49.2
2009	103.83	11.82	11.4	42.22	40.7	49.79	47.9
2010	157.24	54.28	34.5	38.83	24.7	64.13	40.8
2011	156.30	51.62	33.0	40.59	26.0	64.09	41.0
2012	154.91	48.86	31.5	41.72	26.9	64.33	41.5
2013	154.91	45.84	29.6	43.35	28.0	65.72	42.4
2014	155.62	42.61	27.4	44.81	28.8	68.20	43.8
2015	156.01	39.02	25.0	46.27	29.7	70.72	45.3
2016	156.82	33.34	21.3	48.89	31.2	74.58	47.6
2017	157.92	31.19	19.8	49.78	31.5	76.95	48.7
2018	160.07	27.70	17.3	52.04	32.5	80.32	50.2

注：2010 年以后市区为包含铜山区口径，与往年不可比。从 2010 开始从业人数为推算数。

4–5　分行业城镇私营个体从业人员

（2018 年底）　　单位：人

行　　业	全　市	市　区
合　计	**1679634**	**909062**
第一产业	37126	19540
第二产业	385255	172099
工业	255130	111848
建筑业	130125	60251
第三产业	1257253	717423
交通运输、仓储和邮政业	118785	57759
信息传输、计算机服务和软件业	25060	13964
批发和零售业	644724	356654
住宿和餐饮业	122407	75037
金融业	2395	1335
房地产业	37405	20406
租赁和商务服务业	101061	65041
科学研究、技术服务和地质勘查业	85168	58061
水利、环境和公共设施管理业	2457	1347
居民服务和其他服务业	92561	55128
教育	6644	3179
卫生、社会保障和社会福利业	3932	2444
文化、体育和娱乐业	14601	7035
其他	53	33

4–6　分行业乡村从业人员

（2018 年底）　　单位：万人

行　　业	全　市	市　区
合　计	**356.40**	**85.79**
第一产业	126.28	28.06
# 农业	105.33	21.68
第二产业	156.42	37.61
工业	104.61	26.47
建筑业	51.81	11.14
第三产业	73.70	20.12
交通运输、仓储和邮政业	16.11	5.32
信息传输、计算机服务和软件业	1.99	0.63
批发和零售业	22.92	6.42
住宿、餐饮业	10.73	2.65
金融和保险业	1.55	0.48
房地产和社会服务业	2.00	0.47
科学研究、技术服务和地质勘查业	0.62	0.17
教育、文化、艺术和广播电视业	3.21	0.68
卫生、体育和社会福利业	2.25	0.48
公共管理和社会组织	1.09	0.22
其他	11.23	2.60

4-7 主要年份在岗职工人数

（年底数） 单位：万人

年份	全市合计	国有经济单位	城镇集体经济单位	其他经济类型单位	市区合计	国有经济单位	城镇集体经济单位	其他经济类型单位
1949	6.11	6.11			4.88	4.88		
1952	8.11	8.11			6.00	6.00		
1957	10.04	10.04			6.86	6.86		
1962	16.94	16.94			16.81	12.21	4.60	
1965	15.18	15.18			15.23	10.45	4.78	
1970	22.12	22.12			18.94	13.84	5.10	
1975	42.69	29.21	13.48		27.06	19.86	7.20	
1978	60.12	41.16	18.96		39.20	28.07	11.13	
1979	61.94	41.04	20.90		42.12	28.90	13.22	
1980	64.97	45.16	19.81		42.71	30.76	11.95	
1981	67.64	47.80	19.84		44.41	32.44	11.97	
1982	70.10	50.18	19.92		46.28	34.24	12.04	
1983	72.17	52.60	19.57		48.37	36.37	12.00	
1984	76.65	53.40	23.25		50.01	37.69	12.32	
1985	78.06	55.19	22.87		51.42	39.51	11.91	
1986	80.41	56.82	23.58	0.01	52.69	40.30	12.38	0.01
1987	82.15	58.96	23.17	0.02	53.34	41.09	12.23	0.02
1988	85.87	61.88	23.96	0.04	54.06	42.03	11.98	0.05
1989	85.39	61.88	23.42	0.09	54.01	42.22	11.70	0.09
1990	87.35	63.69	23.53	0.13	55.05	43.12	11.81	0.12
1991	89.59	65.55	23.85	0.19	56.05	43.93	11.93	0.19
1992	90.25	67.10	22.87	0.28	56.07	44.57	11.27	0.23
1993	91.83	69.40	21.54	0.89	56.13	44.88	10.59	0.66
1994	91.39	70.80	19.60	0.99	55.75	45.21	9.69	0.85
1995	92.39	72.52	19.13	0.74	55.92	45.98	9.52	0.42
1996	94.16	73.94	18.78	1.44	56.12	45.78	9.30	1.04
1997	93.85	74.41	17.76	1.68	55.41	45.53	9.00	0.87
1998	77.72	63.66	9.79	4.27	44.72	38.92	3.60	2.20
1999	75.07	61.95	9.39	3.73	42.84	37.62	3.48	1.74
2000	71.02	57.74	8.30	4.98	40.10	34.32	2.88	2.90
2001	67.64	53.65	7.01	6.98	38.12	32.08	2.24	3.79
2002	61.76	44.55	4.92	12.28	34.33	25.23	1.70	7.40
2003	59.15	43.32	4.25	11.58	32.64	24.45	1.40	6.79
2004	56.31	40.19	3.90	12.22	30.71	21.99	1.21	7.51
2005	56.07	40.13	3.60	12.34	30.35	22.31	1.02	7.03
2006	56.91	39.87	3.57	13.47	30.18	22.00	1.00	7.18
2007	57.56	40.00	3.35	14.21	30.55	22.39	0.84	7.32
2008	58.34	39.53	3.44	15.37	30.30	21.79	1.14	7.37
2009	58.29	38.49	2.99	16.81	30.00	21.33	0.84	7.83
2010	58.38	38.59	2.89	16.90	35.22	24.17	1.03	10.02
2011	59.42	38.94	2.93	17.54	35.48	24.30	1.13	10.05
2012	60.59	39.50	2.62	18.46	35.82	24.51	0.87	10.43
2013	101.53	32.98	3.04	65.51	54.84	14.69	0.92	39.23
2014	99.88	34.06	3.32	62.50	52.84	15.03	0.77	37.04
2015	97.17	32.05	3.16	61.95	50.17	14.32	0.70	35.15
2016	92.89	31.76	3.21	57.92	45.80	14.43	0.71	30.66
2017	90.43	31.30	3.04	56.09	45.84	14.68	0.63	30.53
2018	79.60	30.06	2.85	46.69	41.72	13.49	1.25	26.98

注：从2013年年报开始在岗职工期末人数为劳资老口径与一套表四上单位合并数据，且为在岗职工与劳务派遣工之和。

4-8　在岗职工人数

（2018 年底）　　　　单位：人

项　　目	在岗职工人　　数	国有经济单位	城镇集体经济单位	其他经济类型单位
总　计	**795977**	**300591**	**28465**	**466921**
按企业、事业、机关分				
企业	572843	87627	20917	464299
事业	142726	134562	7234	930
机关	78653	78363	246	44
民间非营利组织	236	39	7	190
其他	1519		61	1458
按国民经济行业分				
农、林、牧、渔业	11026	10944	58	24
采矿业	50039			50039
制造业	163934	888	1944	161102
电力、煤气及水的生产和供应业	7727	909	85	6733
建筑业	184401	27814	8515	148072
批发和零售业	29952	5210	2384	22358
交通运输、仓储及邮政业	35071	9191	852	25028
住宿和餐饮业	4650	926	164	3560
信息传输、计算机服务和软件业	7170	2889		4281
金融业	13353	3877	2592	6884
房地产业	9809	665	29	9115
租赁和商务服务业	23846	7387	1256	15203
科学研究、技术服务和地质勘查业	11037	7323	323	3391
水利、环境和公共设施管理业	8719	6565	814	1340
居民服务和其他服务业	1277	376		901
教育	96881	90887	2826	3168
卫生、社会保障和社会福利业	48422	37630	6565	4227
文化、体育和娱乐业	5296	3871	18	1407
公共管理和社会组织	83367	83239	40	88
按隶属关系分（国有经济）				
中央	14306	14306		
地方	258120	258120		
其他	28165	28165		

4-9　市区在岗职工人数

（2018 年底）　　　　单位：人

项　　目	在岗职工人　　数	国有经济单位	城镇集体经济单位	其他经济类型单位
总　计	**417201**	**134939**	**12504**	**269758**
按企业、事业、机关分				
企业	313287	35334	9293	268660
事业	63455	59497	3185	773
机关	40101	40101		
民间非营利组织	79	7	7	65
其他	279		19	260
按国民经济行业分				
农、林、牧、渔业	3924	3874	26	24
采矿业	26776			26776
制造业	111998	888	246	110864
电力、煤气及水的生产和供应业	5171	251	85	4835
建筑业	61049	1983	5944	53122
批发和零售业	19544	3113	1050	15381
交通运输、仓储及邮政业	26283	5866	461	19956
住宿和餐饮业	3781	830	65	2886
信息传输、计算机服务和软件业	5899	1784		4115
金融业	9830	2492	907	6431
房地产业	6816	318	29	6469
租赁和商务服务业	16670	5646	105	10919
科学研究、技术服务和地质勘查业	7112	4819	146	2147
水利、环境和公共设施管理业	5447	4175	219	1053
居民服务和其他服务业	872	237		635
教育	40735	37322	2079	1334
卫生、社会保障和社会福利业	21080	18320	1110	1650
文化、体育和娱乐业	3974	2826	18	1130
公共管理和社会组织	40240	40195	14	31
按隶属关系分（国有经济）				
中央	12310	12310		
地方	115903	115903		
其他	6726	6726		

4-10　女性在岗职工人数

（2018 年底）　　　　单位：人

项　　目	女性从业人员人数	国有经济单位	城镇集体经济单位	其他经济类型单位
总　计	**287665**	**143015**	**12319**	**132331**
按企业、事业、机关分				
企业	173265	35807	6783	130675
事业	87472	81422	5389	661
机关	25887	25768	108	11
民间非营利组织	143	18	6	119
其他	898		33	865
按国民经济行业分				
农、林、牧、渔业	6770	6736	16	18
采矿业	10739			10739
制造业	60234	332	608	59294
电力、煤气及水的生产和供应业	2284	423	27	1834
建筑业	16351	2265	743	13343
批发和零售业	16160	2347	1080	12733
交通运输、仓储及邮政业	11113	3403	322	7388
住宿和餐饮业	2893	519	102	2272
信息传输、计算机服务和软件业	3417	1418		1999
金融业	13813	6699	1072	6042
房地产业	4047	228	13	3806
租赁和商务服务业	6506	771	797	4938
科学研究、技术服务和地质勘查业	3034	1851	102	1081
水利、环境和公共设施管理业	4302	2393	1177	732
居民服务和其他服务业	607	153		454
教育	57824	54177	1634	2013
卫生、社会保障和社会福利业	38311	30932	4609	2770
文化、体育和娱乐业	2619	1772	4	843
公共管理和社会组织	26641	26596	13	32

4-11 主要年份职工工资总额

单位：万元

年 份	全 市				市 区			
	全部职工	国有经济单 位	城镇集体经济单位	其他经济类型单位	全部职工	国有经济单 位	城镇集体经济单位	其他经济类型单位
1949	1962	1962			1707	1707		
1952	3680	3680			3177	3177		
1957	5709	5709			4251	4251		
1962	10295	10295			8042	8042		
1965	9418	9418			7106	7106		
1970	11199	11199			8136	8136		
1975	21093	15939	5154		14896	11824	3072	
1978	31439	23706	7733		22573	17598	4975	
1979	36925	27781	9144		27260	21129	6131	
1980	44954	34084	10870		32809	25473	7336	
1981	47170	35891	11279		34194	26615	7579	
1982	51676	39575	12101		37389	29355	8033	
1983	55388	43349	12039		40701	32699	8001	
1984	80714	60828	19886		58779	46285	12493	
1985	93432	72426	21006		68323	55947	12376	
1986	110187	85424	24754	9	80480	65838	14633	9
1987	117231	91512	25689	30	84543	69518	14995	28
1988	149139	117615	31454	70	104028	86618	17340	64
1989	165525	132521	32819	185	118228	100083	17960	185
1990	185938	150380	35187	371	132593	112898	19324	371
1991	208723	169855	38397	471	149964	127972	21524	468
1992	244828	202261	41831	736	175433	151564	23203	666
1993	304255	253382	47734	3139	218454	189200	26586	2668
1994	407761	349729	53041	4991	287245	253793	28832	4620
1995	506766	437394	66563	2809	355676	317499	36295	1880
1996	584442	506673	68847	8922	402383	358696	36286	7401
1997	609772	534263	64613	10896	419217	375289	36310	7618
1998	592951	514526	48949	29476	396614	357549	23395	15670
1999	624029	546719	49089	28221	417883	378034	23453	16396
2000	653127	565585	42684	44858	439909	390587	18473	30849
2001	700349	596699	39062	64588	482073	423530	15307	43235
2002	742489	572711	31159	138619	516553	397782	13763	105008
2003	802685	621748	29756	151181	569467	440515	12119	116832
2004	894607	679066	33849	181692	641470	483484	15473	142513
2005	1072593	825124	35199	212270	763816	587518	14430	161868
2006	1250866	943120	40150	267595	888450	679934	14744	193772
2007	1367407	1034032	42865	290510	932620	720634	13729	198257
2008	1549543	1141926	56183	351434	1032278	776277	20991	235010
2009	1808200	1289097	58151	460952	1179995	860207	17196	302592
2010	1985130	1431819	70534	482777	1404233	1034203	29191	340839
2011	2347680	1673845	91401	582434	1621227	1187306	41355	392566
2012	2664762	1890555	92391	681817	1813377	1326132	33376	453870
2013	4587245	1617517	119932	2849796	2806363	867345	37131	1901887
2014	5011775	1782705	144653	3084417	2997160	963758	37083	1996319
2015	5248123	1957397	148450	3142276	3020812	1037061	36704	1947048
2016	5266856	2083555	159849	3023452	2945037	1119808	40686	1784543
2017	5591259	2263659	166049	3161551	3169448	1248071	40450	1880927
2018	5617231	2411299	195304	3010628	3350499	1343875	92919	1913705

注：在岗职工工资总额为劳动工资原口径与一套表四上单位合并后的在岗职工工资总额（含劳务派遣人员）。

4-12 主要年份职工平均工资

单位:元

年份	全市				市区			
	全部职工	国有经济单位	城镇集体经济单位	其他经济类型单位	全部职工	国有经济单位	城镇集体经济单位	其他经济类型单位
1949					349	349		
1952	503	503			529	529		
1957	573	573			619	619		
1962	548	548			590	590		
1965	599	599			594	680	407	
1970	553	553			547	587	436	
1975	509	564	392		580	595	426	
1978	554	593	430		605	664	446	
1979	605	676	459		647	731	464	
1980	715	791	535		768	828	613	
1981	720	772	569		770	820	633	
1982	755	808	609		807	857	667	
1983	780	840	621		841	898	667	
1984	1105	1178	884		1175	1228	1014	
1985	1231	1351	941		1220	1303	944	
1986	1403	1537	1077	1828	1400	1503	1067	645
1987	1463	1601	1119	2021	1511	1625	1136	1934
1988	1798	1973	1349	2101	1800	1935	1329	1633
1989	1965	2177	1410	2224	2189	2370	1535	2189
1990	2179	2417	1531	3050	2708	2618	1636	3091
1991	2379	2644	1647	2656	2715	2913	1804	2521
1992	2753	3052	1867	2838	3151	3426	2068	3115
1993	3355	6698	2245	3702	3914	4244	2512	4119
1994	4524	5013	2732	5202	5186	5658	2971	5583
1995	5537	6101	3481	3957	6381	6938	3791	4669
1996	6279	6933	3707	6308	7208	7878	3916	7197
1997	6521	7211	3636	6580	7533	8214	3994	8764
1998	7717	8149	5150	7023	8999	9234	6998	7796
1999	8447	8955	5351	7731	9911	10169	7015	9945
2000	9339	9908	5243	9531	11144	11442	6706	11940
2001	10501	11174	5630	10171	12837	13143	7041	13710
2002	11887	12683	6235	11264	14929	15633	8246	14027
2003	13551	14327	6777	13209	17518	18073	8528	17405
2004	15809	16864	8387	14789	20898	22046	12735	18876
2005	18849	20373	9597	16670	24838	26223	13545	22230
2006	21896	23639	11058	19673	29191	30969	14163	26047
2007	23711	25791	12674	20465	30652	32299	15904	27338
2008	26824	29000	16253	23534	33982	35610	18075	31689
2009	31173	33575	19527	27715	39392	40387	20230	38766
2010	34243	37406	24377	28737	40254	43371	28185	34075
2011	39493	43102	30823	33008	45909	49355	36327	38794
2012	44070	47890	35540	37076	50715	54249	37936	43510
2013	47013	50192	40499	45680	51903	59051	40505	49445
2014	50268	53761	43619	48784	55387	63929	48059	52170
2015	54310	61794	47722	50809	59373	72206	52751	54356
2016	57228	66580	50405	52520	63077	77868	57621	56468
2017	63917	74800	56043	58277	71510	88131	63133	63718
2018	71457	81565	72026	64974	81357	100117	81795	71879

4-13 职工工资总额

（2018 年底） 单位:万元

项　　目	在岗职工工资总额	国有经济单位	城镇集体经济单位	其他经济类型单位
总　计	**5617231**	**2411299**	**195304**	**3010628**
按企业、事业、机关分				
企业	3643098	513594	134856	2994649
事业	1258640	1192377	58519	7744
机关	707190	705163	1681	346
民间非营利组织	853	166	19	668
其他	7450		230	7221
按国民经济行业分				
农、林、牧、渔业	34314	33776	455	83
采矿业	461814			461814
制造业	1077371	5364	17406	1054600
电力、煤气及水的生产和供应业	77841	5145	719	71977
建筑业	911669	124838	47002	739829
批发和零售业	160136	26992	10418	122726
交通运输、仓储及邮政业	277628	81644	4735	191249
住宿和餐饮业	18415	3526	613	14276
信息传输、计算机服务和软件业	50985	16777		34207
金融业	160109	40946	26372	92792
房地产业	67493	4618	321	62553
租赁和商务服务业	101105	21748	4352	75005
科学研究、技术服务和地质勘查业	91410	64344	1917	25148
水利、环境和公共设施管理业	63109	51561	5092	6456
居民服务和其他服务业	8783	3137		5646
教育	822326	775564	28809	17953
卫生、社会保障和社会福利业	446565	373639	46846	26080
文化、体育和娱乐业	33299	25652	43	7604
公共管理和社会组织	752861	752027	203	631
按隶属关系分(国有经济)				
中央	117727	117727		
地方	2144366	2144366		
其他	149207	149207		

4-14 市区职工工资总额

（2018 年底） 单位：万元

项目	在岗职工工资总额	国有经济单位	城镇集体经济单位	其他经济类型单位
总计	**3350499**	**1343875**	**92919**	**1913705**
按企业、事业、机关分				
企业	2226243	261040	60050	1905153
事业	673845	634493	32762	6590
机关	448290	448290		
民间非营利组织	302	53	19	231
其他	1818		88	1731
按国民经济行业分				
农、林、牧、渔业	11533	11162	288	83
采矿业	260540			260540
制造业	803088	5364	863	796860
电力、煤气及水的生产和供应业	61160	1733	719	58708
建筑业	287968	15365	33364	239238
批发和零售业	121326	19644	4906	96776
交通运输、仓储及邮政业	237477	64722	2779	169976
住宿和餐饮业	15070	3186	279	11604
信息传输、计算机服务和软件业	43373	10167		33206
金融业	131391	29351	13186	88854
房地产业	50372	2629	321	47422
租赁和商务服务业	73445	16670	398	56377
科学研究、技术服务和地质勘查业	64815	47452	822	16542
水利、环境和公共设施管理业	46525	39657	1653	5214
居民服务和其他服务业	7217	2447		4769
教育	403482	370972	23075	9436
卫生、社会保障和社会福利业	246550	224916	10111	11522
文化、体育和娱乐业	25773	19399	43	6331
公共管理和社会组织	459396	459038	112	246
按隶属关系分（国有经济）				
中央	102004	102004		
地方	1183050	1183050		
其他	58821	58821		

4-15 职工平均工资

（2018 年底） 单位:元

项 目	在岗职工年平均工资	国有经济单位	城镇集体经济单位	其他经济类型单位
总 计	**71457**	**81565**	**72026**	**64974**
按企业、事业、机关分				
企业	64622	61609	68622	64997
事业	88500	88892	81810	83269
机关	90227	90301	68616	78682
民间非营利组织	36311	42615	27000	35354
其他	49014		38898	49422
按国民经济行业分				
农、林、牧、渔业	30539	30278	78500	36043
采矿业	88851			88851
制造业	65918	60615	90800	65650
电力、煤气及水的生产和供应业	100830	56111	84541	107140
建筑业	52189	53409	65986	51309
批发和零售业	53862	52606	43227	55307
交通运输、仓储及邮政业	78633	87818	50481	76280
住宿和餐饮业	39475	37790	34268	40180
信息传输、计算机服务和软件业	73296	57813		84379
金融业	119681	106159	101158	134209
房地产业	69202	69658	82282	69112
租赁和商务服务业	43677	29742	34595	51451
科学研究、技术服务和地质勘查业	82911	87674	59353	74779
水利、环境和公共设施管理业	72473	78218	62406	49660
居民服务和其他服务业	67825	82339		61775
教育	85111	85547	102305	57119
卫生、社会保障和社会福利业	93289	100174	72194	63906
文化、体育和娱乐业	61516	66062	24000	50290
公共管理和社会组织	90511	90550	50700	71682
按隶属关系分(国有经济)				
中央	80673	80673		
地方	83477	83477		
其他	61771	61771		

4–16 市区职工平均工资

（2018 年底） 单位：元

项　　目	在岗职工年平均工资	国有经济单位	城镇集体经济单位	其他经济类型单位
总　计	**81357**	**100117**	**81795**	**71879**
按企业、事业、机关分				
企业	72117	73746	73546	71855
事业	107138	107627	103383	85255
机关	112430	112430		
民间非营利组织	38266	75286	27000	35492
其他	64712		46263	66050
按国民经济行业分				
农、林、牧、渔业	29376	28790	110885	36043
采矿业	96536			96536
制造业	71797	60615	35665	71965
电力、煤气及水的生产和供应业	118572	69044	84541	121750
建筑业	50344	75171	71505	47383
批发和零售业	62539	64640	45258	63347
交通运输、仓储及邮政业	89543	109107	50985	84801
住宿和餐饮业	39667	38065	34925	40264
信息传输、计算机服务和软件业	76280	56578		85384
金融业	133446	118830	143948	137545
房地产业	74614	83187	82282	74143
租赁和商务服务业	45926	29901	37196	54682
科学研究、技术服务和地质勘查业	91482	98081	56301	78732
水利、环境和公共设施管理业	84961	93443	75493	51473
居民服务和其他服务业	82477	102828		74873
教育	99939	100276	111528	72083
卫生、社会保障和社会福利业	119089	124967	91588	71968
文化、体育和娱乐业	62969	68306	24000	51266
公共管理和社会组织	114565	114605	79714	79323
按隶属关系分（国有经济）				
中央	81278	81278		
地方	102940	102940		
其他	87091	87091		

4-17 城镇登记失业人数及失业率

单位：人

年　份	当年需要安置的人数	当年已安置就业的人数	年末城镇登记失业人数	#失业青年	#失业女青年	年末城镇登记失业率（%）
1981	42995	22600	10294	10294		1.52
1982	28451	18432	5144	5144		0.73
1983	20261	8336	10633	10633		1.44
1984	22729	13584	8396	8396		1.08
1985	27051	14654	11605	11605		1.45
1986	30373	18158	11854	11854		1.43
1987	32082	16469	15200	15200		1.78
1988	36679	22722	13469	13469		1.50
1989	74534	22780	50947	50947		5.44
1990	71500	44775	22440	22440		2.42
1991	50367	29702	18622	18622	12054	1.98
1992	42113	19787	18754	18754	11627	1.97
1993	37681	19406	16997	16275	9615	1.81
1994	33896	17241	15576	14875	8815	1.70
1995	31238	14971	15390	15078	8869	1.60
1996	31431	14568	15276	13795	7742	1.50
1997	29154	13083	15073	13181	7232	1.62
1998	27155	13481	13163	10398	6295	1.30
1999	28125	13087	15038	12981	8035	1.52
2000	34107	14078	18625	8482	4433	1.89
2001	44654	16512	26836	9956	5650	2.40
2002	60674	21098	38099			3.58
2003	66044	22521	37980	7430	3492	4.30
2004	67288	27905	37231	6571	3815	4.03
2005	66614	31263	33560	10385	5980	3.44
2006	78964	45611	32581	9589	5273	3.03
2007	84262	50696	33488	17268	9478	2.80
2008	88393	54628	33665			2.70
2009	96903	61063	35738			2.86
2010	106308	72665	33613			2.63
2011	115628	77798	37824			2.55
2012	117890	82521	35369			2.39
2013	156404	122597	33785			2.14
2014	132486	100534	31914			1.91
2015	155995	124366	31611			1.89
2016	169543	138586	30953			1.85
2017	170150	139772	30375			1.82
2018	177054	145947	31105			1.78

主要统计指标解释

从业人员 指从事一定社会劳动并取得劳动报酬或经营收入的全部劳动力。包括：

（1）全部职工

（2）城镇私营企业从业人员

（3）城镇个体劳动者

（4）农村社会劳动者

（5）其他社会劳动者

这一指标反映了一定时期内全部劳动力资源的实际利用情况，是研究基本国情国力的重要指标。

各单位的从业人员是指在各级国家机关、政党机关、社会团体及企业、事业单位中工作，并取得劳动报酬的全部人员。包括职工、再就业的离退休人员、民办教师以及在各单位中工作的外方人员和港、澳、台方人员。

各单位的从业人员反映了各单位实际参加生产或工作的全部劳动力。

职工 指在国有经济、城镇集体经济、联营经济、股份制经济、外商和港、澳、台投资经济、其他经济单位及其附属机构工作，并由其支付工资的各类人员。

合同制职工 指各单位根据国务院国发（1986）77号文件和国务院令第99号的规定，通过签订有固定期限劳动合同、无固定期限劳动合同和以完成一项工作为期限劳动合同所使用的职工。包括实行全员劳动合同制单位的全部职工。

使用的农村劳动力 指国有经济、城镇集体经济、联营经济、股份制经济、外商和港、澳、台投资经济、其他经济单位的职工中，现仍保留农村户籍关系的人员。

长期职工 指用工期限在一年以上（含一年）的职工。包括原固定职工、合同制职工、长期临时工以及国有单位使用的城镇集体所有制单位的人员和其他使用期限在一年以上的原计划外用工。

临时职工 指用工期限不超过一年的职工。包括各单位根据国家有关规定招用的，签订一年以内的劳动合同或使用期不超过一年的临时性、季节性用工。

其他从业人员 指劳动统计制度规定不作职工统计，但实际参加社会劳动并取得劳动报酬的人员。

各单位的其他从业人员是指单位中除职工以外的全部参加本单位生产或工作并取得劳动报酬的人员。包括再就业的离退休人员、民办教师以及在各单位中工作的外方人员和港、澳、台方人员。

城镇集体经济单位职工 指在城镇集体经济单位及其管理部门工作并由其支付工资的各类人员。

其他经济单位职工 指在联营经济、股份制经济、外商投资经济、港、澳、台投资经济单位工作，并由其支付工资的各类人员。

城镇个体劳动者 指经工商行政管理部门核准登记，领取营业执照，参加生产经营活动，户口在城镇的全部人员。

城镇登记失业人员 指有非农业户口，在一定的劳动年龄内（16岁以上及男50岁以下、女45岁以下），有劳动能力，无业而要求就业，并在当地就业服务机构进行待业登记的人员。

城镇登记失业率 是城镇登记失业人数同城镇在业人数加城镇登记失业人数之比。计算公式为：

$$\text{城镇失业率}=\frac{\text{城镇登记失业人数}}{\text{城镇在业人数}+\text{城镇登记失业人数}}\times 100\%$$

从业人员劳动报酬 各单位一定时期内直接支付给本单位全部从业人员的劳动报酬总额。包括职工工资总额和本单位其他从业人员劳动报酬两部分。

职工工资总额 指各单位在一定时期内直接支付给本单位全部职工的劳动报酬总额。

工资总额的计算原则应以直接支付给职工的全部劳动报酬为根据。各单位支付给职工的劳动报酬以及其他根据有关规定支付的工资，不论是计入成本的还是不计入成本的，不论是按国家规定列入计征奖金税项目的，还是未列入计征奖金税项目的，不论是以货币形式支付的还是以实物形式支付的，均包括在工资总额内。

计时工资 指按计时工资标准（包括地区生活费补贴）和工作时间支付给个人的劳动报酬，以及根据国家法律、法规和政策规定，因病、工伤、产假、计划生育假、婚丧假、事假、探亲假、定期休假、停工学习、执行国家或社会义务等原因按计时工资标准或计时工资标准的一定比例支付的工资。

计件标准工资 是指实行计件工资制的单位按照批准的计件单价和规定的劳动定额或工作量应支付给计件工人的劳动报酬。

计件超额工资 是计件工资的一部分，指计件工人超额完成定额任务后所得的工资。即计件工人实得的全部计件工资减去应得的计件标准工资后的数额。某些企业的工人由于从事生产的工作物等级高于本人工资等级，因而其计件标准工资高于本人标准工资，其计件超额工资也应是全部工资减去应得的计件标准工资后的数额。

奖金 指支付给职工的超额劳动报酬和增收节支的劳动报酬。

津贴和补贴 指为了补偿职工特殊或额外的劳动消耗和因其他特殊原因支付给职工的津贴，以及为了保证职工工资水平不受物价影响支付给职工的物价补贴。

其他从业人员劳动报酬 指各单位在一定时期内直接支付给本单位其他从业人员的全部劳动报酬。

职工平均工资 指企业、事业、机关单位的职工在一定时间内平均每人所得的货币工资额。它表明一定时期职工工资收入的高低程度，是反映职工工资水平的主要指标。计算公式为：

$$\text{职工平均工资}=\frac{\text{报告期实际支付的全部职工工资总额}}{\text{报告期全部职工平均人数}}$$

职工平均实际工资 指扣除物价变动因素后的职工平均工资。计算公式为：

$$\text{职工平均实际工资}=\frac{\text{报告期职工平均工资}}{\text{报告期全部职工生活费价格指数}}$$

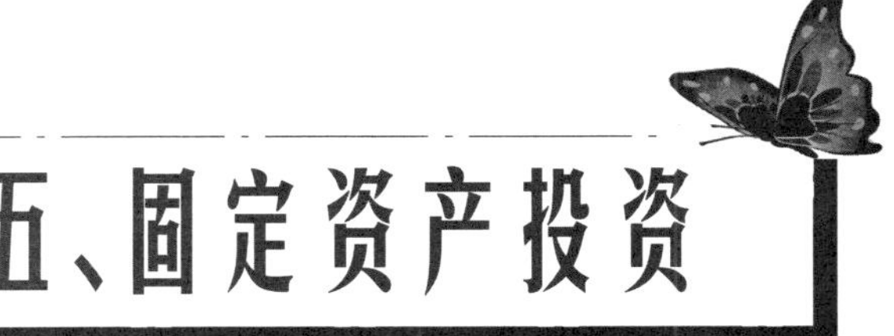

五、固定资产投资

INVESTMENT IN FIXED ASSETS

版面负责人：张　虹
编　　　辑：孙　伟

中华人民共和国统计法实施条例

第二十三条 统计调查对象按照国家有关规定设置的原始记录和统计台账，应当至少保存2年。

第二十四条 国家统计局统计调查取得的全国性统计数据和分省、自治区、直辖市统计数据，由国家统计局公布或者由国家统计局授权其派出的调查机构或者省级人民政府统计机构公布。

第二十五条 国务院有关部门统计调查取得的统计数据，由国务院有关部门按照国家有关规定和已批准或者备案的统计调查制度公布。

县级以上地方人民政府有关部门公布其统计调查取得的统计数据，比照前款规定执行。

第二十六条 已公布的统计数据按照国家有关规定需要进行修订的，县级以上人民政府统计机构和有关部门应当及时公布修订后的数据，并就修订依据和情况作出说明。

第二十七条 县级以上人民政府统计机构和有关部门应当及时公布主要统计指标涵义、调查范围、调查方法、计算方法、抽样调查样本量等信息，对统计数据进行解释说明。

第二十八条 公布统计资料应当按照国家有关规定进行。公布前，任何单位和个人不得违反国家有关规定对外提供，不得利用尚未公布的统计资料谋取不正当利益。

第二十九条 统计法第二十五条规定的能够识别或者推断单个统计调查对象身份的资料包括：

(一)直接标明单个统计调查对象身份的资料；

(二)虽未直接标明单个统计调查对象身份，但是通过已标明的地址、编码等相关信息可以识别或者推断单个统计调查对象身份的资料；

(三)可以推断单个统计调查对象身份的汇总资料。

5-1 全社会固定资产投资

单位:万元

年份	全社会固定资产投资完成额	#城镇规模以上	农村规模以上	#城乡个私	#城镇个私
1978	32052	32052			
1979	39965	39965			
1980	46737	46737			
1981	31140	31140			
1982	45100	45100			
1983	61776	61776			
1984	72575	72575			
1985	81993	81993			
1986	186435	111793	46816	27826	13530
1987	223523	120516	54252	48755	15040
1988	203704	101872	62359	39473	16000
1989	211255	88112	70066	73077	16730
1990	244092	117535	84417	42140	19460
1991	300167	153137	99315	47715	22890
1992	448089	256335	132420	59334	23160
1993	513891	308967	134000	70924	15986
1994	772145	407060	247278	117807	31959
1995	1036880	532002	407263	97615	20696
1996	1365558	713616	542778	109164	18626
1997	1521073	812015	573291	135767	21696
1998	1882611	1137480	510507	211098	7529
1999	2202118	1313145	404029	422971	47274
2000	2521865	1540283	359501	541440	81474
2001	2878503	1715698	137554	182724	109437
2002	3231237	1776036	121704	272936	128717
2003	3830289	2447598	412593	292571	130034
2004	4452726	3187501	717778	726871	281055
2005	6013112	4509921	950880	1613051	881267
2006	7529941	5985211	816056	2386794	1800453
2007	9607018	7695881	1027195	6310559	5364624
2008	12506684	10150379	1467142	4397099	3293322
2009	16245718	13375634	2314293	7555693	5821889
2010	20492595	16469766	2917392	9003877	6810346

注:1.2002 年以前城镇、农村规模以上分别为城镇、农村集体以上;2.2010 年以后不再统计全社会固定资产投资。

5-2 固定资产投资

单位:万元

年 份	全 市	#城乡个私	市 区	#城乡个私
1978	32052		27988	
1979	39965		34622	
1980	46737		40763	
1981	31140		26990	
1982	45100		38339	
1983	61776		54607	
1984	72575		64757	
1985	81993		69413	
1986	158609	27826	106534	5816
1987	174768	48755	118110	6935
1988	164231	39473	95271	7917
1989	158178	73077	85194	7378
1990	201952	42140	117947	9486
1991	252452	47715	142140	10426
1992	388755	59334	233176	9293
1993	442967	70924	205394	6145
1994	654338	117807	316251	11149
1995	939265	97615	425293	13867
1996	1256394	109164	584478	18347
1997	1385306	135767	752279	36649
1998	1647987	211098	1098821	19776
1999	1717174	422971	1153101	100599
2000	1899784	541440	1269190	150387
2001	1853252	182724	1401933	87082
2002	1897740	272936	1461694	94483
2003	2860191	292571	1788761	49681
2004	3905279	726871	2041714	130810
2005	5460801	1613051	2492481	465764
2006	6801267	2386794	2936655	631616
2007	8723076	6310559	3617867	2402901
2008	11617521	4397099	5218485	2177161
2009	15689927	7555693	6270237	2248229
2010	19387158	9003877	10220846	3953299
2011	22010274	8934776	11930894	3448110
2012	26858891	9599343	14485002	2939545
2013	30901313	12552369	16824224	4944903
2014	36715594	17262719	19315592	7573667
2015	42661166	20133071	21670386	8223614
2016	47973323	27041925	23542260	11099451
2017	52770269	33281668	25793017	15099088
2018				

注:2011 年起,固定资产投资统计的起点标准从计划总投资 50 万元提高到 500 万元。

5-3 各时期固定资产投资完成额

单位:万元

时　期	合　计	基本建设	更新改造	其他投资	房地产开发
1949	257	257			
恢复时期	**2065**	**2065**			
“一五”时期	**15602**	**15602**			
“二五”时期	**70222**	**70222**			
调整时期	**14262**	**14262**			
“三五”时期	**18586**	**18586**			
“四五”时期	**63127**	**60974**	2153		
“五五”时期	**151718**	**134899**	12287	4532	
1976	14432	14432			
1977	18532	18532			
1978	32052	29141	1870	1041	
1979	39965	32579	6402	984	
1980	46732	40215	4015	2507	
“六五”时期	**292584**	**177653**	**79905**	**35026**	
1981	31140	22524	5465	3151	
1982	45100	24312	14281	6507	
1983	61776	37279	17443	7054	
1984	72575	48622	17164	6789	
1985	81993	44916	25552	11525	
“七五”时期	**539828**	**285696**	**180358**	**61560**	**12214**
1986	111793	66508	29063	16222	
1987	120516	75020	31166	14330	
1988	101872	40804	46889	14179	
1989	88112	46274	34590	7248	
1990	117535	57090	38650	9581	12214
“八五”时期	**1657501**	**826093**	**526087**	**151031**	**154290**
1991	153137	74263	50691	13114	15069
1992	256335	116204	94656	29404	16071
1993	308967	126040	119234	35333	28360
1994	407060	205272	131971	35682	34135
1995	532002	304314	129535	37498	60655
“九五”时期	**5516539**	**2909525**	**1257699**	**449088**	**900227**
1996	713616	375182	186272	71520	80642
1997	812015	419068	202617	74937	115393
1998	1137480	591413	270144	90292	185631
1999	1313145	720580	283647	70847	238071
2000	1540283	803282	315019	141492	280490
“十五”时期	**13636754**	**5179894**	**1925784**	**847621**	**1799272**
2001	1715698	921817	359585	120944	313352
2002	1776036	1020760	398013	107174	250089
2003	2447598	1344223	520720	281697	300958
2004	3187501	1893094	647466	337806	309135
2005	4509921				625738
“十一五”时期	**53676871**				**6661018**
2006	5985211				707983
2007	7695881				1001097
2008	10150379				1308123
2009	13375634				1590593
2010	16469766				2053222
“十二五”时期	**159147238**				**18847603**
2011	22010274				2551217
2012	26858891				3100707
2013	30901313				3804668
2014	36715594				4688767
2015	42661166				4702244
“十三五”时期	**100743592**				**10877553**
2016	47973323				5491309
2017	52770269				5386244
2018					7164325

注:1.2002 年以前为城镇集体以上投资,2005 年以后取消了基本建设和更新改造的分类; 2.2011 年以前为城镇规模以上固定资产投资; 3.2011 年起为 500 万元以上固定资产投资,不再区分城镇和农村。

5-4 市区固定资产投资完成额

单位:万元

年　份	合　计	基本建设	更新改造	其他投资	房地产开发
1978	27988	25927	1144	917	
1979	34622	28415	5418	789	
1980	40763	35533	3171	2059	
1981	26990	20409	4270	2311	
1982	38339	21143	11801	5395	
1983	54607	33224	15401	5982	
1984	64757	44088	14998	5671	
1985	69413	38898	22367	8148	
1986	95150	60380	24007	10763	
1987	104174	70483	24933	8758	
1988	78745	35361	36892	6492	
1989	68047	38675	27081	2294	
1990	95455	45083	32432	5726	12214
1991	119408	60097	39380	6875	13056
1992	195860	86709	75680	19008	14463
1993	201019	68547	88506	20131	23835
1994	253437	130328	78598	19578	24933
1995	338392	196442	76004	17063	48883
1996	443879	252482	91128	38360	61909
1997	577803	316030	134249	42989	84535
1998	902936	481654	205674	65758	149850
1999	1048339	614299	211568	32237	190235
2000	1205265	681585	236759	62123	224798
2001	1328481	741555	295767	62149	229010
2002	1401555	832978	325980	72250	170347
2003	1788761	1134523	420109	53217	180912
2004	2231004	1557209	448594	35911	189290
2005	2451166				362170
2006	2924555				451565
2007	3607867				478393
2008	5185735				741589
2009	6162667				797912
2010	9664307				1266145
2011	11930894				1517773
2012	14485002				1995752
2013	16824224				2611336
2014	19315592				2996808
2015	21670386				2863281
2016	23542260				3263851
2017	25793017				3009665
2018					4554442

注:1.2011年以前为城镇规模以上固定资产投资;2.2011年起为500万元以上固定资产投资,不再区分城镇和农村。

5-5 各时期投资新增固定资产

单位：万元

时 期	合 计	基本建设	更新改造	其他投资	房地产开发
1949	248	248			
恢复时期	**1776**	**1776**			
“一五”时期	**12643**	**12643**			
“二五”时期	**52985**	**52985**			
调整时期	**11619**	**11619**			
“三五”时期	**11759**	**11759**			
“四五”时期	**35169**	**35169**			
“五五”时期	**120222**	**108726**	**8258**	**3238**	
1976	9446	9446			
1977	9458	9458			
1978	30475	27986	1789	700	
1979	30209	25844	3807	558	
1980	40634	35992	2662	1980	
“六五”时期	**225890**	**129838**	**63086**	**32966**	
1981	22041	15323	4097	2621	
1982	31357	15074	11754	4529	
1983	35124	14919	12514	7691	
1984	51932	30733	13882	7317	
1985	85436	53789	20839	10808	
“七五”时期	**439936**	**226017**	**147703**	**54849**	**11367**
1986	89636	48050	25724	15862	
1987	96080	60055	27876	8149	
1988	95252	48063	33199	13990	
1989	74117	34597	31245	8275	
1990	84851	35252	29659	8573	11367
“八五”时期	**1130113**	**526560**	**375736**	**128774**	**99043**
1991	114583	50726	39636	10026	14195
1992	186138	92456	56505	26802	10375
1993	191284	76848	84971	26428	3037
1994	252013	108300	87916	33537	22260
1995	386095	198230	106708	31981	49176
“九五”时期	**4160683**	**2118938**	**1041554**	**417666**	**582526**
1996	610805	319035	172302	58363	61105
1997	757218	425798	178475	67624	85321
1998	752613	303985	250117	80716	117795
1999	968298	520106	179786	86004	182402
2000	1071749	550014	260874	124958	135903
“十五”时期	**8627742**	**2848831**	**1427736**	**731525**	**1122436**
2001	1070252	582891	134992	110582	241787
2002	1549933	786760	559860	77321	125992
2003	1295044	672868	270887	225322	125967
2004	1718860	806312	461997	318300	132251
2005	2993653				496439
“十一五”时期	**36739637**				**3820079**
2006	3024852				298673
2007	6163555				448651
2008	5513772				497972
2009	9252496				1261300
2010	12784962				1313483
“十二五”时期	**124550840**				**10389210**
2011	15040675				1539050
2012	20447653				1360822
2013	24690737				2684251
2014	30741958				2152080
2015	33629817				2653007
“十三五”时期	**76133002**				**4490210**
2016	33204575				1984917
2017	42928427				2505293
2018					2992531

注：1.2002 年以前为城镇集体以上投资，2005 年以后取消了基本建设和更新改造的分类；2.2011 年以前为城镇规模以上固定资产投资；3.2011 年起为 500 万元以上固定资产投资，不再区分城镇和农村。

5-6 市区投资新增固定资产

单位:万元

年 份	合 计	基本建设	更新改造	其他投资	房地产开发
1978	26866	25315	970	581	
1979	25972	22452	3066	454	
1980	35533	31935	2033	1565	
1981	18034	13109	3078	1847	
1982	25881	12913	9497	3471	
1983	29766	12206	10875	6685	
1984	44568	26544	11892	6132	
1985	75673	49688	17681	8204	
1986	73299	42141	20519	10629	
1987	80186	54202	21992	3891	
1988	75532	42957	26722	5853	
1989	55544	28219	24011	3314	
1990	64294	21322	13423	6171	11367
1991	84047	26233	27873	4974	13000
1992	150991	81358	42839	17559	9235
1993	119722	36283	52825	12914	16700
1994	135861	51271	49550	16641	18399
1995	207292	64720	51384	14704	43484
1996	375765	211880	91132	29017	43735
1997	537990	329431	102839	42557	62163
1998	553824	205359	192031	60488	95946
1999	731316	421070	124137	34668	151441
2000	772075	456828	185994	40513	88740
2001	662624	408353	79246		175025
2002	1193645	600972	483374	41657	67642
2003	762273	498133	183849	31992	48299
2004	909183	526150	263125	38431	81477
2005	1579550				246009
2006	1764597				89433
2007	2344769				448651
2008	2719346				234540
2009	3723923				797912
2010	8237121				697580
2011	6991822				826774
2012	10519995				623425
2013	12075838				1583159
2014	15337399				1154480
2015	16990739				1470955
2016	15731872				923570
2017	19993831				1425712
2018					1442383

注:1.2011 年以前为城镇规模以上固定资产投资;2.2011 年起为 500 万元以上固定资产投资,不再区分城镇和农村。

5-7 固定资产投资竣工房屋建筑面积

单位:万平方米

年份	竣工的房屋建筑面积	基本建设	更新改造	其他投资	房地产开发
1978	75.6	64.8	4.2	6.6	
1979	97.3	78.0	13.4	5.9	
1980	113.5	96.3	6.8	10.4	
1981	109.4	84.2	14.4	10.8	
1982	110.1	60.5	27.5	22.1	
1983	132.4	63.5	39.0	29.9	
1984	131.6	68.4	30.5	32.7	
1985	129.2	63.7	29.3	36.2	
1986	153.0	63.6	42.4	47.0	
1987	124.2	60.3	27.2	36.7	
1988	105.1	44.7	31.0	29.4	
1989	80.9	42.8	23.9	14.2	
1990	111.8	38.0	27.7	8.9	37.2
1991	115.6	42.3	25.7	14.4	33.2
1992	129.6	54.7	25.9	18.2	30.8
1993	160.1	62.2	32.8	17.3	47.8
1994	140.3	43.5	25.4	15.8	55.6
1995	183.3	89.0	17.8	15.9	60.6
1996	224.0	86.0	37.2	17.8	83.0
1997	261.5	101.9	34.3	21.6	130.7
1998	245.4	84.4	11.7	21.9	127.4
1999	380.8	118.1	6.1	46.9	209.8
2000	294.8	123.7	23.4	60.7	87.0
2001	431.1	179.1	16.1	35.5	200.4
2002	385.5	186.4	20.4	46.5	132.3
2003	211.6	66.6	7.6	26.0	111.4
2004	199.6	53.0	13.0	29.3	104.3
2005	537.3				320.1
2006	463.4				172.3
2007	767.5				265.7
2008	685.2				224.4
2009	689.3				407.9
2010	1409.6				457.1
2011	1752.8				562.5
2012	2276.7				481.5
2013	2787.0				702.7
2014	3436.1				508.6
2015	3613.6				671.8
2016	2299.3				601.8
2017	1652.4				520.5
2018	1117.9				766.2

注:1.2002 年以前为城镇集体以上投资,2005 年以后取消了基本建设和更新改造的分类;2.2011 年以前为城镇规模以上固定资产投资;3.2011 年起为 500 万元以上固定资产投资,不再区分城镇和农村。

5-8　市区固定资产投资竣工房屋建筑面积

单位:万平方米

年　份	竣工的房屋建筑面积	基本建设	更新改造	其他投资	房地产开发
1978	60.7	53.5	2.0	5.2	
1979	80.9	64.5	11.1	5.3	
1980	86.5	72.5	5.1	8.9	
1981	85.2	68.0	9.1	8.1	
1982	78.2	41.9	19.0	17.3	
1983	104.4	48.4	31.3	24.7	
1984	103.4	51.7	25.3	26.4	
1985	98.4	46.7	25.4	26.3	
1986	112.8	52.0	33.5	27.3	
1987	65.3	41.3	21.0	3.0	
1988	52.1	26.0	19.0	7.1	
1989	51.9	31.0	17.3	3.6	
1990	75.2	22.2	20.0	2.0	31.0
1991	67.0	20.3	17.8	2.4	26.5
1992	76.0	28.0	9.0	11.0	28.0
1993	97.4	29.6	17.7	7.7	42.4
1994	84.9	18.2	14.6	7.6	44.5
1995	97.2	31.2	5.1	7.3	53.6
1996	116.1	35.6	13.7	5.2	61.6
1997	136.9	39.7	10.1	10.0	77.1
1998	159.6	35.2	7.3	7.0	110.1
1999	261.1	64.3	3.8	11.9	181.1
2000	162.2	64.1	16.5	23.9	57.7
2001	194.3	48.6	8.9	17.1	119.6
2002	167.6	71.2	12.4	17.7	66.3
2003	75.6	32.5	6.6		36.5
2004	102.8	19.6	7.0	4.3	71.9
2005	231.8				127.7
2006	186.5				43.9
2007	248.2				86.4
2008	251.1				76.4
2009	375.0				233.5
2010	732.4				227.0
2011	710.5				276.0
2012	966.8				179.2
2013	1223.6				403.9
2014	1401.2				170.4
2015	1636.1				302.2
2016	1014.2				252.7
2017	656.6				181.5
2018	428.5				277.4

注:1.2011 年以前为城镇规模以上固定资产投资;2.2011 年起为 500 万元以上固定资产投资,不再区分城镇和农村。

5-9 固定资产投资竣工住宅建筑面积

单位:万平方米

年 份	竣工的房屋住宅面积	基本建设	更新改造	其他投资	房地产开发
1978	36.4	33.7	0.4	2.3	
1979	50.5	44.7	3.6	2.2	
1980	61.2	58.2	0.2	2.8	
1981	64.3	53.3	7.7	3.3	
1982	58.8	37.3	9.9	11.6	
1983	73.8	38.5	16.1	19.2	
1984	65.8	35.2	12.3	18.3	
1985	67.1	32.3	10.4	24.4	
1986	76.1	31.9	18.1	26.1	
1987	48.7	25.6	6.9	16.2	
1988	33.0	15.5	8.1	9.4	
1989	29.7	18.0	7.3	4.4	
1990	58.4	12.2	9.4	2.1	34.7
1991	55.4	19.3	5.1	3.4	27.6
1992	64.6	26.2	6.8	4.8	26.8
1993	74.3	25.4	8.0	1.6	39.3
1994	73.8	21.1	4.3	6.4	42.0
1995	91.9	31.5	2.7	2.8	54.9
1996	114.1	31.7	8.4	3.0	71.0
1997	134.7	41.0	2.1	6.1	85.5
1998	140.6	26.9	0.4	6.0	107.3
1999	228.3	32.9	0.1	7.3	188.0
2000	143.6	31.9	3.5	33.7	74.5
2001	213.4	63.2		7.0	143.2
2002	155.7	43.0	0.9	9.3	102.6
2003	101.4	8.0	2.2	1.0	90.2
2004	92.8	3.7			89.1
2005	255.9				250.2
2006	149.3				136.7
2007	226.5				225.6
2008	198.4				198.4
2009	357.5				356.1
2010	395.2				378.6
2011	589.5				494.1
2012	554.3				426.2
2013	706.7				615.6
2014	623.7				431.1
2015	709.8				520.8
2016	551.9				488.7
2017	529.6				442.1
2018	654.0				628.8

注:1.2011 年以前为城镇规模以上固定资产投资;2.2011 年起为 500 万元以上固定资产投资,不再区分城镇和农村。

5-10 市区固定资产投资竣工住宅建筑面积

单位:万平方米

年 份	竣工的房屋住宅面积	基本建设	更新改造	其他投资	房地产开发
1978	32.2	30.4		1.8	
1979	43.9	38.7	3.2	2.0	
1980	50.8	48.3	0.2	2.3	
1981	50.9	42.7	5.6	2.6	
1982	46.8	29.0	7.6	10.2	
1983	63.1	31.9	13.6	17.6	
1984	57.0	28.6	11.4	17.0	
1985	53.4	24.2	9.2	20.0	
1986	68.8	27.6	16.6	24.6	
1987	36.5	19.5	5.8	11.2	
1988	22.9	10.2	11.5	1.2	
1989	22.1	14.8	6.3	1.0	
1990	48.8	8.0	6.8	1.0	33.0
1991	39.8	19.3	5.1	3.4	12.0
1992	46.0	20.0	6.8	4.0	15.2
1993	54.4	12.2	3.8	1.5	36.9
1994	48.8	8.7	3.2	3.8	33.1
1995	63.7	15.2	0.5		48.0
1996	70.9	14.5	2.7	0.2	53.5
1997	81.0	16.8	1.1	2.6	60.5
1998	101.7	7.9	0.4		93.4
1999	173.6	11.3			162.3
2000	73.0	7.5	3.5	14.6	47.4
2001	94.9	13.5		2.8	78.6
2002	65.3	16.2	0.9	1.7	46.5
2003	30.8	1.6	2.2		27.0
2004	91.3	19.6	7.0	4.3	60.4
2005	102.0				102.0
2006	46.7				36.7
2007	65.9				65.9
2008	55.9				55.9
2009	196.3				196.3
2010	177.0				176.9
2011	254.8				252.6
2012	167.0				167.0
2013	377.7				355.7
2014	246.7				137.8
2015	236.2				230.7
2016	251.6				209.7
2017	144.0				133.2
2018	222.5				222.1

注:1.2011 年以前为城镇规模以上固定资产投资;2.2011 年起为 500 万元以上固定资产投资,不再区分城镇和农村。

5-11 主要年份房地产投资与销售情况

项 目	2014	2015	2016	2017	2018
企业个数 （个）	**415**	**394**	**432**	**384**	**530**
投资完成额 （万元）	**4688767**	**4702244**	**5491309**	**5386244**	**7164325**
按构成分					
建筑工程	3219634	3652336	4075039	3764131	4253666
安装工程	447314	441134	570022	609430	626793
设备工器具购置	104249	63407	206973	107861	68054
其他费用	917570	545367	639275	904822	2215812
按工程用途分					
住宅	3169514	3387992	4150360	4218147	5853139
#经济适用房屋					
办公楼	306250	274486	255195	220503	144153
商业营业用房	943431	762179	847687	740041	719706
其他	269572	277587	238067	207553	447327
按资金来源分					
#国内贷款	909134	982918	763638	1084605	1097471
利用外资	156146	12000		31955	130942
自筹投资	2216401	3084313	2035800	1419793	2243680
其他投资	2684856	3602887	4323183	5332103	689446
房屋建筑面积 （万平方米）					
施工面积	3370.18	3816.70	4290.41	4690.59	5842.17
#住宅	2594.14	2866.42	3334.84	3698.34	4662.14
竣工面积	508.59	671.77	601.79	520.53	766.19
#住宅	431.06	520.82	488.73	442.07	628.80
土地开发及购置					
本年土地开发面积					
本年土地购置面积	309.23	165.85	280.96	135.84	365.31
商品房销售情况					
房屋实际销售面积	738.03	790.51	1071.43	1183.80	1253.45
#住宅	650.39	684.83	917.89	1077.78	1160.67
#经济适用房					
房屋预售面积					
#住宅					
#经济适用房					
商品房销售额 （万元）	3837231	4312938	5878184	7420007	8630837

主要统计指标解释

固定资产投资额 指以货币形式表现的在一定时期内建造和购置固定资产的工作量以及与此有关的费用的总称。

计划总投资 是反应固定资产投资在建总规模的重要指标,也是检查工程进度,计算建设周期的依据之一。

计划总投资是指在建的建设工程按照总体设计(或按设计概算或预算)规定的内容全部建成计划需要的总投资。没有总体设计的建设工程,分别按报告期施工工程的计划总投资合计数填报。单纯购置单位应填报单纯购置的计划总投资。

自开始建设累计完成投资 是指建设项目从开始建设到本年底止累计完成的全部投资。它是反映整个建设项目或企、事业单位建设总进度的指标,其计算范围原则上应与“计划总投资” 指标包括的工程内容相一致。报告期前已建成投产或停、缓建工程完成的投资以及拆除、报废工程的投资,仍应包括在内,但转出的“在建工程”累计投资应予以扣除,转入的“在建工程”以前年度完成的投资应当包括。

本年完成投资 指指从本年 1 月 1 日起至本年最后一天止完成的全部投资额。本年完成投资是反映本年的实际投资规模,计算有关投资效果,进行国民经济核算和经济分析的重要指标。

建筑工程 是指各种房屋、建筑物的建造工程,又称建筑工作量。这部分投资额必须兴工动料, 通过施工活动才能实现,是固定资产投资额的重要组成部分。

安装工程 指各种设备、装置的安装工程,又称安装工作量。

设备工器具购置 是指报告期内购置或自制的, 达到固定资产标准的设备、工具、器具的价值。新建单位及扩建单位的新建车间,按照设计或计划要求购置或自制的全部设备、工具、器具,不论是否达到固定资产标准均计入“设备工器具购置”中。

其他费用 指在固定资产建造和购置过程中发生的,除建筑安装工程和设备、工器具购置投资完成额以外的应当分摊计入固定资产投资的费用,不指经营中财务上的其他费用。

本年新增固定资产 指报告期内交付使用的固定资产价值。包括本年内建成投入生产或使用的工程投资和达到固定资产标准的设备工器具的投资以及有关应摊入的费用。

六、对外经济贸易和国际旅游

FOREIGN ECONOMY & TRADE AND INTERNATIONAL TOURISM

版面负责人：王廷宝

编　　辑：柏　慧

中华人民共和国统计法实施条例

第三十条　统计调查中获得的能够识别或者推断单个统计调查对象身份的资料应当依法严格管理，除作为统计执法依据外，不得直接作为对统计调查对象实施行政许可、行政处罚等具体行政行为的依据，不得用于完成统计任务以外的目的。

第三十一条　国家建立健全统计信息共享机制，实现县级以上人民政府统计机构和有关部门统计调查取得的资料共享。制定机关共同制定的统计调查项目，可以共同使用获取的统计资料。

统计调查制度应当对统计信息共享的内容、方式、时限、渠道和责任等作出规定。

第五章　统计机构和统计人员

第三十二条　县级以上地方人民政府统计机构受本级人民政府和上级人民政府统计机构的双重领导，在统计业务上以上级人民政府统计机构的领导为主。

乡、镇人民政府应当设置统计工作岗位，配备专职或者兼职统计人员，履行统计职责，在统计业务上受上级人民政府统计机构领导。乡、镇统计人员的调动，应当征得县级人民政府统计机构的同意。

县级以上人民政府有关部门在统计业务上受本级人民政府统计机构指导。

第三十三条　县级以上人民政府统计机构和有关部门应当完成国家统计调查任务，执行国家统计调查项目的统计调查制度，组织实施本地方、本部门的统计调查活动。

第三十四条　国家机关、企业事业单位和其他组织应当加强统计基础工作，为履行法定的统计资料报送义务提供组织、人员和工作条件保障。

第三十五条　对在统计工作中做出突出贡献、取得显著成绩的单位和个人，按照国家有关规定给予表彰和奖励。

6-1 利用外资签订协议(合同)情况

单位:万美元

年份	合计		对外借款		外商直接投资	
	合同数(个)	合同外资额	合同数(个)	合同外资额	合同数(个)	合同外资额
1980	3	506	2	206		
1981						
1982	3	3678				
1983	2	29				
1984	2	55				
1985	9	406			2	41
1986	5	414	2	290	3	124
1987	11	973			1	66
1988	17	3574	5	2106	8	470
1989	17	2475	5	1530	11	937
1990	10	1604	4	1113	6	491
1991	27	1978	1	1281	26	697
1992	218	8111	3	525	215	7586
1993	432	25022	11	433	421	24589
1994	173	19516			173	19516
1995	159	10866			159	10866
1996	122	20791	6	3283	116	17508
1997	59	23626	8	13390	51	10236
1998	83	27817	4	5162	79	22655
1999	56	24468			56	24468
2000	99	25720			99	25720
2001	62	29078			62	29078
2002	119	44066			119	44060
2003	166	57301			166	57301
2004	186	69689			186	69689
2005	173	81733			173	81733
2006	151	81095			151	81095
2007	166	135827			166	135827
2008	122	172608			122	172608
2009	145	110956			145	110956
2010	204	189233			204	189233
2011	218	258369			218	258369
2012	211	243884			211	243884
2013	171	244661			171	244661
2014	189	30142			189	302142
2015	109	158941			109	158941
2016	166	351188			166	351188
2017	188	425776			188	425776
2018	263	571690			263	571690

注:1989 年以前合同数、合同工外资金额分三部分:对外借款、外商直接投资、外商其他投资。本表中不含外商其他投资。1989 年以后合同数合同外资额包括两部分:对外借款、外商直接投资。2004 年以后合同数、合同外资金额为新批外商投资项目个数和新签协议注册外资额(下同)。

6-2 实际使用外资情况

单位:万美元

年　份	合　计	# 对外借款	# 外商直接投资
1985	55		
1986	618	253	
1987	214		40
1988	434	37	127
1989	2191	1022	371
1990	1324	578	110
1991	1225	978	247
1992	2378	1578	800
1993	4161	433	3728
1994	6898	1237	5661
1995	10432		10432
1996	17284	3232	14052
1997	19020	10091	8929
1998	22816		22816
1999	20184		20184
2000	20790		20790
2001	21840		21840
2002	25023		25023
2003	34095		34095
2004	30399		30399
2005	26057		26057
2006	24433		24433
2007	44291		44291
2008	58251		58251
2009	69781		69781
2010	101330		101330
2011	146569		146569
2012	170021		170021
2013	150047		150047
2014	165786		165786
2015	142788		142788
2016	150574		150574
2017	165991		165991
2018	189848		189848

注:2004年以后实际利用外资为实际到帐注册外资(下同)。

6–3　主要年份对外经济情况

单位：万美元

指　　　标	1990	1995	2000	2005	2010	2014	2015	2016	2017	2018
自营进出口总额	1015	24696	32896	112621	416053	598841	541263	624838	780061	1174419
自营出口	599	14724	18715	75196	263060	467657	438935	525438	633413	970842
# 三资企业	599	5626	7794	36282	111952	142804	129468	126558	149088	175011
自营进口	416	9972	14181	37425	152993	131184	102328	99400	146648	203577
# 三资企业	416	8454	9765	29056	98975	52613	40728	47185	76900	95034
新批外商投资项目个数(个)	10	159	99	173	204	189	109	166	188	263
新批协议注册外资额	1604	10866	25720	81733	189233	302142	158941	351188	425776	571690
实际到帐注册外资额	1324	10432	20790	26057	101330	165786	142788	150574	165991	189848
新签对外承包工程劳务合同额		3256	8010	31500	12648	61881	17674	9784	34052	21682
对外承包工程劳务营业额		2228		30000	14610	29919	23067	10028	10078	13586
期末在外人数(人)		2316	6995	18200	1761					
新批海外投资企业(家)		1		1	6	24	26	24	22	21
年末实有三资企业(家)	31	877	553	599	944	1262	1320	1516	1782	1957
# 投产开业企业	20	486	415	599	944	1262	1320	1516	1782	1957

注：进出口总额 1998 年以后为海关数；2000 年期末在外人数为当年新派人数。

6–4　主要年份国际旅游人数和收入

单位：人

指　　　标	1990	1995	2000	2005	2010	2014	2015	2016	2017	2018
过夜旅游者人数	**4325**	**4988**	**17825**	**73010**	**158277**	**29485**	**33776**	**34105**	**39884**	**44472**
外国人	971	2985	11324	51417	121446	22210	24834	25317	31276	33880
港澳台同胞	3354	2003	6501	21593	36831	7275	8942	8788	8608	10592
过夜者人天数　(人天)	**10318**	**19749**	**320914**	**521067**	**1019251**	**110307**	**127958**	**130706**	**159607**	**181182**
外国人	3131	12926	182885	346684	724714	83008	95003	99115	128646	143584
港澳台同胞	7187	6823	138029	174383	294537	27299	32956	31591	30961	37598
过夜的外国人按国别分										
日　本	401	792	2720	5992	13409					
菲律宾	7	13	20	519	3815					
新加坡	9	89	1006	2107	8304					
泰　国	33	37	23	727	3763					
印度尼西亚	1	64	51	915	1485					
美　国	109	494	3305	9361	15615					
加拿大	17	56	383	3020	4876					
英　国	41	74	198	2277	7961					
法　国	25	134	68	2121	5374					
德　国	100	342	244	6803	12568					
意大利	13	66	81	1009	1976					
俄罗斯	50	51	141	1027	3282					
澳大利亚	35	62	390	3225	4869					
新西兰	6	8	22	1523	2536					
马来西亚		115	83	860	3603					
韩　国		216	1454	2543	12362					
西班牙		15	10	553	489					
国际旅游收入　(万美元)		**229**	**1307**	**5658**	**15287**	**2975**	**3861**	**3938**	**4963**	**5431**

注：1.俄罗斯旅游人数 1992 年及以前为前苏联数，德国 1991 年及以前的数字为西德数。2013 年以后不再分国别统计入境人数。2.2013 年起国家旅游局对入境旅游者的统计口径进行了调整，从原来的入境旅游者调整为过夜入境旅游者。

主要统计指标解释

利用外资 指我国各级政府、部门、企业和其他经济组织通过对外借款、吸收外商直接投资以及用其他方式筹措的境外现汇、设备、技术等。

对外借款 是我国利用外资的主要部分。包括我国通过外国政府贷款,国际金融组织贷款,外国银行商业贷款,出口信贷以及对外发行债券、股票等方式,从境外筹措的资金。

外商直接投资 是指外国企业和经济组织或个人 (包括华侨、港澳台同胞以及我国在境外注册的企业)按我国有关政策、法规,用现汇、实物、技术等在我国境内开办外商独资企业、与我国境内的企业或经济组织共同举办中外合资经营企业、合作经营企业或合作开发资源的投资(包括外商投资收益的再投资)以及政府有关部门批准的项目投资总额内,企业从境外借入的资金。

对外承包工程 包括各对外承包公司以招标议标承包方式承揽的下列业务:(1)承包国外工程建设项目;(2)承包我国对外经援项目;(3)承包我国驻外机构的工程建设项目;(4)承包我国境内利用外资进行建设的工程项目;(5)与外国承包公司合营或联合承包工程项目时我国公司分包部分;(6)以服务成果向业主收费的技术服务项目(包括承担地形地貌测绘;地质资源勘探与普查;建设区域规划;提供设计文件、图纸、生产工艺技术资料和工程技术经济咨询;工程项目的可行性考察、研究和评估;进行技术指导和培训人员等);(7)对外承包兼营的房屋开发业务。对外承包工程的营业额是以货币表现的本期内完成的对外承包工程的工作量,包括以前年度签订的合同和本年度新签订的合同在报告期完成的工作量。

对外劳务合作 指以收取工资的形式向业主或承包商提供技术和劳动服务的活动。我国对外承包公司在境外开办的合营企业,中国公司同时又提供劳务的,其劳务部分也纳入劳务合计统计。劳务合作营业额按报告期内向雇主提交的结算数(包括工资、加班费和奖金等)统计。

旅游人数 指来我国参观、访问、旅行、探亲、访友、休养、考察、参加会议和从事经济、科技、文化、教育、体育、宗教等活动的外国人、华侨、港澳和台湾同胞的人数。不包括外国在我国的常住机构,如使领馆、通讯社、企业办事处的工作人员;来我国常驻的外国专家、留学生以及在岸逗留不过夜人员。

旅游外汇收入 指国内各部门为来我国旅游的外国人、华侨、港澳和台湾同胞提供商品和劳务而获得的外汇收入。包括供应商品、饮食和提供住宿、交通、邮电、文化娱乐、导游等各项服务所得到的全部外汇收入。

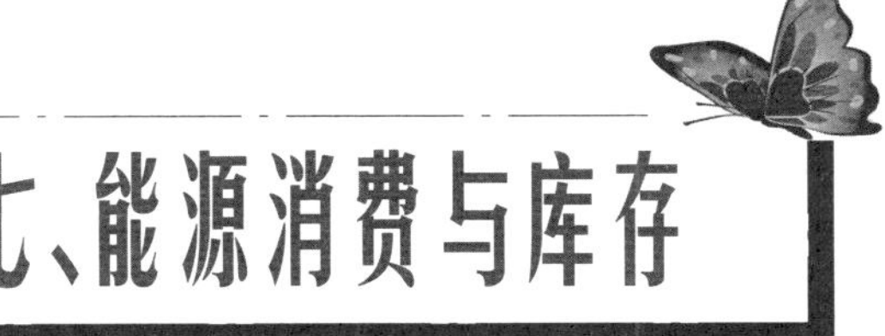

七、能源消费与库存

ENERGY CONSUMPTION AND STOCK

版面负责人：邵明明

编　　　辑：李家平

中华人民共和国统计法实施条例

第六章　监督检查

第三十六条　县级以上人民政府统计机构从事统计执法工作的人员，应当具备必要的法律知识和统计业务知识，参加统计执法培训，并取得由国家统计局统一印制的统计执法证。

第三十七条　任何单位和个人不得拒绝、阻碍对统计工作的监督检查和对统计违法行为的查处工作，不得包庇、纵容统计违法行为。

第三十八条　任何单位和个人有权向县级以上人民政府统计机构举报统计违法行为。

县级以上人民政府统计机构应当公布举报统计违法行为的方式和途径，依法受理、核实、处理举报，并为举报人保密。

第三十九条　县级以上人民政府统计机构负责查处统计违法行为；法律、行政法规对有关部门查处统计违法行为另有规定的，从其规定。

第七章　法律责任

第四十条　下列情形属于统计法第三十七条第四项规定的对严重统计违法行为失察，对地方人民政府、政府统计机构或者有关部门、单位的负责人，由任免机关或者监察机关依法给予处分，并由县级以上人民政府统计机构予以通报：

（一）本地方、本部门、本单位大面积发生或者连续发生统计造假、弄虚作假；

（二）本地方、本部门、本单位统计数据严重失实，应当发现而未发现；

（三）发现本地方、本部门、本单位统计数据严重失实不予纠正。

第四十一条　县级以上人民政府统计机构或者有关部门组织实施营利性统计调查的，由本级人民政府、上级人民政府统计机构或者本级人民政府统计机构责令改正，予以通报；有违法所得的，没收违法所得。

7-1 规模以上工业企业综合能源分行业消费量

指标	2018		2017	
	综合能源消费量（吨标准煤）	产值单耗（吨标准煤/万元）	综合能源消费量（吨标准煤）	产值单耗（吨标准煤/万元）
全部工业企业	**18271653**	**0.37**	**22774016**	**0.16**
按轻重工业分				
轻工业	1013795	0.06	1718142	0.04
重工业	17257857	0.51	21055874	0.22
按行业门类分				
采矿业	2411448	0.94	2108808	0.63
煤炭开采和洗选业	2022885	0.87	2090733	0.88
石油和天然气开采业				
黑色金属矿采选业	6237	0.15	6913	0.11
有色金属矿采选业				
非金属矿采选业	1028	0.02	11161	0.01
开采辅助活动	381298	2.25		
其他采矿业				
制造业	9513223	0.21	13593534	0.10
农副食品加工业	76173	0.03	162304	0.02
食品制造业	58967	0.12	79969	0.05
酒、饮料和精制茶制造业	416292	0.09	555471	0.12
烟草制品业	10332		9529	
纺织业	146987	0.09	257420	0.03
纺织服装、服饰业	11136	0.02	31454	0.01
皮革、毛皮、羽毛及其制品和制鞋业	9214	0.05	23175	0.02
木材加工和木、竹、藤、棕、草制品业	104473	0.05	397300	0.03
家具制造业	4801	0.02	11185	0.01
造纸和纸制品业	44680	0.22	97043	0.19
印刷和记录媒介复制业	3742	0.02	9487	0.02
文教、工美、体育和娱乐用品制造业	12300	0.03	26594	0.02
石油加工、炼焦和核燃料加工业	1094339	0.76	1497576	0.70
化学原料和化学制品制造业	1159010	0.56	3241820	0.16
医药制造业	33016	0.03	244170	0.04
化学纤维制造业	24573	0.06	39607	0.03
橡胶和塑料制品业	94128	0.14	134717	0.03
非金属矿物制品业	1419529	0.54	1558524	0.17
黑色金属冶炼和压延加工业	1714848	1.13	4629819	0.80
有色金属冶炼和压延加工业	86108	0.06	96791	0.03
金属制品业	1085053	0.49	91583	0.02
通用设备制造业	31695	0.03	98780	0.01
专用设备制造业	114952	0.01	61598	0.01
汽车制造业	17962	0.02	23253	0.02
铁路、船舶、航空航天和其他运输设备制造业	22660	0.04	25056	0.03
电气机械和器材制造业	70645	0.03	115680	0.01
计算机、通信和其他电子设备制造业	1625000	0.81	27145	0.01
仪器仪表制造业	15218	0.02	40432	0.01
其他制造业	459	0.04	2513	0.01
废弃资源综合利用业	4686	0.05	2213	0.01
金属制品、机械和设备修理业	246	0.05	1327	0.03
电力、热力、燃气及水生产和供应业	6346982	3.82	7071675	4.07
电力、热力生产和供应业	6331554	4.36	7059440	4.45
燃气生产和供应业	907	0.01	930	0.01
水的生产和供应业	14522	0.22	11305	0.26

7-2 规模以上工业企业能源购进、消费及库存

（2018 年）　　单位：吨

指标		年初库存	购进量	消费量			年末库存
				合计	工业生产消费	非工业生产消费	
原煤		1104854	24716361	36253904	36232262	21642	1269681
无烟煤		66878	666430	634501	634501		98807
炼焦烟煤		51747	488762	11794644	11794044	600	2941
一般烟煤		859813	20796020	21063944	21042902	21042	1037183
褐煤		126416	2765149	2760815	2760815		130750
洗精煤		348118	7286490	6803970	6803970		830637
其他洗煤		131153	1350412	2611465	2611465		106042
煤制品			28744	28744	28744		
焦炭		97876	1985772	1915703	1915703		165378
其他焦化产品		7921	277939	252772	252772		33088
焦炉煤气	（万立方米）		1163	18761	18761		
高炉煤气	（万立方米）		21093	103161	103161		
转炉煤气	（万立方米）			2075	2075		
发生炉煤气	（万立方米）						
天然气（气态）	（万立方米）		37818	37861	37664	197	
液化天然气（液态）		74	10479	10031	9662	369	517
煤层气（煤田）	（万立方米）						
原油							
汽油		235	1771	2005	740	1265	62
煤油		1	1168	1169	1169		
柴油		3069	38359	38965	30020	8945	2474
燃料油		851	14	157	157		709
液化石油气			853	853	849	4	
炼厂干气							
石脑油							
润滑油		5	353	343	343		16
石蜡							
溶剂油			10	10	10		
石油焦		1240	29371	30611	30611		
石油沥青			2715	2715	2715		
其他石油制品		6400	45589	47285	45978	1307	4703
热力	（百万千焦）		27777526	28766296	28547343	218953	
电力	（万千瓦时）		1347702	2045741	2025716	20024	
煤矸石用于燃料							
城市生活垃圾用于燃料		23000	564985	1062495	1062495		65470
生物质废料用于燃料		19328	377010	405283	405283		31280
余热余压	（百万千焦）			3852119	3852119		
其他工业废料用于燃料							
其他燃料	（吨标准煤）	1	7723	7723	7723		1

7-3 规模以上加工转换工业企业能源消费、投入及产出

（2018 年） 单位：吨

指标	工业生产消费量	加工转换投入合计	#火力发电	供热	原煤入洗	炼焦	能源加工转换产出
原煤	35789003	33730463	17695034	1745589	14289839		
无烟煤	597736						
炼焦烟煤	11794044	11794044			11794044		
一般烟煤	20636409	19175604	15281260	1398549	2495795		
褐煤	2760815	2760815	2413775	347040			
洗精煤	6803970	6803970				6803970	9776204
其他洗煤	2257203	2047670	1222734	824936			2409810
煤制品	28744	28744		28744			
焦炭	829734						4933376
其他焦化产品	38197						538318
焦炉煤气 （万立方米）	17598	17598	10559	7039			27919
高炉煤气 （万立方米）	82067	82067	73457	8611			
转炉煤气 （万立方米）	2075	2075	2075				
发生炉煤气 （万立方米）							
天然气(气态) （万立方米）	9351	2171	56	2116			
液化天然气(液态)							
煤层气(煤田) （万立方米）							
天然原油							
汽油	182						
煤油	1165						
柴油	9794	2210	2210				
燃料油	143	143	143				
液化石油气							
炼厂干气							
石脑油							
润滑油	316						38923
石蜡							
溶剂油							
石油焦							
石油沥青							
其他石油制品	45806	45798					
热力 （百亿千焦）	16774933						44748024
电力 （亿千瓦时）	1021538						4688441
城市生活垃圾用于燃料	1062495	1062495	1062495				
生物质废料用于燃料	359131	359131	336908	22223			
余热余压 （百万千焦）	3852119	3852119	3852119				
其他工业废料用于燃料							
其他燃料 （吨标准煤）	65						

7-4 工业企业分行业用水量

单位：万立方米

指　　标	取水量		用水量	
	2018	2017	2018	2017
全部工业企业	**20494.89**	**24256.08**	**20494.89**	**24256.08**
按轻重工业分				
轻工业	1739.69	3322.20	1739.69	3322.20
重工业	15261.26	20933.88	15261.26	20933.88
按行业门类分				
采矿业	3413.23	4386.89	3413.23	4386.89
煤炭开采和洗选业	3165.52	3917.88	3165.52	3917.88
石油和天然气开采业				
黑色金属矿采选业	247.15	440.77	247.15	440.77
有色金属矿采选业				
非金属矿采选业	0.36	28.25	0.36	28.25
开采辅助活动	0.20		0.20	
其他采矿业				
制造业	8422.94	8894.78	8422.94	8894.78
农副食品加工业	173.12	145.00	173.12	145.00
食品制造业	160.38	137.22	160.38	137.22
酒、饮料和精制茶制造业	601.36	687.83	601.36	687.83
烟草制品业	43.70	41.10	43.70	41.10
纺织业	361.43	434.66	361.43	434.66
纺织服装、服饰业	36.10	39.84	36.10	39.84
皮革、毛皮、羽毛及其制品和制鞋业	106.95	73.53	106.95	73.53
木材加工和木、竹、藤、棕、草制品业	70.70	143.59	70.70	143.59
家具制造业	3.99	5.29	3.99	5.29
造纸和纸制品业	34.04	37.31	34.04	37.31
印刷和记录媒介复制业	11.71	21.28	11.71	21.28
文教、工美、体育和娱乐用品制造业	15.13	24.67	15.13	24.67
石油加工、炼焦和核燃料加工业	618.82	525.08	618.82	525.08
化学原料和化学制品制造业	1137.42	3669.79	1137.42	3669.79
医药制造业	144.14	319.76	144.14	319.76
化学纤维制造业	53.50	72.30	53.50	72.30
橡胶和塑料制品业	57.22	53.80	57.22	53.80
非金属矿物制品业	662.68	667.29	662.68	667.29
黑色金属冶炼和压延加工业	676.63	525.46	676.63	525.46
有色金属冶炼和压延加工业	304.08	432.04	304.08	432.04
金属制品业	117.12	70.67	117.12	70.67
通用设备制造业	58.18	240.13	58.18	240.13
专用设备制造业	295.43	89.05	295.43	89.05
汽车制造业	60.67	64.62	60.67	64.62
铁路、船舶、航空航天和其他运输设备制造业	76.68	36.69	76.68	36.69
电气机械和器材制造业	262.34	271.27	262.34	271.27
计算机、通信和其他电子设备制造业	2214.19	38.20	2214.19	38.20
仪器仪表制造业	52.35	21.96	52.35	21.96
其他制造业	0.25	3.27	0.25	3.27
废弃资源综合利用业	12.60	1.85	12.60	1.85
金属制品、机械和设备修理业	0.02	0.24	0.02	0.24
电力、热力、燃气及水生产和供应业	8658.72	9808.43	8658.72	9808.43
电力、热力生产和供应业	8654.21	9804.66	8654.21	9804.66
燃气生产和供应业	4.52	3.77	4.52	3.77

注：本表汇总数据不含水的生产供应业。

7–5 工业企业重复用水量

单位：万立方米

指标	取水量		重复用水量	
	2018	2017	2018	2017
全部工业企业	**22577.26**	**24256.08**	**399052.12**	**426123.37**
按轻重工业分				
轻工业	3817.11	3322.20	1547.58	922.95
重工业	15266.21	20933.88	240741.55	425200.42
按行业门类分				
采矿业	3413.23	4386.89	1636.31	1750.71
煤炭开采和洗选业	3165.52	3917.88	1389.16	1310.08
石油和天然气开采业				
黑色金属矿采选业	247.15	440.77	247.15	440.63
有色金属矿采选业				
非金属矿采选业	0.36	28.25		
开采辅助活动	0.20			
其他采矿业				
制造业	8422.94	8894.78	165324.19	147645.95
农副食品加工业	173.12	145.00	1.07	1.13
食品制造业	160.38	137.22	27.16	31.07
酒、饮料和精制茶制造业	601.36	687.83	275.71	243.84
烟草制品业	43.70	41.10	711.36	14.10
纺织业	361.43	434.66	271.84	274.60
纺织服装、服饰业	36.10	39.84	1.85	2.18
皮革、毛皮、羽毛及其制品和制鞋业	106.95	73.53	8.93	20.63
木材加工和木、竹、藤、棕、草制品业	70.70	143.59	1.42	1.05
家具制造业	3.99	5.29		
造纸和纸制品业	34.04	37.31	190.22	190.25
印刷和记录媒介复制业	11.71	21.28		0.01
文教、工美、体育和娱乐用品制造业	15.13	24.67		
石油加工、炼焦和核燃料加工业	618.82	525.08	787.90	1351.81
化学原料和化学制品制造业	1137.42	3669.79	1724.67	139373.65
医药制造业	144.14	319.76	10.00	108.00
化学纤维制造业	53.50	72.30	6.33	2.23
橡胶和塑料制品业	57.22	53.80	0.44	0.55
非金属矿物制品业	662.68	667.29	1094.54	1074.74
黑色金属冶炼和压延加工业	676.63	525.46	3718.05	4947.39
有色金属冶炼和压延加工业	304.08	432.04	0.02	0.03
金属制品业	117.12	70.67	508.34	2.29
通用设备制造业	58.18	240.13	0.57	1.26
专用设备制造业	295.43	89.05	9.73	0.33
汽车制造业	60.67	64.62		2.19
铁路、船舶、航空航天和其他运输设备制造业	76.68	36.69		
电气机械和器材制造业	262.34	271.27	0.25	0.42
计算机、通信和其他电子设备制造业	2214.19	38.20	155972.94	1.97
仪器仪表制造业	52.35	21.96	0.03	
其他制造业	0.25	3.27	0.14	0.15
废弃资源综合利用业	12.60	1.85	0.68	0.08
金属制品、机械和设备修理业	0.02	0.24		
电力、热力、燃气及水生产和供应业	10741.10	10974.41	232091.62	276726.71
电力、热力生产和供应业	8654.21	9804.66	232091.62	276726.71
燃气生产和供应业	4.52	3.77		
水的生产和供应业	2082.37	1165.98		

7-6　工业企业用水情况

单位：万立方米

指　　标	取水量		取水量减外供水量	
	2018	2017	2018	2017
合　计	**20495**	**23090**	**20495**	**23090**
按水源分				
地表淡水	10946	12019	10946	12019
地下淡水	5480	7061	5480	7061
自来水	2147	1800	2147	1800
海水				
陆地苦咸水				
矿井水				
雨水	2	2	2	2
再生水(中水)	1908	2206	1908	2206
海水淡化水				
其他水	11	3	11	3
外排水量	5077	5483		
重复用水量	399052	426123		
直流冷却水量(河湖水)				
直流冷却水量(海水)				
污水处理企业污水处理量	29	29		

注：本表汇总数据不含水的生产和供应业。

7-7　水的生产和供应业用水情况

单位：万立方米

指　　标	取水量		外供水量	
	2018	2017	2018	2017
合　计	**26954**	**19889**	**24871**	**18723**
按水源分				
地表淡水	23773	17020	2237	
地下淡水	398	1185		
自来水	2783	1684	22635	18723
海水				
陆地苦咸水				
矿井水				
雨水				
再生水(中水)				
海水淡化水				
其他水				
外排水量	8773	4852		
重复用水量				
直流冷却水量(河湖水)				
直流冷却水量(海水)				
污水处理企业污水处理量	8234	4353		

7-8 主要年份全社会用电情况

单位：万千瓦时

指　　标	1990	1995	2000	2005	2010	2014	2015	2016	2017	2018
全社会用电量	**509155**	**705549**	**670550**	**1382016**	**2460074**	**3324661**	**3441896**	**3539107**	**3612266**	**3520461**
全行业用电	493133	649319	597739	1255025	2175168	2891860	2987551	3009894	3027971	2864675
农林牧渔水利业	46842	52536	55689	49166	30234	49996	55063	60740	64860	66372
#排　灌	28822	29660	41439	33672	12969	18115	17146	18729	18061	
工业	420161	560719	494267	1096270	1918967	2474827	2543638	2502221	2453497	2199125
建筑业	3087	3875	5401	9734	18841	34484	36251	39037	45058	58006
交通运输、仓储和邮政业	9292	10292	18183	19110	35385	64474	66856	77451	88777	94634
#交通运输业	8722	9234	10735	12925	28022	54681	56484	65953	74848	
邮电通信业	570	1058	2448	2915	2073	2310	2311	2319	2246	
商业、住宿和餐饮业	4128	7848	11280	31478	54311	80579	84703	92711	109684	26268
其他事业合计	9623	14049	17919	49269	102367	103843	107663	125713	135499	182601
#公共照明业	340	513	987	1587	6486	10138	10520	11268	12003	
城乡居民生活用电	16022	56230	72811	126991	284906	432801	454345	529213	584295	655786
乡村	7757	29393	38639	65654	133924	262370	275558	324891	349504	386893
城镇	8265	26837	34172	61337	150982	170431	178787	204322	234791	268893

7-9 市区主要年份全社会用电情况

单位：万千瓦时

指　　标	1990	1995	2000	2005	2010	2014	2015	2016	2017	2018
全社会用电量	**352732**	**435287**	**417022**	**487927**	**1499408**	**1079938**	**1143738**	**1145465**	**1236697**	**1176587**
全行业用电	347502	416201	386628	435880	1357449	959256	1017440	1007302	1078388	997814
农林牧渔水利业	1891	5122	4372	5065	9330	3172	3652	3932	3894	1990
#排　灌	492	1906	1375	465	1731	1202	1223	1246	1213	1299
工业	329405	385287	349333	364398	1195500	767986	815917	778273	824735	717797
建筑业	937	1884	2342	3768	11073	9774	9844	9655	12312	15341
交通运输、仓储和邮政业	5944	8200	9309	11673	27369	40274	41848	49112	52538	52334
#交通运输业	5727	7635	7789	8038	24253	37735	39289	46328	49382	46422
邮电通信业	217	565	1520	1944	1388	889	871	837	878	953
商业、住宿和餐饮业	2106	4516	6927	18212	34289	40503	41484	42081	48397	11193
其他事业合计	7219	11192	14345	32764	72116	47927	49827	58670	62121	74849
#公共照明业	206	306	729	633	3040	4036	4264	4400	4430	4435
城乡居民生活用电	5230	19086	30394	52047	141959	120682	126298	138163	158309	271466
乡村	673	4127	5389	9894	53882	25350	25491	27303	21982	22144
城镇	4557	14959	25005	42153	88077	95332	100807	110860	136327	156629

7-10 全社会用电分行业、分地区情况

（2018 年） 单位：万千瓦时

指标	合计	丰县	沛县	铜山区	睢宁县	新沂市	邳州市
全社会用电总计	**1944956**	**241029**	**408609**	**412109**	**232748**	**344889**	**305572**
全行业用电合计	**1498045**	**174444**	**335471**	**324613**	**162371**	**285853**	**215293**
第一产业	35202	3578	7198	4731	9993	3979	5723
农、林、牧、渔业	60391	5700	17106	8467	14462	6029	8627
第二产业	1175575	136678	281940	254393	107591	243087	151886
工业	1141207	133806	279695	247818	97856	237795	144237
轻工业							
重工业							
采矿业	32403	3453	18828	9857	39	134	92
煤炭开采和洗选业	2031	2023	5				3
石油和天然气开采业	2		2				
黑色金属矿采选业	4639		527	4090			22
有色金属矿采选业	3599			3598			1
非金属矿采选业	2673	1196	138	1138	24	123	54
其他采矿业	19459	234	18156	1031	15	11	12
制造业	984886	110273	234551	220516	81997	221863	115686
食品、饮料和烟草制造业	24655	3830	3312	7259	2188	5029	3037
纺织业	95548	9373	35462	2019	26609	18317	3768
服装鞋帽、皮革羽绒及其制品业	27138	525	4477	844	9340	11383	569
木材加工及制品和家具制品业	49103	10977	1294	2192	6199	5479	22962
造纸及纸制品业	7894	176	526	5092	1507	396	197
印刷业和记录媒介的复制	1613	107	248	812	215	32	199
文体用品制造业	1676	502	159	81	82	264	588
石油加工、炼焦及核燃料加工业	56407	2411	6917	12633	290	89	34067
化学原料及化学制品制造业	143733	51556	22297	938	580	67541	821
医药制造业	2691	82	58	579	943	608	421
化学纤维制造业	2191	565	84	437	34	52	1019
橡胶和塑料制品业	46857	1737	29152	1721	4702	4700	4845
非金属矿物制品业	92240	3088	9615	44859	4895	21162	8621
黑色金属冶炼及压延加工业	180284		35769	77228	882	65590	815
有色金属冶炼及压延加工业	7921		2014	569	130	5059	149
金属制品业	63405	4636	32976	16405	3974	1429	3985
通用及专用设备制造业	45838	2753	10020	24572	3647	1402	3444
交通运输、电气、电子设备制造业	52493	8731	19393	10047	5151	3163	6008
工艺品及其他制造业	4202	178	134	986	229	2114	561
废弃资源和废旧材料回收加工业	11798	93	1874	738	694	614	7785
电力、燃气及水的生产和供应业	123918	20080	26316	17445	15820	15798	28459
电力、热力的生产和供应业	103083	17573	23872	13733	14375	10043	23487
燃气生产和供应业	3100	56	60	101	118	413	2352
水的生产和供应业	17735	2451	2384	3611	1327	5342	2620
建筑业	38034	2879	5551	6583	9847	5320	7854
第三产业	287268	34188	46333	65489	44787	38787	57684
交通运输、仓储和邮政业	39498	3355	1765	13725	4618	7220	8815
信息传输、计算机服务和软件业	23039	3326	3204	5204	3862	3436	4007
商业、住宿和餐饮业	13666	1875	2291	2716	1808	1941	3035
金融、房地产、商务及居民服务业	27801	4269	4501	6065	3315	3579	6072
公共事业及管理组织	96859	10977	12458	27298	15296	12039	18791
城乡居民生活用电合计	**446911**	**66585**	**73138**	**87496**	**70377**	**59036**	**90279**
城镇	106745	18412	20122	14712	20079	10848	22572
乡村	340166	48173	53016	72784	50298	48188	67707

主要统计指标解释

能源消费量 指能源使用单位在报告期内实际消费的一次能源或二次能源的数量。就每种能源的实物消耗而言，是其消费量；如果将实际消费的各种能源折标准量相加所得到的能源消费量合计数据是企业投入消费的全部能源，没有扣除能源品种加工转换的重复因素。

工业企业的能源消费量 包括工业企业在生产过程中作为燃料、动力、原料、辅助材料使用的能源以及工艺用能、非生产用能。

工业生产能源消费 指工业企业为进行工业生产活动所消费的能源。

用作原材料的能源消费 指能源产品不作能源使用，即不作燃料、动力使用，而作为生产另外一种产品(非能源产品)的原料或作为辅助材料使用，作原料使用时通常构成这种产品的实体。

工业企业非工业生产能源消费 指在工业企业能源消费中，除“工业生产能源消费”以外的能源消费。

能源库存量 能源库存量是指企业能源库存量，它是企业在报告期的某时间点所拥有的各种能源数量。根据企业的生产经营活动性质，企业库存量分为生产企业产成品库存、经销企业(批发、零售企业)用于经营销售的库存、使用企业用于消费的库存。

综合能源消费量 指报告期内工业企业在工业生产活动中实际消费的各种能源的总和净值。计算综合能源消费量时，需要先将使用的各种能源折算成标准燃料后再进行计算。

取水量 指企业从各种水源直接提取或者从市场购买的用于厂区、办公区内工业生产活动的水量，以实际获得的新水量为准。用于工业生产活动的水量，包括主要生产用水、辅助生产用水（如机修、运输、空压站等）和附属生产用水（如绿化、办公室、浴室、食堂、厕所、保健站等），不包括非工业生产单位的用水量（如基建用水、厂内居民家庭用水和企业附属幼儿园、学校、对外营业的浴室、游泳池等的用水量）和居民生活用水量。

外供水量 指企业外供给其他单位的水或水产品的量，以离厂水量为准。包括外供给其他企业或市场的原水、自来水、再生水（中水）、海水淡化水、矿泉水、纯净水等。不包括直流冷却水量、未利用直接排放的矿井水和雨水量、北方地区供暖企业供给城镇热力网内循环的热水量、进入城镇污水管网和直接排到自然环境中的水量。

陆地地表水 指河流、湖泊、水库等地表水源的水，不包括海水。地表水分为淡水和咸水。陆地咸水湖的水为咸水。一般的河流、湖泊、水库的水是淡水。

地表淡水 指陆地表面形成的径流及地表贮存的淡水。包括江、河、淡水湖、水库等。

地下淡水 指地下径流或埋藏于地下的，经过提取可被利用的淡水。包括井水、地热水等。

自来水 指自来水厂将地表淡水、地下淡水经过“混凝、沉淀、过滤、消毒”等净水工序，达到国家饮用水标准，通过城镇自来水管网供给工业生产、居民生活使用的水。

海水 指海洋的水。海水的取水量包括企业用来淡化、制盐、化工生产等海水资源利用所提取的海水量，以及用于海水循环冷却补充水、脱硫、洗涤、除尘、冲渣、印染等的海水直接利用量，不包括海水直流冷却水量。

其他水 指上述水资源品种没有涵盖的，或者界定不清的水及水的产品。包括软化水、除盐水、蒸汽（需折算成同等质量的水）、蒸汽冷凝水、管道供应的热水（不含北方地区城镇热力网内循环的热水）、瓶（桶）装纯净水、矿泉水、经过初步处理未达到自来水标准的水。不包括地热水、碳酸饮料、茶饮料、果汁饮料、酒类、污（废）水。

重复用水量 指在确定的用水单元或系统内，所有未经处理和处理后又重复使用的水量总和。

直流冷却水量 指企业取自河流、水库、湖泊、海洋，经一次使用后，直接排放回河流、水库、湖泊、海洋的冷却水量，多见于火（核）电企业。直流冷却水不填报取水量、外供水量、外排水量。企业从直流冷却水系统中取水用做其他用途，则该部分应计入取水量。

利用河、湖、水库等的淡水进行直流冷却填报直流冷却水量（河湖水），利用海水进行直流冷却填报直流冷却水量（海水）。

污水处理企业污水处理量 指污水处理企业取自企业外部并实际处理的污（废）水量。本指标仅限污水处理企业填报。

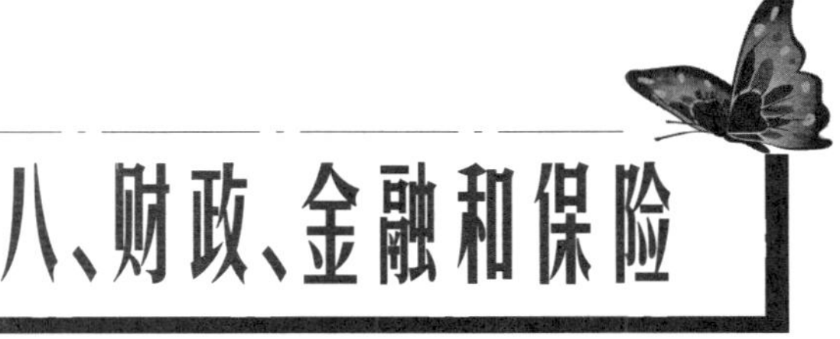

八、财政、金融和保险

FINANCE,BANKING AND INSURANCE

版面负责人：卢川川

编　　辑：陈　蓉

中华人民共和国统计法实施条例

第四十二条 地方各级人民政府、县级以上人民政府统计机构或者有关部门及其负责人，侵犯统计机构、统计人员独立行使统计调查、统计报告、统计监督职权，或者采用下发文件、会议布置以及其他方式授意、指使、强令统计调查对象或者其他单位、人员编造虚假统计资料的，由上级人民政府、本级人民政府、上级人民政府统计机构或者本级人民政府统计机构责令改正，予以通报。

第四十三条 县级以上人民政府统计机构或者有关部门在组织实施统计调查活动中有下列行为之一的，由本级人民政府、上级人民政府统计机构或者本级人民政府统计机构责令改正，予以通报：

（一）违法制定、审批或者备案统计调查项目；

（二）未按照规定公布经批准或者备案的统计调查项目及其统计调查制度的主要内容；

（三）未执行国家统计标准；

（四）未执行统计调查制度；

（五）自行修改单个统计调查对象的统计资料。

乡、镇统计人员有前款第三项至第五项所列行为的，责令改正，依法给予处分。

第四十四条 县级以上人民政府统计机构或者有关部门违反本条例第二十四条、第二十五条规定公布统计数据的，由本级人民政府、上级人民政府统计机构或者本级人民政府统计机构责令改正，予以通报。

第四十五条 违反国家有关规定对外提供尚未公布的统计资料或者利用尚未公布的统计资料谋取不正当利益的，由任免机关或者监察机关依法给予处分，并由县级以上人民政府统计机构予以通报。

8-1 主要年份财政收入、支出情况

单位：万元

年份	全市			市区		
	财政收入	财政支出	财政收入占地区生产总值比重(%)	财政收入	财政支出	财政收入占地区生产总值比重(%)
1952	2770	1324	12.1	660	752	13.8
1957	6476	4202	17.5	3327	1573	23.8
1962	7564	3339	16.5	4720	687	26.3
1965	8638	4686	15.2	5327	1121	26.6
1970	15069	6026	17.3	10772	2293	31.6
1975	19456	9608	15.3	12721	3610	25.1
1978	32674	17690	15.3	22950	7887	29.8
1979	32484	18707	13.1	24081	6877	25.9
1980	35715	17982	12.5	26814	6714	23.5
1981	38273	17563	12.6	28497	6339	24.6
1982	43114	21655	12.2	30670	7981	23.1
1983	43887	25921	10.4	30492	9779	19.2
1984	47454	30779	9.6	32250	12009	18.0
1985	57538	33704	10.4	39448	13366	19.6
1986	65741	45505	10.4	45248	19051	20.0
1987	71134	49005	9.9	48746	20550	18.6
1988	82796	58865	9.8	55880	23409	19.3
1989	95384	74502	9.6	65610	30589	16.7
1990	102326	85640	9.1	70338	34593	15.1
1991	103467	98117	8.0	70215	41538	13.3
1992	109670	95599	6.8	73690	37513	10.7
1993	147114	122174	6.7	95765	50567	9.5
1994	197489	143559	6.3	128227	62329	9.1
1995	253020	180186	6.3	160606	78225	9.1
1996	302406	213530	6.2	188190	85349	9.0
1997	351388	250673	7.0	221624	103183	9.8
1998	395108	283443	7.4	254176	119325	10.4
1999	436074	311862	7.6	282311	130573	11.0
2000	476168	345246	7.7	311151	153038	10.7
2001	525924	400797	7.7	338498	172809	10.5
2002	655566	520174	8.7	438281	258477	12.2
2003	828226	624582	9.7	559422	301885	13.1
2004	1102216	717332	10.7	768436	318329	14.3
2005	1452629	1050786	12.0	1034482	511441	16.2
2006	1808512	1270099	12.7	1231212	576615	16.5
2007	2207263	1474369	13.1	1509317	623115	16.8
2008	2685991	1990464	13.4	1782700	842950	17.2
2009	3188865	2565349	13.3	1987842	1048541	19.2
2010	4138904	3257198	14.1	2887987	1621085	16.2
2011	5553294	4542420	15.6	3726172	2240383	17.6
2012	5976325	5300461	14.9	3864175	2376158	16.1
2013	6599518	5956105	14.6	4207502	2776771	15.9
2014	7325949	6618386	14.8	4571862	3012921	16.4
2015	8129311	7524638	15.1	5034367	3205677	17.3
2016	8020168	7979911	13.8	4974722	3501263	16.2
2017	8448300	8273338	12.8	5417378	3866008	15.9
2018	9168709	8808594	13.6	5625673	4000651	15.9

8–2 财政收入

单位：万元

指　　标	全　　市			市　　区		
	2016	2017	2018	2016	2017	2018
财政总收入	**8020168**	**8448300**	**9168709**	**4974722**	**5417378**	**5625673**
上划中央收入	**2859542**	**3431945**	**3906576**	**2289169**	**2669874**	**2735540**
增值税（75%）	1134507	1414968	1741878	758834	887666	976060
消费税	1149134	1274217	1228880	1107582	1228862	1178551
企业所得税（60%）	388916	509868	581000	283851	377156	413294
个人所得税（60%）	186985	232892	354818	138902	176190	167635
公共财政预算收入	**5160626**	**5016355**	**5262133**	**2685553**	**2747504**	**2890133**
税收收入	3903070	3652284	4167731	2014173	2103060	2288018
增值税（25%）	826354	1410213	1732915	548354	882654	970801
营业税	1046894	1646	5178	386755	1699	1474
企业所得税（40%）	259276	339912	387333	189234	251437	275528
个人所得税（款）（40%）	124656	155261	236545	92601	117459	111756
资源税	100824	82038	74756	29391	18313	14754
城市维护建设税	294046	286333	319209	212174	200937	224506
房产税	124002	143122	152167	58958	61028	62259
印花税	50256	55737	57039	25265	28944	36093
城镇土地使用税	157510	189690	169188	77399	81160	62089
土地增值税	525824	550028	540869	224578	216923	254016
车船税（款）	40011	41221	38615	17153	20851	20345
耕地占用税（款）	20100	41110	62767	7494	20076	14401
契税（款）	333317	355973	382168	144817	201579	234448
环境保护税（款）			8982			5548
非税收入	1257556	1364071	1094402	671380	644444	602115
专项收入	296472	265512	290855	206289	177158	201559
行政事业性收费收入	291098	303283	241086	174672	185789	149403
罚没收入	189425	163037	148637	100868	85372	88896
国有资本经营收入						
国有资源（资产）有偿使用收入	433246	578629	355470	155591	162232	112478
捐赠收入	4848	7067	4922	2858	4965	1499
政府住房基金收入	25265	24026	34695	24880	23535	34631
其他收入（款）	17202	22517	18737	6222	5393	13649
政府性基金收入	**2332899**	**3814361**	**5373041**	**1054134**	**2228541**	**2980461**

8-3 财政支出

单位：万元

指　　标	全　市			市　区		
	2016	2017	2018	2016	2017	2018
公共财政预算支出	**7979911**	**8273338**	**8808594**	**3501263**	**3866008**	**4000651**
#一般公共服务	623624	694240	774564	325681	367174	407239
国防	9045	12284	11233	5887	8008	6515
公共安全	436882	490986	546134	271561	311206	342572
教育	1653333	1739880	1703868	677670	687106	743896
科学技术	207617	215540	254531	119645	128251	152584
文化体育与传媒	88879	113307	94401	40385	44930	46276
社会保障和就业	835997	955682	1119351	451654	538898	579958
医疗卫生	595773	670751	740231	223056	262094	261029
环境保护	198558	185908	223245	87996	97868	109092
城乡社区事务	1194732	1232616	1394605	495035	497944	462536
农林水事务	1176767	894772	969996	371551	344977	355062
交通运输	219595	321064	239163	77335	119028	98168
资源勘探电力信息等事务	241446	150869	177356	101680	128665	118843
商业服务业等事务	50483	44359	44403	35101	32832	34120
金融监管支出	5166	9442	17200	4995	8556	17195
援助其他地区支出	5911	11423	9943	2839	8038	6776
国土资源气象等事务	80124	147985	124861	45997	52257	55991
住房保障支出	264788	239804	256189	124809	135202	154366
粮油物资管理事务	17232	20383	10555	8561	7323	5058
其他支出	33488	55401	16683	11432	52452	6346
债务付息支出	39515	66277	79781	17865	33086	36937
债务发行费用支出	956	365	301	528	113	92
政府性基金支出	**2858019**	**5002382**	**6999320**	**1344529**	**2885835**	**3646273**
#一般公共服务						
教育						
文化体育与传媒	599	11	215	487	11	104
社会保障和就业	7325	6688	8726	3784	660	600
城乡社区事务	2762071	4898143	6820644	1281072	2824122	3546968
农林水事务	2517					
交通运输	22622	11753	27938	14648	5700	17734
资源勘探电力信息等事务	5539	5003		2872	1883	
其他支出	36563	28595	36455	25438	20480	23044
债务付息支出	19719	50941	103634	15652	32398	57041
债务发行费用支出	1064	1248	1708	576	581	782

注：从 2015 年 1 月 1 日起，将政府性基金预算中用于提供基本公共服务以及主要用于人员和机构运转等方面的项目收支转列一般公共预算，具体包括地方教育附加、文化事业建设费、残疾人就业保障金、从地方土地出让收益计提的农田水利建设和教育资金、转让政府还贷道路收费权收入、育林基金、森林植被恢复费、水 利建设基金、船舶港务费、长江口航道维护收入等 11 项基金。

8-4 历年金融机构(人民币)存贷款

(年底数) 单位:万元

年 份	全市			市区			人均储蓄(元/人)	
	金融机构各项存款余额	#居民储蓄	金融机构各项贷款余额	金融机构各项存款余额	#居民储蓄	金融机构各项贷款余额	全市	市区
1952		270			206		1	9
1957		968			647		2	17
1962		1222			686		3	15
1965		1974			1157		4	22
1970		2442			1449		4	27
1975		4839			2694		8	44
1978	60759	8921	105787	45019	4299	73384	14	64
1979	28597	13499	47821	11793	6018	17239	21	85
1980	123807	20596	108921	100870	8868	64142	31	122
1981	86748	27635	137656	44213	11249	62784	41	150
1982	96635	36462	156417	47298	14836	71216	53	192
1983	121321	52715	193450	59799	19645	87887	76	248
1984	160671	74664	266637	77453	26601	119256	107	330
1985	176808	97867	311936	89970	37810	162538	138	458
1986	251158	140701	391209	131915	51139	223965	197	608
1987	367499	191242	496401	217669	69314	290223	263	810
1988	495318	246993	596632	219746	88630	320346	332	1016
1989	559847	327806	671512	257604	125709	413739	430	1408
1990	724345	446418	804071	349864	174611	433478	553	1926
1991	891658	555370	963003	425565	213526	492026	677	2324
1992	1064281	668470	1089149	508880	258326	565390	809	2758
1993	1360184	857542	1346993	670666	319747	735634	1028	3360
1994	1758108	1110985	1618177	944480	477133	899760	1318	3340
1995	2329318	1400566	2046385	1282165	578274	1155867	1645	3984
1996	2950050	1828200	2388715	1624215	811756	1323614	2217	5510
1997	3484093	2163437	3005351	1905377	970956	1672573	2495	6502
1998	3768104	2438696	3226763	2053563	1110556	1752920	2785	7313
1999	4135005	2692128	3341758	2349069	1297842	1885371	3068	8515
2000	4614682	3058002	3249902	3124162	1860652	2230387	3411	11585
2001	5297006	3576909	3742657	3581695	2202744	2536851	3966	13552
2002	6180183	4167882	3982506	4195444	2592741	2678214	4608	15756
2003	7277202	4822259	4614147	4254019	3024793	2598658	5307	18077
2004	8414573	5563129	4751280	4768459	3445990	2640115	6068	20584
2005	10108940	6506064	4911786	5806876	3997284	2758306	7031	22223
2006	11937168	7228920	5650749	6865004	4377454	3133756	7734	24105
2007	14038244	7886337	6842230	8170216	3488669	4015157	8409	19140
2008	17191438	9745131	7965786	10066026	5850811	4749346	10292	31729
2009	21726238	11397620	11325649	15272845	6911095	7926396	11902	37112
2010	26321873	13243885	14364443	18281038	7908879	9901281	13613	25291
2011	29809912	14954211	17348392	20386726	8684472	11820976	15312	27511
2012	33644736	17947175	20472296	22500556	10292339	13785329	18119	32077
2013	38844633	20897714	23608014	25950180	11833905	15528718	24325	37356
2014	42864617	23774417	27247917	28455976	13066281	17965025	27554	40738
2015	47470104	27805980	30699020	30631822	15196592	20009860	32075	46906
2016	54953059	30902119	36202134	33728605	16492141	23834094	35479	50452
2017	63963815	33494523	41731982	39701953	17841084	27030658	38220	53945
2018	71073928	36048424	49124733	44383247	19215559	32072275	40955	57348

注:1.因区划调整,2010年以后市区人均储蓄存款余额与往年不可比;2.2015年及以后居民储蓄调整为住户存款,与往年不可比。

8-5 金融机构(人民币)综合存贷款(2011-2014)

单位:万元

指标	2011	2012	2013	2014
金融机构综合存款余额	**29809912**	**33644736**	**38844633**	**42864617**
# 单位存款	14164769	14945580	16552677	17494391
# 活期	5773196	6244340	6673685	7355691
定期	2959156	3125577	4102170	3311470
通知存款	269304	266907	202542	286074
保证金存款	3235769	3483542	3322085	2952952
个人存款	15026698	18068666	21549845	24658403
# 储蓄存款	14954211	17947175	20897714	23774417
财政性存款	344933	395272	439596	481903
临时性存款	112162	153309	230912	112963
委托存款	95215	5030	52	38
其他存款	66135	76880	71551	116919
金融机构综合贷款余额	**17348392**	**20472296**	**23608014**	**27247917**
# 境内贷款	17347561	20471064	23606855	27246873
# 短期贷款	9690876	11658992	13038233	13978987
# 个人贷款及透支	2307267	2237878	2434476	2396867
# 个人消费贷款	139702	123742	214832	231495
单位普通贷款及透支	6364647	8359953	9519093	10601066
# 经营贷款	6246368	8223920	9245248	10329363
中长期贷款	6872802	7832488	9480629	11622666
# 个人贷款	3417032	4187147	5179181	6206421
# 个人消费贷款	2844302	3427429	4295733	5255813
# 单位普通贷款	2760690	2684676	3247886	4449368
# 经营贷款	471935	575330	661909	947907
融资租赁				2061
票据融资	772570	881273	1018095	1537915
各项垫款	11314	98311	69897	105244

注:自2015年起人民银行总行对存贷款口径有所调整,为便于使用,2014年及以前资料留存,编入8-5部分。

8–6　金融机构(人民币)各项存贷款

单位:万元

指　　标	2016	2017	2018
金融机构各项存款余额	**54953059**	**63963815**	**71073928**
境内存款	54921261	63930039	71054402
住户存款	30902119	33494523	36048424
活期存款	10996686	12155652	13304383
定期及其他存款	19905434	21338872	22744041
非金融企业存款	14088896	18007596	20954457
活期存款	6276621	9689106	10365031
定期及其他存款	7812274	8318490	10589426
广义政府存款	9870781	12183326	13385924
财政性存款	1105536	840187	736407
机关团体存款	8765245	11343140	12649516
非银行业金融机构存款	59465	244593	665597
境外存款	31798	33777	19526
金融机构各项贷款余额	**36202134**	**41731982**	**49124733**
境内贷款	36201083	41730802	49124184
住户贷款	12313517	16312688	20231223
短期贷款	2749652	3673971	4325227
消费贷款	557715	1275656	1578124
经营贷款	2191937	2398315	2747103
中长期贷款	9563865	12638718	15905996
消费贷款	8460824	11338957	14448757
经营贷款	1103041	1299761	1457240
非金融企业及机关团体贷款	23887566	25418114	28892960
短期贷款	10957932	10280008	11024137
中长期贷款	9064919	11733099	13282273
票据融资	3473860	2787603	3977958
融资租赁	187266	546991	561435
各项垫款	203589	70413	47158
境外贷款	1051	1180	549

8–7 保险业务主要指标

单位：万元

指　　标	2010	2011	2012	2013	2014	2015	2016	2017	2018
保险公司数　（个）	**40**	**46**	**50**	**53**	**55**	**56**	**60**	**61**	**69**
# 财产保险公司	20	20	21	21	23	23	23	23	24
人寿保险公司	20	26	29	32	32	33	37	38	45
保险收入	**820183**	**896097**	**858619**	**947545**	**1064593**	**1327536**	**1664340**	**2093418**	**2204673**
财产险	206331	256490	282776	324292	376973	427288	500902	581380	607849
# 企业财产险	9998	13573	14647	14120	14493	13741	12647	12464	13265
家庭财产险	795	608	897	739	516	723	1093	1913	3727
机动车辆保险	174735	214627	233579	269845	310297	355280	411810	469983	484847
运输及责任险	4868	5973	7642	7444	7849	9937	15179	21041	23271
人寿险	613851	639607	575842	623253	687620	900248	1163438	1512038	1596824
# 人身意外伤害险	10206	11150	11440	13252	15160	16562	20200	22056	24761
健康险	6662	7084	7669	8309	9279	11344	22176	33964	61481
寿险	140316	171632	129785	153110	306308	557559	662735	953300	788953
各项赔款和给付	**152305**	**220705**	**257408**	**351983**	**363711**	**422310**	**526780**	**581688**	**612388**
财产险	76844	104182	145898	168709	199942	207201	244448	277723	331932
# 企业财产险	1154	4482	4900	3203	7115	3717	6639	4728	6915
家庭财产险	56	39	47	61	41	50	172	216	1599
机动车辆保险	67692	90239	128801	148586	170071	175819	202762	230698	263647
运输及责任险	1085	1546	2390	3118	3695	3028	3967	6118	8291
人寿险	75461	116523	111510	183274	163769	215109	282332	303965	280456
# 人身意外伤害险	3066	3180	2999	3199	3950	4379	5142	5622	6188
健康险	4771	4856	5138	5527	6762	7418	11344	19157	36387
寿险	21484	25079	31328	32178	41517	41836	41066	80683	76185

主要统计指标解释

财政收入 是指政府为履行其职能、实施公共政策和提供公共物品与服务需要而筹集的一切资金的总和，是国家为了实现其职能，凭借政治权力，对一部分社会产品进行分配和再分配的经济活动。财政收入表现为政府部门在一定时期内(一般为一个财政年度)所取得的货币收入。主要包括:中央财政收入和地方财政收入。中央财政和地方财政是财政体制上划分中央政府和地方政府以及地方各级政府之间财政管理权限的一项分配制度。它具体规定了各级政府筹集资金、支配使用资金的权力、范围和责任，使各级政府在财政管理上有责有权。这对于正确处理中央和地方之间，以及地方各级之间的分配关系，充分发挥各级政府的积极性，更好地完成国家财政收支任务，促进社会主义建设的发展有着极其重要的意义。

中央财政收入 包括:关税、海关代征消费税和增值税，消费税，中央企业所得税，地方银行和外资银行及非银行金融企业所得税，铁道、银行总行、保险总公司等集中缴纳的营业税、所得税、利润和城市维护建设税，增值税的75%部分，证券交易税(印花税)50%部分和海洋石油资源税。

地方财政收入 又称为公共财政预算收入，包括:(1)税收收入——我国财政收最主要的来源。国内增值税的25%、营业税、企业所得税的40%、个人所得税的40%、资源税、城市维护建设税、房产税、印花税(证券印花税的3%+其余印花税的全部)、城镇土地使用税、土地增值税、车船税、耕地占用税、契税、烟叶税、其他税收收入。(2)非税收入。专项收入、行政事业性收费收入、罚没收入、国有资本经营收入、国有资源有偿使用收入、其他收入。

地方财政总收入 包括地方公共财政预算收入、上划中央收入和政府性基金收入(含缴库社会保险基金)。上划中央收入是指按现行分税制财政体制规定，在当地缴纳、与地方分享的税种的中央级收入，包括国内增值税的75%、国内消费税、纳入分享范围的企业所得税的60%和个人所得税的60%四项。政府性基金收入是国家通过向社会征收以及出让土地、发行彩票等方式取得收入。

财政支出 是国家政权为行使其职能，对筹集的财政资金进行有计划的分配使用的总称。体现政府的活动范围和方向，反映财政资金的分配关系。主要包括基本建设支出、增拨企业流动资金、企业挖潜改造资金、新产品试制费、地质勘探费、工交商部门事业费、支援农村生产支出和各项农业事业费、文教科学卫生事业费、抚恤和社会救济费、国防费、行政管理费及债务支出。在我国，由于存在预算外资金，所以财政支出的概念也就有狭义与广义之分：狭义的财政支出仅指公共财政预算支出；广义的财政支出则包括预算内支出和预算外支出。

九、物价指数

PRICE INDICES

版面负责人：王　莹

编　　　辑：张欣桐　高子尧

中华人民共和国统计法实施条例

第四十六条 统计机构及其工作人员有下列行为之一的，由本级人民政府或者上级人民政府统计机构责令改正，予以通报：

（一）拒绝、阻碍对统计工作的监督检查和对统计违法行为的查处工作；

（二）包庇、纵容统计违法行为；

（三）向有统计违法行为的单位或者个人通风报信，帮助其逃避查处；

（四）未依法受理、核实、处理对统计违法行为的举报；

（五）泄露对统计违法行为的举报情况。

第四十七条 地方各级人民政府、县级以上人民政府有关部门拒绝、阻碍统计监督检查或者转移、隐匿、篡改、毁弃原始记录和凭证、统计台账、统计调查表及其他相关证明和资料的，由上级人民政府、上级人民政府统计机构或者本级人民政府统计机构责令改正，予以通报。

第四十八条 地方各级人民政府、县级以上人民政府统计机构和有关部门有本条例第四十一条至第四十七条所列违法行为之一的，对直接负责的主管人员和其他直接责任人员，由任免机关或者监察机关依法给予处分。

第四十九条 乡、镇人民政府有统计法第三十八条第一款、第三十九条第一款所列行为之一的，依照统计法第三十八条、第三十九条的规定追究法律责任。

第五十条 下列情形属于统计法第四十一条第二款规定的情节严重行为：

（一）使用暴力或者威胁方法拒绝、阻碍统计调查、统计监督检查；

（二）拒绝、阻碍统计调查、统计监督检查，严重影响相关工作正常开展；

（三）提供不真实、不完整的统计资料，造成严重后果或者恶劣影响；

（四）有统计法第四十一条第一款所列违法行为之一，1 年内被责令改正 3 次以上。

第五十一条 统计违法行为涉嫌犯罪的，县级以上人民政府统计机构应当将案件移送司法机关处理。

9-1 城市(市区)物价总指数

(以上年价格为 100)

年 份	居民消费价格总指数	商品零售价格总指数
1978	100.0	100.1
1979	100.6	101.1
1980	102.4	102.6
1981	100.4	100.8
1982	101.0	101.4
1983	100.1	100.7
1984	103.3	102.4
1985	108.7	108.3
1986	106.2	105.9
1987	109.8	110.0
1988	122.6	122.8
1989	115.6	115.6
1990	104.5	103.9
1991	108.6	108.8
1992	109.2	108.0
1993	117.6	115.1
1994	125.3	123.3
1995	116.9	113.2
1996	110.0	107.4
1997	101.9	99.9
1998	100.0	98.3
1999	98.2	96.2
2000	100.0	98.2
2001	100.3	99.3
2002	99.2	98.6
2003	101.5	100.0
2004	103.7	102.8
2005	102.2	101.0
2006	101.5	100.7
2007	104.4	103.1
2008	104.9	105.3
2009	99.9	99.8
2010	103.6	102.1
2011	105.2	103.8
2012	102.6	102.4
2013	102.3	101.2
2014	102.1	101.6
2015	101.5	101.3
2016	102.3	100.5
2017	101.7	101.8
2018	102.3	103.0

9-2 城市(市区)居民消费价格指数

(以上年价格为 100)

指　　标	2018	指　　标	2018
居民消费价格总指数	**102.3**	其他食品类	103.1
食品烟酒	**102.4**	茶及饮料	98.6
食品	102.7	烟酒	104.1
粮食	103.0	# 烟草	100.1
# 大米	102.1	酒类	110.0
面粉	102.6	在外餐饮	101.1
薯类	113.2	**衣着**	**100.4**
豆类	100.0	服装	100.9
食用油	99.7	# 男式服装	101.2
菜	106.8	女式服装	102.4
# 鲜菜	107.2	儿童服装	96.3
畜肉类	99.3	服装材料	101.7
# 猪肉	94.0	其他衣着及配件	100.8
牛肉	111.1	衣着加工服务	103.7
羊肉	108.3	鞋类	98.3
禽肉类	107.6	# 鞋	98.0
# 鸡	107.8	鞋类加工服务	107.7
鸭	112.7	**居住**	**102.1**
水产品	105.6	租赁房房租	103.3
蛋类	116.0	住房保养维修及管理	104.4
奶类	101.8	水电燃料	100.6
干鲜瓜果类	97.9	自有住房	101.9
糖果糕点类	101.7	**生活用品及服务**	**103.1**
调味品	102.3	家具及室内装饰品	102.8
# 食用盐	105.8	# 家具	102.9

9-2 续表　　(以上年价格为100)

指　　标	2018	指　　标	2018
家用器具	103.4	教育用品	103.0
大型家用器具	103.6	教育服务	102.4
#洗衣机	108.3	文化娱乐	104.0
电冰箱(柜)	101.7	文娱耐用消费品	103.6
空调器	105.2	其他文娱用品	102.4
热水器	103.5	文化娱乐服务	100.5
微波炉	96.9	旅游	106.5
小家电	102.7	**医疗保健**	**101.6**
家用纺织品	99.2	药品及医疗器具	109.1
家庭日用杂品	101.0	中药	115.1
个人护理用品	100.5	西药	111.7
家庭服务	115.3	滋补保健品	107.0
交通和通信	**103.5**	医疗卫生器具	92.8
交通	104.6	保健器具	105.0
交通工具	100.6	医疗服务	98.3
交通工具用燃料	112.7	综合医疗类	100.0
交通工具使用和维修	103.1	治疗类	99.7
交通费	99.4	康复类	100.0
通信	101.5	中医医疗服务类	100.0
通信工具	106.3	其他医疗服务	99.6
通信服务	99.8	**其他用品和服务**	**100.3**
邮递服务	103.7	其他用品类	97.5
教育文化和娱乐	**103.1**	其他服务类	102.2
教育	102.4		

9-3 城市(市区)商品零售价格指数

（以上年价格为 100）

指标	2018	指标	2018
商品零售价格总指数	**103.0**	床上用品	99.4
食品	**102.6**	**家用电器类及音像器材**	**104.2**
粮食	103.1	家庭设备	103.5
# 大米	102.1	文娱用耐用消费品	106.6
面粉	102.6	专业音像器材	100.8
薯类	113.2	**文化办公用品**	**101.5**
豆类	101.7	**日用品类**	**101.0**
食用油	99.7	日用百货	102.6
菜	106.9	厨具餐具茶具	99.7
# 鲜菜	107.2	清洗用品	100.8
畜肉类	99.8	其它日用品	99.7
# 猪肉	94.0	**体育娱乐用品**	**102.8**
牛肉	111.1	体育户外用品	104.5
羊肉	108.3	娱乐用品	101.5
禽肉类	107.5	**交通、通信用品**	**100.6**
# 鸡	107.8	交通运输机械	99.9
鸭	112.7	通信器材	105.0
水产品	105.5	**家具**	**102.9**
蛋类	115.8	**化妆品**	**100.3**
奶类	101.8	**金银饰品**	**94.8**
干鲜瓜果类	97.9	**中、西药品及医疗保健用品**	**110.5**
糖果糕点类	101.7	医疗卫生器具	92.8
调味品	102.4	中药	115.1
# 食用盐	105.8	西药	111.8
其他食品类	103.1	保健器具及用品	106.7
在外餐饮	101.2	**书报杂志及电子出版物**	**105.8**
饮料、烟酒	**103.2**	教材及参考书	102.9
茶及饮料	98.6	书报杂志	107.0
烟草	100.1	计算机办公软件	109.2
酒类	110.0	**燃料**	**109.6**
服装、鞋帽	**100.1**	煤炭及制品	103.2
服装	100.7	石油及制品	110.4
鞋帽袜	98.2	**建筑材料及五金电料**	**104.0**
其他衣着配件	102.5	建筑装潢材料类	104.9
纺织品	**99.7**	五金水暖	101.4
服装材料	101.7		

9-4　城市(市区)居民消费价格指数和商品零售价格指数

(2018 年)

指　　标	以去年同月价格为 100					
	1月	2月	3月	4月	5月	6月
居民消费价格总指数	**101.1**	**101.7**	**101.6**	**101.5**	**101.5**	**101.7**
食品烟酒	99.5	101.3	101.2	100.7	100.6	100.9
#食品	99.2	101.7	101.4	100.8	100.6	100.9
#粮食	102.6	102.6	102.5	102.5	102.5	102.7
食用油	98.5	98.4	98.3	98.4	98.7	99.0
菜	92.8	103.5	103.4	103.3	104.6	106.1
#鲜菜	92.4	104.0	103.9	103.7	105.1	106.7
畜肉类	96.6	98.2	98.2	97.1	96.2	96.3
禽肉类	106.2	108.0	108.7	108.7	108.8	108.9
水产品	109.0	110.8	109.5	108.2	106.9	106.6
蛋类	122.6	130.4	129.2	128.3	128.6	127.1
干鲜瓜果	92.5	92.7	91.8	90.0	89.2	89.6
烟酒	102.4	102.7	102.4	102.1	102.3	102.4
衣着	99.1	98.9	98.8	98.6	98.7	98.9
居住	102.2	102.1	102.0	102.1	102.2	102.3
生活用品及服务	103.2	103.6	103.4	103.4	103.4	103.4
交通和通信	101.4	101.8	101.9	101.9	102.1	102.4
教育文化和娱乐	103.9	104.8	104.5	104.2	104.0	103.9
医疗保健	99.8	99.8	100.2	100.3	100.4	100.5
其他用品和服务	101.5	100.4	100.2	100.2	100.2	100.1
商品零售价格指数	**101.4**	**101.7**	**101.7**	**101.6**	**101.7**	**102.0**

9-4　续表　　（2018年）

指　　标	以去年同月价格为100					
	7月	8月	9月	10月	11月	12月
居民消费价格总指数	**101.8**	**102.0**	**102.2**	**102.3**	**102.3**	**102.3**
食品烟酒	101.3	101.6	102.0	102.2	102.3	102.4
# 食品	101.3	101.7	102.3	102.6	102.7	102.7
# 粮食	102.8	102.9	103.0	103.0	103.0	103.0
食用油	99.2	99.3	99.4	99.5	99.6	99.7
菜	107.1	107.8	109.0	109.0	107.8	106.8
# 鲜菜	107.8	108.4	109.8	109.7	108.4	107.2
畜肉类	96.7	97.4	98.0	98.6	99.1	99.3
禽肉类	108.8	108.0	107.5	107.2	107.1	107.6
水产品	106.2	105.9	106.0	105.6	105.7	105.6
蛋类	125.7	123.3	121.3	119.6	118.0	116.0
干鲜瓜果	90.8	92.2	94.1	95.5	97.0	97.9
烟酒	102.9	103.3	103.6	103.8	103.9	104.1
衣着	99.1	99.3	99.5	100.0	100.3	100.4
居住	102.3	102.3	102.3	102.3	102.2	102.1
生活用品及服务	103.4	103.4	103.4	103.3	103.2	103.1
交通和通信	102.9	103.2	103.5	103.8	103.7	103.5
教育文化和娱乐	103.7	103.6	103.5	103.4	103.2	103.1
医疗保健	100.8	101.1	101.2	101.4	101.5	101.6
其他用品和服务	100.2	100.2	100.3	100.2	100.3	100.3
商品零售价格指数	**102.3**	**102.5**	**102.8**	**103.0**	**103.1**	**103.0**

主要统计指标解释

物价指数 是说明两个时期商品价格水平变动趋势和程度的相对数指标。它是以报告期的价格水平与基期的价格水平进行直接对比计算的。当物价指数大于100时,说明价格水平上涨,反之则说明价格水平下跌。编制物价指数的目的,是为了反映市场物价水平的变化情况,分析和研究物价变动对城乡人民生活和国家财政支出的影响程度。

居民消费价格指数 是反映一定时期内城乡居民所购买的生活消费品价格和服务性项目支出价格变动趋势和程度的相对数。利用居民消费价格指数,可以观察和分析价格变动对城乡居民实际生活费用支出的影响程度。

城市居民消费价格指数 是反映城市居民家庭所购买的生活消费品的价格和服务项目支出价格变动趋势和程度的相对数。根据城市居民消费价格指数,可以观察和分析价格变动对城市居民消费支出的影响程度,作为研究居民生活和确定工资政策的依据。

商品零售价格总指数 是全面反映市场商品零售价格总水平变动趋势和程度的相对数。通过它,可以观察市场商品总体价格水平升降程度,以及物价变动对城乡人民生活支出的总影响。

十、人民生活

PEOPLE´S LIVELIHOOD

版面负责人：徐　康

编　　　辑：高惠媛　柳　震

中华人民共和国统计法实施条例

第八章　附　　则

第五十二条　中华人民共和国境外的组织、个人需要在中华人民共和国境内进行统计调查活动的，应当委托中华人民共和国境内具有涉外统计调查资格的机构进行。涉外统计调查资格应当依法报经批准。统计调查范围限于省、自治区、直辖市行政区域内的，由省级人民政府统计机构审批；统计调查范围跨省、自治区、直辖市行政区域的，由国家统计局审批。

涉外社会调查项目应当依法报经批准。统计调查范围限于省、自治区、直辖市行政区域内的，由省级人民政府统计机构审批；统计调查范围跨省、自治区、直辖市行政区域的，由国家统计局审批。

第五十三条　国家统计局或者省级人民政府统计机构对涉外统计违法行为进行调查，有权采取统计法第三十五条规定的措施。

第五十四条　对违法从事涉外统计调查活动的单位、个人，由国家统计局或者省级人民政府统计机构责令改正或者责令停止调查，有违法所得的，没收违法所得；违法所得 50 万元以上的，并处违法所得 1 倍以上 3 倍以下的罚款；违法所得不足 50 万元或者没有违法所得的，处 200 万元以下的罚款；情节严重的，暂停或者取消涉外统计调查资格，撤销涉外社会调查项目批准决定；构成犯罪的，依法追究刑事责任。

第五十五条　本条例自 2017 年 8 月 1 日起施行。1987 年 1 月 19 日国务院批准、1987 年 2 月 15 日国家统计局公布，2000 年 6 月 2 日国务院批准修订、2000 年 6 月 15 日国家统计局公布，2005 年 12 月 16 日国务院修订的《中华人民共和国统计法实施细则》同时废止。

10–1 主要年份居民家庭收支情况

单位：元

指标	人均可支配收入			人均消费支出		
	全体居民	城镇居民	农村居民	全体居民	城镇居民	农村居民
2014	18744.14	24079.56	12811.27	12166.83	15004.85	9011.03
2015	20424.60	26218.65	13981.74	13174.13	16143.08	9872.72
2016	22348.06	28421.33	15274.05	14321.45	17254.95	11059.45
2017	25116.03	30986.83	16696.53	15688.44	18233.88	12037.96
2018	27385.39	33585.88	18206.15	16817.56	19462.80	12901.55

10–2 居民家庭基本情况与人均收入情况

（2018 年）

单位：元

指标		全体居民	城镇居民	农村居民
调查户数	**（户）**	**1700**	**1030**	**670**
平均每户家庭人口	（人）	3.24	3.15	3.39
平均每户就业人口	（人）	1.83	1.66	2.09
平均每一就业人口负担人数	（人）	1.78	1.90	1.63
平均每户就业面	（%）	56.32	52.67	61.52
平均每人现住房建筑面积	（平方米）	50.87	49.49	52.82
人均可支配收入		**27385.39**	**33585.88**	**18206.15**
工资性收入		15604.20	20232.82	8751.98
工资		14871.29	19147.13	8541.32
实物福利		33.41	46.56	13.95
其他		699.50	1039.12	196.72
经营净收入		5702.68	4881.30	6918.64
第一产业经营净收入		2262.03	821.14	4395.14
第二产业经营净收入		761.10	577.68	1032.63
第三产业经营净收入		2679.55	3482.48	1490.88
财产净收入		1553.63	2423.27	266.20
# 利息净收入		19.65	12.04	30.91
红利收入		75.27	111.72	21.31
储蓄性保险净收益		4.52	6.43	1.71
转让承包土地经营权租金净收入		112.65	86.82	150.89
出租房屋财产性收入		275.07	447.04	20.49
出租机械、专利、版权等资产的收入		49.90	43.73	59.04
转移净收入		4524.88	6048.49	2269.32
# 养老金或离退休金		3496.00	5476.86	563.55
社会救济和补助		46.70	35.03	63.97
报销医疗费		364.45	532.01	116.40
家庭外出从业人员寄回带回收入		984.24	625.48	1515.34
赡养收入		262.08	321.72	173.79
其他经常转移收入		155.31	198.29	91.67
人均非收入所得		**1534.93**	**1880.24**	**1023.74**
人均借贷性所得		**943.20**	**1208.92**	**549.83**

10–3 居民家庭人均支出情况

（2018 年） 单位：元

指 标	全体居民	城镇居民	农村居民
人均消费支出	**16817.56**	**19462.80**	**12901.55**
食品烟酒	5038.04	5754.01	3978.11
食品	3539.76	3876.10	3041.86
谷物	680.75	517.67	922.18
薯类	43.22	43.70	42.50
豆类	69.66	69.73	69.57
食用油	175.00	179.59	168.21
蔬菜和食用菌	398.36	499.12	249.19
肉类	701.68	819.54	527.21
禽类	172.06	192.43	141.91
水产品	192.65	251.08	106.15
蛋类	121.67	137.53	98.20
奶类	303.53	355.13	227.16
干鲜瓜果类	376.61	457.50	256.85
糖果糕点类	111.12	130.45	82.51
其他食品	193.44	222.64	150.21
烟酒	504.48	571.24	405.65
烟草	260.69	291.88	214.51
酒类	243.79	279.36	191.14
饮料	77.36	90.13	58.45
饮食服务	916.44	1216.54	472.16
食堂用餐	31.58	44.85	11.93
其他在外饮食	882.08	1169.65	456.35
食品加工服务费	2.78	2.04	3.88
衣着	1331.54	1587.11	953.19
衣类	987.42	1191.73	684.95
鞋类	344.12	395.38	268.23
居住	3416.18	4053.67	2472.43
# 租赁房房租	67.77	95.60	26.56
住房维修及管理	568.04	694.49	380.84
水电燃料及其他	726.35	841.46	555.94
生活用品及服务	1226.08	1393.75	977.86
家具及室内装饰品	269.44	270.41	267.99
家用器具	296.82	332.52	243.96
家用纺织品	105.41	132.18	65.79
家庭日用杂品	308.35	342.98	257.09
个人用品	192.92	241.80	120.56
家庭服务	53.14	73.86	22.47
交通通信	2218.29	2461.06	1858.89
交通	1477.05	1670.07	1191.32
交通工具	774.33	835.74	683.42
交通费	132.17	165.64	82.61
交通工具用燃料	292.64	361.22	191.12
交通工具使用及维修	277.91	307.47	234.16
# 车辆保险支出	114.28	145.31	68.35
通信	741.23	790.99	667.58
通信工具	253.07	244.68	265.49
通信服务	488.17	546.31	402.09

10-3 续表 （2018 年） 单位:元

指标	全体居民	城镇居民	农村居民
教育文化娱乐	1908.30	2239.45	1418.07
教育	941.27	1053.29	775.44
学前教育	103.98	116.85	84.94
小学教育	132.62	130.37	135.95
初中教育	145.39	175.36	101.03
高中教育	134.50	143.59	121.04
中专职高教育	48.08	36.79	64.79
大专及以上教育	232.21	287.82	149.88
成人教育	144.49	162.50	117.81
文化娱乐	967.03	1186.16	642.63
文娱耐用消费品	309.28	342.37	260.28
其他文娱用品	273.02	275.39	269.51
文化娱乐服务	384.74	568.40	112.84
医疗保健	1298.00	1488.73	1015.64
医疗器具及药品	517.89	623.23	361.93
医疗服务	780.11	865.50	653.71
门诊总费用	233.58	241.97	221.16
住院总费用	546.53	623.52	432.55
其他用品和服务	381.15	485.02	227.37
其他用品	209.03	263.33	128.65
其他服务	172.11	221.69	98.72
人均生产经营费用支出	**2652.77**	**2019.00**	**3590.99**
第一产业经营费用支出	1362.57	892.62	2058.28
第二产业经营费用支出	797.22	671.06	984.00
第三产业经营费用支出	492.97	455.33	548.71
人均财产性支出	**84.42**	**122.45**	**28.11**
生活贷款利息支出	82.90	120.50	27.24
其他财产性支出	1.52	1.95	0.87
人均转移性支出	**967.77**	**1438.47**	**270.94**
个人所得税	37.76	62.42	1.26
社会保障支出	806.19	1201.85	220.46
个人缴纳的养老保险	585.14	894.64	126.94
个人缴纳的医疗保险	190.20	263.52	81.65
个人缴纳的失业保险	23.95	38.23	2.80
其他社会保障支出	6.91	5.45	9.07
外来从业人员寄给家人的支出	3.75	6.29	0.00
赡养支出	68.33	96.18	27.09
其他转移性支出	51.73	71.73	22.13
人均部分商业保险支出	**138.64**	**178.10**	**80.23**
人均购置资产及非经常性转移支出	**4075.40**	**5002.41**	**2703.04**
购置资产支出	1282.13	1672.26	704.60
非经常性转移支出	2793.26	3330.16	1998.44
人均借贷性支出	**901.86**	**1101.92**	**605.70**

10–4 居民家庭年末平均每百户耐用消费品拥有量情况

（2018 年）　　单位：台

指　　标		全体居民	城镇居民	农村居民
家用汽车	（辆）	30.08	35.04	22.46
摩托车	（辆）	30.88	22.32	44.04
助力车	（辆）	139.78	131.58	152.39
洗衣机		101.47	101.07	102.09
电冰箱	（柜）	98.12	99.13	96.57
微波炉		60.82	69.80	47.02
彩色电视机		124.53	124.47	124.63
#接入有线电视		92.54	93.90	90.46
空调		138.52	158.93	107.17
热水器		102.70	104.94	99.25
#太阳能热水器		81.58	74.36	92.69
洗碗机		1.59	2.04	0.90
排油烟机		61.11	75.82	38.51
固定电话	（部）	14.06	16.12	10.90
移动电话	（部）	259.12	254.28	266.56
#接入互联网		188.17	189.62	185.96
计算机		55.05	67.47	35.96
#接入互联网		50.76	62.23	33.13
照相机		9.35	14.18	1.93
中高档乐器	（架）	4.53	6.50	1.49
健身器材	（套）	4.88	7.09	1.49

10–5 居民家庭住房情况

（2018 年）

指　　标		全体居民	城镇居民	农村居民
调查户数	**（户）**	**1700**	**1030**	**670**
人均期末拥有房屋面积	**（平方米）**	**55.08**	**55.29**	**54.78**
自有现住房面积		49.75	47.87	52.41
出租住房面积		1.75	2.79	0.27
出租商用建筑物面积		0.41	0.69	0.02
偶尔居住房面积		1.43	1.63	1.16
空宅或其他用途房面积		1.74	2.31	0.92
人均现住房建筑面积		**50.87**	**49.49**	**52.82**
人均期内新购住房建筑面积		**0.36**	**0.41**	**0.28**
人均期内新建住房竣工建筑面积		**0.23**	**0.27**	**0.17**

10-6 居民家庭人均全年购买主要消费品

（2018 年） 单位：公斤

指　　标		全体居民	城镇居民	农村居民
谷物		82.39	80.38	85.25
食用油		10.10	9.81	10.50
蔬菜和食用菌		75.96	87.38	59.69
猪肉		11.15	11.70	10.35
牛肉		2.12	2.53	1.54
羊肉		2.21	2.46	1.86
禽类		8.83	9.15	8.39
水产品		7.98	8.62	7.06
蛋类		11.95	12.90	10.61
奶类		16.26	18.66	12.85
干鲜瓜果类		59.33	64.14	52.46
糖果糕点类		5.86	6.40	5.08
茶叶		0.13	0.15	0.09
卷烟	（盒）	22.45	22.88	21.82
酒类		8.95	8.16	10.07
水	（吨）	26.12	32.59	16.91
电	（度）	739.33	808.60	640.62
煤炭		12.31	11.44	13.56
管道天然气	（立方米）	16.74	27.75	1.06
罐装液化石油气		19.17	16.34	23.19

10-7 居民家庭平均每百户全年购买主要消费品

（2018 年）　　单位：台

指　　标		全体居民	城镇居民	农村居民
洗衣机		7.41	6.07	9.68
电冰箱(柜)		4.12	3.46	5.24
空调器		10.24	7.48	14.92
吸尘器		0.82	0.93	0.63
抽油烟机		2.88	3.08	2.54
微波炉		1.65	1.78	1.43
非太阳能热水器		2.35	2.90	1.43
太阳能热水器		2.24	1.96	2.70
燃气炉具	（套）	3.82	3.93	3.65
太阳能炉具	（套）	0.18	0.19	0.16
洗碗机		0.47	0.47	0.48
消毒碗柜				
汽车	（辆）	2.47	3.27	1.11
摩托车	（辆）	0.47	0.19	0.95
自行车	（辆）	4.42	4.87	3.65
电动自行车	（辆）	16.66	16.47	16.98
电话机	（部）	0.53	0.37	0.79
移动电话机	（部）	49.64	47.66	53.02
组合音响	（套）	0.47	0.47	0.48
彩色电视机		4.06	4.02	4.13
影碟机		0.06	0.09	
摄像机				
照相机		0.12	0.19	
家用台式电脑		1.06	1.03	1.11
家用笔记本电脑		1.35	1.59	0.95

10–8 市辖区居民家庭收支及住房情况

（2018 年）

指标		市辖区			鼓楼区	云龙区	泉山区	开发区
		全体居民	城镇居民	农村居民	城镇居民	城镇居民	城镇居民	城镇居民
人均可支配收入	**（元）**	**33670**	**37398**	**20667**	**34704**	**36090**	**41233**	**35138**
工资性收入		18574	20572	11606	19112	21138	23439	20025
经营净收入		6701	6811	6319	6877	5564	4769	7284
财产净收入		2502	3111	379	2798	2906	3996	3384
转移净收入		5893	6905	2363	5917	6482	9029	4445
人均生活消费支出	**（元）**	**21306**	**23436**	**13876**	**21849**	**24172**	**28164**	**22769**
食品烟酒		5945	6520	3941	6232	6678	7756	6405
衣着		1555	1728	954	1655	1780	1924	1675
居住		3625	4010	2282	4171	3877	4805	3525
生活用品及服务		1667	1884	911	1600	1973	2369	1477
交通通信		3186	3418	2375	2722	3635	4361	3436
教育文化娱乐		2415	2655	1580	2317	2915	3109	2597
医疗保健		2293	2512	1526	2494	2091	2285	2644
其他用品和服务		620	710	307	658	1222	1555	1011
人均期末拥有房屋面积	**（平方米）**	**47.6**	**43.9**	**54.4**	**45.5**	**39.4**	**43.0**	**47.2**
人均现住房建筑面积	**（平方米）**	**44.6**	**38.2**	**50.5**	**40.7**	**35.9**	**41.1**	**44.2**

10–8 续表

（2018 年）

指标		贾汪区			铜山区		
		全体居民	城镇居民	农村居民	全体居民	城镇居民	农村居民
人均可支配收入	**（元）**	**26396**	**33144**	**18703**	**30024**	**37818**	**21395**
工资性收入		19320	26564	11063	19242	25163	12552
经营净收入		5058	4402	5806	6408	5767	7150
财产净收入		528	642	399	1185	1922	359
转移净收入		1489	1536	1435	3188	4967	1334
人均生活消费支出	**（元）**	**15366**	**19964**	**10124**	**18373**	**24351**	**11756**
食品烟酒		4782	6165	3204	5965	7508	4239
衣着		1565	2042	1022	1838	2709	854
居住		2255	2677	1773	2094	2211	1947
生活用品及服务		1490	1902	1020	1130	1609	582
交通通信		1801	2572	921	2533	3592	1325
教育文化娱乐		2286	3139	1313	3437	4796	1890
医疗保健		713	747	675	1185	1523	807
其他用品和服务		475	720	196	191	403	111
人均期末拥有房屋面积	**（平方米）**	**49.1**	**46.7**	**52.3**	**61.0**	**55.0**	**66.0**
人均现住房建筑面积	**（平方米）**	**45.3**	**40.6**	**50.9**	**52.0**	**49.0**	**55.0**

主要统计指标解释

城乡住户调查一体化改革 从2012年开始,国家统计局在全国范围开展城乡一体化住户收支与生活状况调查,通过对调查指标、抽样方法、调查过程、数据处理、数据发布“五统一”等改革措施,整合原城镇住户调查和农村住户调查、优化完善住户调查制度,全面提升住户调查能力,不断提高居民收支数据质量,努力满足合理调整收入分配关系、统筹城乡发展、加快构建社会主义和谐社会的需要。

居民家庭常住人口 指住户成员中,经常在家居住、或者调查期内居住时间超过一半的人员,以及本住户供养的学生。

居民家庭就业人口 指16周岁及以上,从事一定的社会劳动或经营活动、并取得劳动报酬或经营收入的人口。包括在党政机关、社会团体、企业、事业单位、私营企业、个体工商经营户或家庭中工作的在岗职工、再就业的离退休人员、民办教师、兼职人员及家庭帮工、雇工或自由职业等各类从业人员;私营企业和个体工商经营户的自营就业者。

居民可支配收入 指调查户可用于最终消费支出和储蓄的总和,即调查户可以用来自由支配的收入。可支配收入既包括现金,也包括实物收入。按照收入的来源,可支配收入包含四项,分别为:工资性收入、经营净收入、财产净收入和转移净收入。

居民消费支出 指住户用于满足家庭日常生活消费需要的全部支出,包括用于消费品的支出和用于服务性消费的支出。根据用途不同,消费支出可划分为食品烟酒、衣着、居住、生活用品及服务、交通通信、教育文化娱乐、医疗保健、其他用品及服务八大类。

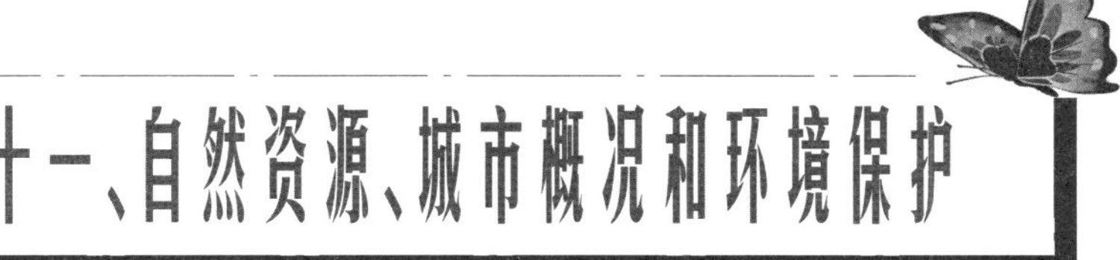

十一、自然资源、城市概况和环境保护

NATURAL RESOURCES, GENERAL SURVEY OF CITIES AND ENVIROMENTAL PROTECTION

版面负责人：卢川川

编　　　辑：孙从兵

统计执法监督检查办法

（2017 年 7 月 5 日中华人民共和国国家统计局令第 21 号公布
根据 2018 年 11 月 20 日《国家统计局关于修改〈统计执法监督检查办法〉的决定》修订）

第一章　总　　则

第一条　为了规范统计执法监督检查工作，保护公民、法人和其他组织的合法权益，保障和提高统计数据质量，根据《中华人民共和国统计法》《中华人民共和国行政处罚法》和《中华人民共和国统计法实施条例》等法律、行政法规，制定本办法。

第二条　本办法适用于县级以上人民政府统计机构对执行统计法律法规规章情况的监督检查和对统计违法行为的查处。

第三条　国家统计局统计执法监督局在国家统计局领导下，具体负责对全国统计执法监督检查工作的组织管理，指导监督地方统计机构和国家调查队统计执法监督检查机构工作，检查各地方、各部门统计法执行情况，查处重大统计违法行为。

省级及市级统计执法监督检查机构在所属统计局或者国家调查队领导下，具体负责指导监督本地区、本系统统计执法监督检查工作，对本地区、本系统统计法执行情况的检查和查处统计违法行为。县级统计执法监督检查机构或者执法检查人员在所属统计局或者国家调查队领导下，依据法定分工负责本地区、本系统统计执法监督检查工作。

地方统计机构和国家调查队应当建立统计执法监督检查沟通协作机制。

11-1 主要年份自然资源

指　　标	2006	2010	2013	2014	2015	2016	2017	2018
土地资源　（千公顷）								
耕地面积	596.21	610.73	608.69	609.06	609.03	608.02	608.89	611.15
园地	74.70	57.08	56.56	56.24	56.02	55.69	55.38	55.13
林地面积	41.78	25.31	25.12	25.05	24.96	24.86	24.80	24.75
牧草地面积	0.07	6.18	6.47	6.37	6.22	6.17	6.07	5.95
城镇及工矿用地面积	45.34	200.99	203.32	204.82	206.67	209.12	210.75	211.40
交通用地面积	15.07	46.97	47.52	48.18	48.42	49.20	49.47	49.81
水域面积	25.63	207.87	205.47	203.80	202.20	200.46	198.41	196.55
未利用土地面积	74.81							
其他	240.62	21.36	22.90	22.90	22.97	22.92	22.74	21.75
林木资源								
活立木总蓄积量　（万立方米）	1320.9	2472.6	2973	3123	3053	3083	3113	3143
森林面积　（千公顷）	196.7	330.7	360.9	363.7	338.4	334.4	336.3	338.5
森林蓄积量　（万立方米）	947.1	2459.9	2950	3097	3028	3058	3088	3118
森林覆盖率　（%）	25.50	30.90	32.32	32.57	30.31	30.05	30.12	30.32
水利资源　（亿立方米）								
水资源总量	28.36	20.24	26.97	40.50	32.31	42.05	38.86	51.02
地表径流	14.72	8.30	11.73	20.20	12.68	20.42	17.76	28.08
地下(浅层)水量	17.51	14.70	15.79	21.30	20.35	22.64	21.89	23.98
矿产资源(基础储量)　（万吨/矿石）								
煤炭　（万吨）	176500	135101	108817	106652	104933	103398	102579	100957
铁　（万吨）	1290	1581	2119	2036	1942	1925	1851	1780
岩盐	22100	13091	12607	12338	12237	11857	11640	11388
石膏	45181	34395	33669	33669	31926	31926	31926	31926
制碳用灰岩	20091	20091	20091	20091	20091	20091	20091	20091
水泥用灰岩	22380	28755	30495	29006	28201	27449	27063	26478
白云岩	928	928	928	928	928	928	928	928

注:2006 年及以后水利资源计算方法与口径有变化,与往年数据不可比;2010 年及以后土地资源指标因国家土地利用现状分类标准有变化,部分数据与往年不可比。

11-2 主要年份气象、水文概况

指标	1990	1995	2000	2005	2010	2015	2016	2017	2018
温度 （摄氏度）									
年平均气温	14.8	14.7	15.1	15.0	15.2	15.3	15.9	15.6	16.0
年极端最高气温	37.2	36.8	37.4	38.3	37.6	36.9	37.4	39.1	38.9
出现日期 （月、日）	7月9日	6月19日	5月21日	6月23日	7月6日	7月13日	7月30日	7月27日	7月25日
年极端最低气温	-15.8	-8.9	-9.4	-9.3	-9.4	-9.2	-12.8	-7.8	-10.5
出现日期 （月、日）	2月1日	2月2日	2月1日	1月1日	1月13日	11月27日	1月24日	12月17日	1月12日
降水 （毫米）									
年降水量	1088.8	825.3	979.6	1162.9	612.0	928.2	766.8	801.7	1003.8
年降水日 （天）	94	66	90	90	68	93	95	120	98
一日最大降水量	82.4	94.1	151.3	99.1	100.2	57.9	47.8	142.7	114.2
出现日期 （月、日）	7月17日	8月22日	7月12日	7月8日	9月7日	6月24日	6月23日	7月6日	8月19日
日照									
年日照时间 （小时）	2251.2	2452.4	2064.5	2204.6	2230.6	2141.0	2163.4	2239.1	2364.2
年蒸发量 （毫米）	1595.0	1797.3	1727.6	1062.5	1076.6	999.3	1041.0	1110.3	1141.0
年平均相对湿度 （%）	72	65	69	67	63	69	69	64	66
年平均风力 （米/秒）	2.3	2.0	2.2	2.1	2.1	1.6	1.7	1.6	1.7
年平均气压 （百帕）	1017.0	1017.3	1011.6	1012.0	1011.5	1012.1	1011.9	1013.2	1011.8
年无霜期 （天）	190	182	158	235	195	205	227	211	218
霜期 （月、日）									
初霜日期	10月17日	10月5日	11月1日	10月27日	11月2日	11月3日	10月31日	10月30日	10月27日
终霜日期	4月24日	4月4日	4月6日	3月25日	4月5日	4月8日	3月16日	4月1日	3月22日
雪期 （月、日）									
初雪日期	12月12日	12月19日	1月8日	11月25日	11月28日	11月24日	11月24日	11月19日	12月5日
终雪日期	2月23日	2月4日	2月5日	3月2日	3月8日	1月31日	1月31日	2月21日	2月21日
水文(蔺家坝) （米）									
最高水位	32.02	33.40	32.15	33.59	32.84	31.95	32.06	32.96	33.72
出现日期 （月、日）	8月6日	3月9日	7月29日	9月30日	10月13日	6月30日	12月29日	10月13日	8月21日
最低水位	28.35	31.86	28.77	31.47	31.33	30.90	30.76	31.35	31.29
出现日期 （月、日）	6月17日	6月16日	6月21日	6月20日	6月27日	6月18日	7月12日	7月5日	7月24日
年均水位	31.60	33.02	31.07	32.63	32.39	31.44	31.08	32.42	32.36

11-3 市区分月气象情况

（2017 年）

月 份	平均气温（摄氏度）	降水量（毫米）	日照时数（小时）
全 年	**16.2**	**780.0**	**2571.9**
1 月	2.8	45.7	165.6
2 月	5.1	26.2	177.5
3 月	9.6	7.2	216.4
4 月	17.8	21.4	258.4
5 月	23.7	24.4	290.3
6 月	25.8	92.1	265.2
7 月	29.9	279.9	241.2
8 月	27.7	105.1	210.3
9 月	23.1	109.6	191.8
10 月	15.5	62.2	149.0
11 月	9.8	5.5	206.2
12 月	3.3	0.7	200.0

11-4 市区分月气象情况

（2018 年）

月 份	平均气温（摄氏度）	降水量（毫米）	日照时数（小时）
全 年	**16.0**	**1003.8**	**2364.2**
1 月	0.4	22.5	110.3
2 月	3.8	13.0	172.4
3 月	11.7	42.7	203.8
4 月	17.5	28.6	239.2
5 月	22.0	63.5	195.3
6 月	27.4	48.7	282.8
7 月	28.8	248.5	242.4
8 月	28.6	362.3	225.3
9 月	22.8	62.6	212.2
10 月	16.1	0.2	238.0
11 月	10.1	66.2	128.1
12 月	2.8	45.0	114.4

11-5 城市(市区)建设基本情况

年 份	市区面积(平方公里)	#建成区面积	市区人口密度(人/平方公里)	年末实有房屋建筑面积(万平方米)	#住宅	公共交通 年底运营车辆数(辆)	公共交通 年底运营线路网长度(公里)
1978	184.5	41.3	3636	884	351	140	
1979	184.5	42.7	3842	955	392	161	
1980	184.5	43.8	3950	1029	440	144	
1981	184.5	44.3	4063	1105	487	160	
1982	184.5	45.2	4189	1174	528	165	
1983	184.5	45.6	4297	1276	590	162	
1984	184.5	45.9	4371		641	168	
1985	184.5	46.5	4470	1467	691	174	
1986	184.5	47.0	4557	1863	920	182	
1987	184.5	47.3	4638	1964	967	185	
1988	184.5	48.1	4726	2030	1000	183	
1989	184.5	48.9	4838	2145	1030	196	
1990	184.5	61.8	4914	2245	1076	202	
1991	184.5	63.8	4979	2352	1127	211	
1992	184.5	67.0	5076	2465	1180	258	
1993	184.5	67.7	5158	2622	1253	308	313
1994	963.0	70.7	1483	2690	1293	838	329
1995	963.0	59.1	1507	2751	1325	1072	335
1996	963.0	60.3	1530	2870	1381	854	337
1997	963.0	61.5	1551	2980	1442	903	343
1998	963.0	64.7	1577	3104	1514	932	343
1999	963.0	67.6	1583	3337	1672	919	368
2000	1037.7	71.7	1547	3507	1787	946	541
2001	1037.7	77.9	1566	3650	1858	1119	595
2002	1037.7	81.9	1576	3781	1897	922	586
2003	1037.7	89.1	1612	3835	1914	1006	600
2004	1037.7	96.8	1613	3934	1964	1076	622
2005	1159.9	118.0	1551	5994	4196	1452	650
2006	1159.9	127.1	1566	6079	4199	1654	700
2007	1159.9	160.0	1577	6304	4392	1741	978
2008	1159.9	186.6	1590	6584	4615	1790	655
2009	1159.9	205.6	1605	6597	4307	1969	679
2010	3037.6	239.0	1029	8463	5404	1908	3997
2011	3037.6	249.0	1039	7581	5003	2685	3648
2012	3040.0	253.0	1055	7992	5211	2602	4719
2013	3040.0	253.0	1084	8668	5615	2429	3786
2014	3040.0	255.2	1055	9256	5906	2802	4946
2015	3040.0	255.2	1094	9843	6393	2338	4098
2016	3040.0	261.0	1112			2359	4002
2017	3040.0	265.0	1089			2377	4092
2018	3040.0	271.3	1216			2613	4184

注:2010年底运营线路网长度统计口径扩大到乡村,与往年不可比。2011年底运营线路网长度不包含农村客运班线。

11-5 续表1

年　份	铺装道路长度（公里）	铺装道路面积（万平方米）	全社会供水			人工煤气供应总量（万立方米）	液化石油气供应总量（吨）	用气人口数（万人）
			生产能力（万立方米/日）	供水总量（万立方米）	#生活用水量			
1978	67	67	8.5	3052	1427			
1979	69	72	9.4	3425	1886			
1980	72	76	10.9	3970	2232			
1981	89	88	12.0	4377	2416			
1982	125	102	12.8	4806	2071			
1983	128	108	13.4	5097	2005			
1984	136	114	14.1	5619	2392		269	
1985	138	119	16.3	5963	2685	146	681	
1986	284	238	34.2	12207	2968	285	1947	
1987	296	243	34.0	12308	3303	358	3128	
1988	300	249	34.1	12658	3564	404	4108	
1989	345	265	37.2	12901	4677	446	4443	17.6
1990	297	263	37.9	10744	4328	464	7110	25.5
1991	301	269	42.0	10643	4669	474	5939	26.1
1992	355	464	56.0	12129	5203	509	7736	26.8
1993	367	496	56.0	14718	6076	522	13737	44.5
1994	372	747	63.0	15506	7498	939	15168	61.2
1995	579	802	86.9	14877	7010	2830	16064	68.8
1996	590	830	74.6	14067	7653	3967	18886	72.0
1997	592	846	72.0	13677	7627	4926	21400	74.4
1998	593	863	74.5	13498	7366	4888	24788	77.3
1999	593	908	75.5	12859	6958	4779	23753	80.0
2000	621	987	75.5	12464	6926	4585	26196	83.4
2001	690	1134	75.6	12397	7060	4638	24000	85.6
2002	760	1222	72.5	11748	7088	4192	22400	88.6
2003	822	1299	72.6	14354	7232	4580	24600	106.8
2004	865	1357	55.0	14008	7499	4057	29400	118.5
2005	1075	1434	55.4	15456	7962	4831	39300	126.8
2006	1168	1494	49.0	11931	6218	5699	33860	113.0
2007	1202	1623	49.8	11509	7605	5699	33750	125.4
2008	1307	1855	67.9	16155	7718	5125	32208	128.8
2009	1352	1956	87.4	19001	8926	4392	29937	137.6
2010	1600	2467	94.2	19957	8962	1662	29336	150.2
2011	1620	2604	117.9	21543	7963		28050	140.9
2012	2110	3239	95.5	22029	6906		31030	149.9
2013	2600	3750	93.0	23363	6579		28480	165.8
2014	2699	4310	113.2	23960	7880		28054	167.2
2015	2722	4484	111.9	24350	6420		26856	185.0
2016	2549	4463	137.0	26199	6491		20925	179.2
2017	2577	4554	135.2	26708	8156		21094	198.7
2018	2607	4644	142.5	31805	9932		18474	206.7

11-5 续表 2

年份	排水管道长度（公里）	路灯数（盏）	园林绿地面积（公顷）	建成区绿化覆盖率（%）	公园数（个）	污水排放量（万吨）	垃圾粪便清运量（万吨）	公共厕所数（座）
1978	118	3243	219	10.4				
1979	124	3482	249	11.8				
1980	130	3750	249	11.8				
1981	138	3920	310	7.6				
1982	155	3594	320	7.7				
1983	162	4088	365	9.8				
1984	170	4225	367	11.8				
1985	182	4545	367	12.4				
1986	216	5546	735	14.9				
1987	223	6110	848	15.1				
1988	248	6950	1108	15.1				
1989	253	6989	1317	15.9	15		25	508
1990	257	7507	1214	27.4	15	9965	23	503
1991	262	7779	1432	30.7	12	9955	26	587
1992	281	8551	2358	30.8	13	7964	28	537
1993	281	13581	2822	31.0	10	7964	29	403
1994	326	11688	2822	31.6	14	9700	28	448
1995	432	15463	2844	33.1	12	8818	32	455
1996	395	16140	2881	33.2	15	7846	38	328
1997	399	16923	2947	33.6	13	7646	36	277
1998	403	20393	3048	33.7	13	7682	29	258
1999	483	26187	3392	34.3	13	7876	35	238
2000	643	30937	3662	34.4	13	5931	36	225
2001	728	32577	3625	24.5	29	5540	36	212
2002	825	36836	3889	26.6	31	5620	37	266
2003	896	45231	4226	29.5	33	6689	40	312
2004	926	46087	6455	36.6	33	7692	45	249
2005	918	52678	6455	36.3	36	10775	47	258
2006	930	53000	6659	37.6	30	11704	49	297
2007	970	60000	8125	38.8	34	12700	50	338
2008	1198	56798	9242	40.1	40	13924	45	482
2009	1046	19651	10422	40.4	41	14910	40	606
2010	1334	50723	12913	41.3	60	18106	48	592
2011	1362	46683	13400	41.9	70	19286	54	600
2012	1569	267204	14436	42.2	70	19690	52	488
2013	2016	188541	15269	42.9	70	19998	59	493
2014	2094	272114	15462	43.3	70	20190	79	711
2015	2129	294770	15727	43.7	73	21571	80	759
2016	2196	293971	15983	43.8	74	22294	92	813
2017	2351	299018	16165	43.8	75	23024	104	820
2018	2073	110381	16363	43.6	75	23822	119	891

注:2009 年路灯盏数统计口径改变,与其他年份不可比;2010 年起公园数统计口径改变,与往年不可比;2016 年垃圾粪便清运量为生活垃圾口径。

11-6 城市(市区)设施水平

年 份	用 水 普及率 (%)	煤气液化气 普 及 率 (%)	每万人拥有 公共汽车辆 (标台)	人均拥有铺 装道路面积 (平方米)	人均公共 绿地面积 (平方米)	每万人拥有 公 共 厕 所 (座)	排水管道 密 度 (公里/平方公里)
1978	85.7				2.7		2.9
1979	83.3				2.7		2.9
1980	82.6				2.7		3.0
1981	93.8				1.5		3.1
1982	94.2				1.5		3.4
1983	95.0				2.0		3.6
1984	95.0	2.4			2.0		3.7
1985	94.2	6.7			2.4		3.9
1986	92.0	8.4			2.9		4.6
1987	94.2	17.8			2.9		4.7
1988	96.0	19.5			2.9		5.2
1989	98.0	22.2	3.2	3.3	2.9	6.6	5.2
1990	98.0	31.7	3.5	3.9	3.5	6.4	5.2
1991	100.0	37.8	4.1	3.9	6.3	7.4	4.1
1992	100.0	37.8	4.5	6.6	6.3	6.7	4.2
1993	100.0	61.6	4.9	6.9	7.4	4.9	4.2
1994	100.0	75.2	9.0	9.2	7.5	3.6	4.6
1995	100.0	84.0	9.2	9.8	7.9	4.7	7.3
1996	100.0	85.1	6.5	9.8	7.9	3.3	6.6
1997	100.0	86.4	7.0	9.8	9.5	2.7	6.5
1998	100.0	87.9	7.1	9.8	9.9	2.9	6.2
1999	100.0	90.1	7.7	10.2	10.2	2.8	7.2
2000	100.0	90.8	8.1	10.7	10.5	2.4	9.0
2001	100.0	75.8	10.1	10.0	6.6	2.3	9.3
2002	100.0	76.9	8.6	10.6	6.9	2.3	10.1
2003	100.0	90.2	9.1	11.0	7.0	2.6	10.1
2004	100.0	99.7	10.8	11.4	7.4	2.1	9.6
2005	100.0	96.5	9.8	10.9	8.0	2.0	7.8
2006	100.0	96.6	12.9	12.8	9.4	2.2	7.9
2007	100.0	100.0	18.1	12.9	12.1	2.7	6.1
2008	99.9	96.4	17.2	13.9	13.0	3.6	6.4
2009	98.5	98.5	17.9	14.0	13.6	4.4	5.1
2010	99.4	99.0	19.2	16.3	14.7	1.9	5.6
2011	97.8	94.2	11.5	17.7	16.0	1.9	5.5
2012	98.1	99.3	13.7	21.5	16.1	1.6	6.2
2013	99.4	99.5	16.1	22.5	16.3	1.5	8.0
2014	97.5	98.2	11.3	25.3	16.2	2.2	8.2
2015	99.8	98.5	12.5	23.9	15.3	2.3	8.3
2016	99.8	98.0	15.8	24.4	15.7	2.5	8.4
2017	100.0	100.0	16.6	22.9	14.7	2.5	6.9
2018	100.0	100.0	15.7	23.9	14.3	2.4	7.9

注:2007 年及以后人均公共绿地面积统计口径改为人均公园绿地面积(下同)。

11-7 主要年份城市（市区）公用事业基本情况

指 标	1990	1995	2000	2005	2010	2014	2015	2016	2017	2018
城市用地及建筑物面积（平方公里）										
城市面积	184.5	963.0	1037.7	1159.9	3040.0	3040.0	3040.0	3040.0	3040.0	3040.0
# 建成区面积	61.8	59.1	71.7	118.0	239.0	255.2	255.2	261.0	265.0	271.3
城市建设用地面积	45.10	56.80	69.43	104.45	184.60	233.81	239.27	244.13	255.02	274.28
# 居住用地	18.30	10.90	13.48	24.24	58.18	56.52	58.35	60.46	66.22	78.20
公共设施用地		4.70	8.75	16.43	31.79	29.34	21.61	30.43	31.37	30.47
工业用地	17.10	12.70	14.68	20.96	35.15	26.94	27.64	28.50	30.04	60.37
仓储用地	2.60	2.70	2.73	3.05	4.22	21.19	21.58	21.87	22.17	8.55
对外交通用地	4.00	6.80	7.13	7.13	10.20	13.24	13.99	14.34	15.67	35.43
道路广场用地		2.70	4.56	13.39	23.06	58.45	58.46	58.76	58.84	33.22
市政公用设施用地		1.10	2.54	3.00	5.44	21.59	21.61	22.01	22.08	8.97
绿地		3.60	3.75	4.36	14.38				8.63	19.07
特殊用地		11.70	11.81	11.89	2.18					
供水、供气及供热										
全社会供水										
供水综合生产能力（万吨／日）	37.9	86.9	75.5	55.4	94.2	113.2	111.9	137.0	135.2	142.5
供水管道长度（公里）	506	569	724	1025	2760	3122	2433	2708	2795	3135
供水总量（万立方米）	10744	14877	12464	15456	19957	23960	24350	26199	26708	31805
# 生产用水量	5684	7867	3574	3478	8036	11695	10102	8995	12195	11217
生活用水量	4328	7010	6926	7962	8962	7880	6420	6491	8156	9932
人均日生活用水量（升）	137	198	171	123	164	130	113	125	113	167
用水普及率（%）	98.0	100.0	100.0	100.0	99.4	97.5	99.79	99.81	99.95	99.98
水厂个数（个）	4	4	4	4	4	9	13	17	15	16
人工煤气										
储气能力(系统内)（万立方米）	2	12	12	12						
煤气管道长度（公里）	32	237	647	763	230					
供气总量（万立方米）	464	2830	4585	4831	1662					
# 家庭用量	437	1899	3326	3562	1205					
家庭用气户数（户）	10343	61372	110758	148102	34000					
用气人口数（万人）	4.2	20.3	34.7	47.4	10.2					
液化石油气										
储气能力（吨）	275	450	420	2402	4394	4593	4983	4983	4508	1587
供气总量（吨）	7110	16064	26169	39300	29336	28054	26856	20925	21094	18474
# 家庭用量	7074	15084	23158	35100	23466	20872	19714	13103	20572	17961
家庭用气户数（户）	60706	146628	155723	289500	193243	143146	127966	86386	96613	86402
用气人口数（万人）	21.3	48.5	48.8	79.4	59.7	44.0	45.0	26.5	32.6	30.9
煤气和液化石油气普及率（%）	31.7	84.0	90.8	96.5	99.0	98.2	98.5	98.0	100.0	100.0
天然气										
储气能力（万立方米）					26	100	108	85	87	87
供气管道长度（公里）					1253	1844	1890	2036	2164	2353
供气总量（万立方米）					13524	21255	26582	31629	32055	32755
# 家庭用量					2927	6184	7256	8375	10282	11808
家庭用气户数（户）					270824	408036	446716	504592	570884	626293
用气人口数（万人）					80	123	140	153	166	176
集中供热面积（万平方米）				910	1201					
# 住宅					911					

注：2010年储气能力统计口径有调整，与往年不可比。

11-7 续表

指 标		1990	1995	2000	2005	2010	2014	2015	2016	2017	2018
城市市政设施情况											
实有道路长度	（公里）	297	579	621	1075	1600	2699	2722	2550	2577	2607
道路面积	（万平方米）	263	802	987	1434	2467	4310	4484	4463	4554	4644
人行道面积	（万平方米）	35	74	110	208	421	722	759	673	690	717
排水管道长度	（公里）	257	432	643	918	1334	2094	2129	2196	2351	2073
污水年排放量	（万立方米）	9965	8818	5931	10775	18106	20190	21571	23479	23024	23823
桥梁数	（座）	51	68	102	132	118	265	305	285	285	286
路灯盏数	（盏）	7507	15463	30937	52678	50723	272114	294770	293971	299018	110381
防洪堤长度	（公里）	27.0	52.0	34.1	44.6	67.0	96.0	185.2			
公共交通											
公共汽车营运车数	（辆）	202	1072	946	1452	1908	2802	2338	2359	2377	2613
标准营运车数	（标台）	238	752	739	1290	2286	3366	2917	2953	2954	3173
客运总量	（万人次）	8511	10740	17040	25750	33436	38325	36258	35906	35068	35122
平均每日客运量	（万人次）	23.3	29.4	46.7	70.5	91.6	105.0	99.3	98.4	96.1	96.0
出租汽车营运车数	（辆）	259	955	2872	4230	3760	4284	4319	4319	4319	4317
城市园林绿化											
绿化覆盖面积	（公顷）	1324	2927	3823	7017	14726	15966	16231	16507	16689	16888
# 建城区		891	1956	2463	4283	9680	11039	11160	11436	11618	11816
园林绿地面积	（公顷）	1214	2844	3662	6455	12913	15462	15727	15983	16165	16363
# 公共绿地		235	647	961	1046	2234	2761	2865	2879	2914	2954
公园个数	（个）	15	12	13	36	60	70	73	74	75	75
公园面积	（公顷）	104	521	650	358	198	1700	1804	1810	1822	1822
游人量	（万人次）	1054	463	323	2340	210	679.0	807.2	822.5	853.0	
人均公园绿地面积	（平方米）	3.5	7.9	10.5	8.0	14.7	16.2	15.3	15.7	14.7	14.3
建成区绿化覆盖率	（%）	27.4	33.1	34.4	36.3	41.3	43.3	43.7	43.8	43.8	43.6
城市房屋和住宅情况	**（万平方米）**										
实有房屋建筑面积		2245	2751	3507	5994	13368	9256	9813			
实有住宅建筑面积		1076	1325	1787	4196	8972	5906	6393			
城市清洁卫生情况											
道路清扫保洁面积	（万平方米）	148	350	418	780	2032	2307	2410	2786	2786	2933
生活垃圾清运量	（万吨）	21	30	35	47	44.4	78.6	79.8	92.4	103.8	119.0
粪便清运量	（万吨）	2	2	1		0.2	0.8	1.2	1.2	1.2	1.8
垃圾粪便无害化处理量	（万吨）		32	36	47	44.4	78.6	79.8	92.4	106.8	119.0
环卫机械总数	（台）	113	167	172	156	362	570	651	840	974	1001
公共厕所数	（座）	503	455	225	258	592	711	759	813	820	891

11-8 主要年份工业企业污染治理情况

单位:万元

指　　标	2001	2003	2005	2010	2014	2015
单位数　（个）	**65**	**81**	**74**	**22**	**572**	**574**
当年施工项目投资来源	**6272**	**18228**	**47263**	**12516**	**14174**	**55365**
排污费补助				40		
政府其他补助				375	304	1000
企业自筹				12756	13870	54365
# 银行贷款				1980	2756	7835
国家预算内资金	1	300	30			
环保专项资金	90	55	2912			
银行贷款	150	1396	2580			
其他资金	6031	16476	44321			
当年施工项目累计完成投资额	**6272**	**18228**	**47263**	**13171**	**14174**	**55445**
治理废水	4142	9640	7396	3907	739	3135
治理废气	1818	8088	38555	8084	10035	51580
治理固体废物	292	500	330	1000		
治理噪声	15		622			
其他	5		361	180	3401	730
当年安排治理项目　（个）	**84**	**105**	**54**	**34**	**19**	**35**
治理废水	42	26	34	11	2	3
治理废气	36	78	38	21	14	27
治理固体废物	3	1	3	1		
治理噪声	2		3			
其他	1		6	1	3	5
当年竣工项目　（个）	**61**	**58**	**73**	**20**	**19**	**23**
治理废水	21	13	27	6	2	1
治理废气	35	44	35	14	14	19
治理固体废物	2	1	3			
治理噪声	2		3			
其他	1		5		3	3
当年竣工项目新增设计处理利用“三废”能力						
废水　（吨/日）	39453	31472	28122	215400	2000	2475
废气　（万标立方米/时）	84	130	234	129	128	12
固体废物　（吨/日）	358	180	305			
主要污染物减排情况						
化学需氧量(COD)　（万吨）			6.35	5.54	1.05	1.14
二氧化硫(SO_2)　（万吨）			20.01	8.96	9.85	10.22

11-9 重点调查工业企业污染治理设施情况

指 标		2016	2017	2018
工业企业数	（个）	650	515	531
废水治理设施数	（套）	214	252	259
废水治理设施处理能力	（万吨 / 日）	210.47	55.19	40.38
废水治理设施运行费用	（万元）	32197.20	34755.73	19470.63
工业废水处理量	（万吨）	98455.76	6884.53	5496.24
工业废水排放量		8693.94	3007.53	2659.32
其中：直接排入环境的		5367.92	786.96	652.46
排入污水处理厂的		3326.02	2220.57	2006.86
工业锅炉数	（台）	350	294	330
其中：20 蒸吨以上的		104	100	101
其中：安装脱硫设施的		56	80	75
废气治理设施数	（套）	1167	2249	2643
废气治理设施处理能力	（万立方米 / 时）	6668.39	898135.40	201176.18
废气治理设施运行费用	（万元）	155592.90	153134.40	149560.36
脱硫设施数	（套）	107	267	201
脱硝设施数		73	149	114
除尘设施数		290	1113	1051
VOCs 处理设施数		41	146	407
工业废气排放量	（亿立方米）	5782.57	3971.62	3206.51

11-10 重点工业企业“三废”排放及处理情况

（2018 年）

指　　标	汇总工业企业数（个）	工业废水排放总量（万吨）	化学需氧量产生量（吨）	化学需氧量排放量（吨）	氨氮产生量（吨）
总　计	**531**	**2659.32**	**117801.05**	**2209.70**	**3007.72**
农、林、牧、渔服务业	1				
煤炭开采和洗选业	7				
农副食品加工业	52	224.58	6005.65	347.68	292.07
食品制造业	12	124.35	1277.19	83.97	54.78
酒、饮料和精制茶制造业	13	214.76	83810.87	116.75	136.50
烟草制品业	1	4.32	100.00	2.84	1.00
纺织业	11	192.88	1428.20	113.76	14.87
皮革、毛皮、羽毛及其制品和制鞋业	2	68.84	1286.66	50.01	71.87
木材加工和木、竹、藤、棕、草制品业	77	1.40	14.78	3.40	0.23
家具制造业	60	0.03	0.18	0.02	
造纸和纸制品业	8	163.58	4785.27	437.07	1451.81
印刷和记录媒介复制业	6	5.56	5.56	1.42	0.84
石油加工、炼焦和核燃料加工业	10	77.39	847.75	101.66	97.00
化学原料和化学制品制造业	35	697.36	6770.38	451.24	394.97
医药制造业	10	46.79	625.05	51.49	7.18
化学纤维制造业	2	6.02	2581.88	51.65	10.05
橡胶和塑料制品业	9	17.32	230.98	17.43	10.56
非金属矿物制品业	96	145.02	138.94	55.65	10.44
黑色金属冶炼和压延加工业	11	1.58	490.69	6.70	12.00
有色金属冶炼和压延加工业	6	6.85	28.35	2.03	0.63
金属制品业	22	8.06	44.43	5.38	40.70
通用设备制造业	18	35.40	124.40	24.15	6.11
专用设备制造业	12	25.84	76.81	18.53	13.92
汽车制造业	5	23.38	146.27	26.40	24.35
铁路、船舶、航空航天和其他运输设备制造业	4	4.76	53.84	7.18	0.64
电气机械和器材制造业	8	143.32	76.57	43.78	130.60
计算机、通信和其他电子设备制造业	2	355.44	2529.82	124.40	9.42
其他制造业	2	9.87	5.38	4.82	1.41
废弃资源综合利用业	1				
电力、热力生产和供应业	28	54.62	4315.15	60.29	213.77

11-10 续表 1 （2018 年）

指　　标	氨氮排放量（吨）	工业废气排放总量（亿标立方米）	二氧化硫产生量（吨）	二氧化硫排放量（吨）	氮氧化物产生量（吨）	氮氧化物排放量（吨）
总　计	**190.38**	**3206.51**	**336690.29**	**39728.09**	**133453.21**	**43484.23**
农、林、牧、渔服务业		0.17	12.00	12.00	2.32	2.32
煤炭开采和洗选业		0.75	73.99	47.17	19.92	19.92
农副食品加工业	43.49	4.34	90.09	71.36	64.35	64.00
食品制造业	2.98	5.26	134.19	28.17	181.19	50.67
酒、饮料和精制茶制造业	9.83	7.64	141.41	25.09	124.80	97.42
烟草制品业	0.07	1.88	1.88	1.88	8.79	8.79
纺织业	12.40	4.60	2.00	2.00	5.10	5.10
皮革、毛皮、羽毛及其制品和制鞋业	1.81	0.24	0.34	0.34	1.58	1.58
木材加工和木、竹、藤、棕、草制品业	0.08	30.25	205.06	205.06	127.60	127.60
家具制造业		6.94	0.64	0.64	0.38	0.38
造纸和纸制品业	31.69	1.08	2.37	2.37	7.62	7.62
印刷和记录媒介复制业	0.16	0.20	0.26	0.26	1.21	1.21
石油加工、炼焦和核燃料加工业	10.05	102.19	8163.08	4005.29	2481.10	1317.21
化学原料和化学制品制造业	25.55	55.82	6037.00	3053.44	1791.43	830.74
医药制造业	2.78	3.68	2.49	2.45	2.41	2.41
化学纤维制造业	2.01	0.96	9.18	9.18	5.51	5.51
橡胶和塑料制品业	4.12	81.92	295.95	88.97	141.67	141.67
非金属矿物制品业	1.11	391.34	19215.80	3498.78	19203.15	7495.89
黑色金属冶炼和压延加工业	0.75	429.21	13943.92	3167.58	6616.63	6537.42
有色金属冶炼和压延加工业	0.11	12.52	15929.00	796.55	98.29	98.29
金属制品业	8.14	24.51	0.51	0.51	3.60	3.38
通用设备制造业	2.71	55.14	115.00	12.44	2.13	1.89
专用设备制造业	2.67	87.27				
汽车制造业	3.35	32.94				
铁路、船舶、航空航天和其他运输设备制造业	0.55	74.47	0.73	0.73	2.61	2.61
电气机械和器材制造业	6.65	85.82	0.89	0.89	4.71	4.71
计算机、通信和其他电子设备制造业	7.11	27.74	2.29	0.23	25.12	13.15
其他制造业	1.30	3.11	569.95	45.60	76.22	22.87
废弃资源综合利用业		0.73				
电力、热力生产和供应业	8.91	1673.77	271740.30	24649.11	102453.76	26619.89

11-10 续表 2 （2018 年）

指 标	烟(粉)尘产生量(吨)	烟(粉)尘排放量(吨)	工业固体废物产生量(吨)	工业固体废物综合利用量(含往年贮存量)(吨)	工业固体废物贮存量(吨)	工业固体废物处置量(吨)
总 计	**3062752.38**	**36890.91**	**1232.69**	**1232.57**	**4.20**	**0.73**
农、林、牧、渔服务业	2.10	0.97				
煤炭开采和洗选业	56.49	7.22	339.65	341.28	2.63	
农副食品加工业	3278.10	50.30	1.32	1.07	0.25	
食品制造业	218.67	8.48	0.70	0.70		
酒、饮料和精制茶制造业	235.42	29.39	33.05	33.05		
烟草制品业			1.00	1.00		
纺织业	59.90	45.87	1.02	0.89	0.13	0.01
皮革、毛皮、羽毛及其制品和制鞋业			0.80	0.80		
木材加工和木、竹、藤、棕、草制品业	40646.50	828.67	2.94	2.92	0.02	
家具制造业	94.73	3.76	0.01	0.01		
造纸和纸制品业	18.80	0.30	0.97	0.91	0.30	0.01
印刷和记录媒介复制业	0.01		0.32	0.31	0.01	
石油加工、炼焦和核燃料加工业	21360.94	3566.62	0.28	0.20	0.08	0.12
化学原料和化学制品制造业	27633.01	1731.17	45.74	45.48	0.26	
医药制造业	48.89	0.78	0.20	0.19	0.04	
化学纤维制造业	203.04	3.24	0.20	0.22		
橡胶和塑料制品业	1168.60	146.86	0.99	0.99		
非金属矿物制品业	1091388.83	6269.46	7.94	7.95	0.02	
黑色金属冶炼和压延加工业	319544.23	6974.60	198.18	198.18		
有色金属冶炼和压延加工业	37310.71	52.20	1.27	0.79		0.48
金属制品业	1251.07	44.45	1.30	1.18	0.12	
通用设备制造业	1566.88	112.75	2.99	2.83	0.16	0.11
专用设备制造业	1218.65	27.00	0.31	0.26	0.05	
汽车制造业	143.10	1.50	0.25	0.24	0.01	
铁路、船舶、航空航天和其他运输设备制造业	30.64	1.29	0.01	0.01	0.01	
电气机械和器材制造业	0.81	0.01	0.74	0.62	0.12	
计算机、通信和其他电子设备制造业	209.99	4.87	1.71	1.71		
其他制造业	5.59	0.67	0.12	0.12		
废弃资源综合利用业	83.89	8.39				
电力、热力生产和供应业	1514972.82	16970.08	588.66	588.66		

主要统计指标解释

自来水综合生产能力 指年底城建部门管理的自来水厂和各单位自备水源的取水、净化、送水、出厂输水干管等环节的实际生产能力。

全年供水总量 指公用自来水厂和社会单位自备水源全年的供水总量,包括有效供水量及损失水量。

城市人口用水普及率 指城市市区用水的非农业人口数(不包括临时人口和流动人口)与市区非农业人口总数之比。

煤气供气总量 指城市煤气企业向城市生产用户、生活用户和其他用户供应全部煤气量。包括外购煤气量的损失量。

城市气化率 指使用煤气(包括人工煤气、液化石油气)的市区非农业人口数(不包括临时人口和流动人口)与市区非农业人口总数之比。

年末实有铺装道路长度 指除土路外,路面经过铺装宽度在3.5米以上的道路,包括高级、次高级道路和普通道路。

营运标准车台 是指营运车数按标台换算系数折合的标准车台总数。用以综合反映公交企业的运输能力。标准车台是以每辆车长度10米为一标准台,如营运车长8.7米,折合0.87标台,营运车长14米,折合1.4标台。计算方法:

$$\text{标准车台（标台）}=\frac{\text{各类营运车辆长度之和（米）}}{\text{标台换算系数（10米）}}$$

营运车数 是指经上级主管机关核准,可参加营运的全部车辆数。包括技术完好的、在修的、待修的、长期停驶的,以及拟报废尚未经上级主管机关批准的。但不包括非营运车辆,如架线车、货车、油灌车、工程车及其他专用车辆和借入的运客车辆。

营运线路长度 是指固定的营运线路长度,包括郊区营运线路长度,不包括临时行驾的线路长度。营运线路长度应以营运线路的起点站至终点站往返路程的二分之一长度计算。

公共绿地 指供游览休息的各种公园(包括植物园、陵园、游乐园和风景名胜公园等)、动物园、广场绿地、河(湖)滨绿地和宽在八米以上设置有行人休息设施的林荫道绿地等。

建成区绿化覆盖率 反映建成区的绿化覆盖情况,其计算方法:

$$\text{建成区绿化覆盖率（\%）}=\frac{\text{建成区园林绿化面积}+\text{建成区道路绿化面积}}{\text{建成区面积}}\times 100\%$$

工业废水排放总量 指经过工业企业厂区所有排放口排到企业外部的工业废水量。包括外排的直接冷却水、超标排放的矿井地下水和与工业废水混排的厂区生活污水,不包括外排的间接冷却水(清污不分流的间接冷却水应计算在内)。

工业废气排放总量 指工业企业厂区内燃料燃烧和生产工艺过程中排放的各种废气总量。以标准状态下(0℃,101325Pa)每年万标立方米表示(每小时排放量的算术平均值×年排放小时数)。

工业烟尘排放量 指工业企业在厂区内的燃料燃烧过程中排入环境的烟尘量。

工业粉尘排放量 指工业企业在生产工艺过程中排放的固体微粒总重量。如钢铁企业的耐火材料粉尘,焦化企业的筛焦系统粉尘、烧结机的粉尘,石灰窑的粉尘、建材企业的水泥粉尘等。不包括电厂排入大气的烟尘。

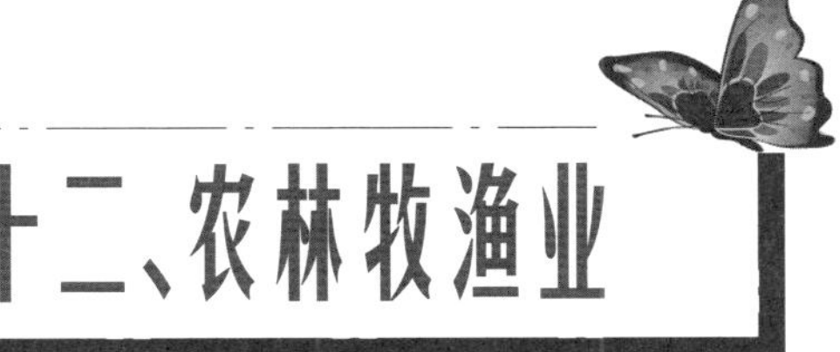

十二、农林牧渔业

AGRICULTURE, FORESTRY, ANIMAL HUSBANDRY AND FISHERY

版面负责人：顾元林　徐　勇

编　　　辑：刘　畅　秦伟伟　李银浩

统计执法监督检查办法

第四条 县级以上人民政府有关部门在同级人民政府统计机构的组织指导下，负责监督本部门统计调查中执行统计法情况，对本部门统计调查中发生的统计违法行为，移交同级人民政府统计机构予以处理。

第五条 各级人民政府统计机构应当建立行政执法监督检查责任制和问责制，切实保障统计执法监督检查所需的人员、经费和其他工作条件。

第六条 统计执法监督检查应当贯彻有法必依、执法必严、违法必究的方针，坚持预防、查处和整改相结合，坚持教育与处罚相结合，坚持实事求是、客观公正、统一规范、文明执法、高效廉洁原则。

统计执法监督检查中，与执法监督检查对象有利害关系以及其他可能影响公正性的人员，应当回避。

第七条 县级以上人民政府统计机构应当畅通统计违法举报渠道，公布统计违法举报电话、通信地址、网络专栏、电子邮箱等，认真受理、核实、办理统计违法举报。

第八条 县级以上人民政府统计机构应当建立统计违法行为查处情况报告制度，定期向上一级统计机构报告统计违法举报、统计执法监督检查和统计违法行为查处情况。

12-1 主要年份农村基层组织情况

指　　标	1985	1990	1995	2000	2005	2010	2015	2016	2017	2018
农村组织情况　（个）										
乡个数	173	147	128							
镇个数（含城关镇）	9	35	55	107	114	113	98	97	97	97
村委会个数	3543	3517	3511	3493	2364	2166	2030	2028	2030	2031
村民小组个数	26723	27041	27028	26793	22033	21716	20873	20951	20911	21020
乡村户数、人口										
乡村户数　（万户）	135.83	204.39	170.02	174.45	178.83	187.25	176.47	175.79	175.68	174.69
乡村人口　（万人）	595.82	656.06	674.08	680.81	690.39	703.90	675.28	674.82	680.77	677.44
乡村从业人员　（万人）	**271.99**	**321.78**	**330.58**	**335.71**	**348.00**	**366.23**	**358.48**	**358.55**	**357.21**	**356.40**
按性别分										
男性	143.32	169.35	170.48	173.80	182.87	196.59	191.56	191.48	190.62	190.41
女性	128.67	152.43	160.10	161.91	165.13	169.64	166.92	167.07	166.59	165.99
按行业分										
农林牧渔业	220.26	247.48	239.66	233.14	180.78	159.67	132.75	130.56	128.52	126.28
#农业	203.74	227.10	213.35	207.14	163.24	140.59	107.10	105.96	106.57	105.33
工业	19.75	27.03	31.52	30.05	56.71	89.34	103.32	104.30	104.62	104.61
建筑业	13.04	19.38	24.65	27.32	35.32	46.21	51.66	51.80	51.59	51.81
交通运输、仓储业和邮电业	4.38	6.68	8.77	9.31	10.41	14.17	15.32	15.63	15.82	16.11
批发与零售业	4.41	6.89	7.65	11.90	13.72	18.80	22.20	22.39	22.59	22.92
金融、保险业		0.16	0.22	0.18	0.47	1.01	1.33	1.45	1.49	1.55
房地产、社会服务业	0.46	0.44	0.63	0.85	1.19	1.21	1.86	1.93	1.96	2.00
卫生、体育和社会福利业	1.06	1.09	1.18	1.32	1.41	1.74	2.06	2.09	2.16	2.25
教育、文化艺术和广播电视事业	2.43	2.61	2.39	2.50	2.11	2.74	3.00	3.01	3.13	3.21
科学研究和综合技术服务事业	0.12	0.20	0.17	0.15	0.24	0.42	0.53	0.59	0.60	0.62
乡经济组织管理业	0.46		1.49	1.47	1.27	0.84	0.97	0.96	0.98	1.09
其他非农业行业	5.62	9.82	12.25	17.52	44.37	30.08	11.77	11.87	11.43	11.23

12–2 主要年份耕地面积

单位：千公顷

年 份	年末实有耕地面积	水田	水浇地	年内减少	# 国家基建占地	人均占有耕地(亩 / 人) 按乡村人口计算	人均占有耕地(亩 / 人) 按农林牧渔业劳动力计算
1949	836.89					3.68	
1952	859.85					3.56	
1957	834.76			25.09		3.12	
1962	701.87			23.06		2.56	
1965	678.81			5.90		2.34	
1970	672.84			5.95		1.99	
1975	651.79			21.05		1.78	
1978	642.93			9.24		1.69	
1979	640.61			1.87		1.68	
1980	637.80			2.88		1.66	
1981	635.89			1.65		1.63	
1982	634.57			2.33		1.60	
1983	633.74			0.34		1.58	4.41
1984	632.69			0.66		1.57	4.35
1985	630.46			2.82		1.56	4.29
1986	626.84	143.02	483.82	3.06	2.10	1.54	4.21
1987	625.33	150.71	474.62	1.50	1.08	1.52	4.19
1988	623.13	145.97	477.16	2.20	1.49	1.50	4.16
1989	621.90	153.86	468.04	1.23	1.13	1.48	3.99
1990	619.58	170.25	449.33	2.32	1.88	1.39	3.75
1991	617.73	184.04	433.69	1.88	1.10	1.37	3.69
1992	613.77	191.94	421.83	4.01	3.07	1.36	3.58
1993	611.15	161.03	450.12	2.62	1.24	1.35	3.73
1994	608.12	156.38	451.74	3.12	1.34	1.34	3.71
1995	604.63	161.10	442.23	4.79	1.31	1.33	3.78
1996	602.65	170.39	432.26	2.16	0.96	1.32	3.81
1997	615.40	186.44	428.96	1.17	0.85	1.35	3.87
1998	616.07	191.99	424.08	1.38	0.52	1.36	3.85
1999	615.52	213.85	401.67	1.54	1.03	1.36	3.95
2000	611.77	200.59	411.18	3.81	0.59	1.35	3.94
2001	609.69	195.31	414.38	2.72	1.63	1.33	4.01
2002	609.51	185.33	424.18	1.05	0.43	1.33	4.27
2003	609.00	205.05	403.95	3.35	0.63	1.33	4.70
2004	606.65	205.04	401.61	2.53	1.55	1.32	4.84
2005	599.64	207.82	124.97	1.87	1.39	1.30	4.98
2006	596.21	214.34	132.51	3.47	2.30	1.29	5.10
2007	594.78	210.18	135.90	2.62	1.78	1.28	5.40
2008	595.00	199.64	140.02	5.29	3.85	1.28	5.55
2009	611.94	197.55	157.75	2.17	1.03	1.31	5.77
2010	610.73	190.53	410.73	2.02		1.25	5.50
2011	610.65	190.07	411.00	2.01		1.30	6.12
2012	609.48	189.56	410.54			1.33	6.33
2013	608.69	189.11	410.22			1.34	6.52
2014	609.06					1.35	6.70
2015	609.03					1.35	6.88
2016	608.03					1.35	6.99
2017	608.89					1.34	7.11
2018	611.15					1.35	7.26

注：“水浇地”在 2004 年及以前为“旱地”口径。

12-3　主要年份农林牧渔业总产值

（1990 年不变价格）　　单位：万元

年　份	农林牧渔业总产值	农　业	林　业	牧　业	渔　业	农林牧渔服务业
1949	80236	65097	2218	12040	881	
1952	95905	78558	3212	12971	1164	
1957	102414	78186	4835	18055	1338	
1962	96791	72700	3662	19008	1421	
1965	125348	92907	8997	21106	2338	
1970	158029	118837	4644	32891	1657	
1975	228677	178457	10942	37175	2103	
1978	248804	191076	14128	40533	3067	
1979	288101	223399	16178	45551	2973	
1980	308986	243256	13413	48123	4194	
1981	329627	262760	10473	51967	4427	
1982	373565	289122	12941	66584	4918	
1983	432382	344386	13184	69111	5701	
1984	503683	388672	14530	94357	6124	
1985	509617	366471	15818	119353	7975	
1986	539701	388306	14658	125615	11122	
1987	558965	395672	15192	135192	12909	
1988	575531	383071	14627	163882	13951	
1989	584300	388451	15261	165123	15465	
1990	617106	388974	14882	196316	16934	
1991	653321	407091	11738	215982	18510	
1992	714847	435995	13686	244515	20651	
1993	796478	453399	21894	295714	25471	
1994	871817	482183	22290	337104	30240	
1995	1027284	555518	29108	401517	41141	
1996	1137525	605564	28439	459140	44382	
1997		659292	28712	300797	45901	
1998	1102308	688264	29955	331947	52142	
1999	1173788	724032	32957	359148	57651	
2000	1231562	754514	33273	379129	64646	
2001	1314282	804945	35204	405637	68496	
2002	1394896	862345	36692	423099	72760	
2003	1355438	730532	39101	455613	72950	57242
2004	1480373	868038	40318	468235	76990	26792
2005	1539166	878862	42879	499465	84986	32974
2006	1610241	936506	44729	477791	115570	35645
2007	1698325	988077	46628	499172	120259	44189
2008	1864125	1045344	49540	588406	131358	49477
2009	2027368	1135354	46615	650514	150175	44709
2010	2281034	1286430	47923	737808	155040	53834
2011	2740180	1496852	51747	961918	161547	68117
2012	3157689	1745489	58632	1093536	179682	80350
2013	3558253	1976164	66061	1212637	203191	100200
2014	4020839	2270183	71294	1335872	222247	121243
2015	4329292	2436033	76860	1437091	236240	143069
2016	4638739	2605223	86059	1526914	265088	156455
2017	5097132	2858899	93900	1667850	288339	188144
2018	5360792	3045074	100543	1706888	294457	213830

12-4 农林牧渔业分项产值

（2018 年） 单位：万元

指 标	总产值（当年价格）	构 成（%）
农林牧渔业总产值	**12119600**	**100**
农业总产值	**7608559**	**62.78**
种植业产值	7608559	62.78
# 粮食	1453774	12.00
油料	101664	0.84
棉花	37265	0.31
麻类		
其他农作物	50439	0.42
蔬菜园艺作物	5060649	41.76
茶、桑、水果	868253	7.16
药材	36515	0.30
林业产值	**215824**	**1.78**
林木培养和种植	112341	0.93
竹木采运	103483	0.85
# 村及村以下竹木采伐	55252	0.46
林产品		
牧业产值	**3374894**	**27.85**
牲畜	2309896	19.06
# 牛	57288	0.47
羊	336238	2.77
猪	1849254	15.26
家禽的饲养	954635	7.88
其他动物产品	110363	0.91
渔业产值	**480059**	**3.96**
# 淡水产品	480059	3.96
农林牧渔服务业产值	**440264**	**3.63**

12-5　主要年份农林牧渔业总产值、中间消耗及增加值

（当年价格）　　　　单位：万元

指　　标	1990	1995	2000	2005	2010	2015	2016	2017	2018
农林牧渔业总产值	**648481**	**1909331**	**2258028**	**3330682**	**5147300**	**9769328**	**10467616**	**11500108**	**12119600**
农业产值	421660	1133427	1483459	2087542	3224250	6089117	6509526	7143373	7608559
林业产值	14643	45823	58415	88590	102871	164988	184734	201565	215824
牧业产值	194679	669430	588828	905295	1458808	2841446	3019045	3297707	3374894
渔业产值	17499	60651	127326	181405	252765	385147	43279	470085	480059
农林牧渔服务业				67850	108606	288630	32232	387378	440264
农林牧渔业中间消耗	**265505**	**899941**	**1072317**	**1631111**	**2391135**	**4528360**	**4835571**	**5249836**	**5527464**
农业中间消耗	139355	408638	606074	869347	1301285	2470776	2649776	2858644	3059784
林业中间消耗	5703	15207	21485	35128	53493	66586	75789	82094	87909
牧业中间消耗	116534	443072	386418	609154	875858	1748368	1825542	1990175	2036760
渔业中间消耗	3913	33024	58340	90200	120315	147415	165426	176308	180926
农林牧渔服务业				27282	40184	95215	119038	142615	162085
农林牧渔业增加值	**372976**	**1009390**	**1185711**	**1699571**	**2756165**	**5240968**	**5632045**	**6250272**	**6592136**
农业增加值	271509	724789	877385	1218195	1922965	3618341	3859750	4284729	4548775
林业增加值	8939	30616	36930	53462	49378	98402	108945	119471	127915
牧业增加值	78145	226358	202410	296141	582950	1093078	1193503	1307532	1338134
渔业增加值	14383	27627	68986	91205	132450	237732	266753	293777	299133
农林牧渔服务业				40568	68422	193415	203094	244763	278179

注：2003 年及以后农林牧渔业总产值、中间消耗、增加值含农林牧渔服务业（下同）。

12-6　主要年份农林牧渔业总产值、中间消耗及增加值构成

（当年价格）　　　　单位：%

指　　标	1990	1995	2000	2005	2010	2015	2016	2017	2018
农林牧渔业总产值	**100.0**	**100.0**	**100.0**	**100.0**	**100.0**	**100.0**	**100.0**	**100.0**	**100.0**
农业产值	65.0	59.4	65.7	62.7	62.6	62.3	62.2	62.1	62.8
林业产值	2.3	2.4	2.6	2.7	2.0	1.7	1.8	1.7	1.8
牧业产值	30.0	35.0	26.1	27.2	28.3	29.1	28.8	28.7	27.8
渔业产值	2.7	3.2	5.6	5.4	5.0	3.9	4.1	4.1	4.0
农林牧渔服务业				2.0	2.1	3.0	3.1	3.4	3.6
农林牧渔业中间消耗	**100.0**	**100.0**	**100.0**	**100.0**	**100.0**	**100.0**	**100.0**	**100.0**	**100.0**
农业中间消耗	52.5	45.4	56.5	53.3	54.4	54.6	54.8	54.4	55.4
林业中间消耗	2.1	1.7	2.0	2.2	2.2	1.5	1.6	1.6	1.6
牧业中间消耗	43.9	49.2	36.0	37.3	36.6	38.6	37.8	37.9	36.8
渔业中间消耗	1.5	3.7	5.5	5.5	5.1	3.3	3.4	3.4	3.3
农林牧渔服务业				1.7	1.7	2.1	2.5	2.7	2.9
农林牧渔业增加值	**100.0**	**100.0**	**100.0**	**100.0**	**100.0**	**100.0**	**100.0**	**100.0**	**100.0**
农业增加值	72.8	71.8	74.0	71.7	69.8	69.0	68.5	68.6	69.0
林业增加值	2.4	3.0	3.1	3.1	1.8	1.9	1.9	1.9	1.9
牧业增加值	21.0	22.4	17.1	17.4	21.1	20.9	21.2	20.9	20.3
渔业增加值	3.8	2.8	5.8	5.4	4.8	4.5	4.7	4.7	4.5
农林牧渔服务业				2.4	2.5	3.7	3.6	3.9	4.2

12–7 主要年份农作物播种面积

单位:千公顷

年 份	总播种面 积	粮食作物		在粮食作物播种面积中				
		播种面积	占总播种面积(%)	小麦	稻谷	薯类	玉米	大豆
1957	1177.89	908.19	77.1	430.05	16.85	102.38	73.84	262.07
1962	950.53	738.01	77.6	328.84	4.69	157.03	56.30	182.15
1965	948.59	678.22	71.5	259.94	22.67	139.35	46.67	146.59
1970	901.52	701.41	77.8	315.96	63.93	126.21	45.11	129.20
1975	947.18	713.49	75.3	309.46	58.41	119.87	39.87	130.48
1978	951.43	705.09	74.1	296.74	79.95	147.32	78.10	90.07
1979	968.45	729.18	75.3	318.46	125.48	113.87	47.08	71.39
1980	942.88	729.57	77.4	306.49	179.40	102.33	46.32	83.03
1981	979.52	814.85	83.2	298.89	168.43	92.35	41.24	76.57
1982	969.44	831.59	85.8	365.49	127.95	76.38	118.47	65.49
1983	984.09	852.18	86.6	388.61	133.06	89.93	137.95	86.32
1984	1014.64	872.44	86.0	417.20	150.06	77.11	136.81	74.39
1985	1029.63	855.12	83.1	412.26	141.52	62.80	157.29	68.23
1986	1037.58	873.57	84.2	417.35	137.65	60.62	172.19	72.44
1987	1045.15	874.63	83.7	419.93	132.73	58.12	186.04	66.87
1988	1023.02	845.62	82.7	414.33	134.01	56.93	163.01	56.63
1989	1023.21	867.63	84.8	423.58	141.54	51.87	186.99	52.18
1990	988.39	850.59	86.1	427.27	157.77	47.15	174.55	34.87
1991	1021.19	859.15	84.1	427.42	181.57	41.77	171.87	27.43
1992	1022.63	848.47	83.0	424.84	187.59	36.48	163.96	27.41
1993	1002.96	808.94	80.7	403.64	147.43	35.62	175.00	39.78
1994	988.14	768.44	77.8	378.34	141.85	30.96	168.50	39.72
1995	967.30	743.12	76.8	372.20	151.26	29.84	150.25	30.29
1996	967.11	744.03	77.0	370.00	164.40	31.91	139.52	29.53
1997	982.83	753.81	76.7	370.71	178.09	27.76	133.48	35.18
1998	1014.34	745.58	73.5	360.92	185.69	25.10	136.21	31.93
1999	990.28	686.62	69.3	326.16	203.25	21.95	105.35	21.74
2000	990.73	587.54	59.3	276.33	158.30	21.67	87.70	35.09
2001	999.24	536.91	53.7	256.38	140.67	18.51	83.51	30.91
2002	1001.78	512.26	51.1	240.85	134.71	18.36	82.19	28.91
2003	985.81	465.79	47.2	212.58	115.87	18.09	83.32	28.75
2004	1001.27	539.29	53.9	238.34	161.72	14.90	89.53	28.98
2005	1024.73	576.99	56.3	260.21	177.69	10.76	90.16	31.63
2006	1015.26	613.22	60.4	279.82	184.78	8.92	101.92	32.77
2007	1040.39	672.42	64.6	311.13	184.67	6.90	133.98	33.73
2008	1010.10	666.84	66.2	307.82	185.77	6.29	127.55	37.57
2009	1056.60	689.28	65.2	319.96	185.76	5.04	135.32	41.12
2010	1099.09	714.05	65.0	340.15	184.93	4.33	143.51	39.23
2011	1110.29	727.26	65.5	341.71	188.68	3.92	152.40	38.28
2012	1124.64	730.55	65.0	346.98	189.69	3.59	152.03	37.16
2013	1126.58	729.75	64.8	346.24	190.07	4.85	153.14	34.33
2014	1127.21	732.96	65.0	349.16	189.38	4.48	156.57	32.44
2015	1160.62	736.27	63.4	350.52	187.94	4.40	160.99	31.60
2016	1154.55	737.77	63.9	350.71	184.15	4.15	169.09	29.24
2017	1159.33	743.59	64.0	347.64	183.73	3.90	170.22	37.64
2018	1178.48	765.66	64.9	351.87	179.02	3.42	195.56	35.31

12-7　续表　　单位：千公顷

年　份	经济作物		在经济作物播种面积中				其　它 作　物	
	播种面积	占总播种 面积(%)	棉花	油菜籽	花生	甜菜		#蔬菜
1957	210.40	17.9	49.93	0.87	25.17		9.30	1.48
1962	200.32	21.3	29.04	0.29	14.23		10.20	3.94
1965	256.34	27.0	42.17		26.67		14.03	11.04
1970	182.27	20.2	52.05		8.75		17.84	13.45
1975	214.48	22.6	54.84	0.92	10.43		19.21	
1978	225.31	23.7	48.48	1.90	9.30		21.03	17.92
1979	217.95	22.5	54.65	2.01	10.57		20.87	14.80
1980	194.84	20.7	47.95	6.01	16.93		18.47	14.59
1981	165.47	16.9	59.48	7.81	13.62		23.59	17.25
1982	137.85	14.2	65.43	6.81	10.37		25.47	20.18
1983	104.08	10.6	69.17	14.59	14.31		27.83	18.02
1984	114.72	11.3	83.67	9.81	13.49		27.48	20.93
1985	137.25	13.3	77.32	23.02	24.26	0.33	37.26	28.17
1986	118.57	11.4	57.81	30.76	22.31		45.44	33.75
1987	123.99	11.9	68.53	30.92	18.62		46.53	35.01
1988	125.32	12.3	90.30	11.62	16.79		52.08	39.40
1989	100.59	9.8	64.83	9.37	16.08		54.99	43.78
1990	87.19	8.8	61.68	4.65	13.91		50.61	42.47
1991	114.15	11.2	77.80	9.83	15.55	0.40	47.89	39.99
1992	119.50	11.7	80.62	6.76	17.18		54.99	44.93
1993	90.45	9.0	57.68	5.46	21.14		103.57	73.81
1994	100.31	10.2	60.97	9.82	25.63	0.57	119.39	99.11
1995	95.85	9.9	62.15	7.10	23.81	0.17	128.33	113.38
1996	71.23	7.4	43.65	4.98	19.50	0.71	151.84	134.73
1997	67.17	6.8	37.54	3.35	21.64	0.08	161.85	138.68
1998	68.40	6.7	35.85	2.90	27.82	0.21	200.36	165.70
1999	68.55	6.9	23.48	2.90	38.33	0.05	235.11	215.05
2000	106.46	10.7	42.78	6.19	53.68	0.06	296.73	244.94
2001	131.18	13.1	61.51	7.54	57.26	0.20	331.15	299.16
2002	120.46	12.0	54.30	9.12	53.49	0.08	369.06	326.41
2003	141.16	14.3	72.23	9.96	50.83		370.85	338.12
2004	154.29	15.4	70.17	8.19	32.03	0.07	307.69	301.98
2005	133.26	13.0	53.33	8.83	43.75		314.48	310.97
2006	111.05	10.9	46.19	7.77	34.06		290.99	288.24
2007	74.30	7.1	40.89	5.43	27.98		293.67	270.63
2008	87.10	8.6	36.15	4.41	25.88		276.58	254.58
2009	84.72	8.0	30.45	5.41	27.76		282.08	280.08
2010	83.81	7.6	30.20	4.61	26.55		301.23	293.30
2011	81.00	7.3	29.40	3.62	25.22		302.03	297.20
2012	83.24	7.4	28.54	3.15	23.96		310.85	304.97
2013	80.45	7.1	25.68	2.52	22.92		316.38	310.67
2014	77.99	6.9	21.20	1.74	24.13		316.26	311.84
2015	79.95	6.9	16.18	1.47	24.25		344.40	339.12
2016	76.55	6.6	12.78	1.35	29.00		340.23	338.57
2017	72.10	6.2	10.48	1.15	27.72		343.64	339.18
2018	68.36	5.8	7.31	0.91	26.52		344.46	341.58

12-8 农作物播种面积和产量

指标	2016			2017			2018		
	播种面积（千公顷）	每公顷产量（公斤）	总产量（吨）	播种面积（千公顷）	每公顷产量（公斤）	总产量（吨）	播种面积（千公顷）	每公顷产量（公斤）	总产量（吨）
农作物总播种面积	**1154.55**			**1159.33**			**1178.48**		
粮食	737.77	6359	4691589	743.59	6492	4827238	765.66	6328	4844808
夏收粮食	351.07	5790	2032759	347.93	5870	2042387	352.16	5805	2044156
夏收谷物	350.71	5793	2031809	347.67	5873	2041750	351.9	5807	2043540
# 小麦	350.71	5793	2031809	347.64	5873	2041596	351.87	5807	2043382
# 稻谷	184.15	8375	1542316	183.73	8482	1558327	179.02	8487	1519280
# 籼稻	58.52	8116	474964	65.43	8324	544642	59.69	8425	502874
玉米	169.09	5965	1008556	170.22	6448	1097500	195.56	5983	1170072
秋收豆类	29.31	2610	76511	37.82	2641	99880	35.49	2473	87780
# 大豆	29.24	2611	76351	37.64	2642	99449	35.31	2475	87398
秋收薯类	4.15	7578	31447	3.9	7473	29144	3.42	6868	23488
棉花	12.78	1616	20653	10.48	1799	18857	7.31	1411	10317
油料	30.37	4430	134546	28.89	4447	128468	27.46	4487	123211
# 花生	29.00	4531	131389	27.72	4538	125786	26.52	4565	121062
油菜籽	1.35	2325	3139	1.15	2317	2664	0.91	2320	2111
蔬菜瓜类	371.53	37350	13876721	371.31	37605	13963246	374.51	37700	14119052
# 蔬菜(含菜用瓜)	338.57	37168	12583920	339.18	37407	12687793	341.58	37488	12804999
瓜类(果用瓜)	32.96	39223	1292801	32.13	39697	1275453	32.93	39904	1314053
其它农作物	1.66			4.46			2.88		

12-9 主要年份主要农产品产量

年 份	粮 食（万吨）	棉 花（万吨）	油 料（万吨）	蚕 茧（吨）	水 果（万吨）	大牲畜年末数（万头）	生猪存栏（万头）	猪牛羊肉（万吨）	水产品（万吨）
1949	74.66	0.20	1.95	70	1.01	32.71	22.19	0.51	0.29
1952	97.42	0.40	2.52	90	1.25	38.80	25.85	0.50	0.37
1957	84.23	0.75	1.62	245	1.01	39.63	46.65	1.60	0.34
1962	76.21	0.39	0.78	110	0.50	29.56	47.66	1.36	0.34
1965	90.95	0.95	1.82	320	0.75	32.12	68.92	2.17	0.49
1970	124.85	2.97	1.05	255	1.48	38.21	80.08	2.38	0.17
1975	174.66	3.41	1.21	485	2.37	35.28	129.15	4.77	0.52
1978	206.15	2.47	1.59	525	2.62	31.47	149.25	5.18	0.72
1979	235.53	2.00	2.07	705	3.93	30.09	148.45	6.15	1.03
1980	249.94	4.46	3.14	885	3.74	28.20	144.07	7.18	1.20
1981	275.10	4.32	5.04	915	4.67	27.52	144.07	7.80	1.18
1982	293.46	5.69	7.54	990	4.66	26.32	146.64	10.20	0.99
1983	367.85	7.32	5.68	1175	5.84	26.54	152.79	8.50	1.04
1984	405.71	9.32	5.09	1675	5.93	24.38	149.46	10.24	1.18
1985	379.70	7.05	10.48	2030	5.77	23.59	189.96	12.90	1.77
1986	410.34	6.24	10.63	2715	7.76	25.58	189.36	13.11	2.44
1987	403.42	7.48	10.60	3135	7.56	27.18	180.57	14.67	3.01
1988	370.10	8.84	4.81	3784	12.83	29.53	158.27	16.08	3.16
1989	404.40	4.69	4.99	5258	11.28	30.98	163.39	16.78	3.37
1990	399.00	5.57	4.77	6022	14.13	32.06	170.36	18.73	3.70
1991	411.83	7.96	6.32	7533	13.16	33.13	170.36	19.59	4.11
1992	418.87	5.45	5.52	11838	16.61	36.15	172.42	21.11	4.62
1993	407.30	4.79	7.12	14814	21.33	39.27	192.04	23.15	5.75
1994	378.99	4.23	9.33	22410	24.03	43.36	203.01	26.14	6.92
1995	406.13	5.91	8.35	22105	35.78	49.54	215.78	28.71	8.49
1996	423.01	4.94	6.38	14424	49.15	53.30	216.89	36.17	9.80
1997	436.51	4.27	7.87	14555	58.15	44.57	176.51	24.92	10.66
1998	386.00	3.92	9.55	14230	66.27	24.50	209.82	26.79	12.02
1999	418.96	2.50	14.35	14320	75.74	17.46	190.04	25.52	12.83
2000	319.50	5.08	20.28	15176	81.91	17.92	201.07	27.51	13.52
2001	309.43	6.79	23.10	16841	90.80	16.78	198.43	28.80	14.17
2002	297.55	6.34	22.23	16560	92.93	19.10	206.02	28.60	14.57
2003	210.44	4.43	10.29	15153	80.57	17.22	206.80	30.10	14.73
2004	319.02	8.37	19.91	14788	90.46	17.73	207.35	31.79	15.57
2005	314.13	4.17	16.26	13212	87.52	18.22	214.26	35.05	16.43
2006	357.87	4.92	14.63	14270	93.99	18.55	180.57	32.41	17.26
2007	374.74	4.19	11.19	13238	98.95	11.59	190.93	35.78	17.32
2008	389.34	4.17	10.70	9966	104.58	16.07	220.49	31.90	16.65
2009	427.67	3.84	12.56	10214	104.88	18.80	248.95	39.40	16.95
2010	440.20	3.23	12.11	6805	106.31	20.99	293.19	46.58	17.04
2011	455.30	3.39	11.45	7510	114.21	23.07	315.36	48.13	17.50
2012	471.73	3.67	10.63	6941	118.77	21.50	313.49	52.97	18.14
2013	451.13	3.63	9.96	6815	92.81	20.87	297.20	47.87	18.37
2014	469.18	3.24	10.62	7977	116.11	20.21	306.91	51.11	18.60
2015	470.92	2.60	11.20	6512	108.47	18.12	299.61	50.09	18.79
2016	469.16	2.07	13.45	3674	110.07	16.06	275.05	44.91	18.88
2017	482.72	1.89	12.85	4676	115.33	13.55	243.46	42.12	17.32
2018	484.48	1.03	12.32	4536	83.62	10.02	233.46	38.77	16.87

12-10 主要年份蚕桑、水果生产情况

单位：吨、公顷

指标	1978	1980	1985	1990	1995	2000	2005	2010	2015	2016	2017	2018
蚕茧产量	**525**	**885**	**2030**	**6022**	**22105**	**15176**	**13212**	**6805**	**6512**	**3674**	**4676**	**4536**
水果产量	**26210**	**37355**	**576545**	**141335**	**357761**	**819139**	**875179**	**1063147**	**1084712**	**1100677**	**1153296**	**836221**
#苹果	8843	18874	33035	65638	236258	554403	465347	500570	525887	503243	506273	336098
梨	11339	10512	17441	21662	35992	131368	184550	229087	172045	187277	201565	109274
葡萄				4909	5682	13423	28527	48548	95742	105629	119908	112965
桃子	1318	1747	1841	36875	59713	92833	152802	213566	245448	259511	281691	235230
红枣				26	131	1360	5055	3476	5555	4205	4327	1295
桑园面积	**1307**	**1467**	**2700**	**11100**	**43333**	**13667**	**13307**	**7734**	**7333**	**3500**	**3557**	**3700**
果园面积	**9233**	**9246**	**12700**	**43026**	**68967**	**82139**	**82056**	**75990**	**75435**	**74377**	**73535**	**68065**
#苹果园		5760	6993	24900	49819	35720	32528	30909	28824	27995	27692	26012
梨园					7416	20136	19733	13305	11425	10892	10802	10609
葡萄园					380	1363	2793	2489	7038	7189	7402	6747

12-11 主要年份林业生产情况

单位：公顷

指标	1978	1980	1985	1990	1995	2000	2005	2010	2015	2016	2017	2018
造林面积	4847	3747	7787	3353	5590	4300	7450	5999	3408	3225	3213	4202
#用材林	3453	2006	4620	2240	2218	1893	2346	1459	307	420	361	273
经济林	993	313	2800	466	3354	2387	2538	1003	1172	1842	1754	1616
防护林	401	1428	367	620		20	2566	3538	1922	963	1098	1924
林产品产量（吨）												
板栗	23	650	380	465	1678	2203	3096	2690	1704	1895	2256	1236
白果	19	27	47	47	72	910	1260	2333	4641	4673	6920	7532
迹地更新面积			133	106	546	1230	972	802	257	177	385	243
四旁植树（万株）	4734	4208	3108	1776	1538	1493	1790	2202	1195	1027	1121	1214
林木种子采集量（吨）						80	80	350	4319	5421	5526	5637
本年育苗面积	2800	1777	2180	940	921	931	2578	3818	8331	10023	9361	9901
中、幼龄林抚育面积										8036		
低产林改造面积					187		24		36			
木材采伐量(万立方米)	5.05	11.55	13.79	21.42	53.00	41.68			23.66	32.60	36.00	31.06
年末实有林地面积	57400	65386	76593	79413	87123	154458						

12-12　主要年份畜牧业生产情况

指　　标	1978	1985	1990	1995	2000	2005	2010	2015	2016	2017	2018
牲畜年末头数（万头）											
大牲畜	31.47	23.59	32.06	49.54	17.92	18.22	20.99	18.12	16.06	13.55	10.02
#役畜				26.60	7.43	2.59	3.84	2.46	0.88	0.80	0.61
#牛	21.00	11.27	17.17	33.70	8.82	15.34	17.54	16.12	14.10	11.79	8.51
马	3.88	3.03	1.70	1.68	0.63	0.21	0.20	0.11	0.10	0.09	0.08
驴	5.60	7.55	11.33	12.33	7.78	2.25	2.35	1.36	1.26	1.11	0.89
骡	0.99	1.74	1.86	1.83	0.69	0.42	0.90	0.65	0.60	0.56	0.54
猪	149.25	189.96	170.36	215.78	201.07	214.26	293.19	299.61	275.05	243.46	233.46
羊（万只）	82.79	80.71	206.01	353.98	175.48	263.68	208.14	228.85	147.73	129.44	70.09
#山羊	39.14	59.08	179.66	326.05	163.38	267.24	202.60	217.09	136.45	119.62	60.21
兔（万只）		89.01	109.12	444.22	655.83	667.16	1056.77	1023.82	954.85	502.58	382.65
家禽（万只）	491.80	1613.08	2403.44	4298.00	3545.39	4735.11	9270.77	9618.31	8787.98	7401.41	6249.14
畜产品产量											
肉猪出栏头数（万头）	67.01	130.74	163.11	250.95	238.83	308.56	460.74	549.88	500.71	463.01	456.32
肉类总产量（吨）		142336	217108	403509	366391	501563	885070	1014486	907696	852369	698998
#猪肉	51847	123325	161363	248224	240487	293027	414173	429977	398939	374033	362368
牛肉		1715	9243	2747	10958	15656	8864	11645	11962	10378	7474
羊肉		3948	16685	36107	23665	41844	42736	59302	38231	36800	17866
禽肉		11421	25876	67770	67528	113626	340256	444393	392100	381329	271720
兔肉		1927	2635	18736	19739	24524	60603	62528	60196	43048	35653
其他畜产品产量（吨）											
牛奶产量	3814	6997	9889	20821	59035	183851	266981	166594	160797	158174	87637
羊奶产量											
绵羊毛产量	1520	1059	1479	1730	743	386	272500	299840	292345	269490	256693
蜂蜜	121	283	1035	335	120	289	556	390	390	382	378
禽蛋		71541	148806	325152	354001	422021	486249	576481	518237	471720	296654

12-13　主要年份水产品生产情况

指　　标	1978	1985	1990	1995	2000	2005	2010	2015	2016	2017	2018
水产品产量（吨）	**7160**	**17745**	**36897**	**84928**	**135168**	**164298**	**170395**	**187919**	**188785**	**173152**	**168690**
按生产性质分											
捕捞产量	1825	4523	9574	18409	19061	25140	16306	15511	15206	14536	13929
养殖产量	5335	13222	27323	66519	116107	139158	154089	172408	173579	158616	154761
按类别分											
鱼类	6427	14258	37847	76287	116203	116952	151286	168703	169756	155746	151303
虾蟹类	39	41	72	177	14967	19665	15240	15604	15479	13941	14422
贝类	746	926	1587	2972	2957	629	1974	1936	1857	1719	1677
其它	53	97	201	342	1046	1912	1895	1676	1693	1746	1288
水产养殖面积（公顷）	**9493**	**17309**	**16751**	**26787**	**31363**	**35879**	**25694**	**26589**	**26466**	**23291**	**22929**

12–14　主要年份农业现代化情况

单位：千公顷

指　　标	1980	1985	1990	1995	2000	2005	2010	2015	2016	2017	2018
农业机械化情况											
机耕面积	490.40	520.11	515.45	549.51	534.16	685.76	637.73	791.89	801.44	812.60	860.91
机播面积	100.00	212.00	325.98	277.65	253.76	401.28	413.29	644.57	664.35	673.20	695.62
# 机播小麦面积	161.38	198.74	325.55	254.22	231.76	282.30	275.05	319.49	331.22	324.30	323.75
机械开沟面积			206.56	206.08	159.38						
机械植保面积			227.29	522.48	575.64	683.64	625.67	764.02	794.86	750.12	730.20
机械收获面积		160.67	286.39	367.64	419.90	516.46	505.42	685.38	707.60	702.32	740.51
农村电气化情况											
农村用电量　（万千瓦时）	29675	75513	185943	163273	297446	462664	502295	663065	661057	680290	699597
农业化学化情况											
农用化肥施用量（折纯量）（吨）	250379	314738	440900	567001	671296	696985	703405	621636	604558	587035	565919
# 氮肥	163916	194643	259564	299171	311692	316672	328439	284806	277945	270324	262162
磷肥	60658	94386	98522	114582	122556	104933	104733	86001	83149	78686	75289
钾肥	7374	5536	21899	36576	71045	71824	70820	62284	60214	57816	56199
复合肥	18430	17502	60916	116672	166003	203556	199413	188545	183250	180209	172269
每公顷耕地施用量　（公斤）	397	507	728	927	1120	1182	1201				
农用塑料薄膜使用量　（吨）		7343	6948	8583	9057	12150	12934	13418	13545	13541	13240
农药使用量　（吨）		6268	15162	15047	14341	12556	12441	10169	9983	9798	8829
农田水利情况											
有效灌溉面积		443.28	444.67	461.12	495.45	480.08	491.98	511.47	521.30	527.30	535.20
旱涝保收面积			360.51	395.89	348.12	420.70	428.00	463.47	469.53	468.30	489.13
农村基础设施情况　（个）											
自来水受益村数			550	1270	1161	1813	1946	1974	1975	1993	2006
通电话村数			2228	3493	2364	2207	2166				
通宽带村数								2015	2015	2024	2025

12-15　主要年份主要农业机械拥有量

（年底数）

指　　标		1980	1985	1990	1995	2000	2005	2010	2015	2016	2017	2018
农业机械总动力	**（万千瓦）**	**186.19**	**253.03**	**205.11**	**374.66**	**437.73**	**547.63**	**563.71**	**684.57**	**712.33**	**733.48**	**736.85**
# 柴油机		118.13	160.85	134.87	295.07	350.53	469.94	483.25	570.03	595.05	616.82	618.30
电动机		56.71	79.51	62.09	76.34	83.01	71.97	6.68	97.22	98.84	98.06	98.40
主要农业机械												
大中型拖拉机	（台）	6285	6439	4335	7574	7101	11332	13772	27922	31204	32168	28313
	（万千瓦）	22.57	23.97	16.43	25.43	25.39	44.51	57.28	137.95	161.26	171.33	179.56
小型拖拉机	（台）	86025	117000	86976	143011	156367	279005	274908	203599	184363	155772	144791
	（万千瓦）	76.21	106.80	77.22	129.96	143.47	250.64	250.64	203.13	185.48	146.96	162.25
农用排灌动力机械	（台）	35681	51300	51576	52506	60907	59669	61047	86320	86300	87255	
	（万千瓦）	42.77	54.37	53.79	60.91	70.15	66.23	67.61	88.60	91.80	93.30	
# 柴油机	（台）	7460	10800	12154	12339	18720	21553	22276	33538	34649	34771	
	（万千瓦）	7.74	10.80	11.84	11.80	19.18	19.96	20.71	26.64	27.97	27.76	
电动机	（台）	28221	40500	39422	40167	42116	38116	38771	49386	51651	52337	
	（万千瓦）	35.07	43.57	41.94	49.11	50.76	46.27	46.91	61.53	63.88	64.26	
农用水泵	（台）	34062	48000	50561	77396	71639	79572	82443	111310	130291	132484	133793
喷灌机械	（套）	804	3512	7012	17841	21406	21560	21866	35304	33935	27134	30167
联合收割机	（台）	98	149	426	6039	9822	14046	15435	26008	28471	30225	30177
机动脱粒机	（台）	35307	57227	8794	68050	31345	21445	21005	12771	9664	9196	8055
机动喷雾(粉)机	（万部）	0.44	0.45	0.88	1.62	1.87	2.24	2.50	5.21	5.28	5.41	
农产品加工机械动力	（万千瓦）	19.36	37.49	21.37	22.11	22.48	25.83	25.33	31.51	31.49	31.44	31.77
农用载重汽车	（辆）	2654	3425	3346	6536		17886	17897	17109			
	（万千瓦）	16.85	25.24	25.14	11.69		29.25	28.98	32.54			

12-16　主要年份农林牧渔业主要经济效益指标

指　　标	1985	1990	1995	2000	2005	2010	2015	2016	2017	2018
每个农业劳动力创造的农林牧渔业总产值（元）	1446	2855	4815	9685	18424	32237	73592	80175	88996	91068
每个农业劳动力创造的农林牧渔业增加值（元）		1161	3053	5086	9401	17262	39480	43138	48369	49495
每公顷耕地创造的种植业产值（元）		5811	17876	22959	14498	52793	99981	106884	117484	117318
每公顷耕地创造的种植业增加值（元）		4380	12014	13927	20315	31486	59412	63375	70469	70370
每个农业劳动力生产的粮食产量（公斤）	1724	1757	1904	1370	1738	2757	3547	3593	3736	3837
每个农业劳动力生产的棉花产量（公斤）	32	25	28	22	23	20	20	15	15	8
每个农业劳动力生产的油料产量（公斤）	47	21	39	87	81	76	84	103	99	98
每个农业劳动力生产的肉类产量（公斤）	64	82	146	157	277	554	764	695	660	554
每个农业劳动力生产的水产品产量（公斤）	8	16	40	58	91	107	142	145	134	132
农民人均收入（元）	389	661	1800	3230	4443	7955	13982	15274	13697	14930

注：产值、增加值均为现行价格。

主要统计指标解释

乡村劳动力 是指乡村人口中经常参加合作经济组织(包括乡村办企业事业单位) 和从事家庭经营生产劳动的整、半劳动力。凡是在农村由合作经济组织分配劳动任务或者承包各种生产任务,并从中直接取得实物、货币收入的劳动力,不管他们从事何种劳动,都统计为乡村劳动力。国家向乡村调用的建勤民工，由集体经费支付工资或补贴的乡村半脱产管理干部，乡村分配到全民所有制单位和城镇集体所有制单位工作而收入交合作经济组织,并从中取得实物、货币收入的合同工、临时工、亦工亦农人员;自行外出,但户口没有转出的劳动力,都包括在内。

农林牧渔业总产值 农林牧渔业总产值是以货币表现的农林牧渔业的全部产品总量和对农林牧渔业生产活动进行的各种支持性服务活动的价值。它反映一定时期内农林牧渔业生产总规模和总成果。

农林牧渔业的统计范围是:

(1)农业 包括谷物和其他作物种植业、蔬菜、园艺和水果、坚果、饮料、香料的生产经营,以及中药材种植业。

(2)林业 包括林木的培育和种植(不包括茶园、桑园和果园的栽培、管理和收获等活动)、林产品的采集和竹木采运。

(3)牧业 包括除渔业养殖以外的一切动物饲养和放牧以及野生动物的捕猎和饲养。

(4)渔业 包括水生动物和海藻类植物的养殖和捕捞。

从所有制看,包括国有经济的各种专业农(农、林、牧、渔)场以及国家各级机关团体学校、科研机构、部队经营的农业;集体所有制的乡镇村各级办农场; 农村各种经济组织经营的农、林、牧、渔业以及工矿企业家属集体经营的农业;农民家庭自营的农林牧渔业及兼营商品性工业等。

农业总产值的计算方法通常是按农林牧渔业产品及其副产品的产量分别乘以各自单位产品价格求得，少数生产周期较长,当年没有产品或产品产量不易统计的,则采用间接方法匡算其产值,然后将四业产品产值相加即为农业总产值。

1957 年以前的农业总产值中包括了厩肥和农民自给性手工业(如农民自制衣服、鞋、袜、自己从事粮食初步加工等)。1958 年及以后的农业总产值,林业中增加了村及村以下竹木采伐产值;牧业中取消了厩肥产值;副业中取消了农民自给性手工业产值,增加了村及村以下办的工业产值;渔业中增加了海洋捕捞水产品产值。1980 年及以后的农业总产值,在副业中增加了农民家庭兼营工业商品部分的产值。从 1984 年起村及村以下办工业产值划归工业。从 1993 年起,取消副业。将野生动物的捕猎划入牧业，野生植物采集和农民家庭兼营商品性工业划归农业。从 2003 年起,执行新的国民经济行业分类标准,农林牧渔业总产值中包括了农林牧渔服务业产值。林业中增加了森林采运业产值。农业中取消了家庭兼营商品性工业产值,将野生林产品的采集划归林业。

农林牧渔业增加值 指农、林、牧、渔及农林牧渔服务业在生产货物或提供服务活动的过程中而增加的价值，为农林牧渔业现价总产值扣除农林牧渔业现价中间投入后的余额，是指各单位生产经营的最终成果。

农林牧渔业中间消耗 是指当年在农林牧渔业生产过程中所投入或消耗的各种物质产品和劳务价值的总和。包括中间物质消耗和对非物质生产部门的劳务支出两部分。

农作物总产量 是指本年度内生产的各种农作物的总产量。不论计划内外,数量多少,耕地上还是非耕地〔包括荒山、坡及江、河、湖、海滩(涂)、十边隙地等〕上的农作物产量都统计在内。农作物产量是指全社会产量,不仅要把国营农场等全民所有制生产单位和乡、村集体所有制生产单位的农作物产量统计在内,农户自营地、工矿企业职工家属办的农场和其他经营单位的农作物产量也统计在内。不仅统计卖给国家的农作物产量,生产单位自产自用的农作物产量也统计在内。农作物产量只统计晒干入库的产量。

粮食产量 指全社会的产量。包括国有经济经营的、集体统一经营的和农民家庭经营的粮食产量，还包括工矿企业家属办的农场和其他生产单位的产量。粮食除包括稻谷、小麦、玉米、高粱、谷子及其他杂粮外,还包括薯类和大豆。其产量计算方法,豆类按去豆荚后的干豆计算;薯类(包括甘薯和马铃薯，不包括芋头和木薯)1963 年以前按每 4 公斤鲜薯折 1 公斤粮食计算,从 1964 年开始及以后改为按 5 公斤鲜薯折 1 公斤粮食计算。城市郊区作为蔬菜的薯类(如马铃薯等)按鲜品计算,并且不作为粮食统计。其他粮食一律按脱粒后的原粮计算。

油料产量 指全部油料作物的生产量。包括花生、油菜籽、芝麻、向日葵籽、胡麻籽(亚麻籽)和其他油料。不包括大豆,也不包括木本油料和野生油料。花生以带壳干花生计算。

蚕茧产量 是指本年度内生产的全部蚕茧产量，不论自用的或出售的,都统计在内。在计算蚕茧产量时,把土茧、改良茧和种茧都包括在内。蚕茧产量均按鲜茧的重量计算。

猪、牛、羊肉产量 指当年出栏并已屠宰后除去头蹄下水后带骨肉(即胴体重)的重量。

水产品产量 是指人工养殖并捕捞的水产品和捕捞天然生产的水产品产量。不论自食的或出售的,都计算在内。用作继续扩大再生产的水产品(如鱼苗、苗种、亲鱼、鱼饵及转塘鱼、存塘鱼等)不作水产品产量统计。在渔业生产单位出售以前已经变质的水产品,不论是改作饲料、肥料还是其他用途,也不作水产品产量统计。

生猪出栏量 是指国营农场等全民所有制生产单位、乡(镇)、村各种合作经济组织和农户、机关、学校、工矿企业、部队以及城镇居民饲养的,可供屠宰并已出栏的全部肉猪数量。不仅包括卖给国家及其他购买者的肉猪,还包括集体和城乡居民自宰的肉猪。

期初(末)畜禽存栏头(只)数 指本期期初(末)农村各种合作经济组织和国营农场、农民个人、机关、团体、学校、工矿企业、部队等单位以及城镇居民饲养的大牲畜、猪、羊、家禽等畜禽的存栏头(只)数。

谷物 指籽实主要供作粮食的作物。这类作物包括稻谷、小麦、玉米、谷子、高粱和其他谷物,不包括豆类和薯类作物。

林产品产量 指不经砍伐竹木的根本而取得的各种林产品数量。包括生漆、棕片、五倍子、松脂、笋干、油桐籽、油茶籽、乌柏子、核桃、板栗、白果等各种林木籽实以及修剪竹木所获得的枝叶(如荆条、柳条、蒲葵叶)等。不包括桑叶、茶叶、水果。也不包括野生的林产品。

耕地面积 是指种植农作物,并经常进行耕锄的田地。统计范围包括熟地、当年新开荒地、连续撂荒未满三年的耕地和当年的休闲地(轮歇地)。以种植农作物为主并附带种植桑树、茶树、果树和其他林木的土地以及沿海、沿湖地区已围垦利用的“海涂”、“湖田”等也包括在内。但专业性的桑园、茶园、果园、果木苗圃、林地、芦苇地、天然草原等都不包括在内。

农作物播种面积 指实际播种或移植有农作物的面积。凡是实际种植有农作物的面积,不论种植在耕地上还是种植在非耕地上,均包括在农作物播种面积中,同时还包括因遭灾而重新改种和补种的农作物面积,种一公顷算一公顷。

有效灌溉面积 是指具有一定的水源,地块比较平整,灌溉工程或设备已经配套,在一般年景下当年能够进行正常灌溉的耕地面积。包括机灌、电灌和自流灌溉面积三部分。

造林面积 是指报告期内在荒山、荒地、沙丘等一切可以造林的土地上,采用人工播种、植苗、飞机播种等方法新植的成片乔木和灌木林面积,符合“造林技术规程”要求的株数,经过检查验收,成活率在85%以上的面积。四旁植树如一侧在四行以上,连续成片面积达一亩以上,也统计在造林面积内。在造林面积中,不包括补植面积、治沙种草面积、经济林复垦面积、迹地更新面积和低产林改造面积。

农用化肥施用量 指在本年度内实际用于农业生产的化肥数量。包括氮肥、磷肥、钾肥和复合肥。按折纯法计算化肥数量,即把氮肥、磷肥、钾肥分别按含氮、含五氧化二磷、含氧化钾100%折算。

农村用电量 是指在本年度内,扣除在农村中的全民所有制工业、交通、基建单位用电量以后农村生产和生活上的全年用电总量(按全年累计数统计)。从电的来源看,既包括国家电网的供电量,也包括农村自办电站的供电量。

农业机械总动力 是指主要用于农、林、牧、渔业生产和运输的所有动力机械的动力总和。包括耕作机械、排灌机械、收获机械、农产品加工机械、运输机械、植保机械、牧业机械、林业机械、渔业机械和其他机械[内燃机按引擎马力折成瓦(特)计算,电动机按功率折成瓦(特)计算]。不包括专门用于乡(镇)、村以及村以下办工业、基本建设、非农业运输、科学试验和教学等非农业生产方面用的动力机械和作业机械。但从事农副产品初级加工的村户工业的机械应统计在内。

农业机械年末拥有量 是指国有经济、集体经济农业生产单位和合作经济组织及农户在年末统计时实际拥有的各种农业机械设备数量。包括能用未用的、需要修复的(指中修、大修)、储存备用的。但已经损坏报废的、购买(或调进)而未提货的、从非农业生产单位调来临时支援的,均不包括在内。

十三、工业

INDUSTRY

版面负责人：李　燕

编　　　辑：宋　蕊

统计执法监督检查办法

第二章　统计执法监督检查机构和执法检查人员

第九条　县级以上人民政府统计机构健全统计执法监督检查队伍，完善统计执法监督检查机制，建立统计执法骨干人才库，确保在库人员服从设库机构的调用。

第十条　统计执法监督检查机构和执法检查人员的主要职责是：

（一）起草制定统计法律法规规章和规范性文件；

（二）宣传、贯彻统计法律法规规章；

（三）组织、指导、监督、管理统计执法监督检查工作；

（四）依法查处统计违法行为，防范和惩治统计造假、弄虚作假；

（五）组织实施统计执法"双随机"抽查，受理、办理、督办统计违法举报；

（六）建立完善统计信用制度，建立实施对统计造假、弄虚作假的联合惩戒机制；

（七）监督查处涉外统计调查活动和民间统计调查活动中的违法行为；

（八）法律、法规和规章规定的其他职责。

第十一条　执法检查人员应当参加培训，经考试合格，取得由国家统计局统一颁发的统计执法证。

经县级以上人民政府统计机构批准，可以聘用专业技术人员参与统计执法监督检查。

第十二条　统计执法监督检查机构应当加强对所属执法检查人员的法律法规、统计业务知识、职业道德教育和执法监督检查技能培训，健全管理、考核和奖惩制度。

13-1　规模以上工业企业主要经济指标

单位:万元

年　份	企业个数（个）	两项资金占用
1998	638	1005882
1999	634	1021559
2000	675	950855
2001	662	811298
2002	743	939259
2003	835	959127
2004	1223	1143367
2005	1253	1237961
2006	1586	1462580
2007	1941	1814542
2008	2289	2569139
2009	3108	2848331
2010	3412	4196654
2011	2788	871219
2012	2859	11235951
2013	2874	8734485
2014	2861	9270151
2015	2875	9678459
2016	2992	9608893
2017	2412	11252344
2018	2461	11692282

13-2　规模以上工业企业主要经济指标

（2018 年）　　单位:万元

指　　标	企业个数（个）	资产合计	#流动资产合计	负债合计
总　计	**2461**	**62160277**	**30462800**	**32889741**
按登记注册类型分				
内资企业	2302	52910609	26831937	28583605
国有企业	7	87754	46949	43429
中央企业	3	59161	28536	33494
地方企业	4	28593	18413	9935
集体企业	6	84554	28316	42162
股份合作企业	1	4683	2242	620
联营企业				
国有联营企业				
集体联营企业				
国有与集体联营企业				
其他联营企业				
有限责任公司	323	30561783	16682901	19079397
国有独资公司	16	20872825	12200866	13280405
其他有限责任公司	307	9688958	4482035	5798992
股份有限公司	60	6094925	3361658	2345783
私营企业	1905	16076910	6709870	7072213
私营独资企业	54	189238	90405	90982
私营合伙企业	5	42937	2406	2405
私营有限责任公司	1789	14751057	6211064	6490382
私营股份有限公司	57	1093678	405995	488444
其他企业				
港、澳、台商投资企业	69	5782521	1802119	2655600
合资经营企业(港或澳、台资)	27	4906294	1391904	2255386
合作经营企业(港或澳、台资)				
港澳台商独资经营企业	39	791229	381755	370612
港澳台商投资股份有限公司	3	84999	28461	29603
外商投资企业	90	3467147	1828744	1650535
中外合资经营企业	47	1927849	918835	847103
中外合作经营企业				
外资企业	38	1473084	876723	779573
外商投资股份有限公司	3	29725	11130	8454
其他外商投资企业	2	36489	22056	15405

13-2　续表 1　（2018 年）　单位:万元

指　标	企业个数（个）	资产合计	#流动资产合计	负债合计
按经济组织类型分				
独资企业	144	2625858	1424148	1326759
国有企业	7	87754	46949	43429
集体企业	6	84554	28316	42162
私营独资企业	54	189238	90405	90982
港澳台商独资经营企业	39	791229	381755	370612
外资企业	38	1473084	876723	779573
合作、合伙企业	8	84109	26704	18430
股份合作企业	1	4683	2242	620
联营企业				
国有联营企业				
集体联营企业				
国有与集体联营企业				
其他联营企业				
私营合伙企业	5	42937	2406	2405
合作经营企业(港或澳、台资)				
中外合作经营企业				
其他企业(内资)				
其他外商投资企业	2	36489	22056	15405
股份有限公司	123	7303327	3807243	2872284
股份有限公司(内资)	60	6094925	3361658	2345783
私营股份有限公司	57	1093678	405995	488444
港澳台商投资股份有限公司	3	84999	28461	29603
外商投资股份有限公司	3	29725	11130	8454
有限责任公司	2186	52146982	25204704	28672268
国有独资公司	16	20872825	12200866	13280405
私营有限责任公司	1789	14751057	6211064	6490382
合资经营企业(港或澳、台资)	27	4906294	1391904	2255386
中外合资经营企业	47	1927849	918835	847103
其他有限责任公司	307	9688958	4482035	5798992
在总计中:亏损企业	305	8252206	4041677	5692662
在总计中:国有控股企业	55	25265788	13561991	15845127
按轻重工业分				
轻工业	1024	13351880	7458213	4707918
重工业	1437	48808397	23004587	28181823
按企业规模分				
大型企业	48	36489711	19489507	20833000
中型企业	453	10981751	4354462	5083432
小型企业	1904	14267571	6499801	6700875
微型企业	56	421244	119030	272434

13-2 续表 2 （2018 年） 单位:万元

指 标	企业个数（个）	资产合计	#流动资产合计	负债合计
按行业分				
煤炭开采和洗选业	7	6736893	2115405	4146379
黑色金属矿采选业	3	145289	68646	98078
非金属矿采选业	6	19716	13639	3238
开采辅助活动	1	23923	23742	20710
农副食品加工业	199	1749740	633142	598788
食品制造业	51	419742	167736	206453
酒、饮料和精制茶制造业	26	2815621	1698611	916490
烟草制品业	1	2758586	2246080	495642
纺织业	255	1267361	615366	564782
纺织服装、服饰业	82	413661	166421	134127
皮革、毛皮、羽毛及其制品和制鞋业	18	208892	164243	57468
木材加工和木、竹、藤、棕、草制品业	351	1380153	475737	423863
家具制造业	46	155391	59605	56739
造纸和纸制品业	23	169736	49064	72188
印刷和记录媒介复制业	21	167186	100019	83663
文教、工美、体育和娱乐用品制造业	44	257105	108271	104795
石油加工、炼焦和核燃料加工业	15	2540229	1400062	1612730
化学原料和化学制品制造业	132	3314649	1393889	1495499
医药制造业	47	1268522	638500	435338
化学纤维制造业	13	320046	224935	234337
橡胶和塑料制品业	96	927875	273795	240715
非金属矿物制品业	245	2791612	1385613	1446076
黑色金属冶炼和压延加工业	26	1783927	868409	1332286
有色金属冶炼和压延加工业	37	793542	460398	493585
金属制品业	143	1843939	882534	841778
通用设备制造业	106	1070472	662921	453651
专用设备制造业	119	12960216	8454432	9011282
汽车制造业	41	1192794	791665	817779
铁路、船舶、航空航天和其他运输设备制造业	23	620049	359954	371670
电气机械和器材制造业	131	2169355	982477	1061055
计算机、通信和其他电子设备制造业	36	4671415	1340525	2136152
仪器仪表制造业	48	1292240	650079	447574
其他制造业	3	9240	2661	3670
废弃资源综合利用业	9	111280	60535	38405
金属制品、机械和设备修理业	1	5232	5056	4645
电力、热力生产和供应业	38	3060712	723661	1966279
燃气生产和供应业	8	170297	54072	91516
水的生产和供应业	10	553642	140904	370318

13-2　续表 3　（2018 年）　单位:万元

指　　标	销售费用	管理费用	财务费用	全部职工年平均人数（人）
总　计	**1737965**	**2081181**	**720753**	**451854**
按登记注册类型分				
内资企业	1605827	1756275	628093	398513
国有企业	2166	3944	645	767
中央企业	925	3277	510	408
地方企业	1241	667	135	359
集体企业	23813	23619	1632	935
股份合作企业	19	679	9	116
联营企业				
国有联营企业				
集体联营企业				
国有与集体联营企业				
其他联营企业				
有限责任公司	671463	871578	342977	137174
国有独资公司	485592	541056	206974	57781
其他有限责任公司	185871	330523	136003	79393
股份有限公司	501867	294997	136533	41632
私营企业	406500	561459	146297	217889
私营独资企业	5182	3956	948	3831
私营合伙企业	699	865	62	420
私营有限责任公司	385063	526246	138299	204217
私营股份有限公司	15556	30392	6987	9421
其他企业				
港、澳、台商投资企业	40209	134890	69325	24745
合资经营企业(港或澳、台资)	17208	93680	64633	12867
合作经营企业(港或澳、台资)				
港澳台商独资经营企业	21503	37865	4034	10852
港澳台商投资股份有限公司	1498	3345	658	1026
外商投资企业	91930	190016	23334	28596
中外合资经营企业	68950	118098	23645	15631
中外合作经营企业				
外资企业	22492	68302	-1191	11940
外商投资股份有限公司	340	1968	207	378
其他外商投资企业	148	1647	673	647

13-2　续表 4　　（2018 年）　　单位:万元

指　　标	销售费用	管理费用	财务费用	全部职工年平均人数（人）
按经济组织类型分				
独资企业	75156	137685	6069	28325
国有企业	2166	3944	645	767
集体企业	23813	23619	1632	935
私营独资企业	5182	3956	948	3831
港澳台商独资经营企业	21503	37865	4034	10852
外资企业	22492	68302	-1191	11940
合作、合伙企业	867	3191	745	1183
股份合作企业	19	679	9	116
联营企业				
国有联营企业				
集体联营企业				
国有与集体联营企业				
其他联营企业				
私营合伙企业	699	865	62	420
合作经营企业(港或澳、台资)				
中外合作经营企业				
其他企业(内资)				
其他外商投资企业	148	1647	673	647
股份有限公司	519259	330702	144385	52457
股份有限公司(内资)	501867	294997	136533	41632
私营股份有限公司	15556	30392	6987	9421
港澳台商投资股份有限公司	1498	3345	658	1026
外商投资股份有限公司	340	1968	207	378
有限责任公司	1142683	1609602	569554	369889
国有独资公司	485592	541056	206974	57781
私营有限责任公司	385063	526246	138299	204217
合资经营企业(港或澳、台资)	17208	93680	64633	12867
中外合资经营企业	68950	118098	23645	15631
其他有限责任公司	185871	330523	136003	79393
在总计中:亏损企业	110044	307082	147350	54963
在总计中:国有控股企业	540717	686906	265211	87551
按轻重工业分				
轻工业	754560	531111	152023	167972
重工业	983405	1550069	568730	283882
按企业规模分				
大型企业	1087248	1161335	461134	164361
中型企业	316383	417575	117711	106454
小型企业	329355	495442	135990	179861
微型企业	4979	6829	5918	1178

13-2　续表 5　（2018 年）　单位:万元

指　　标	销售费用	管理费用	财务费用	全部职工年平均人数（人）
按行业分				
煤炭开采和洗选业	30578	337687	50144	45596
黑色金属矿采选业	813	12153	1193	2002
非金属矿采选业	85	131	13	249
开采辅助活动	179	360	-2	45
农副食品加工业	64360	65434	11287	25248
食品制造业	24832	17869	3407	8661
酒、饮料和精制茶制造业	132593	134351	109315	25187
烟草制品业	30281	83468	-13634	1753
纺织业	25514	41243	15021	33463
纺织服装、服饰业	18342	19974	1833	14289
皮革、毛皮、羽毛及其制品和制鞋业	3470	5828	37	3995
木材加工和木、竹、藤、棕、草制品业	30635	35335	14685	29517
家具制造业	6134	5912	1528	4736
造纸和纸制品业	1098	1957	2546	1543
印刷和记录媒介复制业	3294	9636	1202	2153
文教、工美、体育和娱乐用品制造业	11375	11400	2968	6139
石油加工、炼焦和核燃料加工业	33090	79549	49886	8995
化学原料和化学制品制造业	56957	128054	34086	22307
医药制造业	395946	79146	4909	10662
化学纤维制造业	2377	4823	3590	2807
橡胶和塑料制品业	39121	27908	8937	12401
非金属矿物制品业	85060	92925	39280	27070
黑色金属冶炼和压延加工业	14888	66396	22097	15567
有色金属冶炼和压延加工业	18200	29961	17802	8179
金属制品业	37442	57615	13747	18691
通用设备制造业	25207	54205	7906	12407
专用设备制造业	451490	243723	147139	43673
汽车制造业	24499	34336	7886	6073
铁路、船舶、航空航天和其他运输设备制造业	18702	19487	3090	6383
电气机械和器材制造业	69716	120060	22075	21931
计算机、通信和其他电子设备制造业	25269	137383	58078	11291
仪器仪表制造业	49249	61249	6616	8995
其他制造业	269	651	188	332
废弃资源综合利用业	983	3839	367	608
金属制品、机械和设备修理业	37	546	-1	300
电力、热力生产和供应业	59	40225	66424	5955
燃气生产和供应业	4011	7968	119	924
水的生产和供应业	1815	8391	4991	1727

13–3 国有控股工业企业主要经济指标

（2018 年） 单位:万元

指　　标	企业个数（个）	资产合计	# 流动资产合计	负债合计
总　计	**55**	**25265788**	**13561991**	**15845127**
在总计中：亏损企业	15	1418153	375612	1025688
按隶属关系分				
中央企业	12	2885252	628011	1491226
地方企业	43	22380536	12933981	14353902
按轻重工业分				
轻工业	7	2891878	2304256	579352
重工业	48	22373911	11257736	15265776
按企业规模分				
大型企业	7	21756026	12315405	13662711
中型企业	14	2344425	761137	1437217
小型企业	31	1096148	480828	706225
微型企业	3	69189	4621	38974
按行业分				
煤炭开采和洗选业	3	6668452	2096534	4066754
黑色金属矿采选业	1	143057	68421	96965
农副食品加工业	2	31199	20755	15364
食品制造业	1	21717	8019	5300
酒、饮料和精制茶制造业	2	43169	23237	20732
烟草制品业	1	2758586	2246080	495642
化学原料和化学制品制造业	3	27034	20062	10438
非金属矿物制品业	6	808979	309145	375773
有色金属冶炼和压延加工业	1	10277	1504	6022
金属制品业	3	80568	66597	71090
专用设备制造业	6	11209853	7492874	8288583
汽车制造业	1	773873	597594	668068
铁路、船舶、航空航天和其他运输设备制造业	1	21322	14221	14189
电气机械和器材制造业	2	75203	32060	86418
仪器仪表制造业	1	11838	11636	6178
废弃资源综合利用业	1	19330	8152	1183
电力、热力生产和供应业	13	2211759	434059	1387572
燃气生产和供应业	1	3991	390	1383
水的生产和供应业	6	345582	110653	227475

13-3　续表　（2018 年）　单位:万元

指　标	销售费用	管理费用	财务费用	全部职工年平均人数（人）
总　计	**540717**	**686906**	**265211**	**87551**
在总计中:亏损企业	7579	34741	33976	4374
按隶属关系分				
中央企业	26268	124222	32491	25914
地方企业	514450	562685	232720	61637
按轻重工业分				
轻工业	35356	91738	-11984	3206
重工业	505361	595169	277196	84345
按企业规模分				
大型企业	490972	605956	194254	77161
中型企业	36311	54369	51474	6652
小型企业	13375	26312	17359	3701
微型企业	59	269	2124	37
按行业分				
煤炭开采和洗选业	30372	332295	47427	44537
黑色金属矿采选业	799	12130	1188	1792
农副食品加工业	1796	1053	498	214
食品制造业	3002	598	-1	340
酒、饮料和精制茶制造业	247	2117	44	718
烟草制品业	30281	83468	-13634	1753
化学原料和化学制品制造业	1273	1032	312	163
非金属矿物制品业	30608	34946	21980	2718
有色金属冶炼和压延加工业	42	333	140	48
金属制品业	1338	2317	1460	251
专用设备制造业	424639	157766	145663	27810
汽车制造业	11036	14981	3961	790
铁路、船舶、航空航天和其他运输设备制造业	433	740	91	33
电气机械和器材制造业	3103	5544	4353	396
仪器仪表制造业	249	754	102	53
废弃资源综合利用业	125	445	-192	132
电力、热力生产和供应业	30	29267	47028	4447
燃气生产和供应业	31	473	-1	25
水的生产和供应业	1312	6648	4795	1331

13-4 规模以上集体工业企业主要经济指标

（2018 年）　　单位：万元

指　　标	企业个数（个）	资产合计	#流动资产合计	负债合计
总　计	**6**	**84554**	**28316**	**42162**
在总计中：亏损企业				
按登记注册类型分				
内资企业	6	84554	28316	42162
#集体企业	6	84554	28316	42162
按经济组织类型分				
独资企业	6	84554	28316	42162
#集体企业	6	84554	28316	42162
按轻重工业分				
轻工业	1	876	126	776
重工业	5	83678	28190	41386
按企业规模分				
大型企业				
中型企业	2	76569	24940	38796
小型企业	4	7985	3376	3367
微型企业				
按行业分				
非金属矿采选业	1	4498	1313	1411
橡胶和塑料制品业	1	876	126	776
非金属矿物制品业	1	2611	1937	1179
通用设备制造业	1			
电气机械和器材制造业	1	42746	10987	20872
仪器仪表制造业	1	33823	13953	17924

13-4　续表　（2018年）　单位：万元

指　　标	销售费用	管理费用	财务费用	全部职工年平均人数（人）
总　计	**23813**	**23619**	**1632**	**935**
在总计中：亏损企业				
按登记注册类型分				
内资企业	23813	23619	1632	935
#集体企业	23813	23619	1632	935
按经济组织类型分				
独资企业	23813	23619	1632	935
#集体企业	23813	23619	1632	935
按轻重工业分				
轻工业	342	135		39
重工业	23471	23484	1632	896
按企业规模分				
大型企业				
中型企业	23339	23376	1632	824
小型企业	474	242		111
微型企业				
按行业分				
非金属矿采选业				
橡胶和塑料制品业	342	135		39
非金属矿物制品业	132	108		72
通用设备制造业				
电气机械和器材制造业	23220	23220	1546	524
仪器仪表制造业	119	156	86	300

13-5 规模以上“三资”工业企业主要经济指标

（2018 年） 单位：万元

指标	企业个数（个）	资产合计	#流动资产合计	负债合计
总 计	**159**	**9249668**	**3630863**	**4306135**
在总计中：亏损企业	29	1950934	1034626	1362169
在总计中：国有控股企业	37	1312375	517300	594207
按登记注册类型分				
港、澳、台商投资企业	69	5782521	1802119	2655600
合资经营企业（港或澳、台资）	27	4906294	1391904	2255386
合作经营企业（港或澳、台资）				
港澳台商独资经营企业	39	791229	381755	370612
港澳台商投资股份有限公司	3	84999	28461	29603
外商投资企业	90	3467147	1828744	1650535
中外合资经营企业	47	1927849	918835	847103
中外合作经营企业				
外资企业	38	1473084	876723	779573
外商投资股份有限公司	3	29725	11130	8454
其他外商投资企业	2	36489	22056	15405
按轻重工业分				
轻工业	70	1101663	608529	410477
重工业	89	8148005	3022334	3895658
按企业规模分				
大型企业	15	6054621	2245668	2793783
中型企业	37	1311225	467377	663307
小型企业	106	1880780	915247	847013
微型企业	1	3043	2571	2031
按行业分				
农副食品加工业	13	108006	28400	63788
食品制造业	2	15246	9157	7928
酒、饮料和精制茶制造业	3	53567	10781	13267
纺织业	9	270606	159631	83471
纺织服装、服饰业	8	105693	60796	24842
皮革、毛皮、羽毛及其制品和制鞋业	6	167056	141345	33661
木材加工和木、竹、藤、棕、草制品业	9	81061	34384	39001
家具制造业	2	4176	1791	926
造纸和纸制品业	1	3393	2243	1529
印刷和记录媒介复制业	2	61921	46711	15198
文教、工美、体育和娱乐用品制造业	11	97439	23062	19776
石油加工、炼焦和核燃料加工业	2	354544	154447	259549
化学原料和化学制品制造业	7	284405	110136	56898
医药制造业	3	31695	22889	9477
橡胶和塑料制品业	8	558482	133733	95364
非金属矿物制品业	4	55682	13703	6253
黑色金属冶炼和压延加工业	2	248251	165450	304058
有色金属冶炼和压延加工业	2	62463	40602	47386
金属制品业	3	108591	44325	42711
通用设备制造业	8	390553	285760	124732
专用设备制造业	11	680285	516970	340731
汽车制造业	1	10932	4689	1302
铁路、船舶、航空航天和其他运输设备制造业	3	182801	77160	110881
电气机械和器材制造业	7	95999	33348	109484
计算机、通信和其他电子设备制造业	8	3921020	1045946	1830416
仪器仪表制造业	8	229253	203746	107369
其他制造业	1	7641	1818	3035
废弃资源综合利用业	1	13808	6198	5846
电力、热力生产和供应业	7	848989	196426	440426
燃气生产和供应业	6	163257	51523	87667
水的生产和供应业	1	32855	3691	19165

13-5　续表　（2018 年）　单位：万元

指　　标	销售费用	管理费用	财务费用	全部职工年平均人数（人）
总　计	**132138**	**324905**	**92660**	**53341**
在总计中：亏损企业	41173	80679	22316	13414
在总计中：国有控股企业	55370	56709	18629	11827
按登记注册类型分				
港、澳、台商投资企业	40209	134890	69325	24745
合资经营企业（港或澳、台资）	17208	93680	64633	12867
合作经营企业（港或澳、台资）				
港澳台商独资经营企业	21503	37865	4034	10852
港澳台商投资股份有限公司	1498	3345	658	1026
外商投资企业	91930	190016	23334	28596
中外合资经营企业	68950	118098	23645	15631
中外合作经营企业				
外资企业	22492	68302	-1191	11940
外商投资股份有限公司	340	1968	207	378
其他外商投资企业	148	1647	673	647
按轻重工业分				
轻工业	36639	47626	7191	21692
重工业	95499	277279	85469	31649
按企业规模分				
大型企业	73313	188863	65532	27023
中型企业	25226	41741	14988	12336
小型企业	33471	94107	12128	13970
微型企业	129	194	12	12
按行业分				
农副食品加工业	6317	3835	2284	1843
食品制造业	3	305	59	471
酒、饮料和精制茶制造业	921	1471	2314	623
纺织业	6527	15382	1759	7416
纺织服装、服饰业	8157	3804	-88	1944
皮革、毛皮、羽毛及其制品和制鞋业	2915	3808	-362	2167
木材加工和木、竹、藤、棕、草制品业	721	684	151	1116
家具制造业	84	174	2	75
造纸和纸制品业	89	159	76	49
印刷和记录媒介复制业	519	5336	-105	413
文教、工美、体育和娱乐用品制造业	2730	2227	599	2046
石油加工、炼焦和核燃料加工业	7981	11152	8167	1551
化学原料和化学制品制造业	4482	22626	8	1921
医药制造业	554	2346	49	325
橡胶和塑料制品业	34898	19414	6104	4956
非金属矿物制品业	350	632	42	504
黑色金属冶炼和压延加工业	7419	4653	3020	2168
有色金属冶炼和压延加工业	292	4223	1300	1579
金属制品业	3306	6379	651	758
通用设备制造业	10070	25955	-212	2944
专用设备制造业	4861	40607	-4895	4047
汽车制造业	275	385	50	75
铁路、船舶、航空航天和其他运输设备制造业	6561	5440	1078	1665
电气机械和器材制造业	899	4314	-292	1741
计算机、通信和其他电子设备制造业	6810	105661	56327	7218
仪器仪表制造业	10611	15774	1878	1635
其他制造业	101	489	55	212
废弃资源综合利用业		637	189	57
电力、热力生产和供应业		9436	11695	892
燃气生产和供应业	3684	7321	42	863
水的生产和供应业		276	717	67

13-6 主要年份主要工业产品产量

单位：万吨

年份	铁矿石（成品矿）	生铁	原煤	发电量（亿千瓦时）	铝锭（吨）	硫酸（吨）	合成氨	农用化肥（折100%）	水泥
1949			81	0.07					
1952	21.93		112	0.20					
1957	38.57	0.13	180	0.90					
1962	39.39	1.66	447	3.76	672			0.01	1.06
1965	45.98	1.63	472	4.43	930	5594	0.05	0.32	14.52
1970	31.69	4.61	633	7.24	1453	7746	1.03	0.89	23.09
1975	25.12	11.08	899	15.99	2103	10840	3.41	2.68	33.29
1978	40.95	15.19	1445	27.08	3135	22162	7.07	4.91	66.68
1979	44.49	18.16	1510	38.65	3616	21559	9.72	6.96	79.77
1980	29.55	16.36	1506	47.78	2721	31856	12.40	9.96	93.68
1981	23.36	12.18	1451	50.48	3686	21690	12.64	10.14	109.32
1982	24.74	11.71	1492	52.37	3614	34902	12.98	10.67	133.52
1983	30.02	14.73	1580	53.70	3378	50119	14.12	11.99	152.45
1984	30.80	15.74	1682	54.84	3210	44138	15.07	12.45	169.47
1985	30.48	16.52	1803	58.35	3062	35469	14.33	11.59	203.03
1986	30.75	19.90	1770	74.67	5629	34370	14.03	12.65	249.80
1987	33.59	22.82	1866	89.98	5649	46067	15.05	14.03	293.35
1988	47.35	24.80	1931	102.97	5574	51157	14.11	13.38	344.49
1989	51.57	23.39	2042	105.64	5929	56695	13.50	13.22	291.01
1990	27.62	29.22	2032	104.40	7568	62041	13.40	12.52	297.67
1991	26.25	28.60	2118	106.75	8096	83813	11.32	13.17	348.87
1992	32.33	31.84	2115	103.74	11241	77784	9.42	10.89	437.21
1993	98.53	35.63	2138	111.92	12081	60200	11.68	10.68	542.69
1994	113.60	41.34	1967	114.37	12347	65275	14.75	16.73	590.36
1995	95.00	52.00	2344	119.38	19385	85610	14.86	19.76	1031.48
1996	110.91	48.96	2301	118.91	11735	67841	14.28	24.60	1040.45
1997	49.62	55.78	2243	139.17	11294	87388	16.98	24.01	975.83
1998	17.82	49.89	2134	134.55	10321	81131	19.22	20.13	864.35
1999	17.82	40.36	2089	136.65	11828	3746	16.69	16.68	937.84
2000	43.30	37.10	2271	146.87	5002		19.16	15.42	983.36
2001	15.34	51.05	2261	155.29	12055		19.08	16.49	892.69
2002	14.63	48.75	2404	170.31	12354	45100	22.66	19.96	1008.34
2003	15.54	95.10	2572	198.95	12566	50000	21.55	17.89	1134.82
2004	24.77	136.69	2528	235.10	12866	72000	17.75	21.89	1285.58
2005	14.45	152.53	2597	309.97	10764	66600	36.96	29.58	1295.66
2006	19.69	230.72	2827	363.02	69741	116000	52.11	38.00	1538.60
2007	21.74	245.76	2363	316.56	98474	249105	55.97	38.15	1812.31
2008	23.86	194.85	2314	342.44	100007	181950	62.36	41.88	1867.36
2009	50.31	246.60	2236	330.77	106997	64400	61.11	43.93	2654.32
2010	65.64	304.92	2072	399.57	108668	37100	66.40	48.05	3205.35
2011	75.18	337.63	2025	453.66	109980	77200	82.35	52.73	2850.29
2012	74.44	375.37	2016	527.69	112506	95886	74.82	53.36	2778.85
2013	75.99	522.43	1972	574.70	57076	143983	98.61	53.98	2488.69
2014	78.72	437.80	1980	517.28	12194	180019	93.00	54.23	2749.01
2015	90.63	475.96	1885	497.22		99295	93.21	45.76	2681.63
2016	98.35	607.09	1342	506.21		140881	67.30	26.94	2755.19
2017	72.88	273.42	1278	522.50		160104	55.29	4.60	2660.04
2018	70.60	97.89				2560	48.77	12.55	1362.41

13-6　续表　　　　　　　　　　　　　　　　　　　　　　　　　　　　　　　　　　单位：万吨

年　份	纱	布（万米）	机制纸及纸板	卷　烟（万箱）	饮料酒（万千升）	多晶硅（吨）	锻压机械（吨）	汽　车起重机（吨）	装载机（辆）	压路机（台）
1949	…			0.86	0.02					
1952	0.03	129	…	2.73	0.15					
1957	0.04	291	0.23	2.47	0.30					
1962	0.10	493	0.40	2.60	0.35					
1965	0.41	796	0.36	6.89	0.31					
1970	0.84	1811	0.91	10.93	0.49					
1975	1.12	3474	1.12	12.00	0.90					
1978	1.68	5474	2.47	14.74	1.35					
1979	1.87	5873	2.56	16.72	1.64					
1980	2.11	7487	3.15	19.45	2.02					
1981	2.26	8604	3.35	22.26	2.51			321		362
1982	2.45	8860	4.19	26.23	2.67			245		485
1983	2.28	7979	4.85	23.03	2.82			256		413
1984	2.29	7307	5.69	26.04	2.54			244		520
1985	2.43	7350	6.48	26.10	2.84			325		730
1986	2.67	7954	8.61	30.12	3.23			414		957
1987	3.07	8981	11.62	31.02	3.88			382		1247
1988	3.54	11032	13.87	32.22	4.38			438		1224
1989	4.36	13504	15.31	33.00	4.96			428		858
1990	3.63	12112	16.44	33.50	4.99			419		802
1991	3.25	10769	17.66	34.00	5.66			496		993
1992	3.93	11938	18.83	34.00	6.85			696	723	1392
1993	3.65	12790	22.36	35.06	7.66			1067	1026	2281
1994	4.20	11673	32.13	33.09	9.80			1005	929	2183
1995	4.64	13883	71.60	34.00	11.42			683	1298	1897
1996	5.16	12807	69.65	34.02	13.85		14977	414	1358	1979
1997	5.48	9077	79.33	34.00	13.31		12329	480	1739	2066
1998	4.49	7361	44.67	34.50	13.18		9451	516	1706	2478
1999	5.70	7721	23.53	34.50	9.00		7392	710	1890	3110
2000	7.16	8196	32.65	34.40	8.50		11942	1087	1777	2466
2001	7.36	6954	28.41	36.50	14.47		12669	1586	2791	2832
2002	8.89	6315	43.52	37.80	14.43		13430	2961	3997	3816
2003	11.30	6884	48.88	40.00	16.69		16297	4664	8098	5825
2004	47.38	7231	58.74	55.20	42.16		12653	5264	10146	4724
2005	23.01	10551	48.91	57.57	20.28		19847	5368	9442	2434
2006	33.64	7800	69.62	57.45	21.50		24119	7298	8799	2697
2007	44.14	14832	129.81	60.48	27.26		30218	10349	11010	2025
2008	48.84	13016	99.11	56.68	27.99	1849	22668	12932	11623	2721
2009	61.75	16591	122.40	59.00	30.11	7318	16353	16053	9494	4675
2010	81.58	16056	105.54	60.94	45.73	17799		18623	15212	6874
2011	77.76	11064	79.13	64.01	52.37	29414		18695	23895	5070
2012	83.89	16966	123.11	64.41	66.23	37097		390261	19199	3604
2013	103.88	18059	38.34	68.46	68.02	50440		319676	18967	4460
2014	152.92	27015	44.40	71.73	64.00	66876		342894	11945	4048
2015	141.21	31490	27.58	66.50	58.85	74358		194941	7142	2721
2016	156.63	34119	38.66	70.30	58.14	69345		199038	8298	3379
2017	185.87	36141	32.31	71.38	59.40	74818		412681	13103	7063
2018	44.03	11238	14.30	73.30	58.06	63540		649366	16240	8258

注：自 2012 年起，汽车起重机的单位由台改为吨。

13-7 主要工业产品产量

（2018 年）

产品名称		产量	产品名称		产量
原煤	（万吨）		# 氮肥	（万吨）	12.55
洗煤			磷肥		
铁矿石成品矿		70.60	化学农药		10.84
发电量	（亿千瓦时）		塑料树脂及共聚物（初级形态塑料）		7.70
配合饲料	（万吨）	45.67	轮胎外胎	（万条）	12.90
发酵酒精（商品量）	（万千升）	27.41	塑料制品	（万吨）	5.09
饮料酒（商品量）		58.06	# 农业用薄膜		0.21
卷烟	（万箱）	73.30	水泥		1362.41
纱	（万吨）	44.03	生铁		97.89
布	（万米）	11238	饮料		363.93
# 棉布		4828	钢材		187.39
家用电冰箱	（万台）	19.31	# 焊接钢管		6.63
丝（蚕丝）	（吨）	925.40	铝材		18.17
多晶硅		63540	汽车起重机	（吨）	649366
服装	（万件）	4555	矿山专用设备		4195
液体乳	（吨）	947808	人造板	（万立方米）	379.68
机制纸及纸板	（万吨）	14.30	装载机	（辆）	16240
焦炭			压路机（压实机械）	（台）	8258
氢氧化钠（折 100%）	（吨）	70483.89	组合音响	（万台）	290.70
合成氨	（万吨）	48.77	摩托车	（万辆）	46.87
农用化学肥料（农用氮、磷、钾化学肥料）		12.55			

主要统计指标解释

工业 指从事自然资源的开采，对采掘品和农产品进行加工和再加工的物质生产部门。具体包括：(1)对自然资源的开采，如采矿、晒盐、森林采伐等(但不包括禽兽捕猎和水产捕捞)；(2)对农副产品的加工、再加工，如粮油加工、食品加工、轧花、缫丝、纺织、制革等；(3)对采掘品的加工、再加工，如炼铁、炼钢、化工生产、石油加工、机器制造、木材加工等，以及电力、自来水、煤气的生产和供应等；(4)对工业品的修理、翻新，如机器设备的修理、交通运输工具(包括小卧车)的修理等。

1984年以前农村的村及村以下办工业归属农业，1984年以后划归工业。

国有企业 指企业全部资产归国家所有，并按《中华人民共和国企业法人登记管理条例》规定登记注册的非公司制的经济组织。不包括有限责任公司中的国有独资公司。

国有控股企业 包括：(1) 在企业的全部实收资本中，国有经济成分的出资人拥有的实收资本(股本)所占企业全部实收资本(股本)的比例大于50%的国有绝对控股。(2)在企业的全部实收资本中，国有经济成分的出资人拥有的实收资本(股本)所占比例虽未大于50%，但相对大于其他任何一方经济成分的出资人所占比例的国有相对控股；或者虽不大于其他经济成分，但根据协议规定拥有企业实际控制权的国有协议控股。(3)投资双方各占50%，且未明确由谁绝对控股的企业，若其中一方为国有经济成分的，一律按国有控股处理。

集体企业 指企业资产归集体所有，并按《中华人民共和国企业法人登记管理条例》规定登记注册的经济组织。

股份合作企业 指以合作制为基础，由企业职工共同出资入股，吸收一定比例的社会资产投资组建，实行自主经营，自负盈亏，共同劳动，民主管理，按劳分配与按股分红相结合的一种集体经济组织。

联营企业 指两个及两个以上相同或不同所有制性质的企业法人或事业单位法人，按自愿、平等、互利的原则，共同投资组成的经济组织。联营企业包括国有联营企业、集体联营企业、国有与集体联营企业和其他联营企业。

有限责任公司 指根据《中华人民共和国公司登记管理条例》规定登记注册，由两个以上，五十个以下的股东共同出资，每个股东以其所认缴的出资额对公司承担有限责任，公司以其全部资产对其债务承担责任的经济组织。有限责任公司包括国有独资公司以及其他有限责任公司。

股份有限公司 指根据《中华人民共和国公司登记管理条例》规定登记注册，其全部注册资本由等额股份构成并通过发行股票筹集资本，股东以其认购的股份对公司承担有限责任，公司以其全部资产对其债务承担责任的经济组织。

私营企业 指由自然人投资设立或由自然人控股，以雇佣劳动为基础的营利性经济组织。包括按照《公司法》、《合伙企业法》、《私营企业暂行条例》以及《个人独资企业法》规定登记注册的私营独资企业、私营合伙企业、私营有限责任公司、私营股份有限公司和个人独资企业。

与港澳台商合资经营企业 指港澳台地区投资者与内地的企业依照《中华人民共和国中外合资经营企业法》及有关法律的规定，按合同规定的比例投资设立，分享利润和分担风险的企业。

与港澳台商合作经营企业 指港澳台地区投资者与内地企业依照《中华人民共和国中外合作经营企业法》及有关法律的规定，依照合作合同的约定进行投资或提供条件设立，分配利润、分担风险和亏损的企业。

港澳台商独资经营企业 指依照《中华人民共和国外资企业法》及有关法律的规定，在内地由港澳台地区投资者全额投资设立的企业。

港澳台商投资股份有限公司 指根据国家有关规定，经商务部(原外经贸部)批准设立，并且其中港、澳、台商的股本占公司注册资本的比例达25%以上的股份有限公司。凡其中港、澳、台商的股本占公司注册资本的比例小于25%的，属于内资中的股份有限公司。

中外合资经营企业 指外国企业或外国人与中国内地企业依照《中华人民共和国中外合资经营企业法》及有关法律的规定，按合同规定的比例投资设立，分享利润和分担风险的企业。

中外合作经营企业 指外国企业或外国人与中国内地企业依照《中华人民共和国中外合作经营企业法》及有关法律的规定，依照合作合同的约定进行投资或提供条件设立，分配利润、分担风险和亏损的企业。

外资企业 指依照《中华人民共和国外资企业法》及有关法律的规定，在中国内地由外国投资者全额投资设立的企业。

外商投资股份有限公司 指根据国家有关规定，经商务部(原外经贸部)批准设立，并且其中外资的股本占公司注册资本的比例达25%以上的股份有限公司。凡其中外资股本占公司注册资本的比例小于25%的，属于内资中的股份有限公司。

轻工业 指主要提供生活消费品和制作手工工具的工业。按其所使用的原料不同，可分为两大类：(1)以农产品为原料的轻工业是指直接或间接以农产品为基本原料的轻工业。主要包括食品制造、饮料制造、烟草加工、纺织、缝纫、皮革和毛皮制作，造纸以及印刷等工业；(2)以非农产品为原料的轻工业，是指以工业品为原料的轻工业。主要包括文教体育用品、化学药品制造、合成纤维制造、日用化学制品、日用玻璃制品、日用金属制品、手工工具制造、医疗器械制造、文化和办公用机械制造等工业。

重工业 是指为国民经济各部门提供物质技术基础的主要生产资料的工业。按其生产性质和产品用途，可以分为下列三类：(1)采掘(伐)工业，是指对自然资源的开采，包括石油开采、煤炭开采、金属矿开采、非金属矿开采和木材采伐等工业；(2)原材料工业，指向国民经济各部门提供基本材料、动力和燃料的工业。包括金属冶炼及加工、炼焦及焦炭化学、化工原料、水泥、人造板以及电力、石油和煤炭加工等工业；(3)加工工业，是指对工业原材料进行再加工制造的工业。包括装备国民经济各部门的机械设备制造工业、金属结构、水泥制品等工业，以及为农业提供的生产资料如化肥、农药等工业。

根据上述划分原则，修理业中以重工业产品为修理作业对象的划为重工业，反之划为轻工业。

资产总计 指企业过去的交易或者事项形成的、由企业拥有或者控制的、预期会给企业带来经济利益的资源。资产一般按流动性(资产的变现或耗用时间长短)分为流动资产和非流动资产。其中流动资产可分为货币资金、交易性金融资产、应收票据、应收账款、预付款项、其他应收款、存货等；非流动资产可分为长期股权投资、固定资产、无形资产及其他非流动资产等。根据会计"资产负债表"中"资产总计"项目的期末余额数填报。

流动资产合计 资产满足以下条件之一应归为流动资产：(1)预计在一个正常营业周期中变现、出售或耗用，主要包括存货、应收账款等；(2)主要为交易目的而持有；(3)预计在资产负债表日起一年内(含一年)变现；(4)自资产负债日起一年内，交换其他资产或清偿负债的能力不受限制的现金或现金等价物。包括货币资金、应收票据、应收账款、存货等项目。根据会计"资产负债表"中"流动资产合计"项目的期末余额数填报。

负债合计 指企业过去的交易或者事项形成的，预期会导致经济利益流出企业的现时义务。负债一般按偿还期长短分为流动负债和非流动负债。根据会计"资产负债表"中"负债合计"项目的期末余额数填报。

销售费用 指企业在销售商品和材料、提供劳务的过程中发生的各种费用，包括保险费、包装费、展览费和广告费、商品维修费、预计产品质量保证损失、运输费、装卸费等以及为销售本企业商品而专设的销售机构(含销售网点、售后服务网点等)的职工薪酬、业务费、折旧费等经营费用。建筑业企业销售费用指企业从事施工生产活动过程中发生的各项费用，包括应由企业负担的运输费、装卸费、包装费、保险费、维修费、展览费、差旅费、广告费和其他经费。房地产企业销售费用指企业在从事主要经营业务过程中所发生的各项销售费用，包括转让、销售、结算和出租开发产品等。

管理费用 指企业为组织和管理企业生产经营所发生的费用，包括企业在筹建期间内发生的开办费、董事会和行政管理部门在企业经营管理中发生的，或者应当由企业统一负担的公司经费等。根据会计"利润表"中"管理费用"项目的本年累计数填报。

财务费用 指企业为筹集生产经营所需资金等而发生的筹资费用，包括企业生产经营期间发生的利息支出(减利息收入)、汇兑损失(减汇兑收益)以及相关的手续费等。根据会计"利润表"中"财务费用"项目的本年累计数填报。

平均用工人数（人） 指报告期企业平均实际拥有的、参与本企业生产经营活动的人员数。

十四、建筑业

CONSTRUCTION

版面负责人：张　虹

编　　　辑：刘云祥

统计执法监督检查办法

第三章　统计执法监督检查

第十三条　县级以上人民政府统计机构和有关部门应当建立统计执法监督检查工作机制和相关制度，综合运用“双随机”抽查、专项检查、重点检查、实地核查等方式，组织开展本地区、本部门、本单位统计执法监督检查工作。

按照国家有关规定，实施统计执法监督检查全过程记录制度。

第十四条　统计执法监督检查事项包括：

（一）地方各级人民政府、政府统计机构和有关部门以及各单位及其负责人遵守、执行统计法律法规规章和国家统计规则、政令情况；

（二）地方各级人民政府、政府统计机构和有关部门建立防范和惩治统计造假、弄虚作假责任制和问责制情况；

（三）统计机构和统计人员依法独立行使统计调查、统计报告、统计监督职权情况；

（四）国家机关、企业事业单位和其他组织以及个体工商户和个人等统计调查对象遵守统计法律法规规章、统计调查制度情况；

（五）依法开展涉外统计调查和民间统计调查情况；

（六）法律法规规章规定的其他事项。

第十五条　县级以上人民政府统计机构对接到的举报应当严格按照规定予以受理，经审核可能存在统计违法行为的，应当采取立案查处、执法检查办理，市级以上人民政府统计机构也可以按照规定将举报转交下级统计机构办理。

14-1 建筑业企业主要经济指标

项目	2010	2011	2012	2013	2014	2015	2016	2017	2018
企业个数 (个)	364	347	389	443	413	430	455	529	551
# 国有及国有控股企业	45	48	36	41	39	35	34	33	24
# 内资企业	363	345	385	437	409	426	451	525	549
港、澳、台商投资企业	1	1	3	5	3	3	3	3	2
外商投资企业		1	1	1	1	1	1	1	
期末从业人数 (人)	337490	403721	469181	476577	519304	496929	521047	545227	520933
建筑业总产值 (亿元)	535.72	648.07	881.66	1089.66	1321.04	1361.22	1390.66	1493.02	1554.63
# 建筑工程	510.88	631.59	829.68	1020.97	1254.94	1299.00	133.90	143.72	1495.90
安装工程	22.55	11.85	30.46	59.68	48.25	41.93	34.00	38.36	52.73
竣工产值	419.39	497.72	661.74	801.89	1069.93	1118.16	1164.20	1191.82	1155.36
利润总额	24.50	28.33	36.32	58.61	58.55	51.92	52.63	62.79	
税金总额	15.13	20.70	25.96	29.47	38.47	38.90	25.42	62.86	
房屋建筑施工面积 (万平方米)	4872.40	5517.02	7702.88	9578.95	11606.80	11718.43	11880.35	11642.81	10980.20
# 本年新开工面积	3120.05	3145.48	4707.61	5115.57	4180.30	5373.14	5371.02	5036.01	4764.56
房屋建筑竣工面积	2530.61	2584.80	3247.33	3853.46	5274.97	4970.80	4613.18	4355.87	3982.97
房屋建筑面积竣工率 (%)	51.90	46.90	42.20	40.02	45.45	42.42	38.83	37.41	36.30

注:2017 年及以后税金总额包含应交增值税。

14-2 建筑业总承包和专业承包生产经营情况

（2018 年）　　　　单位：千元

项　　目	单位个数（个）	签订的建筑合同额	上年结转建筑合同额	本年新签建筑合同额	直接从建设单位承揽工程完成的产值	自行完成施工产值	分包出去工程的产值
总　计	**538**	**220840875**	**73850551**	**146990324**	**149246082**	**149166957**	**79125**
按行业分							
房屋建筑业	306	171704153	59779607	111924546	117745230	117719562	25668
土木工程建筑业	131	38197201	11598683	26598518	23029687	23001777	27910
建筑安装业	44	4264663	897856	3366807	3201241	3176511	24730
建筑装饰和其他建筑业	57	6674858	1574405	5100453	5269924	5269107	817
按登记注册类型分							
内资企业	536	220770247	73830668	146939579	149193428	149114303	79125
国有企业	24	10373680	3352730	7020950	7091195	7091195	
集体企业	12	5349223	3327387	2021836	3278294	3275534	2760
联营企业	1	354501	48598	305903	322001	322001	
有限责任公司	52	37948684	12062425	25886259	24730115	24726890	3225
股份有限公司	10	885609	174302	711307	644721	644721	
私营企业	437	165858550	54865226	110993324	113127102	113053962	73140
港、澳、台商投资企业	2	70628	19883	50745	52654	52654	
与港澳台商合资经营企业	1	5356		5356	5356	5356	
与港澳台商合作经营企业	1	65272	19883	45389	47298	47298	
按企业控股情况分							
国有控股	47	34936940	10785527	24151413	23844377	23843922	455
集体控股	28	9838172	4198924	5639248	6662401	6659641	2760
私人控股	454	174186477	57548238	116638239	117453311	117377401	75910
其他	9	1879286	1317862	561424	1285993	1285993	
按资质等级分							
施工总承包序列	386	205322318	69989890	135332428	137306083	137268519	37564
施工总承包序列特级工程	3	25296545	8836428	16460117	14923415	14923415	
施工总承包序列一级工程	44	86790335	27671822	59118513	59198086	59196746	1340
施工总承包序列二级工程	136	51496555	16204363	35292192	34751280	34733498	17782
施工总承包序列三级工程	203	41738883	17277277	24461606	28433302	28414860	18442
专业承包序列	152	15518557	3860661	11657896	11939999	11898438	41561
专业承包序列一级工程	30	6993566	1674841	5318725	5455191	5455191	
专业承包序列二级工程	60	4871188	1506698	3364490	3541596	3515808	25788
专业承包序列三级工程	52	2567827	656128	1911699	1894547	1878774	15773
专业承包序列不分等级工程	10	1085976	22994	1062982	1048665	1048665	

14-2 续表1　　(2018年)　　单位:千元

项　　目	从建设单位以外承揽工程完成的产值	建筑业总产值	装饰装修产值	建筑工程产值	安装工程产值	其他建筑业产值	在外省完成的产值
总　计	**6296173**	**155463130**	**3673137**	**149590170**	**5273157**	**599803**	**52550434**
按行业分							
房屋建筑业	3220476	120940038	848117	117713442	2926911	299685	39663101
土木工程建筑业	1796145	24797922	191670	23360462	1149280	288180	8268257
建筑安装业	216016	3392527	300	2480257	908449	3821	760140
建筑装饰和其他建筑业	1063536	6332643	2633050	6036009	288517	8117	3858936
按登记注册类型分							
内资企业	6296173	155410476	3625839	149537516	5273157	599803	52502562
国有企业	29235	7120430	850	7048244	52540	19646	422145
集体企业	32787	3308321		3301173	6504	644	6504
联营企业		322001		322001			5450
有限责任公司	157123	24884013	46574	23763528	1047832	72653	11165213
股份有限公司		644721	10000	624194	20527		45000
私营企业	6077028	119130990	3568415	114478376	4145754	506860	40858250
港、澳、台商投资企业		52654	47298	52654			47872
与港澳台商合资经营企业		5356		5356			574
与港澳台商合作经营企业		47298	47298	47298			47298
按企业控股情况分							
国有控股	129509	23973431	48148	23304567	578128	90736	5406635
集体控股	110345	6769986	27202	6422562	346780	644	916057
私人控股	6056319	123433720	3597787	118607921	4317376	508423	46201742
其他		1285993		1255120	30873		26000
按资质等级分							
施工总承包序列	4980758	142249277	999745	138214881	3490040	544356	47035634
施工总承包序列特级工程	1991368	16914783	220319	16074145	643614	197024	11374744
施工总承包序列一级工程	346292	59543038	202785	58868207	647610	27221	25011273
施工总承包序列二级工程	2177462	36910960	510235	35065557	1684763	160640	7917074
施工总承包序列三级工程	465636	28880496	66406	28206972	514053	159471	2732543
专业承包序列	1315415	13213853	2673392	11375289	1783117	55447	5514800
专业承包序列一级工程	274219	5729410	1579896	4705195	1011481	12734	3935456
专业承包序列二级工程	142570	3658378	949179	3397506	244070	16802	1310071
专业承包序列三级工程	850895	2729669	141650	2176192	527566	25911	126881
专业承包序列不分等级工程	47731	1096396	2667	1096396			142392

14-2 续表 2 （2018 年） 单位：千元

项 目	竣工产值	房屋施工面积（平方米）	房屋新开工面积（平方米）
总 计	**115535798**	**109802032**	**47645556**
按行业分			
房屋建筑业	92902103	104775276	45902127
土木工程建筑业	14307186	3241139	1298534
建筑安装业	2951220	1785617	444895
建筑装饰和其他建筑业	5375289		
按登记注册类型分			
内资企业	115483144	109802032	47645556
国有企业	7081077	9612517	5040831
集体企业	2930673	2345048	850320
联营企业	361522		
有限责任公司	13497303	12211641	6700540
股份有限公司	359924	121664	90874
私营企业	91252645	85511162	34962991
港、澳、台商投资企业	52654		
与港澳台商合资经营企业	5356		
与港澳台商合作经营企业	47298		
按企业控股情况分			
国有控股	14330247	15016349	10386701
集体控股	6395066	2756538	846268
私人控股	92531417	89930049	36178427
其他	2279068	2099096	234160
按资质等级分			
施工总承包序列	105966083	109344451	47328433
施工总承包序列特级工程	10351778	6445870	2234770
施工总承包序列一级工程	43802292	47456328	21984492
施工总承包序列二级工程	30836797	30671426	12537342
施工总承包序列三级工程	20975216	24770827	10571829
专业承包序列	9569715	457581	317123
专业承包序列一级工程	4567159		
专业承包序列二级工程	2374183	228353	182033
专业承包序列三级工程	2434673	186852	94805
专业承包序列不分等级工程	193700	42376	40285

14–3 建筑业总承包和专业承包从业人员情况

（2018 年）　　单位：人

项　　目	单位个数（个）	直接从事生产经营活动的平均人数	从业人员期末人数	工程技术人员	现场施工人员
总　计	**538**	**620717**	**520933**	**56619**	**388557**
按登记注册类型分					
内资企业	536	620521	520752	56591	388459
国有企业	24	24479	24789	5330	15353
集体企业	12	9606	6832	831	5873
联营企业	1	1341	1035	140	856
有限责任公司	52	75811	70416	5114	60183
股份有限公司	10	2562	2935	404	2065
私营企业	437	506722	414745	44772	304129
港、澳、台商投资企业	2	196	181	28	98
与港澳台商合资经营企业	1	25	15	5	
与港澳台商合作经营企业	1	171	166	23	98
按行业分					
总　计	**538**	**620717**	**520933**	**56619**	**388557**
房屋建筑业	306	504559	434759	42750	328595
土木工程建筑业	131	81433	59825	10223	41481
建筑安装业	44	14305	12642	1887	8877
建筑装饰和其他建筑业	57	20420	13707	1759	9604

主要统计指标解释

建筑业总产值(即自行完成施工产值) 指建筑业企业或附属施工单位自行完成的按工程进度计算的建筑安装生产总值。施工产值包括：

①建筑工程产值：指列入建筑工程预算内的各种工程价值。

②设备安装工程产值:指设备安装工程价值。

③房屋、构筑物修理产值:指房屋、构筑物修理所完成的价值,但不包括被修理房屋、构筑物本身的价值和生产设备的修理价值。

④非标准设备制造产值:指加工制造没有定型的、非标准的生产设备的加工费和原材料价值，不论是现场还是附属加工厂为本单位承建工程制造的非标准设备的价值，都应计算产值。

竣工产值 指在报告期内，按照设计所规定的工程内容全部完成,达到了设计规定的交工条件,经有关部门检查验收鉴定合格的单位工程价值之和。

房屋建筑施工面积 指在报告期内施工的全部房屋建筑面积。包括本期内新开工的、上期施工跨入本期继续施工、上期停建本期复工的房屋建筑面积;不包括上期开工后又停工，本期未施工的房屋建筑面积。

房屋建筑竣工面积 指在报告期内，按照设计所规定的工程内容全部完成,达到了设计规定的交工条件,经有关部门检查验收鉴定合格的房屋建筑面积。

住宅竣工面积 指房屋建筑竣工面积中供居住用的房屋建筑竣工面积。

自有机械设备年末总台数 指归本企业(或单位)所有，属于本企业固定资产的生产性机械设备年末总台数。包括施工机械、生产设备、运输设备以及其他设备。

自有机械设备年末总功率 指本企业(或单位)自有施工机械、生产设备、运输设备以及其他设备等列为在册固定资产的生产性机械设备年末总功率,按设定能力或查定能力计算。包括机械本身的动力和为该机械服务的单独动力设备，如电动机等。计算单位用千瓦,动力换算可按 1 马力 =0.735 千瓦折合成千瓦数。电焊机、变压器、锅炉不计算动力。

工程结算收入 指企业(或单位)按工程的分部分项自行完成的建筑产品价值并已与甲方在报告期内办理结算手续的工程价款收入，以及向甲方收取的除工程价款以外的按规定列作营业收入的各种款项,如临时设施费、劳动保险费、施工机械调迁费等以及向甲方收取的各种索赔款。

工程结算利润 指已结算工程实现的利润，如为亏损以“–”号表示。其计算公式为：

工程结算利润 = 工程结算收入 – 工程结算成本 – 工程结算税金及附加

企业总收入 指与企业生产经营直接有关的各项收入，包括工程结算收入和其他业务收入,即：

企业总收入 = 工程结算收入 + 其他业务收入

十五、交通运输和邮电

TRANSPORTATION, POSTAL AND TELECOMMUNICATIONS SERVICES

版面负责人：卢川川

编　　　辑：孙从兵

统计执法监督检查办法

第十六条 县级以上人民政府统计机构在组织实施统计执法监督检查前应当拟定检查方案，明确检查的依据、时间、范围、内容和组织形式等。

第十七条 统计执法监督检查机构或者执法检查人员组织实施执法监督检查前，应报所属人民政府统计机构负责人批准。

第十八条 实施统计执法监督检查，应当提前通知检查对象，告知实施检查的人民政府统计机构名称，检查的依据、范围、内容、方式和时间，对检查对象的具体要求等。

第十九条 统计执法监督检查机构进行执法监督检查时，执法检查人员不得少于2名，并应当出示国家统计局统一颁发的统计执法证，告知检查对象和有关单位相关权利、义务以及相应法律责任。未出示统计执法证的，有关单位和个人有权拒绝接受检查。

第二十条 县级以上人民政府统计机构调查统计违法行为或者核查统计数据时，依据《统计法》第三十五条的规定，行使统计执法监督检查职权。

第二十一条 检查对象和有关单位应当按照统计法律法规规定，积极配合执法监督检查工作，为检查工作提供必要的条件保障。有关人员应当如实回答询问、反映情况，提供相关证明和资料，核实笔录，并在有关证明、资料和笔录上签字，涉及单位的加盖公章。拒绝签字或者盖章的，由执法检查人员现场记录原因并录音录像。

有关地方、部门、单位应当及时通知相关人员按照要求接受检查。

15-1 全社会客、货运量

年份	全社会客运量（万人）	#铁路	公路	全社会货运量（万吨）	#铁路	公路	水运
1978	2030	636	1394	2608	1480	652	93
1979	2305	671	1634	3154	1555	681	89
1980	2724	712	2012	3252	1588	724	75
1981	2958	741	2217	3026	1468	703	59
1982	3174	806	2368	3230	1561	825	72
1983	3133	859	2274	3605	1642	894	71
1984	3358	943	2415	5428	1727	2314	100
1985	3590	967	2617	6280	1814	2643	326
1986	3570	964	2600	7866	1850	4264	335
1987	3602	1073	2528	6962	1944	2966	649
1988	3790	1166	2624	7022	2007	2996	550
1989	3471	985	2486	6394	2078	2673	330
1990	3156	800	2356	6073	2021	2115	350
1991	2962	809	2153	6189	2040	2789	351
1992	3766	846	2920	11069	2041	7289	611
1993	4288	852	3435	8832	2127	4475	780
1994	4652	839	3811	10350	2051	6760	564
1995	6071	852	5216	10859	2022	6717	1182
1996	8396	703	7691	8792	1981	5184	1170
1997	7552	764	6786	7851	1736	4396	754
1998	6863	807	6048	8573	1558	4608	514
1999	6647	827	5812	8884	1663	4367	655
2000	7255	802	6443	9669	1700	4788	565
2001	7411	793	6610	9785	1613	4906	605
2002	7544	758	6775	9907	1561	5004	611
2003	7056	755	6292	10066	1543	5052	620
2004	7391	775	6601	11348	1535	5225	662
2005	8099	878	7202	14022	1487	6114	889
2006	8688	946	7712	16459	1635	7494	1006
2007	10007	1074	8892	18480	1924	8678	1211
2008	21787	1218	20529	23852	2264	11508	1982
2009	24042	1263	22728	25708	2191	12577	2133
2010	27761	1770	25926	37227	9944	14758	2548
2011	23238	1879	21275	35772	5582	16829	2870
2012	24892	1627	23168	34851	1300	18697	3268
2013	16758	1832	14814	33926	1054	15455	4799
2014	17282	2093	15063	35659	944	16967	5015
2015	15660	2182	13347	36408	979	16909	5656
2016	15660	2295	13217	37896	697	17586	5801
2017	13662	2207	11013	40152	598	19485	6287
2018	12750	2538	9960	46819	4796	21164	6456

注:铁路货运量统计口径为发货量;2008 年及以后公路客货运量统计口径变化,与往年不可比(下同)。2013 年公路和水路等交通行业开展专项调查,统计口径调整,与往年不可比。公路水运运输量均为营业性数据。

15-2 全社会客、货运周转量

年 份	全社会旅客周转量（万人公里）	#铁路	公路	全社会货物周转量（万吨公里）	#铁路	公路	水运
1978	249885	209321	40564	1461029	1211408	8148	4175
1979	280183	232768	47415	1945564	1257756	7108	4254
1980	328530	271097	27433	2035244	1306257	8292	5341
1981	354602	291774	62828	2014909	1313585	8012	6048
1982	396156	324347	71089	2153718	1427133	27578	27401
1983	446877	370740	76137	2443326	1550139	30261	29023
1984	524323	435110	89213	2769988	1659775	31759	39641
1985	636545	519962	116583	3972158	1885098	86866	60720
1986	700973	566359	134614	3357828	2028709	117208	64142
1987	761646	622238	139408	3513177	2166558	107961	159184
1988	863036	698324	164712	3757313	2292214	120665	157360
1989	811599	655742	155857	3692471	2411734	118930	75266
1990	731765	594649	137116	3646275	2440213	100950	85224
1991	765362	641282	124080	3640834	2448681	105308	129739
1992	876627	690096	186531	4104274	2616319	335316	247925
1993	952195	703043	249152	3982741	2585799	289800	294285
1994	975802	733088	241388	4387480	2751855	510032	357622
1995	1133265	722493	410772	4532499	2913515	418798	482039
1996	1255579	649085	606494	4351716	2881365	453610	303121
1997	1169395	672572	492123	4217829	2738316	374707	424301
1998	1124114	682681	433247	4347608	2616333	379284	262986
1999	1085420	750026	326643	4545083	2596163	315891	339687
2000	1245191	798664	436691	5144815	2932469	360929	290348
2001	1275512	798041	468827	5328880	2986021	380641	284023
2002	1320343	827071	482892	5442417	3133544	388254	288283
2003	1226127	777297	440100	5665478	3291712	380600	292100
2004	1433951	952020	466991	6287747	3387300	393350	313013
2005	910143	390075	500744	5472847	2043649	415973	322130
2006	983361	420286	533069	7882829	3247052	494458	370967
2007	1134788	477154	616228	9197322	3820996	576538	438112
2008	1894734	541130	1313499	10979772	4496224	1310599	595947
2009	2071224	560914	1459164	11297204	4351249	1435633	642617
2010	2525059	786149	1673070	27608783	19747916	1787616	781570
2011	2141370	891641	1165102	32106411	23393492	2173726	914555
2012	2153325	780924	1274989	15071042	5820209	2464381	1055362
2013	1796552	929866	805737	16143302	4717912	3686573	1545684
2014	3081596	1004496	809600	16141672	4225227	4057467	1695912
2015	1975600	1047125	796627	13037518	4381882	4279115	1944553

注：铁路客、货运周转量 2005 年以前为徐州铁路分局辖区数，2005 年及以后为徐州铁路段辖区数。自 2011 年起公路水路运输量数据为营业性数据。

15-3 主要年份运输线路长度

单位:公里

指　　标	1990	1995	2000	2005	2010	2015	2016	2017	2018
民用航空									
民用航空线条数（条）	4	2	13	13	22	25	25	35	49
民用航空线里程（万公里）	0.2	0.1	1.3	1.3	2.2	2.5	2.5	3.5	4.9
铁路									
铁路正线延展里程	465	465	711	736		672	949	964	1585
铁路营业里程	258	258	359	381		349	489	486	797
公路线路里程									
按技术级别分类									
等级公路里程	2964	2930	2658	10167	14965	15396	15405	15519	15798
高速				299	412	459	459	464	464
一级		435	634	732	1039	1195	1214	1253	1291
二级	616	378	581	1273	1527	1539	1530	1542	1655
三级	214	344	572	996	1195	1324	1373	1559	1485
四级	1781	1507	871	6867	10792	10860	10828	10700	10904
等外公路	353	266		739	1210	1116	873	832	812
按行政级别分类									
国道	307	306	362	589	730	730	961	961	960
省道	515	518	466	703	735	862	632	653	802
县道	892	872	842	693	2309	2307	2308	2529	2515
乡道	1049	1073	988	8921	5888	5885	5884	5641	5637
内河航道通航里程	**534**	**540**	**639**	**1039**	**1039**	**1058**	**1058**	**1058**	**1058**
输油管道里程									
管道条数（条）	3	3	8	14	28	35	38	37	38
延展长度	1252	1252	2375	4652	5891	6573	6758	7234	7270

注:1.公路线路里程2000年以前为交通部门养管里程,2001年及以后为全社会口径;2007年开展县道网规划,将低级公路升级为县道;输油管道为中石化全公司口径。2.铁路里程为徐州市境内铁路线里程。

15–4 全社会交通运输量

（2018 年）

指　　标	客运量（万人）	货运量（万吨）
全市合计	**12750**	**46819**
航空	252	1
铁路	2538	4796
公路	9960	21164
水运		6456
管道		14402
内河港口吞吐量		**3140**

15–5 市区全社会交通运输量

（2018 年）

指　　标	客运量（万人）	货运量（万吨）
合计	**9707**	**16192**
航空	252	1
铁路	2538	4796
公路	6917	10023
水运		273
管道		1099
内河港口吞吐量		1563

15-6 主要年份全社会民用车辆船舶数

指　　标	1990	1995	2000	2005	2010	2011
机动车总计　　（辆）	**105958**	**194285**	**497359**	**752002**	**1136878**	**1128630**
# 私人车辆拥有量	78370	139813	433885	701767	1050715	1031943
汽车	39949	78185	214713	308628	432612	526776
# 私人车辆拥有量	2872	7446	19412	262656	356532	441700
# 载客汽车	7674	17748	29031	78349	160323	220992
# 大(中)型	1390	1940	2574	8023	293120	383701
小(微)型	6282	15808	26457	70326	11865	12606
载货汽车	21773	39651	35666	36177	281255	371095
# 重(中)型	16109	27592	24086	20319	87464	101461
轻(微)型	5664	12059	11580	15858	53111	61868
其他汽车	10502	20786	150016	194102	34353	39593
摩托车	14361	48131	253357	438479	687361	581717
全挂车	5655	7446	2955	658	545	457
半挂车			4465	4234	16357	19677
运输船舶总计　　（艘）		**5751**	**6740**	**5428**	**4374**	**4356**
机动船数		3045	2176	655	806	931
# 货船		2705	1679	351	518	618
拖船		340	441	304	288	313
货船载重量　　（吨位）		146701	177780	54583	311516	524603
驳船数　　（艘）		2706	4564	4773	3568	3425
载重量　　（吨位）		223321	645466	1625614	1591410	1631804

15-6　续表

指　　标	2012	2013	2014	2015	2016	2017	2018
机动车总计　　（辆）	**1263934**	**1339294**	**1402414**	**1402085**	**1366616**	**1438416**	**1590080**
# 私人车辆拥有量	1161686	1232192	1298413	1301094	1263543	1324326	1462882
汽车	624472	684546	756003	851541	1016085	1202546	1366429
# 私人车辆拥有量	501796	591203	664639	763005	926406	1102910	1255296
# 载客汽车	478173	532586	615452	722443	878035	1046296	1193084
# 大(中)型	12768	12175	10614	9837	9317	9382	9580
小(微)型	465405	520411	604838	712606	868718	1036914	1183504
载货汽车	112214	121542	117598	109264	115728	132399	148145
# 重(中)型	66632	73083	70304	64987	67511	77221	83895
轻(微)型	45582	48459	47294	44277	48217	55178	64250
其他汽车	34085	30418	22953	19834	22322	23851	25200
摩托车	617291	630345	623305	526981	324023	204687	188326
全挂车	438	406					
半挂车	21730	23996	23105	23562	26508	31183	35325
运输船舶总计　　（艘）	**4310**	**4272**	**4084**	**4100**	**4154**	**3540**	**3457**
机动船数	1019	1146	1186	1297	1315	1220	1381
# 货船	711	843	857	958	977	896	1077
拖船	430	303	329	339	338	324	304
货船载重量　　（吨位）	681650	873700	988815	1203100	1281040	1264295	1346792
驳船数　　（艘）	3291	3126	2898	2803	2839	2320	2076
载重量　　（吨位）	1621674	1593750	1552199	1747641	1956416	1801938	1703981

注：2004 年以前载客汽车和载货汽车均未含专用（特种）车。2007 年运输船舶按现有检验次数统计。

15–7 主要年份邮政电信情况

指 标	1990	1995	2000	2005	2010	2015	2016	2017	2018
邮电局总数 （处）	262	316	372	812		235	235	235	233
邮路总长度 （公里）	4002	5047	5368	5900	5753	10675	10923	14814	35463.5
农村投递线路长度 （公里）	20477	21706	21961	21666	25495	26903	22319	23291	23185.2
电话局用交换机总容量 （万门）	5.04	45.35	136.25	348.78	1131.70				
固定电话年末用户 （万户）	7.23	29.45	77.51	278.53	177.21	138.50	115.78	103.50	94.55
# 城市	5.61	23.19	39.05	165.65	86.09	110.50	103.16	69.17	30.81
移动电话年末用户 （万户）		1.36	32.27	154.97	600.72	756.44	762.01	811.09	903.74
互联网宽带接入用户数 （万户）				21.41	70.10	188.29	223.61	268.59	313.81
邮电业务总量 （亿元）	0.62	3.88	17.73	36.26	73.39	193.39	246.69	208.77	446.90
邮电业务收入 （亿元）			13.06	27.05	48.14	74.11	84.55	92.30	101.58
计费函件(不含广告) （万件）	2463	2579	2289	2041	4728	1488.17	850.30	496.19	271.11
包 件 （万件）	26	71	39	49	26	13.21	10.80	10.45	10.15
汇 票 （万张）	97	108	96	71	1267	70.99	64.00	43.09	22.95
订销报刊累计 （万份）	10291	17075	16451	9116	10845	11014.99	10507.50	10223.28	10791.80
集 邮 （万枚）	301	1257	4525	533		480.99	492.89	428.51	
特快专递 （万件）	…	44	34	78	306	955.02	1492.60	2374.40	1043.43

注：1.1995 年以前本地电话年末用户为年末电话机数（下同）；2.2005 年前电话局用交换机总容量为电信局一家数据，2006 年及以后为所有电信部门的数据（下同）； 3.2006 年及以前邮电业务总量中电信业务总量为电信业务收入；2011 年 –2016 年邮电业务总量按 2010 年价格计算。2017 年邮电业务总量按 2015 年价格计算(下同)；4.2013 年及以后邮政方面数据为市邮政管理局全辖数(下同)。

主要统计指标解释

铁路营业里程 又称营业长度，指办理客货运输业务的铁路正线总长度。凡是全线或部分建成双线及以上的线路，以第一线的实际长度计算；复线、站线、段管线、岔线和特殊用途线以及不计算运费的联络线都不计算营业里程。铁路营业里程是反映铁路运输业基础设施发展水平的重要指标，也是计算客货周转量、运输密度和机车车辆运用效率等指标的基础资料。

公路里程 指在一定时期内实际达到《公路工程技术标准 JTJO1-88》规定的等级公路，并经公路主管部门正式验收交付使用的公路里程数。它包括大中城市的郊区公路以及通过小城镇街道部分的公路里程，也包括桥梁、渡口的长度，但不包括大中城市的街道、厂矿、林区生产用道和农业生产用道的里程。两条或多条公路共同经由同一路段，只计算一次，不得重复计算里程长度。公路里程是反映公路建设发展规模的重要指标，也是计算运输网密度等指标的基础资料。

内河航道里程 也称“内河通航里程”，是反映内河水运网规模、水平和发展情况的主要指标，是指在一定时期内，能通航运输船舶及排筏的天然河流、湖泊水库、运河及通航渠道的长度。包括全年季节性通航累计三个月以上的航道，但不包括仅供零散流放竹、木排的河道。

输油(气)管道长度 也称“输油(气)里程”，是反映管道运输发展规模和水平的主要指标，是指油品(或天然气)的实际输送距离，一般按输油(气)管道的单线长度计算。若包括复线和备用线长度则称为输油(气)管道延展长度，是指管道铺设的实际长度。我们通常使用的是不包括复线的“输油(气)管道里程”。

货(客)运量 指在一定时期内，各运输部门实际运送的货(旅客)数量。是反映运输业为国民经济和人民生活服务的数量指标，也是制定和检查运输生产计划，研究运输发展规模和速度的重要指标。货运按吨计算，客运按人计算。货物不论运输距离长短，货物类别，均按实际重量统计；旅客不论行程远近或票价多少，均按一人一次作为客运量统计。半价票、小孩票也按一人统计。

货物(旅客)周转量 指在一定时期内，由各种运输工具运送的货物(旅客)数量与其相应运输距离的乘积之总和，是反映运输业生产总成果的重要指标，也是编制和检查运输生产计划，计算运输效率、劳动生产率以及核算运输单位成本的主要基础资料。通常以吨公里和人公里为计算单位。计算货物周转量通常按发出站与到达站之间的最短距离，也就是计费距离计算。

内河主要港口货物吞吐量 指由水运进出内河主要港区范围，并经过装卸的货物数量。吞吐量可以分为进口、出口，又可以分为国内贸易和对外贸易。货物吞吐量的货种分类及其主要流向流量，反映了港口在国内外物资交流和对外贸易运输中的地位和作用。

邮电业务总量 指以价值量形式表现的邮电通信企业为社会提供各类邮电通信服务的总数量。邮电业务量按专业分类包括函件、包件、汇票、报刊发行、邮政快件、特快专递，邮政储蓄、集邮、公众电报、用户电报、传真、长途电话、出租电路、无线寻呼、移动电话、分组交换数据通信、出租代维等。计算方法为各类产品乘以相应的平均单价(不变价)之和，再加上出租电路和设备、代用户维护电话交换机和线路等的服务收入。它综合反映了一定时期邮电业务发展的总成果，是研究邮电业务量构成和发展趋势的重要指标。计算公式为：

$$\begin{aligned}\text{邮电业务总量} &= \sum(\text{各类邮电业务量} \times \text{不变单价}) \\ &\quad + \text{出租代维及其他业务收入} \\ &= \text{邮政业务总量} + \text{电信业务总量}\end{aligned}$$

移动电话用户 是指通过移动电话交换机进入移动电话网、占用移动电话号码的电话用户。用户数量以报告期末在移动电话营业部门实际办理登记手续进入移动电话网的户数进行计算，一部移动电话统计为一户。

电话用户 指接入国家公众固定电话网，并按固定电话业务进行经营管理的电话用户。1997 年以前，电话用户分为市内电话用户和农村电话用户。从 1997 年起，电话用户数分组调整为以用户所在区域划分为“城市电话用户”和“乡村电话用户”，与过去的按市内电话和农村电话划分方法不同，而电话用户总数、电话机总部数统计范围不变。

城市电话用户 指直辖市、省辖市、地级市、县级市的市区、市郊区及县城(包括县人民政府所在地的县城关区或行政建制相当于县人民政府所在地的镇)范围内接入局用交换机的电话用户数，包括分布在农村地区的独立工矿区、林区、驻军等接入局用交换机的电话用户数。

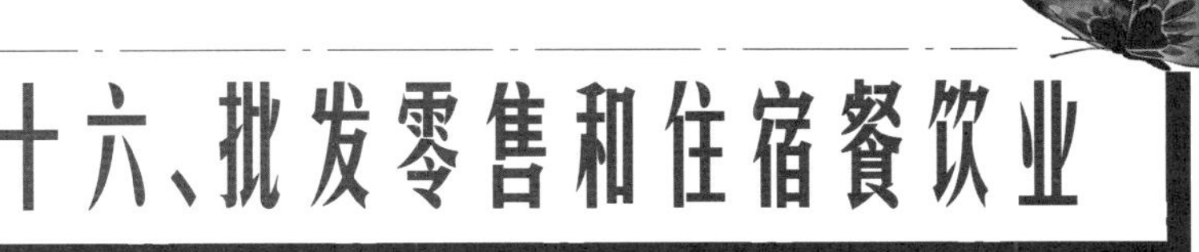

十六、批发零售和住宿餐饮业

WHOLESALE, RETAIL AND ACCOMMDATIONS CATERING INDUSTRY

版面负责人：王廷宝

编　　　辑：吕延婷　柏　慧

统计执法监督检查办法

第二十二条 统计执法监督检查机构在执法监督检查过程中,应当及时按规定制作执法文书,如实记录执法检查人员询问情况和检查对象反映的情况以及提供的证明和资料，由执法检查人员在有关笔录上签名。

第二十三条 县级以上人民政府统计机构和执法检查人员对在执法监督检查过程中知悉的国家秘密、商业秘密、个人信息资料和能够识别或者推断单个调查对象身份的资料,负有保密义务。

第二十四条 统计执法监督检查机构应当在调查结束后，及时向所属人民政府统计机构提交监督检查报告,报告检查中发现的问题并提出处理建议。处理建议包括：

(一)发现有统计违法行为,符合立案查处条件的,予以立案查处；

(二)发现统计违法事实不清、证据不足或者程序错误的,应当及时补充或者重新调查；

(三)按照违法行为性质、情节,提请上一级或者移交下级人民政府统计机构立案查处；

(四)未发现统计违法行为或者统计违法事实轻微,依法不应追究法律责任的,不予处理。

16–1 主要年份社会消费品零售总额

单位：万元

年 份	社会消费品零售总额	按地区分			按行业分				
		市的零售额	县的零售额	县以下的零售额	批发零售贸易业	餐饮业	住宿业	制造业	其他行业
1949	9756		6521						
1952	11421		5531						
1957	22284		9574						
1962	28486		14124						
1965	29808		12426						
1970	34332		13706						
1975	57492		23318						
1978	77058		31480		64672	2955		6196	3235
1979	92351		37555		72497	4201		10787	4866
1980	109523		46069		85005	4626		14022	5870
1981	123791		52831		91751	5244		17841	8955
1982	138439		59336		105869	5455		15607	11508
1983	150638	64850	27128	58660	114633	6005		18157	11843
1984	176386	77927	31616	66843	130149	7393		25637	13207
1985	233620	106745	43967	82908	166598	12733		33341	20948
1986	266086	119792	52153	94141	188243	14597		36897	26349
1987	304226	137513	51646	115067	211763	17205		44859	30399
1988	370405	173147	66514	130744	255523	19743		56087	39052
1989	410589	202384	71509	136696	282528	20163		60085	47813
1990	422271	227011	59028	136232	285048	19888		58860	58475
1991	458294	255898	62850	139546	308487	22575		60204	67028
1992	511243	320843	48975	141425	330716	26823		71835	81869
1993	657693	413770	64829	179094	440102	32992		78998	105601
1994	879531	597230	74582	207719	570080	66236		85336	157879
1995	1150671	773854	104733	272084	728544	97733		110399	213995
1996	1379729	918002	119829	341898	870375	116992		136101	256261
1997	1526381	999463	134445	392473	958246	132721		152337	283077
1998	1606304	1047323	153199	405782	1048472	145036		135393	277403
1999	1714930	1109165	168614	437151	1152717	173997		116007	272209
2000	1852142	1180955	177242	493945	1273493	209461		101421	267767
2001	2020066	1260580	205746	553740	1423869	223782		99677	272738
2002	2239285	1370267	236261	632756	1574478	258964		110753	295088
2003	2354214	1478128	230347	645739	2022477	298711			33026
2004	3424611	2131470	381456	911685	2979537	407099	12733		25242
2005	3960400	2472673	462407	1025320	3449516	452634	29385		28865
2006	4600776	2883889	537190	1179697	3938344	590342	40767		31323
2007	5430057	3421347	621082	1387628	4646839	683272	61987		37959
2008	7005000	4414184	811491	1779325	5865763	974335	110408		54494
2009	8059883	5085736	936828	2037319	6799143	1135550	125189		
2010	9569888	7648059	1921829		8516095	987888	65905		
2011	11418882	9106061	2312821		10161072	1152907	104903		
2012	13124990	10527281	2597709		11733102	1287490	104398		
2013	14959079	11995093	2963986		13358896	1481901	118282		
2014	20991974	13157745	7834228		19258892	1379422	353659		
2015	23584483	14720569	8863914		21664954	1532418	387111		
2016	26593863	16552091	10041772		24335185	1837656	421022		
2017	28869207	17950894	10918313		26458000	1973535	437672		
2018	31020049	18983963	12036086		28490586	2088290	441173		

注：2003 年及以后按行业划分的批发零售贸易业中包括原制造业和其他行业中原农民对非农业居民的零售额。2004 及 2008 年为经济普查数据。2010 年后的数据为省局年报修订数据。

16-2 市区社会消费品零售总额

单位:万元

年 份	社会消费品零售总额	按行业分				
		批发零售贸易业	餐饮业	住宿业	制造业	其他行业
1978	31480	25956	1373		2327	1824
1979	37555	30176	1786		3214	2379
1980	46069	34685	2398		5835	3151
1981	52831	39758	2683		6501	3889
1982	59336	46294	2709		5775	4558
1983	63751	50417	2741		5989	4604
1984	76175	57009	3099		10318	5749
1985	104827	73051	6071		14954	10751
1986	117965	82599	6462		15130	13774
1987	135320	97190	7038		14772	16320
1988	169583	120988	8250		19756	20589
1989	198822	141665	8326		19760	29071
1990	210156	148845	9103		16750	35458
1991	236824	165088	10795		17056	43885
1992	274203	186380	14520		19042	54261
1993	361783	245956	16727		23007	76093
1994	520845	345014	41842		18521	115468
1995	677103	428043	57854		36106	155100
1996	799102	499385	71500		39889	188328
1997	866994	521321	81664		53319	210690
1998	909671	553957	94665		53159	207890
1999	959836	621498	109058		31686	197594
2000	1019913	696416	133386		13576	176535
2001	1081720	766967	130272		8001	176480
2002	1168355	826551	144899		7023	189882
2003	1252978	1068575	165293			19110
2004	1832812	1625315	177740	9229		20528
2005	2144371	1875688	217815	28477		22391
2006	2492194	2169774	268415	27827		26178
2007	2965333	2597729	298245	43780		25579
2008	3821000	3249861	457822	65386		47931
2009	4392408	3784107	534994	73307		
2010	6052895	5533213	483775	35907		
2011	7210901	6579220	589311	42370		
2012	8371586	7558073	761086	52427		
2013	9532600	8458043	990800	83757		
2014	13157745	12072129	876584	209032		
2015	14720569	13561389	933938	225242		
2016	16552091	15180587	1117863	253641		
2017	17950894	16490550	1191537	268807		
2018	18983963	17409037	1296794	278132		

16-3 限额以上批发和零售业、住宿和餐饮业基本情况

（2018 年）

指　　标	法人企业数（个）	产业活动单位数（个）	其他行业及外省法人所属限额以上批零住餐产业活动单位(个)	餐饮或零售营业面积（平方米）	年末从业人员（人）
总　计	**2637**	**4673**	**27**	**2816587**	**85424**
批发和零售业小计	**2430**	**4393**	**19**	**2419895**	**74042**
批发业	**1017**	**1612**	**5**	**459235**	**28323**
# 国有控股	45	267		35112	4007
按登记注册类型分					
内资企业	1010	1604	5	456845	28165
国有企业	19	26		11957	2394
集体企业	4	4		3820	152
有限责任公司	90	158	4	45007	3623
股份有限公司	21	233		21864	3237
联营企业					
私营企业	867	1174	1	363444	18131
# 私营有限责任公司	840	1147	1	329454	17256
其他企业	9	9		10753	628
港、澳、台商投资企业	1	2		60	58
外商投资企业	6	6		2330	100
按国民经济行业分					
农、林、牧、渔产品批发	53	55		30531	1980
食品、饮料及烟草制品批发	101	112	1	59162	4854
# 米、面制品及食用油批发	21	21	1	7212	908
烟草制品批发	1	8			1217
纺织、服装及日用品批发	37	38	4	10728	1094
# 纺织品、针织品及原料批发	12	12		6569	184
文化、体育用品及器材批发	7	7		475	60
医药及医疗器材批发	46	337		20989	4488
矿产品、建材及化工产品批发	580	865		228233	11400
# 煤炭及制品批发	181	181		85335	3695
石油及制品批发	26	242		14572	813
金属及金属矿批发	186	187		33866	2501
机械设备、五金交电及电子产品批发	146	151		83677	3054
# 农业机械批发	23	23		26007	473
汽车及零配件批发	30	30		34432	445
其他批发	15	15		7550	478
零售业	**1413**	**2781**	**14**	**1960660**	**45719**
# 国有控股	11	57	1	51723	2203
按经济注册类型分					
内资企业	1398	2763	13	1880994	43924
国有企业	5	5	4	18911	1121

16-3 续表 1 （2018 年）

指　　　标	法人企业数（个）	产业活动单位数（个）	其他行业及外省法人所属限额以上批零住餐产业活动单位(个)	餐饮或零售营业面积（平方米）	年末从业人员（人）
集体企业	21	87	1	31878	918
股份合作企业	2	2		5300	81
有限责任公司	119	416	2	364788	9439
股份有限公司	20	49	1	74356	1759
私营企业	1207	2180	4	1374689	29877
其他企业	24	24	1	11072	729
港、澳、台商投资企业	7	7		44532	1099
外商投资企业	8	11	1	35134	696
按国民经济行业分					
综合零售	146	524	3	620434	12225
# 百货零售	86	165	1	304362	4773
超级市场零售	54	353	2	303500	7162
其他综合零售	6	6		12572	290
食品、饮料及烟草制品专门零售	136	254	1	91245	3451
纺织、服装及日用品专门零售	151	171	1	101619	3400
文化、体育用品及器材专门零售	53	72	2	89121	1149
# 图书、报刊零售	2	2	2	4950	69
医药及医疗器材专门零售	53	788	1	53463	3529
汽车、摩托车、燃料及零配件专门零售	354	379		595069	10727
# 汽车新车零售	258	282		493838	8035
家用电器及电子产品专门零售	189	257	2	147652	4619
# 日用家电设备零售	46	46	1	22695	755
计算机、软件及辅助设备零售	54	54		17596	845
五金、家具及室内装修材料专门零售	176	177	1	177274	3594
# 五金零售	76	77		27975	1305
家具零售	32	32		60910	798
货摊、无店铺及其他零售业	155	159	3	84783	3025
按经营方式分					
独立门店	1173	1992	10	1751011	36721
连锁总店(总部)	14	366		32277	2144
连锁门店	4	106	2	19286	996
其他	222	317	2	158086	5858
按零售业态分					
百货商店	114	228	1	215796	4658
超级市场	73	193	2	152818	4301
大型超市	14	134		180371	4003
仓储会员店	3	4		1660	47
专业店	535	1084	5	583431	14360
专卖店	359	729	5	375569	9312
住宿和餐饮业小计	**207**	**280**	**8**	**396692**	**11382**
住宿业	**79**	**99**	**2**	**178992**	**4979**
# 国有控股	10	13		29313	1166

16-3 续表2 （2018年）

指　　标	法人企业数（个）	产业活动单位数（个）	其他行业及外省法人所属限额以上批零住餐产业活动单位(个)	餐饮或零售营业面积（平方米）	年末从业人员（人）
按登记注册类型分					
内资企业	76	96	2	177432	4641
国有企业	5	7		15840	568
集体企业	2	2		1160	130
有限责任公司	17	33	1	70179	1836
私营企业	50	52	1	89253	2032
其他内资					
按国民经济行业分					
旅游饭店	33	51	2	84294	3169
一般旅馆	44	46		85198	1586
按星级等级分					
一星	1	1		1200	4
二星	4	4		9530	174
三星	17	19		29891	800
四星	6	8		46920	948
五星	3	3		6138	975
其他	48	64	2	85313	2078
按经营方式分					
# 独立门店	70	90	1	134832	4373
餐饮业	**128**	**181**	**6**	**217700**	**6403**
# 国有控股	4	4		4973	393
按登记注册类型分					
内资企业	128	181	4	217064	6362
国有企业	3	3		5300	248
集体企业	2	2	1	1037	69
有限责任公司	14	16		29013	1173
股份有限公司	3	34		3930	237
私营企业	105	125	3	176084	4634
# 私营独资企业	6	15	2	13420	718
私营有限责任公司	95	103	1	159207	3799
其他内资					
外商投资企业			2	636	41
按国民经济行业分					
正餐服务	116	145	3	205729	5506
快餐服务	7	17	1	7580	599
饮料及冷饮服务	3	17	2	1591	155
其他餐饮业	1	1		2000	38
按经营方式分					
独立经营	123	176	6	204765	5922
连锁店总店(总部)					
连锁门店					
其他	5	5		12935	481

16-4 限额以上批发和零售业商品销售、库存总额

（2018 年）　　单位：万元

指　　标	销售总额	批　发	零　售	年末库存总　额
总　计	**37307857**	**23681856**	**13626002**	**1334462**
批发业	**25305347**	**23133580**	**2171767**	**828132**
# 国有控股	8309157	7639165	669991	268024
按登记注册类型分				
内资企业	25254573	23084263	2170310	826572
国有企业	1073453	983073	90379	59781
集体企业	30320	30320		968
有限责任公司	7797058	7671438	125621	242268
# 其他有限责任公司	6920669	6800140	120529	174905
股份有限公司	2132533	1541627	590906	79119
私营企业	14029633	12743749	1285884	442419
# 私营有限责任公司	13686249	12429584	1256665	439827
港、澳、台商投资企业	3147	1689	1457	1164
外商投资企业	47628	47628		396
按国民经济行业分				
农、林、牧、渔产品批发	746972	628302	118669	27297
食品、饮料及烟草制品批发	2034163	1760431	273732	92396
# 米、面制品及食用油批发	169707	135563	34144	26356
烟草制品批发	776036	776036		32676
纺织、服装及日用品批发	1484565	1449273	35293	25368
# 纺织品、针织品及原料批发	1035171	1015088	20083	1319
医药及医疗器材批发	1481482	1443725	37757	84610
矿产品、建材及化工产品批发	14093386	12692171	1401215	370038
# 煤炭及制品批发	5960969	5665960	295008	130717
石油及制品批发	1172752	597104	575648	21561
机械设备、五金交电及电子产品批发	4763366	4548206	215160	214793
其他批发	443297	355491	87806	11124
零售业	**12002510**	**548276**	**11454235**	**506330**
# 国有控股	407815	54466	353349	25047
按登记注册类型分				
内资企业	11694749	543121	11151628	493228
国有企业	25186	2035	23151	2597
集体企业	277799	35991	241808	5523

16-4 续表　　（2018 年）　　单位:万元

指　　标	销售总额	批　发	零　售	年末库存总　额
股份合作企业	6081		6081	193
有限责任公司	2281060	228795	2052265	96539
# 其他有限责任公司	2177767	228795	1948972	95579
股份有限公司	619612	59318	560294	34451
私营企业	8402724	216982	8185742	352452
# 私营有限责任公司	7971039	211163	7759876	343142
其他企业	82287		82287	1475
港、澳、台商投资企业	180923	50	180872	6320
外商投资企业	126838	5104	121734	6781
按国民经济行业分				
综合零售	2089589	59373	2030215	94733
# 百货零售	1510303	55017	1455286	32094
超级市场零售	539563	4357	535207	61886
食品、饮料及烟草制品专门零售	995320	53365	941956	24866
纺织、服装及日用品专门零售	792386	13767	778619	35043
文化、体育用品及器材专门零售	213903	16769	197134	23121
# 图书、报刊零售	4748		4748	256
医药及医疗器材专门零售	551216	55215	496001	37030
汽车、摩托车、燃料及零配件专门零售	3772375	20053	3752322	213777
# 汽车新车零售	3218551	10464	3208087	198548
家用电器及电子产品专门零售	1348591	68044	1280547	41260
# 日用家电零售	250220	9113	241107	7861
五金、家具及室内装修材料专门零售	1752083	254584	1497499	26533
货摊、无店铺及其他零售	487047	7105	479943	9967
按经营方式分				
独立门店	9786441	427710	9358732	406013
连锁总店（总部）	147697		147697	26483
连锁门店	63882		63882	15995
其他	2004490	120566	1883925	57838
按零售业态分				
百货商店	881441	37217	844224	21732
超市	672258	2309	669949	40277
大型超市	290786	50	290736	34188
专业店	4169722	84411	4085311	182131
专卖店	3261611	113337	3148274	159135

16-5 限额以上住宿餐饮业经营情况

（2018 年）　　单位：万元

指　　标	营业额	客房收入	餐费收入	商品销售收入	其他收入	年末拥有客房数（间）	年末拥有床位数（个）	年末拥有餐位数（个）
总　计	**429714**	**118048**	**250788**	**47060**	**13818**	**13517**	**22688**	**71040**
住宿业	**166614**	**77065**	**61932**	**19940**	**7676**	**9144**	**14768**	**19634**
# 国有控股	24383	10109	12100	624	1550	1280	1962	5192
按登记注册类型分								
内资企业	160964	74180	59301	19894	7590	8559	13913	19137
国有企业	11897	4090	6134	505	1169	593	820	2142
集体企业	3947	1987	1569	264	127	100	168	300
有限责任公司	44474	21823	16322	1341	4988	2942	4436	5758
# 其他有限责任公司	39074	19463	13390	1232	4988	2673	4025	4778
股份有限公司	426	304	30	7	85	76	132	30
私营企业	100221	45975	35247	17777	1221	4848	8357	10907
# 私营有限责任公司	91578	43906	31162	15350	1160	4738	8201	10459
其他企业								
按国民经济行业分								
旅游饭店	107897	41040	44493	14741	7624	5163	8180	14519
一般旅馆	47993	29797	14189	3955	53	3645	6032	4457
按星级登记分								
一星	82	82				19	38	
二星	13206	5316	7625	265		338	580	898
三星	33540	16517	10950	4679	1395	1388	2652	2299
四星	21923	10065	10504	818	536	1165	1546	2838
五星	19717	9623	9060	143	891	981	1514	2975
其他	78146	35463	23794	14035	4855	5253	8438	10624
餐饮业	**263100**	**40983**	**188855**	**27120**	**6142**	**4373**	**7920**	**51406**
# 国有控股	6000	1487	3924	588		145	290	1290
按登记注册类型分								
内资企业	262111	40983	187866	27120	6142	4373	7920	51176
国有企业	6258	1573	2760	29	1896	188	356	750
集体企业	1569		1551	18				500
有限责任公司	33889	6468	24952	2323	147	873	1307	7772
# 其他有限责任公司	31937	6468	23558	1763	147	873	1307	7052
股份有限公司	8799		8783	15				1425
私营企业	211356	32902	149634	24722	4098	3272	6197	40429
# 私营独资企业	23338	3953	17757	1628		245	425	4160
私营有限责任公司	177823	28342	123511	21872	4098	2975	5687	34672
其他企业								
外商投资企业	989		989					230
按国民经济行业分								
正餐服务	234416	40480	163641	24154	6142	4296	7765	47210
快餐服务	15647	504	14143	1001		77	155	2727
其他餐饮服务	7916		6537	1379				1000
按经营方式分								
独立经营	248222	35517	181526	26942	4237	3900	7196	48970
连锁总店（总部）								
连锁门店								
其他	14878	5466	7329	178	1905	473	724	2436

16–6 亿元以上商品交易市场基本情况

（2018 年）

指　　标	市场个数（个）	营业面积（平方米）	摊位总量（个）	已出租摊位	出租率（%）
合　计	**28**	**2306981**	**35113**	**28477**	**81.1**
按经营环境分					
露天式					
封闭式	25	1636981	30613	24887	81.3
其他	3	670000	4500	3590	79.8
按经营方式分					
批发	17	1664979	25085	21582	86.0
零售	11	642002	10028	6895	68.8
按市场类别分					
综合市场	5	677870	8805	7014	79.7
生产资料综合市场	1	17870	4985	4985	100.0
农产品综合市场	1	380000	1000	950	95.0
专业市场	23	1629111	26308	21463	81.6
生产资料市场	8	769509	5757	3528	61.3
农用生产资料市场	2	110500	290	241	83.1
木材市场	1	110025	75	75	100.0
建材市场	1	250000	1050	1025	97.6
金属材料市场	2	78984	2089	894	42.8
农产品市场	4	246600	6255	5381	86.0
蔬菜市场					
干鲜果品市场	1	190000	2900	2256	77.8
其他农产品市场	2	50600	2725	2565	94.1
食品、饮料及烟酒市场	1	18000	82	82	100.0
其他食品、饮料及烟酒市场	1	18000	82	82	100.0
纺织、服装、鞋帽市场	3	202600	10310	9223	89.5
鞋帽市场	1	19700	366	300	82.0
其他纺织服装鞋帽市场	2	182900	9944	8923	89.7
电器、通讯器材、电子设备市场	1	5000	66	65	98.5
计算机及辅助设备市场	1	2610	275	185	67.3
家具、五金及装饰材料市场	1	2610	275	185	67.3
家具市场	3	264792	1383	1332	96.3
装饰材料市场	2	84792	353	302	85.6
五金材料市场	1	180000	1030	1030	100.0
汽车、摩托车及零配件市场					
汽车市场	1	100000	1980	1467	74.1
机动车零配件市场	1	100000	1980	1467	74.1
其他专业市场	1	20000	200	200	100.0

16-7 亿元以上商品交易市场成交情况

（2018 年）　　单位：万元

指　　标	本期商品成交额	全年消费品零售额	本年市场交易业主缴纳税金总额	年末交易市场业主从业人员（人）
合　计	**6495327**	**2294084**	**16973**	**80428**
按经营环境分				
露天式				
封闭式	5857635	2239434	15721	73342
其他	637692	54650	1252	7086
按经营方式分				
批发	6046416	1997520	13517	60377
零售	448911	296564	3456	20051
按市场类别分				
综合市场	464729	6920	1173	8489
生产资料综合市场	111603		73	4110
农产品综合市场	300822		12	2604
专业市场	6030598	2287164	15800	71939
生产资料市场	2188740	363717	7512	13417
农用生产资料市场	298340	10052	680	1530
木材市场	125300		200	60
建材市场	305958	291665	885	2926
金属材料市场	394710		132	3313
农产品市场	473912	202998	1815	16471
蔬菜市场				
干鲜果品市场	309620	54650	460	4050
其他农产品市场	98292	83348	1306	9621
食品、饮料及烟酒市场	11200	8830	450	120
其他食品、饮料及烟酒市场	11200	8830	450	120
纺织、服装、鞋帽市场	2718504	1481158	878	32338
鞋帽市场	28000	5600		600
其他纺织服装鞋帽市场	2690504	1475558	878	31738
电器、通讯器材、电子设备市场	43780		25	380
计算机及辅助设备市场	43780		25	380
家具、五金及装饰材料市场	147805	107440	467	4617
家具市场	37905	33440	107	1017
装饰材料市场	109900	74000	360	3600
五金材料市场				
汽车、摩托车及零配件市场	381157	92621	4195	3466
汽车市场				
机动车零配件市场	381157	92621	4195	3466
其他专业市场	52000	30000	458	1000

16-8　限额以上批发零售业企业财务状况

（2018 年）　　　　单位：万元

指　　标	年末资产负债						
	流动资产合　计	# 存货	固定资产原　价	累计折旧	# 本年折旧	资产总计	负债合计
总　计	**8018922**	**1153941**	**2067984**	**692052**	**169335**	**10431586**	**7136237**
批发业	**6031681**	**730044**	**1054194**	**320257**	**77424**	**7489694**	**5364190**
# 国有控股	2250903	280726	268161	110325	13606	2698853	1768558
按登记注册类型分							
内资企业	6012774	728567	1052254	319529	77389	7469185	5359698
国有企业	363568	60037	98025	49241	6066	435180	103611
集体企业	2449	904	7245	1130	533	12190	3443
股份合作企业							
联营企业							
有限责任公司	2409429	241558	214220	30380	9424	2905423	2492134
股份有限公司	437649	92875	124013	56681	6716	617527	347187
私营企业	2795031	332247	600155	179943	54163	3486877	2410431
# 私营有限责任公司	2728675	323042	578149	172173	51790	3401296	2352544
其他企业	4647	945	8595	2155	486	11988	2893
港、澳、台商投资企业	3462	1200	14	5	3	3665	923
外商投资企业	15446	276	1926	723	32	16844	3569
按国民经济行业分							
农、林、牧、渔产品批发	90136	20767	72153	24456	16539	188136	87180
食品、饮料及烟草制品批发	611332	95165	275146	71975	13210	996790	593607
# 米、面制品及食用油批发	194018	29765	147598	14782	5563	417061	375697
烟草制品批发	295030	32676	62973	39979	3746	322923	36778
纺织、服装及日用品批发	250163	23743	8309	2742	666	258072	242190
# 纺织品、针织品及原料批发	151584	588	2332	685	144	153479	149617
医药及医疗器材批发	454523	77266	25370	7956	1910	511116	441885
矿产品、建材及化工产品批发	2678272	287571	564429	177113	34389	3330854	2190835
# 煤炭及制品批发	1279809	111268	201885	48733	12500	1477521	1007971
金属及金属矿批发	997896	102808	124432	38731	5364	1141911	905572
机械设备、五金交电及电子产品批发	1839806	213805	60301	21084	6158	2055853	1732922
# 农业机械批发	96335	16362	12424	3408	1546	107925	91519
汽车及零配件批发	113527	37599	7577	2564	1156	131334	106657
其他机械设备及电子产品批发	1583800	155440	30837	11713	2721	1758081	1495745
其他批发	81847	9588	45879	13853	4366	119416	52647
按经营方式分							
独立门店	3594138	443562	875826	257299	66023	4666760	3248395
连锁总店（总部）	790	621	32	12	9	852	522
连锁门店							
其他	2436753	285860	178335	62946	11393	2822082	2115273

16-8 续表 1

（2018 年）

单位：万元

指标	年末资产负债						
	流动资产合计	#存货	固定资产原价	累计折旧	#本年折旧	资产总计	负债合计
零售业	**1987241**	**423898**	**1013790**	**371795**	**91911**	**2941892**	**1772047**
# 国有控股	174531	29657	47013	18784	1811	212391	198031
按登记注册类型分							
内资企业	1919698	414461	958421	351040	88082	2827745	1713291
国有企业	20300	7178	13517	5482	304	30678	39745
集体企业	30615	15833	28057	10036	1998	53914	17089
股份合作企业	1000	151	97	19	9	1458	1166
联营企业							
有限责任公司	386217	66898	184914	62588	12313	549024	388377
股份有限公司	356654	30167	72027	31754	3901	429014	351275
私营企业	1118814	293278	652865	239755	69036	1747357	910891
# 私营有限责任公司	1091892	286909	621723	229897	65157	1687922	890656
其他企业	6097	957	6945	1405	522	16301	4748
港、澳、台商投资企业	28318	5050	25545	9361	2007	48349	27126
外商投资企业	39225	4387	29824	11394	1822	65797	31630
按国民经济行业分							
综合零售	439308	90170	307991	144706	24635	692540	473120
# 百货零售	241597	42353	215267	100808	15971	403479	236200
超级市场零售	191706	46220	86698	41557	8323	276341	234527
食品、饮料及烟草制品专门零售	87645	22351	63209	22339	7006	143636	62095
纺织、服装及日用品专门零售	96544	28734	70586	19108	5781	169111	83308
文化、体育用品及器材专门零售	58079	29754	23808	7460	2252	81884	43464
# 图书、报刊零售	1323	253	115	95	7	1348	768
医药及医疗器材专门零售	191906	31041	58734	18692	3506	240823	196674
汽车、摩托车、燃料及零配件专门零售	741004	169153	274067	88164	29681	1025815	663988
# 汽车新车零售	671895	158449	235908	77111	26397	916556	616145
家用电器及电子产品专门零售	184289	25735	70720	24155	5259	252756	121871
# 日用家电零售	27118	7035	13108	5989	1255	39700	16888
计算机、软件及辅助设备零售	21713	4147	14260	4330	794	32879	13248
五金、家具及室内装修材料专门零售	144366	18937	97868	32722	10081	239156	97256
# 五金零售	56894	5670	25221	7775	1910	89260	41755
家具零售	17845	2457	36442	8395	3086	50985	15487
货摊、无店铺及其他零售	44100	8023	46807	14449	3709	96170	30271
按经营方式分							
独立门店	1617544	349593	871960	317399	81452	2445397	1421897
连锁总店（总部）	67851	19597	7728	3385	453	75982	86907
连锁门店	14154	9547	2258	831	131	17494	12380
其他	287693	45160	131844	50180	9875	403018	250863
按零售业态分							
超　市	106750	40485	109482	57593	9615	185468	119669
大型超市	117374	23362	59137	28197	6300	170133	141839
仓储会员店	895	148	211	44	22	1174	272
百货店	199837	21943	77540	34286	7206	279733	156619
专业店	619637	127232	297530	96373	22618	891015	482633
专卖店	644696	149536	230842	78425	27441	899279	594965

16-8 续表 2 （2018 年） 单位：万元

指标	年末资产负债							
	所有者权益合计	实收资本	国家资本	集体资本	法人资本	个人资本	港澳台资本	外商资本
总　计	**3209374**	**1687474**	**231459**	**33487**	**289975**	**1095806**	**16274**	**20474**
批发业	**2039531**	**1018312**	**219873**	**11645**	**166314**	**612033**	**3182**	**5266**
# 国有控股	848864	231230	209670		20303	1257		
按登记注册类型分								
内资企业	2023514	1011277	219873	11645	166294	611953	1513	
国有企业	331569	15463	15413			50		
集体企业	8747	2892		2871		22		
股份合作企业								
联营企业								
有限责任公司	413289	301459	195512	3389	75834	26724		
股份有限公司	184367	49340	4845	1000	37651	5844		
私营企业	1076446	636847	4102	4385	51580	575267	1513	
# 私营有限责任公司	1048752	624770	4102	4385	48930	565840	1513	
其他企业	9095	5276			1230	4046		
港、澳、台商投资企业	2742	3339					1669	1669
外商投资企业	13275	3696			20	80		3596
按国民经济行业分								
农、林、牧、渔产品批发	100956	36528	7197	3641	163	25527		
食品、饮料及烟草制品批发	403183	122152	7999		53644	58145		2363
# 米、面制品及食用油批发	41365	28258	5438		20000	2820		
烟草制品批发	286145	2441	2441					
纺织、服装及日用品批发	15882	13313			1190	8784	1669	1669
# 纺织品、针织品及原料批发	3862	3166			200	2966		
医药及医疗器材批发	64688	54692	397	2000	33194	19102		
矿产品、建材及化工产品批发	1058588	509993	58277	5968	52378	390675	1513	1183
# 煤炭及制品批发	469550	192137	5955	1500	22313	160857	1513	
金属及金属矿批发	236339	210273	42071	3000	18698	145482		1022
机械设备、五金交电及电子产品批发	322931	238998	146002	37	22527	70382		50
# 农业机械批发	16405	10606			1930	8676		
汽车及零配件批发	24677	18548			4650	13898		
其他机械设备及电子产品批发	262336	197054	146002	37	14762	36253		
其他批发	66769	38803			1742	37061		
按经营方式分								
独立门店	1418365	669449	67526	6475	106424	486581		2443
连锁总店（总部）	330	10				10		
连锁门店								
其他	620836	348853	152346	5171	59891	125442	3182	2822

16-8 续表 3　　（2018 年）　　单位：万元

指　　标	年末资产负债							
	所有者权益合计	实收资本	国家资本	集体资本	法人资本	个人资本	港澳台资本	外商资本
零售业	**1169843**	**669162**	**11586**	**21841**	**123661**	**483773**	**13092**	**15208**
# 国有控股	14360	20066	10287		9581	198		
按登记注册类型分								
内资企业	1114453	638227	11586	21841	123492	481063	243	1
国有企业	-9067	9023	9023					
集体企业	36825	19244		18527	100	617		
股份合作企业	292	303		300		3		
联营企业								
有限责任公司	160645	104284	1411	722	62017	40135		
股份有限公司	77739	22121		144	20474	1503		
私营企业	836466	477396	1143	2143	37240	436627	243	1
# 私营有限责任公司	797266	462383	1143	2143	36324	422529	243	1
其他企业	11553	5857	9	6	3661	2180		
港、澳、台商投资企业	21223	13149				300	12849	
外商投资企业	34167	17786			169	2410		15207
按国民经济行业分								
综合零售	219419	130472	1253	20273	40093	52609	5849	10397
# 百货零售	167279	76837	1253	19492	19691	28525	960	6917
超级市场零售	41813	52419		624	20402	23024	4889	3480
食品、饮料及烟草制品专门零售	81540	46736	7395	109	9112	30120		
纺织、服装及日用品专门零售	85804	85417	9	468	1641	83298		
文化、体育用品及器材专门零售	38420	23273			1440	19592		2241
# 图书、报刊零售	581	270			190	80		
医药及医疗器材专门零售	44149	17480	1645		6680	8655	500	
汽车、摩托车、燃料及零配件专门零售	361826	212105	1239	928	37828	165366	6743	1
# 汽车新车零售	300410	183371	935	26	29989	145921	6500	
家用电器及电子产品专门零售	130885	62159			22567	39593		
# 日用家电零售	22812	12006			602	11404		
计算机、软件及辅助设备零售	19631	8873			2222	6651		
五金、家具及室内装修材料专门零售	141900	58752	45	5	3653	54921		129
# 五金零售	47505	28037	45	5	2159	25828		
家具零售	35498	10583			699	9755		129
货摊、无店铺及其他零售	65899	32767		60	647	29620		2440
按经营方式分								
独立门店	1023499	575221	10486	21483	95796	421725	13092	12639
连锁总店（总部）	-10925	7129	1100		1200	4829		
连锁门店	5114	18710			18300	410		
其他	152156	68102		359	8365	56810		2569
按零售业态分								
超　市	65799	32050		722	2341	28026	960	
大型超市	28294	26084		144	13700	3871	4889	3480
仓储会员店	901	560				560		
百货店	123114	71871	1253	14870	21142	27690		6917
专业店	408381	198245	1694	651	39073	152017		4811
专卖店	304314	166232	11	53	33344	126325	6500	

16-8 续表 4 （2018 年） 单位:万元

指标	损益及分配					
	主营业务收入	主营业务成本	主营业务税金及附加	其他业务利润	销售费用	管理费用
总计	**33588809**	**30192874**	**236229**	**25120**	**951970**	**504904**
批发业	**22871439**	**21018585**	**169523**	**3926**	**576670**	**257735**
# 国有控股	7326962	6865875	106314	3265	99052	54912
按登记注册类型分						
内资企业	22821203	20974012	169441	3926	573531	257128
国有企业	939137	684157	99214	249	21800	37322
集体企业	28966	23105	638		492	365
股份合作企业						
联营企业						
有限责任公司	6865915	6589303	12012	355	87967	33356
股份有限公司	1904999	1686420	3486	2986	207310	10375
私营企业	12905949	11837655	52687	338	255026	174145
# 私营有限责任公司	12585965	11561467	51164	338	242905	166176
其他企业	176238	153373	1404		936	1564
港、澳、台商投资企业	2713	853	12		2351	177
外商投资企业	47523	43720	70		789	431
按国民经济行业分						
农、林、牧、渔产品批发	685083	596352	6969		16848	17321
食品、饮料及烟草制品批发	1819793	1488125	99657	119	47380	49688
# 米、面制品及食用油批发	141376	115188	595	91	5639	6537
烟草制品批发	666664	469607	93448		10954	23268
纺织、服装及日用品批发	1241168	1204146	2099	28	13917	4289
# 纺织品、针织品及原料批发	897616	885862	1326		1571	1364
医药及医疗器材批发	1314848	1042784	6202	437	223490	22182
矿产品、建材及化工产品批发	12820780	11936934	41311	3210	208772	118311
# 煤炭及制品批发	5378493	4985496	15814	105	66339	45368
金属及金属矿批发	4570639	4338019	13815	121	55525	35271
机械设备、五金交电及电子产品批发	4280072	4112492	8247	144	54805	37388
# 农业机械批发	291864	268454	518		5794	5254
汽车及零配件批发	292138	274283	865		5923	2888
其他机械设备及电子产品批发	3458094	3363391	5298	122	38773	20214
其他批发	465261	401222	4362	–17	9441	7501
按经营方式分						
独立门店	14662711	13334000	149657	724	273403	202488
连锁总店(总部)	5896	5247	10		432	170
连锁门店						
其他	8202832	7679338	19856	3203	302836	55077

16-8 续表 5 （2018 年） 单位：万元

指　　标	损益及分配					
	主营业务收入	主营业务成本	主营业务税金及附加	其他业务利润	销售费用	管理费用
零售业	**10717370**	**9174289**	**66705**	**21194**	**375299**	**247169**
# 国有控股	275556	250238	335	3195	11903	11957
按登记注册类型分						
内资企业	10456931	8953342	65725	17328	350324	241535
国有企业	20151	17472	47	1677	1031	3840
集体企业	249123	206052	3598		7657	7036
股份合作企业	5890	4655	50		235	448
联营企业						
有限责任公司	2015886	1785780	6645	5715	81991	37241
股份有限公司	525270	472518	1988	2088	19040	16238
私营企业	7562550	6399309	53029	7848	238539	174845
# 私营有限责任公司	7152697	6070575	49240	7227	231801	168574
其他企业	78061	67554	367		1831	1888
港、澳、台商投资企业	162536	142797	574	3758	17210	1615
外商投资企业	97903	78150	406	108	7766	4019
按国民经济行业分						
综合零售	1815413	1552082	13453	7183	80891	49275
# 百货零售	1295477	1115544	11524	2023	27242	32918
超级市场零售	485029	408277	1504	5160	52548	14651
食品、饮料及烟草制品专门零售	894774	758809	5188	35	26175	23035
纺织、服装及日用品专门零售	719698	606048	4247	184	23953	17751
文化、体育用品及器材专门零售	191184	162604	1729	97	8190	6052
# 图书、报刊零售	3184	2834			153	172
医药及医疗器材专门零售	469860	402929	2521	2268	26004	16477
汽车、摩托车、燃料及零配件专门零售	3397855	2961585	17511	8308	113967	67045
# 汽车新车零售	2888079	2542254	14106	7427	92830	54613
家用电器及电子产品专门零售	1163648	1005284	6400	2686	45920	29291
# 日用家电零售	217682	192340	1186	127	6440	4519
计算机、软件及辅助设备零售	196282	164826	929		6939	6668
五金、家具及室内装修材料专门零售	1605079	1341772	11829	254	38292	28201
# 五金零售	457599	379719	4165	254	14837	11736
家具零售	236612	196812	1768		5895	7155
货摊、无店铺及其他零售	459858	383176	3828	181	11908	10041
按经营方式分						
独立门店	8760158	7502859	59442	18008	302601	206237
连锁总店(总部)	138017	103125	407	1353	21020	6471
连锁门店	36028	30017	119	55	5905	961
其他	1783167	1538289	6737	1777	45774	33501
按零售业态分						
超　市	614724	514502	2711	255	28411	19394
大型超市	265608	230060	838	2923	31961	7433
仓储会员店	4968	4011	7		268	482
百货店	746680	618684	10265	3153	25589	26935
专业店	3744911	3245655	21280	5964	124166	87266
专卖店	2836788	2474681	15811	7517	93417	63969

16-8 续表 6 （2018 年） 单位：万元

指标	损益及分配				
	财务费用	# 利息支出	营业利润	利润总额	所得税费用
总 计	**153933**	**49691**	**1453592**	**1459903**	**260229**
批发业	**74356**	**33277**	**751976**	**757189**	**137696**
# 国有控股	-10368	12728	211416	213219	47509
按登记注册类型分					
内资企业	74132	33274	750414	755538	137283
国有企业	-2748	331	101451	102895	21302
集体企业	73	64	4293	4293	737
股份合作企业					
联营企业					
有限责任公司	247	14105	134358	134489	31090
股份有限公司	2681	1136	1896	2036	1622
私营企业	73441	17544	491852	495960	81706
# 私营有限责任公司	72262	17521	476022	479966	79368
其他企业	438	94	16566	15865	827
港、澳、台商投资企业	-83	2	-592	-543	
外商投资企业	307	1	2154	2195	413
按国民经济行业分					
农、林、牧、渔产品批发	6317	703	41789	42194	6651
食品、饮料及烟草制品批发	523	1104	133146	134413	26920
# 米、面制品及食用油批发	1867	765	13913	15462	1367
烟草制品批发	-6877	4	76443	76341	19547
纺织、服装及日用品批发	2227	1388	14221	14218	2030
# 纺织品、针织品及原料批发	2080	1350	5413	5305	739
医药及医疗器材批发	5533	3901	17011	18224	4401
矿产品、建材及化工产品批发	62598	21253	442918	445009	80273
# 煤炭及制品批发	20111	5080	244050	244653	48625
金属及金属矿批发	28001	14115	91477	92709	13926
机械设备、五金交电及电子产品批发	-9787	4622	65834	66664	10257
# 农业机械批发	1239	53	10451	10452	711
汽车及零配件批发	839	353	6497	6635	1064
其他机械设备及电子产品批发	-15574	4032	36344	36900	7337
其他批发	5941	127	34490	33901	6832
按经营方式分					
独立门店	77338	23513	615943	617510	111859
连锁总店(总部)	9	8	35	35	
连锁门店					
其他	-2990	9756	135998	139645	25837

16-8 续表 7 （2018 年） 单位：万元

指标	损益及分配				
	财务费用	# 利息支出	营业利润	利润总额	所得税费用
零售业	79576	16414	701616	702714	122533
# 国有控股	2241	-50	5093	5198	1378
按登记注册类型分					
内资企业	79433	16785	689401	690231	119388
国有企业	-14	-2	-549	-546	44
集体企业	3515	670	20918	20919	4487
股份合作企业	202		300	299	21
联营企业					
有限责任公司	11742	6276	71677	72556	12705
股份有限公司	6672	254	17102	17103	3211
私营企业	56295	8892	574552	574500	97909
# 私营有限责任公司	54785	8797	542802	542681	93296
其他企业	1022	695	5400	5400	1012
港、澳、台商投资企业	318	26	7474	7482	1647
外商投资企业	-175	-396	4741	5001	1498
按国民经济行业分					
综合零售	14574	2455	105658	105788	23135
# 百货零售	7457	1465	91947	91969	20084
超级市场零售	6326	892	11090	11198	2450
食品、饮料及烟草制品专门零售	5513	580	73253	73277	13951
纺织、服装及日用品专门零售	5085	1582	58761	58621	8566
文化、体育用品及器材专门零售	1577	204	11561	12150	2376
# 图书、报刊零售	-52	1	77	76	17
医药及医疗器材专门零售	4393	107	21184	21447	5004
汽车、摩托车、燃料及零配件专门零售	28919	8500	164591	165347	35647
# 汽车新车零售	26120	8261	118240	119037	27535
家用电器及电子产品专门零售	7472	1367	72031	71508	13167
# 日用家电零售	1468	136	11638	11642	1862
计算机、软件及辅助设备零售	1116	270	14541	14534	2285
五金、家具及室内装修材料专门零售	9452	672	148897	148921	15459
# 五金零售	3388	259	43884	43896	6429
家具零售	2690	391	20926	20926	3633
货摊、无店铺及其他零售	2592	946	45682	45655	5228
按经营方式分					
独立门店	69969	15705	580138	580898	100218
连锁总店(总部)	638	-8	2494	2508	358
连锁门店	108		-1063	-1006	
其他	8862	717	120047	120313	21957
按零售业态分					
超　市	4687	582	42370	43079	6041
大型超市	4225	440	5267	5271	1820
仓储会员店	3		197	197	2
百货店	7253	1396	55209	55224	13230
专业店	22660	5049	248288	248839	43522
专卖店	28789	7004	161541	161865	34977

16-8　续表 8　（2018 年）　单位：万元

指　　标	工资、增值税		亏损企业数（个）	亏损总额
	本年应付工　资	本年应交增值税		
总　计	**440939**	**501491**	**212**	**93202**
批发业	**200628**	**312060**	**102**	**56895**
# 国有控股	44518	83426	8	10751
按登记注册类型分				
内资企业	199429	311799	100	56306
国有企业	21902	35462	1	164
集体企业	824	666		
股份合作企业				
联营企业				
有限责任公司	33589	60513	13	20954
股份有限公司	44518	9292	6	18184
私营企业	96069	203284	80	17003
# 私营有限责任公司	91396	198377	79	16850
其他企业	2526	2582		
港、澳、台商投资企业	706	88	1	543
外商投资企业	493	173	1	46
按国民经济行业分				
农、林、牧、渔产品批发	9425	7032	4	133
食品、饮料及烟草制品批发	39132	47001	9	13504
# 米、面制品及食用油批发	5613	1656	3	1574
烟草制品批发	15924	31765		
纺织、服装及日用品批发	5292	5939	4	3806
# 纺织品、针织品及原料批发	887	1288	1	6
医药及医疗器材批发	49615	21277	4	15332
矿产品、建材及化工产品批发	66517	187428	55	21481
# 煤炭及制品批发	20903	75839	23	6603
金属及金属矿批发	14542	72221	22	9256
机械设备、五金交电及电子产品批发	23184	33214	21	1907
# 农业机械批发	2557	1675	4	104
汽车及零配件批发	2224	1556	6	90
其他机械设备及电子产品批发	15774	27442	4	1416
其他批发	6671	9356	3	680
按经营方式分				
独立门店	123711	233415	73	34885
连锁总店(总部)	470	84		
连锁门店				
其他	76447	78561	29	22009

16-8 续表 9 （2018 年） 单位:万元

指 标	工资、增值税		亏损企业数（个）	亏损总额
	本年应付工 资	本年应交增 值 税		
零售业	**240312**	**189431**	**110**	**36307**
# 国有控股	9569	3319	5	740
按登记注册类型分				
内资企业	226949	183038	108	34625
国有企业	2534	211	4	720
集体企业	4808	7680		
股份合作企业	247	65		
联营企业				
有限责任公司	52000	20099	20	14034
股份有限公司	11053	6758	2	244
私营企业	152691	147437	82	19627
# 私营有限责任公司	144757	140460	79	18275
其他企业	3618	788		
港、澳、台商投资企业	8554	5284		
外商投资企业	4809	1109	2	1682
按国民经济行业分				
综合零售	58156	29879	17	9039
# 百货零售	23298	23081	6	4903
超级市场零售	33494	5836	11	4136
食品、饮料及烟草制品专门零售	17010	14744	5	837
纺织、服装及日用品专门零售	17175	14357	6	1522
文化、体育用品及器材专门零售	5137	3084	5	307
# 图书、报刊零售	131			
医药及医疗器材专门零售	15422	10508	9	489
汽车、摩托车、燃料及零配件专门零售	71262	65004	57	23457
# 汽车新车零售	55103	53185	53	22964
家用电器及电子产品专门零售	25678	21269	6	648
# 日用家电零售	3481	3479	1	3
计算机、软件及辅助设备零售	3990	3835	1	30
五金、家具及室内装修材料专门零售	16904	23983	5	9
# 五金零售	6871	9261	3	1
家具零售	3530	4931	1	7
货摊、无店铺及其他零售	13568	6604		
按经营方式分				
独立门店	195746	163913	98	33455
连锁总店(总部)	10719	2370	5	1277
连锁门店	3976	258	4	1006
其他	29870	22890	3	569
按零售业态分				
超 市	18351	13025	5	2382
大型超市	20315	3891	2	1637
仓储会员店	261	36		
百货店	22941	16490	7	4196
专业店	74028	74744	43	10095
专卖店	55818	46075	34	14061

16-9 限额以上住宿餐饮业企业财务状况

（2018 年）　　单位：万元

指标	年末资产负债					资产总计	负债合计
	流动资产合计	# 存货	固定资产原价	累计折旧	# 本年折旧		
总计	**153387**	**8400**	**250624**	**94565**	**17700**	**451706**	**284010**
住宿业	**66228**	**2744**	**148676**	**62260**	**9011**	**261021**	**162841**
# 国有控股	12295	588	55708	20486	2176	63522	44697
按登记注册类型分							
内资企业	61684	2592	145952	60875	8592	199627	119098
国有企业	5185	370	48904	15780	1829	53197	34815
集体企业	510	83	535	150	68	2323	2358
有限责任公司	28167	1006	67311	36766	2511	74916	50822
股份有限公司	253	11	740	89	22	1533	1099
私营企业	27568	1122	28461	8091	4162	67658	30004
其他企业							
按国民经济行业分							
旅游饭店	52405	1869	111313	53217	7026	174644	113188
一般旅馆	13450	870	36777	8676	1957	84708	49086
按星级等级分							
一星	128					154	94
二星	1216	189	6184	1365	289	22764	10411
三星	25747	482	27258	15951	3561	44674	32226
四星	8561	444	53359	14987	1382	65558.2	45892
五星	7887	215	22940	12412	923	60009	43651
其他	22690	1415	38936	17544	2857	67863	30568
餐饮业	**87159**	**5656**	**101948**	**32305**	**8689**	**190685**	**121169**
# 国有控股	1210	355	6768	5401	1594	4424	12500
按登记注册类型分							
内资企业	87159	5656	101948	32305	8689	190685	121169
国有企业	1594	448	6816	5451	1592	4194	13341
集体企业	1325	48	322	291	4	1452	461
有限责任公司	34717	316	4298	1767	559	48589	39567
股份有限公司	3304	106	3035	1945	127	5206	1747
私营企业	45843	4729	86907	22758	6409	130544	65754
私营独资企业	2611	136	3627	1648	101	5026	4364
私营有限责任公司	42584	4565	81662	20937	6238	123220	60228
其他							
按国民经济行业分							
正餐服务	81156	5128	92659	30443	8306	176168	114228
快餐服务	3520	106	4276	1212	156	7044	4265
其他餐饮服务	114	37	209	82	12	240	36
按经营方式							
独立门店	56599	5408	96118	31189	8219	152931	94104
连锁总店(总部)							
连锁门店							
其他	30560	248	5830	1116	470	37753	27065

16-9 续表 1 （2018 年） 单位：万元

指标	年末资产负债						港澳台资本	主营业务收入
	所有者权益合计	实收资本	国家资本	集体资本	法人资本	个人资本		
总 计	**167696**	**131160**	**31394**	**5852**	**23399**	**53146**	**17369**	**392736**
住宿业	**98181**	**88631**	**30911**	**3302**	**16024**	**21025**	**17369**	**151363**
#国有控股	18825	31299	30911		388			23691
按登记注册类型分								
内资企业	80529	64651	30911	3302	9413	21025		145828
国有企业	18382	29519	29519					11566
集体企业	-35	297		297				3779
有限责任公司	24094	21152	1392	2875	7427	9458		42089
股份有限公司	434	230		130		100		424
私营企业	37654	13453			1986	11467		87971
其他企业								
按国民经济行业分								
旅游饭店	61456	65387	30911	3302	14979	12889	3306	94126
一般旅馆	35622	22942			1045	7834	14063	46826
按星级等级分								
一星	60	30				30		82
二星	12353	15504	91	600		800	14013	12241
三星	12448	13599	1469	250	2388	9492		30392
四星	19666	31525	29050	2275		200		21211
五星	16358	15017	100		11611		3306	18203
其他	37295	12956	201	177	2025	10503	50	69234
餐饮业	**69516**	**42529**	**483**	**2550**	**7375**	**32121**		**241372**
#国有控股	-8075	509	483		26			5953
按登记注册类型分								
内资企业	69516	42529	483	2550	7375	32121		241372
国有企业	-9146	487	437	50				6211
集体企业	990	500		500				1569
有限责任公司	9023	5628	46		2832	2751		31897
股份有限公司	3459	1274			1268	6		8730
私营企业	64790	34180		2000	2816	29364		192738
私营独资企业	662	500			50	450		19721
私营有限责任公司	62992	32888		2000	2766	28122		163094
其他								
按国民经济行业分								
正餐服务	61941	40062	483	2550	7212	29817		215932
快餐服务	2778	747				747		13820
其他餐饮服务	204	100				100		7196
按经营方式								
独立门店	58827	39379	483	2500	7275	29121		227399
连锁总店（总部）								
连锁门店								
其他	10688	3151		50	100	3001		13973

16-9 续表 2 （2018 年） 单位：万元

指　　标	损益及分配					
	主　营 业务成本	主营业务 税金及附加	其他业务 利　润	销售费用	管理费用	财务费用
总　计	**237266**	**5290**	**1642**	**54443**	**39083**	**8286**
住宿业	**84168**	**1739**	**277**	**26756**	**19362**	**3198**
# 国有控股	8423	145	79	7350	8652	985
按登记注册类型分						
内资企业	82827	1662	277	23900	18724	2686
国有企业	3698	40	79	5332	3886	801
集体企业	2108	233		523	490	273
有限责任公司	23335	476		9523	8835	590
股份有限公司	101	10	198	181	123	1
私营企业	53584	903		8341	5390	1021
其他企业						
按国民经济行业分						
旅游饭店	45406	1184	277	20817	14628	1836
一般旅馆	30508	548		5801	4434	1162
按星级等级分						
一星	65	1		8	6	0
二星	5921	132		823	766	516
三星	15442	609		4813	4441	737
四星	14425	156	79	4841	4751	829
五星	3937	310		8670	3913	302
其他	44378	531	198	7601	5486	814
餐饮业	**153099**	**3551**	**1366**	**27687**	**19721**	**5088**
# 国有控股	4091	33		714	862	159
按登记注册类型分						
内资企业	153099	3551	1366	27687	19721	5088
国有企业	4173	31	974	1389	944	125
集体企业	865	29		381	131	7
有限责任公司	18421	468		5295	4306	1929
股份有限公司	3502	16	314	3269	1633	181
私营企业	126056	3006	61	17237	12639	2846
私营独资企业	11644	126	6	4359	898	116
私营有限责任公司	107762	2612	56	12612	11496	2712
其他						
按国民经济行业分						
正餐服务	136690	3439	1359	22229	18851	4931
快餐服务	7984	83		4117	539	121
其他餐饮服务	6541	16		220	176	14
按经营方式						
独立门店	147319	3141	391	25162	17486	3571
连锁总店（总部）						
连锁门店						
其他	5780	410	974	2525	2236	1517

16-9 续表 3 （2018 年） 单位:万元

指标	损益及分配				本年应付工资	亏损企业数（个）	亏损总额
	利息支出	营业利润	利润总额	所得税费用			
总　计	**1943**	**47971**	**48338**	**7405**	**48501**	**31**	**8442**
住宿业	**873**	**16520**	**16832**	**3073**	**23259**	**17**	**6085**
# 国有控股	2	−1851	−1550	316	5289	5	2678
按登记注册类型分							
内资企业	376	16412	16725	3053	21927	16	5861
国有企业	2	−2176	−1875	110	2154	2	2391
集体企业		152	152	49	541	1	94
有限责任公司	247	−28	−2	601	8833	5	2648
股份有限公司		2	2	2	199	1	13
私营企业	127	18462	18448	2292	10199	7	715
其他企业							
按国民经济行业分							
旅游饭店	256	10858	11185	2296	15066	11	3407
一般旅馆	617	4151	4135	763	7017	6	2678
按星级等级分							
一星		1	1		14		
二星	497	4085	4084	605	627		
三星	2	4289	4351	774	3122	3	966
四星		−3777	−3542	74	4585	3	3949
五星	244	1582	1604	507	5298	1	224
其他	129	10340	10333	1114	9612	10	946
餐饮业	**1070**	**31451**	**31506**	**4332**	**25243**	**14**	**2357**
# 国有控股	110	98	98	61	1190	1	549
按登记注册类型分							
内资企业	1070	31451	31506	4332	25243	14	2357
国有企业	111	−344	−344	55	902	1	549
集体企业		47	47	1	196		
有限责任公司		1408	1567	94	4763	3	598
股份有限公司		443	454	108	896		
私营企业	960	29922	29804	4074	18411	9	1188
私营独资企业		2572	2567	402	1633		
私营有限责任公司	960	24818	24705	3549	16026	9	1188
其他							
按国民经济行业分							
正餐服务	1070	29206	29267	4004	22468	13	2308
快餐服务		976	971	233	1471	1	49
其他餐饮服务		229	229	57	254		
按经营方式							
独立门店	1070	30142	30197	4103	22924	14	2357
连锁总店(总部)							
连锁门店							
其他		1309	1309	229	2319		

主要统计指标解释

社会消费品零售额 是指各种经济类型的批发零售贸易业、餐饮业、制造业和其他行业对城乡居民和社会集团的消费品零售额和农民对非农业居民的零售额总和。这个指标反映通过各种商品流通渠道向居民和社会集团供应生活消费品来满足他们生活需要的情况,是研究人民生活、社会消费品购买力、货币流通等问题的重要指标。

批发零售贸易业 是指专门从事批发和零售贸易活动的经济部门。

批发零售贸易业商品购销存总额 是指除个体经济以外的各种经济类型的独立核算批发零售贸易业法人企业以及其他独立核算法人企业和单位附营的各类批发零售贸易单位的商品购销存总额。

商品购进总额 指批发零售贸易业各企业(附营单位)从本企业(单位)以外的单位和个人购进(包括从国外直接进口)作为转卖或加工后转卖的商品。本指标由从生产者购进额、从批发零售贸易业购进额、进口额和其他购进额项目组成。这个指标反映批发零售贸易业从国内、国外市场上购进商品总量。

商品销售总额 指批发零售贸易业各企业(附营单位)对本企业(单位)以外的单位和个人出售(包括对国(境)外直接出口)的商品(包括售给本单位消费用的商品)。本指标由对生产经营单位批发额、对批发零售贸易业批发额、出口额和对居民和社会集团商品零售额项目组成。这个指标反映批发零售贸易业在国内市场上销售商品以及出口商品的总量。

期末库存 指批发零售贸易企业(附营单位)已取得所有权的全部商品。这个指标反映批发零售贸易企业的商品库存情况,对市场商品供应的保证程度。

资本金总额 是指批发零售贸易业、餐饮业企业在工商行政管理部门登记的注册资金。资本金按投资主体分为国家资本金、法人资本金、个人资本金和外商资本金等。

流动资产 指可以在一年内或者超过一年的一个营业周期内变现或者耗用的资产。包括货币资产、短期投资、应收票据、应收帐款、坏帐准备、应收帐款净额、预付帐款、其他应收款、存货、待转其他业务支出、待摊费用、待处理流动资产净损失、一年内到期的长期债券投资、其他流动资产等项。

商品销售收入 指批发零售贸易企业商品销售收入、接受其他单位委托代销商品的收入和餐饮企业的营业收入(包括餐费收入、冷热饮收入、服务收入和其他收入)。

商品销售成本 指批发零售贸易企业已销商品应负担的进货原价和餐饮企业的原材料成本,商品进价成本。

利润总额 指企业全年实现的利润。包括营业利润、投资净收益以及营业外收支净额。

十七、科技和教育

SCIENCE AND TECHNOLOGY, EDUCATION

版面负责人：李跃东　卢川川
编　　　辑：董志娟　孙从兵

统计执法监督检查办法

第四章　统计违法行为的处罚

第二十五条　查处统计违法案件应当做到事实清楚，证据确凿，定性准确，处理恰当，适用法律正确，符合法定程序。

第二十六条　国家统计局负责查处情节严重或影响恶劣的统计造假、弄虚作假案件，对国家重大统计部署贯彻不力的案件，重大国情国力调查中发生的严重统计造假、弄虚作假案件，其他重大统计违法案件。

省级统计局依法负责查处本行政区域内统计造假、弄虚作假案件，违反国家统计调查制度以及重要的地方统计调查制度的案件。但是国家调查总队组织实施的统计调查中发生的统计造假、弄虚作假案件，违反国家统计调查制度案件，由组织实施统计调查的国家调查总队进行查处。

市级、县级统计局和国家统计局市级、县级调查队，发现本行政区域内统计造假、弄虚作假违法行为的，应当及时报告省级统计机构依法查处；依法负责查处本行政区域内其他统计违法案件。

第二十七条　统计执法监督检查机构具体负责查处统计违法行为，统计执法队接受所属统计机构委托开展有关执法检查工作。

第二十八条　对下列统计违法行为，县级以上人民政府统计机构应当依法立案：

（一）各地方、各部门、各单位及其负责人违反统计法律法规规章的；

（二）县级以上人民政府统计机构及其工作人员违反统计法律法规规章的；

（三）国家机关、企业事业单位和其他组织以及个体工商户等调查对象违反统计法律法规规章的；

（四）违反国家统计规则、政令的；

（五）违反涉外统计调查和民间统计调查有关法律法规规章的；

（六）其他按照法律法规规章规定应当立案的。

17-1 主要年份科学技术事业情况

指　　标		1985	1990	1995	2000	2005	2008	2009	2010
科学研究机构	**（个）**								
国有独立科研机构		21	28	26	30	25	24	23	20
民办科技型企业		3	76	139	460	896	1196	1498	1470
各类专业技术人员	**（人）**	**60726**	**125300**	**184010**	**228441**	**217572**	**248283**	**248915**	**271799**
# 中级职称以上人员		5992	32568	55036	87954	76264	102022	102682	113977
科学研究成果	**（项）**								
通过鉴定成果		48	61	55	192	131	152	186	203
# 达到国际水平		1	1	1	15	12	12	75	66
填补国内空白		3	12	18	37	96	54	32	52
达到省内先进水平		8	32	51	76	20	82	78	81
填补省内空白		10	2	47	17	3	4	1	4
专利申请受理量		38	143	456	474	2205	6839	6898	9927

17-1 续表

指　　标		2011	2012	2013	2014	2015	2016	2017	2018
科学研究机构	**（个）**								
国有独立科研机构		19	19	19	19	29	34	39	36
民办科技型企业		2534	4846	6546	7307	7912	9915	10279	10454
各类专业技术人员	**（人）**	**396344**	**419953**	**436000**	**454900**	**441000**	**452500**	**478000**	**516500**
# 中级职称以上人员		134448	149644						
科学研究成果	**（项）**								
通过鉴定成果		179	172	297	199	179	240		
# 达到国际水平		39	43	65	46	34	72		
填补国内空白		51	62	90	60	75	61		
达到省内先进水平			4	5	5	8	12		
填补省内空白					4				
专利申请受理量		14729	18014	23472	14014	12481	21511	18548	25951

注：2013 年及以后各类专业技术人员数统计口径由全社会改为国有、集体单位（下同）。2017 年起，通过鉴定成果及其中项不再统计。

17-2 规模以上工业企业新产品产出情况

（2018 年） 单位:万元

指标	新产品开发项目数(项)	新产品开发经费支出	新产品产值	新产品销售收入	#出口
总计	**2271**	**1194765**	**9478180**	**9420114**	**1063428**
按企业规模分组					
大型	561	499396	6174898	6083798	975263
中型	396	258352	1491556	1514540	56781
小型	1258	431160	1781911	1795549	31225
微型	56	5857	29815	26227	159
按隶属关系分组					
中央	44	13083	116262	116262	
地方	395	335973	3710386	3678764	818952
其他	1832	845710	5651532	5625088	244476
按登记注册类型分组					
内资企业	2048	1085504	8013033	8020811	931863
国有企业	6	1342	750	400	
集体企业	10	2805			
股份合作企业					
联营企业					
国有联营企业					
集体联营企业					
国有与集体联营企业					
其他联营企业					
有限责任公司	575	366608	4546497	4632053	786166
国有独资公司	298	265254	3155888	3130283	745924
其他有限责任公司	277	101353	1390609	1501771	40242
股份有限公司	170	103722	947220	927752	110619
私营企业	1286	610802	2514977	2457077	35079
私营独资企业	22	18382	49782	47037	
私营合伙企业	3	374	126	126	
私营有限责任公司	1217	568347	2341913	2281062	35079
私营股份有限公司	44	23699	123156	128852	
其他企业	1	226	3589	3529	
港、澳、台商投资企业	130	67087	1113366	1055494	88365
合资经营企业(港或澳、台资)	68	31206	179960	156839	18349
合作经营企业(港或澳、台资)					
港、澳、台商独资经营企业	53	32298	912088	878328	70017
港、澳、台商投资股份有限公司	9	3583	21319	20328	
其他港澳台投资企业					
外商投资企业	93	42174	351781	343810	43199
中外合资经营企业	53	33836	314898	306331	38833
中外合作经营企业					
外资企业	40	8337	36882	37479	4366
外商投资股份有限公司					
其他外商投资企业					

17-2 续表 （2018 年） 单位：万元

指标	新产品开发项目数（项）	新产品开发经费支出	新产品产值	新产品销售收入	出口
按国民经济行业大类分组					
采矿业	48	24928	139646	133798	
煤炭开采和洗选业	46	9583	94794	90029	
石油和天然气开采业					
黑色金属矿采选业					
有色金属矿采选业					
非金属矿采选业	1	2520	19584	18500	
开采专业及辅助性活动	1	12826	25269	25269	
其他采矿业					
制造业	2205	1163963	9329163	9277916	1063428
农副食品加工业	84	50627	235672	229564	1500
食品制造业	59	22495	81813	75324	
酒、饮料和精制茶制造业	49	39266	553914	550740	
烟草制品业	3	1045	19986	19986	
纺织业	129	51130	230812	233725	27062
纺织服装、服饰业	25	4892	17475	16025	1748
皮革、毛皮、羽毛及其制品和制鞋业	11	3987	1021	1143	
木材加工和木、竹、藤、棕、草制品业	172	67395	95886	86565	900
家具制造业	20	9417	21913	21661	2000
造纸和纸制品业	6	2357	12024	10494	125
印刷和记录媒介复制业	13	1342	3349	3349	
文教、工美、体育和娱乐用品制造业	29	7736	21915	19604	7054
石油、煤炭及其他燃料加工业	28	12911	22009	22315	
化学原料和化学制品制造业	151	77769	781121	769864	143833
医药制造业	108	71848	475252	472346	
化学纤维制造业	8	7641	154091	150372	
橡胶和塑料制品业	60	26755	246007	223021	21904
非金属矿物制品业	124	55319	240417	323472	
黑色金属冶炼和压延加工业	11	33216	46745	44414	
有色金属冶炼和压延加工业	41	28287	541547	553974	21132
金属制品业	99	44690	168434	165008	5432
通用设备制造业	114	26855	177850	168829	6293
专用设备制造业	437	303757	3363303	3344470	750444
汽车制造业	52	12613	60924	64230	
铁路、船舶、航空航天和其他运输设备制造业	36	18947	238922	239571	19042
电气机械和器材制造业	141	72632	370488	370007	259
计算机、通信和其他电子设备制造业	95	72487	997488	955462	51622
仪器仪表制造业	88	35462	117412	111696	3000
其他制造业	2	305	281	275	49
废弃资源综合利用业	10	781	31094	30411	30
金属制品、机械和设备修理业					
电力、热力、燃气及水生产和供应业	18	5875	9371	8400	
电力、热力生产和供应业	11	4287	7989	7396	
燃气生产和供应业	5	1160	1032	1004	
水的生产和供应业	2	428	350		
按经济成分分组					
公有经济	418	334528	3910788	3878877	792776
非公有经济	1853	860238	5567392	5541238	270652
按企业控股情况分组					
国有控股	348	280696	3298183	3271623	745924
集体控股	70	53831	612604	607253	46852
私人控股	1618	755632	4218290	4216016	194967
港澳台商控股	87	53735	941655	907192	70017
外商控股	74	26376	228041	226712	5621
其他	74	24495	179405	191318	47

17-3 规模以上工业企业政府相关政策落实情况

（2018 年） 单位:万元

指　　标	来自政府部门的科技活动资金	研究开发费用加计扣除减免税	高新技术企业减免税
总　计	**7517**	**57780**	**44014**
按企业规模分组			
大型	5705	28636	32213
中型	119	13325	7705
小型	1685	14613	4071
微型	8	1206	26
按隶属关系分组			
中央		1088	
地方	5469	24516	20650
其他	2048	32175	23364
按登记注册类型分组			
内资企业	7053	53640	31112
国有企业			
集体企业	6		
股份合作企业			
联营企业			
国有联营企业			
集体联营企业			
国有与集体联营企业			
其他联营企业			
有限责任公司	5514	26105	14333
国有独资公司	5355	22914	12580
其他有限责任公司	159	3191	1753
股份有限公司	833	5198	11050
私营企业	702	22337	5729
私营独资企业		1089	
私营合伙企业			
私营有限责任公司	692	18635	5052
私营股份有限公司	10	2613	676
其他企业			
港、澳、台商投资企业	217	1720	9825
合资经营企业(港或澳、台资)	217	690	7842
合作经营企业(港或澳、台资)			
港、澳、台商独资经营企业		1029	1983
港、澳、台商投资股份有限公司			
其他港澳台投资企业			
外商投资企业	247	2420	3078
中外合资经营企业	247	2355	2986
中外合作经营企业			
外资企业		64	92
外商投资股份有限公司			
其他外商投资企业			

17-3 续表　（2018年）　单位:万元

指　　标	来自政府部门的科技活动资金	研究开发费用加计扣除减免税	高新技术企业减免税
按国民经济行业大类分组			
采矿业		3571.4	
煤炭开采和洗选业		2482.2	
石油和天然气开采业			
黑色金属矿采选业			
有色金属矿采选业			
非金属矿采选业			
开采专业及辅助性活动		1089.2	
其他采矿业			
制造业	7516.5	54115.4	44014.3
农副食品加工业	177.4	3086.7	196.8
食品制造业		205.0	
酒、饮料和精制茶制造业			
烟草制品业			
纺织业	63.6	2404.2	1983.0
纺织服装、服饰业			
皮革、毛皮、羽毛及其制品和制鞋业			
木材加工和木、竹、藤、棕、草制品业	1.3	605.5	317.6
家具制造业	5.0	1.6	1.2
造纸和纸制品业			
印刷和记录媒介复制业			
文教、工美、体育和娱乐用品制造业			
石油、煤炭及其他燃料加工业			
化学原料和化学制品制造业	67.7	4941.2	4802.8
医药制造业	75.0	3115.6	8693.5
化学纤维制造业			
橡胶和塑料制品业	161.0	1338.6	2281.5
非金属矿物制品业	48.6	1365.3	66.8
黑色金属冶炼和压延加工业			
有色金属冶炼和压延加工业	153.4	1042.4	
金属制品业	0.5	3744.4	459.0
通用设备制造业	154.0	1169.1	228.8
专用设备制造业	5905.9	22421.2	13653.2
汽车制造业		445.7	1140.8
铁路、船舶、航空航天和其他运输设备制造业		315.8	1065.8
电气机械和器材制造业	18.7	4090.9	1062.2
计算机、通信和其他电子设备制造业	154.4	1277.6	7201.4
仪器仪表制造业	330.0	2443.4	479.6
其他制造业		64.4	
废弃资源综合利用业	200.0	36.8	380.3
金属制品、机械和设备修理业			
电力、热力、燃气及水生产和供应业		92.8	
电力、热力生产和供应业		92.8	
燃气生产和供应业			
水的生产和供应业			
按经济成分分组			
公有经济	5360.6	24413.1	12723.5
非公有经济	2155.9	33366.5	31290.8
按企业控股情况分组			
国有控股	5355.0	24002.2	12580.0
集体控股	5.6	410.9	143.5
私人控股	1778.2	31295.4	21425.3
港澳台商控股	177.7	1279.0	8014.9
外商控股	161.0	64.4	91.9
其他	39.0	727.7	1758.7

17-4 主要年份各类学校数

单位:所

年份	普通高等学校	中等专业学校	技工学校	职业高中	普通中学	小学
1949		4			16	1803
1952		8			21	2641
1957		5			62	3109
1962	3	7			140	3773
1965	2	11			142	4390
1970	2	2			179	5183
1975	2	9			228	5113
1978	2	14	9		234	4260
1979	2	14	9		236	4115
1980	2	13	10		274	3446
1981	3	13	10		395	4316
1982	3	14	10		478	3964
1983	4	14	10		494	3822
1984	5	15	11	18	512	3674
1985	5	17	11	36	551	3618
1986	5	16	11	28	612	3490
1987	5	17	11	29	643	3413
1988	5	17	11	31	648	3472
1989	4	17	12	41	654	3441
1990	4	16	12	43	640	3409
1991	4	15	11	45	639	3408
1992	4	15	14	55	621	3391
1993	4	15	14	49	610	3390
1994	4	16	14	51	581	3347
1995	4	16	14	52	553	3338
1996	4	16	14	50	546	3305
1997	4	16	14	52	525	3288
1998	4	16	13	48	523	3250
1999	5	14	14	47	513	3147
2000	5	13	13	42	492	2902
2001	5	12	10	41	498	2710
2002	6	11	10	35	476	2333
2003	6	11	11	31	371	945
2004	7	11	11	28	366	908
2005	7	11	11	21	367	902
2006	7	12	8	25	369	907
2007	7	12	8	26	367	917
2008	7	12	8	25	357	899
2009	7	12	8	25	350	879
2010	7	11	8	21	331	871
2011	8	11	8	18	326	856
2012	9	10	8	9	321	860
2013	9	10	8	14	321	870
2014	9	14	6	14	319	906
2015	9	13	8	12	328	924
2016	10	14	8	10	337	928
2017	10	14	5	11	344	932
2018	10	13		11	353	924

注:2006年及以前职业高中为农职业中学口径(下同)。

17-5 主要年份各类学校在校学生数

单位:人

年份	普通高等学校	中等专业学校	技工学校	职业高中	普通中学	小学(万人)
1949		737			6679	14.31
1952		1645			13117	27.25
1957		2312			37302	40.85
1962	2797	2402			59064	44.14
1965	1027	1913			59971	67.94
1970					175039	61.87
1975	1455	2903			224829	103.54
1978	2080	2869	1826		459841	95.62
1979	2704	5063	2070		408046	98.81
1980	2585	6382	3510		362789	96.94
1981	5634	4573	2919		298335	95.27
1982	4260	4810	2859		289862	91.28
1983	6109	5606	2580		290956	91.98
1984	7173	6884	2716	6913	292253	90.41
1985	9955	8708	2915	10369	311015	88.01
1986	10486	8880	3659	13577	328873	85.69
1987	11410	9711	3454	14355	327280	83.44
1988	11886	10339	3609	11882	314401	81.65
1989	11783	11101	4151	12344	317647	81.92
1990	11586	11091	4898	14440	313758	84.77
1991	12507	11670	5086	17497	309649	89.90
1992	12962	12176	5918	20398	313487	93.66
1993	14238	12918	7639	20098	327372	97.07
1994	16354	16127	10211	20401	374698	103.31
1995	18590	24480	10971	22459	424685	110.34
1996	19720	36831	11181	24848	463226	118.08
1997	21162	43831	11793	24969	481154	127.42
1998	24763	45113	11970	22549	512475	130.99
1999	32236	42072	10133	19832	543390	129.32
2000	46091	34072	10317	19334	584255	126.06
2001	58730	29616	11362	21425	638488	119.84
2002	67863	31610	14175	21222	718597	109.43
2003	71811	33368	18500	21821	802270	96.28
2004	86858	40989	23117	27028	831882	83.06
2005	92666	51166	23000	40492	815113	72.24
2006	104140	59648	26900	65365	777895	64.62
2007	113774	59787	26086	72768	733413	58.75
2008	120094	62043	27421	56712	670459	53.72
2009	125676	57091	26922	57385	593875	51.79
2010	118828	57543	24553	60233	520662	53.02
2011	131747	39331	23936	53811	463610	57.10
2012	133631	47217	22005	45498	426055	62.85
2013	136313	48143	22707	47906	375213	66.18
2014	137239	47125	22221	46227	359258	75.40
2015	137631	43627	19540	45734	347417	84.13
2016	140825	42515	20311	37623	361022	90.54
2017	142630	41370	21006	35239	399373	94.02
2018	145496	52458		29336	455654	95.58

注:2015年及以后普通高等学校在校学生数不包含成人高等教育学生数。

17-6 各类学校专任教师数

单位:人

年份	普通高等学校	中等专业学校	技工学校	职业高中	普通中学	小学
1978	423		83			
1979	444		184		16932	37511
1980	451		336			
1981	1178	591	364		15910	38804
1982	1441	686	398		15341	38004
1983	1512	813	419		14643	32669
1984	1740	843	444	270	14568	32295
1985	1803	984	444	528	15785	31831
1986	2073	1053	476	661	16859	33445
1987	2210	1173	441	759	17162	32519
1988	2135	1142	596	862	17668	32948
1989	2170	1114	659	890	18380	33787
1990	2086	1087	642	1047	19097	34520
1991	2065	1112	661	1144	19371	35723
1992	2020	1110	725	1377	19502	36367
1993	2037	1083	677	1348	19741	36499
1994	2028	1074	848	1440	20416	37915
1995	2160	1102	845	1575	21642	38649
1996	2045	1165	843	1688	22987	39911
1997	2117	1204	762	1983	24222	40670
1998	2244	1270	951	2053	24944	42305
1999	2681	1242	820	1965	26165	44577
2000	2883	1236	801	1816	27658	45798
2001	3198	1357	807	1586	29200	46575
2002	3635	1133	587	1461	32131	44837
2003	4061	1041	680	1575	34232	41806
2004	4686	1114	789	1431	35744	39864
2005	5298	1251	785	1718	37644	39156
2006	5586	1456	711	2185	38821	38719
2007	6203	1693	966	2375	39686	38350
2008	6433	1766	957	2556	39514	36999
2009	6670	1959	1005	2489	39112	36553
2010	6257	1926	987	2524	38379	33991
2011	7015	1808	1047	2279	37714	33517
2012	7418	1642	1147	2557	37179	35419
2013	7596	1704	1161	2487	34591	36511
2014	7734	1834	1187	2395	34013	38210
2015	7879	2537	1074	1856	33673	40445
2016	8217	2139	1351	1874	33695	42716
2017	8366	2077	1329	1798	34781	44606
2018	8569	2631		2160	36253	47692

17-7　每一专任教师平均负担在校学生数

单位：人

年　份	普通高等学　校	中等专业学　校	技　工学　校	职　业高　中	普　通中　学	小　学
1978	4.9		22.0			
1979	6.1		11.3			
1980	5.7		10.4		21.4	25.8
1981	4.8	7.7	8.0		18.8	24.6
1982	3.0	7.0	7.2		18.9	24.0
1983	4.0	6.9	6.2		19.9	28.2
1984	4.1	8.2	6.1	25.6	20.1	28.0
1985	5.5	8.8	6.6	19.6	19.7	27.6
1986	5.1	8.4	7.7	20.5	19.5	25.6
1987	5.2	8.3	7.8	18.9	19.1	25.7
1988	5.6	9.1	16.1	13.8	17.8	24.8
1989	5.4	10.0	6.3	13.9	17.3	24.2
1990	5.6	10.2	7.6	13.8	16.4	24.6
1991	6.1	10.5	7.7	15.3	16.0	25.2
1992	6.4	11.0	8.2	14.8	16.1	25.8
1993	7.0	11.9	11.3	15.0	16.6	26.6
1994	8.1	15.0	12.0	14.2	18.4	27.2
1995	8.6	22.2	13.0	14.3	19.6	28.5
1996	9.6	31.6	13.3	14.7	20.2	29.6
1997	10.0	36.4	15.5	12.6	19.9	31.3
1998	11.0	35.5	12.6	11.0	20.5	31.0
1999	12.1	33.9	12.4	10.1	20.8	29.0
2000	16.0	27.6	12.9	10.6	21.1	27.5
2001	18.4	21.8	14.1	13.5	21.9	25.7
2002	18.7	27.9	24.1	14.5	22.4	24.4
2003	17.7	32.1	27.2	13.9	23.4	23.0
2004	18.5	36.8	29.3	18.9	23.3	20.8
2005	17.5	40.9	29.3	23.6	21.7	18.4
2006	18.6	41.0	37.8	26.6	20.0	16.7
2007	18.3	35.3	27.0	30.6	18.5	15.3
2008	18.7	35.1	28.7	22.2	17.0	14.5
2009	18.8	29.1	26.8	23.1	15.2	14.2
2010	19.0	29.9	24.9	23.9	13.6	15.6
2011	18.8	21.8	22.9	23.6	12.3	17.0
2012	18.0	28.8	19.2	17.8	11.5	17.7
2013	17.9	28.3	14.9	19.3	10.8	18.1
2014	17.6	25.7	18.7	19.3	10.6	19.7
2015	20.6	17.2	18.2	24.6	10.3	20.8
2016	17.1	19.9	15.0	20.1	10.7	21.2
2017	21.4	20.5	15.8	19.6	11.5	21.1
2018	17.0	19.9		13.6	12.6	20.0

17–8 各级各类教育事业

（2018 年）　　单位：人

指　　标	学校数（所）	毕业生数	招生数	在校学生数	教职工数	#专任教师
基础教育合计	**2287**	**385619**	**429596**	**1733852**	**120921**	**101799**
学前教育	997	131205	102241	319268	30162	17391
小学	924	138193	153437	955761	44090	47692
普通中学	353	116010	173231	455654	46125	36253
初中	267	77296	135414	344404	29655	25066
高中	86	38714	37817	111250	16470	11187
中等职业教育	**24**	**29148**	**27834**	**81794**	**4791**	**3885**
调整后中职业学校	24	24366	24810	70216	4791	3885
普通中专学校		4782	3024	11578		
成人中专学校	3	6014	6693	18045	801	669
职业高中学校	8	6135	8846	22816	1449	1101
中等技工学校	**2**	**4809**	**3024**	**11597**	**257**	**173**
普通高等学校	**10**	**52780**	**66797**	**189835**	**12361**	**8569**

17-9　普通高等学校和中等专业学校基本情况

（2018 年）　　单位：人

指　　标	毕业生数	招生数	在　校 学生数	教职工数	# 专任教师
普通高等学校	**37293**	**42430**	**189835**	**12361**	**11940**
中国矿业大学	7909	9105	44426	3061	2665
徐州医科大学	2928	3327	21061	1346	1346
江苏师范大学	5875	6279	33490	2453	2453
徐州工程学院	3704	4356	17675	751	751
九州职业技术学院	5457	5695	29839	1433	1432
徐州工业职业技术学院	1289	1588	5812	275	275
中国矿业大学徐海学院	3135	3533	10887	642	623
徐州医科大学华方学院	1853	2171	8323	573	573
徐州幼儿师范高等专科学校	2433	2728	9625	696	696
徐州生物工程职业技术学院	284		117		
江苏师范大学科文学院	1331	1677	4474	365	365
江苏建筑职业技术学院	1095	887	2070	309	304
江苏安全技术职业学院		1084	2036	457	457
中等专业学校	**5204**	**6865**	**18107**	**1700**	**1331**
江苏省徐州医药高等职业学校	1032	1490	4049	288	245
江苏省徐州财经高等职业技术学校	1310	1772	4717	265	226
徐州经贸高等职业学校	1572	1837	4929	248	198
江苏省徐州市中等专业学校	284	506	954	169	148
徐州体育运动学校	95	145	403	130	22
江苏模特艺术学校	360	500	1316	222	195
运河高等师范学校	239	297	805	171	109
徐州高等师范学校	312	318	934	207	188

17-10 各阶段教育入学、升学情况

（2018 年） 单位：%

地区	入学率		升学率 / 毕业率	
	小学阶段入学率	初中阶段入学率	小学毕业生升学率	初中毕业生毕业率
全市	100	100	100	100
市区	100	100	100	100
丰县	100	100	100	100
沛县	100	100	100	100
铜山区	100	100	100	100
睢宁县	100	100	100	100
新沂市	100	100	100	100
邳州市	100	100	100	100

主要统计指标解释

独立研究与开发机构 指有明确的任务和研究方向，有一定学术水平的业务骨干和一定数量的研究人员，具有研究、开发、开展学术工作的基本条件，主要进行科学研究与技术开发活动，并且在行政上有独立的组织形式，财务上独立核算盈亏，有权与其他单位签订合同，在银行有单独户头的单位。包括国务院各部门、中国科学院、中国社会科学院和各省、自治区、直辖市以及地（市）以上[含地（市）]各部门所属的国有独立的科学研究与技术开发机构。

独立研究与开发机构 指有明确的任务和研究方向，有一定学术水平的业务骨干和一定数量的研究人员，具有研究、开发、开展学术工作的基本条件，主要进行科学研究与技术开发活动，并且在行政上有独立的组织形式，财务上独立核算盈亏，有权与其他单位签订合同，在银行有单独户头的单位。包括国务院各部门、中国科学院、中国社会科学院和各省、自治区、直辖市以及地（市）以上[含地（市）]各部门所属的国有独立的科学研究与技术开发机构。

独立研究与开发机构职工 指在科学研究与技术开发机构工作，并由其支付工资的各种人员。包括长期职工和临时职工，不包括编制以外的离休、退休人员和停薪留职人员，但包括招聘人员。

研究与发展经费支出 指报告期内用于研究与试验发展课题活动（基础研究、应用研究、试验发展）的全部实支出。包括用于研究与发展课题活动的直接支出，还包括间接用于研究与发展活动的一切支出（院、所管理费及维持院、所正常运转的必需费用和与研究发展有关的基本建设支出）。

其他科技人员 指大专、中专毕业和具有初级职称的从事科技活动人员。

发明 专利法及其实施细则所称的发明是指对有关产品、方法或其改进所提出的新的技术方案。

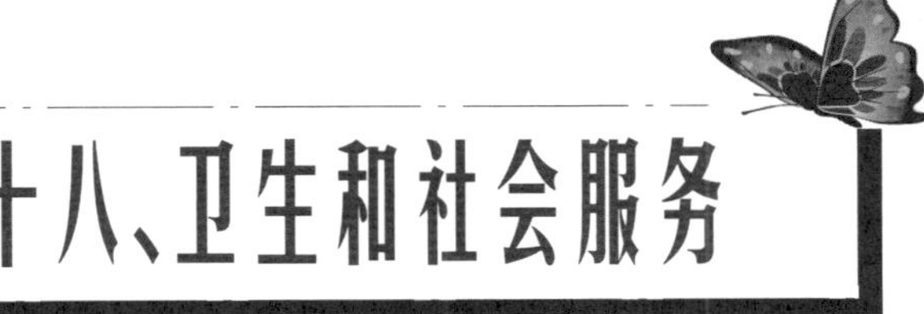

十八、卫生和社会服务

PUBLIC HEALTH AND SOCIAL SERVICES

版面负责人：卢川川
编　　辑：唐彦君

统计执法监督检查办法

第二十九条 立案查处的统计违法行为,应当同时具备下列条件:

(一)有明确的行为人;

(二)有违反本办法第二十八条所列行为,依法应当追究法律责任;

(三)属于人民政府统计机构职责权限和管辖范围。

统计执法监督检查机构按照前款规定的条件,对拟立案的有关材料进行初步审查后,填写《立案审批表》,报送所属人民政府统计机构负责人批准后,予以立案。

第三十条 立案查处的案件,一般案件执法检查人员不得少于 2 人,重大案件应当按规定组成执法检查组。

第三十一条 执法检查人员应当合法、客观、全面地收集证据。收集证据过程中,执法检查人员应当及时制作《现场检查笔录》《调查笔录》等文书,并整理制作《证据登记表》。

案件证据应当与本案件有关联,包括书证、物证、电子数据、视听资料、证人证言、当事人陈述、鉴定结论和勘验笔录等以及其他可证明违法事实的材料。

第三十二条 调查结束后,执法检查组或者执法检查人员应当及时形成监督检查报告,报送所属人民政府统计机构负责人。

监督检查报告内容包括:立案依据、检查情况、违法事实、法律依据、违法性质、法律责任、酌定情形、处理意见等。

18-1 卫生机构数

单位：个

年 份	总 计	医 院 卫生院	#医 院	疗养院、所	门诊部、所
1978	652				
1979	683				
1980	858				
1981	952				
1982	969	231	35	1	678
1983	1004	232	42	1	712
1984	1027	233	43	1	734
1985	1053	237	48	1	753
1986	1030	236	47	1	731
1987	1024	234	47	1	727
1988	1023	228	47	1	732
1989	1042	229	47	1	751
1990	1058	228	46	1	767
1991	1088	228	46	1	798
1992	1049	228	46	1	759
1993	1051	228	46	1	761
1994	1051	231	46	1	758
1995	1052	231	46	1	758
1996	1052	231	45	1	757
1997	1053	232	42	1	757
1998	1261	233	43	1	966
1999	954	275	43	1	456
2000	993	274	42	1	473
2001	1071	211	43	1	449
2002	1047	226	113		778
2003	1120	229	116	1	847
2004	1344	232	119	1	926
2005	1384	230	119	1	1105
2006	1327	227	116	1	917
2007	1483	238	117	1	921
2008	1116	251	108	1	732
2009	1169	268	102	1	828
2010	1213	256	99	1	864
2011	1365	266	108	1	1009
2012	1311	274	114	1	948
2013	4454	277	118	1	815
2014	4620	281	122	1	835
2015	4601	283	124	1	983
2016	4584	291	131	1	971
2017	4509	296	135	1	935
2018	4599	322	161	1	1029

18-1 续表

单位:个

年份	专科防治所、站	卫生防疫站	妇幼保健院、所、站	药品检验所、站	医学研究机构	其他卫生机构
1978						
1979						
1980						
1981						
1982		14				
1983	4	15	10	7	2	17
1984	4	15	10	7	2	17
1985	9	15	12	7	2	13
1986	10	15	12	7	2	12
1987	10	14	12	7	2	13
1988	10	14	12	7	2	13
1989	9	14	12	7	2	13
1990	10	14	12	7	2	13
1991	10	15	12	7	2	12
1992	10	14	12	7	2	13
1993	9	14	13	7	2	7
1994	8	14	14	7	2	7
1995	8	14	14	7	2	8
1996	9	14	13	7	3	8
1997	9	14	13	7	3	8
1998	8	14	13	7	3	8
1999	8	14	14	7	3	9
2000	8	14	14	7	3	9
2001	8	14	14		3	9
2002	8	14	13		3	5
2003	6	14	14		3	6
2004		14	14		3	154
2005		14	14		3	17
2006		14	14		3	151
2007		14	13		3	293
2008		14	13		3	102
2009		14	13		3	42
2010		13	12		3	64
2011		13	12		3	61
2012	1	13	12		3	925
2013	1	13	12		3	5
2014	1	13	12		3	7
2015	1	12	12		3	6
2016	1	11	13		3	7
2017	2	11	13		3	6
2018	2	11	14		3	6

注:1998 年以后门诊部所中包括个体开业,2009 年包括卫生所、医务室、社区卫生服务站等;2001 年以前医院为县及县以上医院数;2008 年及以后村卫生室不再作为卫生机构统计。

18-2 卫生机构人员数

单位：人

年份	总计	卫生技术人员	#医生	#中医	中医师	西医士	#护师护士	每千人口医生数
1978		15690	4857					0.9
1979		16477	4982					0.8
1980		17095	5765					0.8
1981	22581	17696	6542		3117		2888	1.0
1982	23956	18539	7203	574	3310		3496	1.1
1983	25237	19267	7635	1079	3639	2917	4298	1.1
1984	25885	19694	7671	1085	3668	2918	4366	1.1
1985	27354	20602	7881	1080	3679	3122	4603	1.1
1986	28234	21295	8097	1094	3747	3256	4799	1.1
1987	28710	21337	8023	1017	3677	3329	4917	1.1
1988	29477	22381	8804	1176	5174	2454	5438	1.2
1989	30960	23615	9598	1158	6715	1725	6430	1.3
1990	32029	24427	9888	1169	6965	1754	6914	1.2
1991	33771	25818	10298	1108	7205	1985	7289	1.3
1992	35051	26825	10216	1062	7101	2053	7351	1.2
1993	36383	27895	10488	1101	7211	2176	7617	1.3
1994	37741	28928	10891	1074	7474	2343	7881	1.3
1995	38533	29380	11204	1082	7605	2517	8167	1.3
1996	39027	29771	11525	1046	7762	2717	8277	1.3
1997	40472	31125	12025	1044	7998	2938	8424	1.4
1998	40454	31188	11756	986	7897	2810	8350	1.3
1999	39411	30394	11349	933	7843	2515	8421	1.3
2000	39366	30481	11622	925	8077	2529	8720	1.3
2001	39099	30275	11635	963	8041	2536	8863	1.3
2002	36997	29282	11396					1.3
2003	35369	28030	10692		725		8421	1.2
2004	36163	28297	10480		705		8479	1.1
2005	35809	28284	10494	721	597	124	8574	1.1
2006	36174	28922	10532	723	604		8677	1.2
2007	38048	29668	11137				9329	1.2
2008	38746	30396	11557				9985	1.2
2009	39408	30821	11613				10801	1.0
2010	41238	32368	12165				11961	1.0
2011	43623	34543	12273	80			13411	1.4
2012	47429	38091	13167	1250			15909	1.5
2013	51601	43573	14578	1448	348	1203	17859	1.9
2014	67552	47007	17518	1558	809	1205	19687	2.3
2015	71316	51567	20172	1863	884	1260	21355	2.3
2016	75957	55523	21836	1965	1005	2913	24349	2.5
2017	77117	57537	22870	2209	1818	5023	25334	2.6
2018	87602	67412	25776	3121	2536	5857	31719	2.9

18–3　卫生机构床位数

单位:张

年份	总计	医　院 卫生院	# 医院	疗养院	门诊部、所	其　他 卫生机构	每千人口 医　院 病床位数
1978	11325						
1979	11971						
1980	12299						
1981	13392						
1982	13644						
1983	14067	12167	7185	200	1550	150	1.8
1984	15046	13133	8109	200	1473	240	1.9
1985	15432	13269	8608	200	1762	200	1.9
1986	15771	13653	8925	200	1718	200	1.9
1987	16147	13845	9107	200	1802	300	1.9
1988	16809	14390	9549	200	1919	300	1.9
1989	17004	14483	9609	200	1921	400	1.9
1990	17303	14660	9630	200	2043	400	1.8
1991	17557	15059	10186	200	1898	400	1.8
1992	18100	15490	10459	200	1987	400	1.9
1993	18747	15813	10668	200	2310	400	1.9
1994	18650	15686	10791	200	2310	400	1.9
1995	18596	15647	10783	200	2310	400	1.8
1996	18733	15814	10883	200	2310	370	1.8
1997	18700	15751	10713	200	2310	400	1.8
1998	18637	15703	10645	200	2310	400	1.8
1999	17992	17368	10621	200		400	2.0
2000	17736	17091	10562	200			1.9
2001	17505	16964	10417	200		317	1.9
2002	18210	18210	13944				2.0
2003	18487	17961	13650	200		326	2.0
2004	18792	18252	13905	200		340	2.1
2005	19888	19287	14647	200	5	104	2.2
2006	20264	19749	14975	40		475	2.2
2007	21488	20238	15737	40		1210	2.3
2008	24430	23248	17614	40		1142	2.6
2009	26600	25081	18852	40	28	1451	2.8
2010	30500	27783	21496	40	130	2547	2.9
2011	32960	30283	23119	40	148	2601	2.7
2012	38489	35703	27091	40	60	2686	3.2
2013	43138	40179	30829	40	57	40	3.3
2014	46213	43175	33532	40	21	40	3.9
2015	47949	44550	34552	40	20	40	4.0
2016	52247	48926	38223	40	40	40	4.4
2017	55589	51444	39764	40		40	4.5
2018	58588	54265	41553	40		40	4.7

18-4 卫生机构、床位、人员数

（2018 年）

机构类别	机构数（个）	床位数（张）	诊疗人数（万人）	入院人数（万人）	工作人员数（人）	#卫生技术人员	执业医师数
总　计	**4599**	**58588**	**6459.81**	**196.12**	**87602**	**67412**	**18922**
医院合计	161	41553	2429.98	142.23	45718	37843	11482
综合医院	90	27931	1592.21	103.86	30135	25189	7573
中医医院	17	5252	436.69	17.34	6708	5546	1756
中西医结合医院	2	103	1.93	0.28	89	79	13
专科医院	45	7590	394.83	20.73	8464	6765	2078
#口腔医院	8	142	39.83	0.20	624	484	218
耳鼻喉科医院	1	88	2.13	0.06	84	66	20
肿瘤医院	1	1134	123.83	4.31	1302	1064	379
儿童医院	2	1530	108.72	8.19	1764	1467	464
精神病医院	8	1860	30.41	2.01	1271	977	233
传染病医院	1	498	10.44	0.96	432	335	87
皮肤病医院	1	80	5.92	0.06	77	62	22
职业病医院	1	55	4.99	0.09	32	23	18
康复医院	6	861	10.81	0.08	736	583	157
美容医院	3	60	1.16	0.11	128	105	31
其他专科医院	13	1282	56.59	4.66	2014	1599	449
疗养院	1	40	2.58	0.05	44	28	12
社区卫生服务中心	52	2920	417.69	6.33	4913	4030	1112
卫生院	161	12712	1372.42	42.98	17651	14483	3065
门诊部、所	1029		368.44		4989	4544	1719
#私营门诊部、所	781		273.53		3489	3227	1197
急救中心(站)	5	5	8.33		118	58	23
采供血机构	1				150	94	4
妇幼保健院(所、站)	14	991	134.61	4.21	1684	1340	439
妇幼保健院	5	958	119.42	4.15	1351	1100	329
妇幼保健所	9	33	15.19	0.06	333	240	110
疾病预防控制中心(防疫站)	11				610	402	217
卫生监督所	11				309	248	
医学科学研究机构	3				119	87	52
其他卫生机构	6	40	2.58	0.05	224	125	67

18-4 续表 （2018 年）

机构类别								
	执业助理医师数	注册护士	药剂人员	技师	其他	其他技术人员（人）	管理人员（人）	工勤人员（人）
总计	**6854**	**31719**	**3033**	**2669**	**4215**	**3524**	**3829**	**6980**
医院合计	650	20376	1784	1567	1984	1898	2176	3801
综合医院	400	13794	1094	1070	1261	1182	1348	2416
中医医院	83	2787	389	213	318	368	257	537
中西医结合医院	2	52	4	2	6		10	
专科医院	147	3577	291	273	399	334	540	825
# 口腔医院	37	198	7	7	17	8	62	70
耳鼻喉科医院	4	30	4	4	4		12	6
肿瘤医院	5	573	34	58	15	24	98	116
儿童医院	6	839	79	55	24	35	81	181
精神病医院	30	566	54	44	50	113	62	119
传染病医院		200	24	21	3	30	5	62
皮肤病医院	1	34	4	1		5	6	4
职业病医院		1	2	2			8	1
康复医院	9	270	31	27	89	20	75	58
美容医院	2	65	4	3		1	7	15
其他专科医院	53	801	48	51	197	98	124	193
疗养院		12	1	3		2	4	10
社区卫生服务中心	406	1832	270	197	213	188	227	468
卫生院	2982	5741	722	606	1367	836	463	1869
门诊部、所	454	2042	120	47	162	114	195	136
# 私营门诊部、所	353	1470	69	18	120	58	133	71
急救中心（站）	3	26	2	1	3	22	15	23
采供血机构		54	1	34	1	14	3	39
妇幼保健院（所、站）	62	644	52	98	45	152	45	147
妇幼保健院	48	568	50	75	30	96	21	134
妇幼保健所	14	76	2	23	15	56	24	13
疾病预防控制中心（防疫站）	18	27	6	77	57	71	54	83
卫生监督所					248	21	22	18
医学科学研究机构	4	5	1	15	10	11	13	8
其他卫生机构	5	22	3	18	10	26	46	27

18-5 市区卫生机构、床位、人员数

指标		2016	2017	2018	指标		2016	2017	2018
卫生机构数	**（个）**	**2822**	**2748**	**2830**	#疗养院、所		40	40	40
医院		102	104	129	卫生院		5439	6052	6921
#疗养院、所		1	1	1	**卫生机构人员**	**（人）**	**54081**	**55518**	**65559**
卫生院		85	86	88	卫生技术人员		40590	42439	51594
门诊部、所		736	705	769	执业医师		12205	13055	14842
专科防治所、站		1	1	1	执业助理医师		3024	3293	4172
疾病预防控制中心		8	8	8	注册护士		18509	19308	25027
妇幼保健院（所、站）		10	10	10	药剂人员		1956	2028	2281
卫生监督所		8	8	8	技师		1763	1784	2014
医学科学研究机构		3	3	3	其他卫生技术人员		3133	2971	3258
急救站和采供血机构		1	4	3	其他技术人员		2256	2377	2661
病床数	**（张）**	**38778**	**41728**	**44558**	管理人员		2510	2420	2797
医院		30344	31881	33815	工勤人员		4760	4540	5071

18-6 医院诊疗基本情况

（2018 年）

指标		县及县以上医院合计	非营利性	营利性	乡（镇）卫生院合计
诊疗人次	（万人次）	2429.98	2199.56	230.43	1372.42
#门、急诊		2308.11	2088.44	219.67	1332.17
入院人数	（人）	1423367	1312291	111076	429824
每百门急诊的入院人数		6.17	6.28	5.06	3.23
病床周转次数	（次）	35.80	37.20	24.70	37.80
病床工作日	（日）	334.60	348.50	222.70	278.30
病床使用率	（%）	91.68	95.49	61.01	76.25
出院者平均住院日	（日）	9.60	9.60	8.60	6.90

18-7 城市(市区)前十位疾病死亡原因和构成

(2017 年)

顺位	合计		男性		女性	
	死因	占死亡总数(%)	死因	占死亡总数(%)	死因	占死亡总数(%)
	十种死因合计	**96.81**	**十种死因合计**	**97.53**	**十种死因合计**	**95.84**
1	肿瘤	24.63	肿瘤	27.88	心脏病	26.66
2	心脏病	23.91	脑血管病	23.04	脑血管病	24.82
3	脑血管病	23.80	心脏病	21.86	肿瘤	20.28
4	呼吸系统疾病	10.01	呼吸系统疾病	9.57	呼吸系统疾病	10.60
5	损伤和中毒	6.24	损伤和中毒	7.37	内分泌、营养和代谢疾病	5.57
6	内分泌、营养和代谢疾病	4.51	内分泌、营养和代谢疾病	3.71	损伤和中毒	4.73
7	消化系统疾病	1.30	消化系统疾病	1.55	神经系统疾病	1.19
8	神经系统疾病	1.04	传染病和寄生虫病	0.95	消化系统疾病	0.95
9	传染病和寄生虫病	0.72	神经系统疾病	0.93	泌尿生殖系统疾病	0.63
10	泌尿生殖系统疾病	0.64	泌尿生殖系统疾病	0.65	传染病和寄生虫病	0.40

18-8 城市(市区)前十位疾病死亡原因和构成

(2018 年)

顺位	合计		男性		女性	
	死因	占死亡总数(%)	死因	占死亡总数(%)	死因	占死亡总数(%)
	十种死因合计	**97.15**	**十种死因合计**	**97.65**	**十种死因合计**	**96.49**
1	脑血管病	25.11	肿瘤	28.23	脑血管病	26.42
2	肿瘤	24.82	脑血管病	24.12	心脏病	25.77
3	心脏病	22.35	心脏病	19.76	肿瘤	20.31
4	呼吸系统疾病	11.14	呼吸系统疾病	11.39	呼吸系统疾病	10.80
5	损伤和中毒	6.62	损伤和中毒	7.47	损伤和中毒	5.50
6	内分泌、营养和代谢疾病	2.92	内分泌、营养和代谢疾病	2.53	内分泌、营养和代谢疾病	3.43
7	消化系统疾病	1.62	消化系统疾病	1.83	神经系统疾病	1.62
8	神经系统疾病	1.36	神经系统疾病	1.17	消化系统疾病	1.34
9	泌尿生殖系统疾病	0.64	传染病和寄生虫病	0.58	泌尿生殖系统疾病小计	0.75
10	传染病和寄生虫病	0.57	泌尿生殖系统疾病	0.56	传染病和寄生虫病	0.56

18-9 主要年份民政事业发展情况

指标		2000	2005	2010	2014	2015	2016	2017	2018
民政事业、企业情况									
收养类单位数	（个）	368	230	250	300	260	247	236	234
职工人数	（人）	1812	1416	2458	3702	3473	3256	3086	3349
社会福利企业单位数	（个）	297	196	117	87	84	73		
职工人数	（人）	14824	7430	10952	6389	6246	5546		
优抚安置单位数	（个）	18	20	22	23	22	20	19	101
职工人数	（人）	280	199	314	261	257	250	248	183
救助类单位数	（个）	2	2	3	11	10	10	10	
职工人数	（人）	76	65	72	105	110	106	114	
殡仪服务事业单位数	（个）	11	19	20	28	27	25	21	21
职工人数	（人）	335	405	486	514	501	497	455	455
彩票募捐单位数	（个）	8	10	8	8	8	8	8	8
职工人数	（人）	45	67	76	81	81	81	81	81
社区服务单位数	（个）	30	40	84	3420	4169	4124	4100	4138
职工人数	（人）	655	321	519	22195	30408	28906	28641	28961
老龄事业单位数	（个）			11	11	9	9	9	
职工人数	（人）			62	66	60	60	60	
婚姻登记服务单位	（个）			4	17	6	5	5	5
职工人数	（人）			67	131	96	51	51	51
优抚对象优待抚恤情况									
享受定期抚恤金人数	（人）	3506	2873	2143	1137	977	1204	1327	5909
# 城镇			377	272	162	177	136	160	1732
# 烈属		2271	2065	1349	566	424	848	770	251
享受定期补助人数		16491	14027	21550	45220	47757	41046	45545	45589
# 在乡复员军人		12937	9301	8784	3956	3130	2910	2000	1679
优待优抚对象户数	（户）	34696	31597	21404	25142	63633	55373	53481	52144
社会救济情况									
城镇居民最低生活保障人数	（人）	7496	49437	43193	30915	27327	25536	22683	18131
# 失业人员		1154	9959	9573	12607	10412	10761	7885	5904
城镇居民最低生活保障家庭数	（户）		18460	18729	15277	13905	13309	11946	9559
农村居民最低生活保障人数	（人）	30136	122710	231938	166252	155694	155171	142445	122851
农村居民最低生活保障家庭数	（户）		65051	116162	85744	82112	81407	72399	61638
城镇临时救济人次数	（人次）	19578	7206	199	1874	1224	10299	10341	13363
农村临时救济人次数		187629	152990	796	5890	6569			
农村定期救济人数	（人）	4227	33413	4524					
农村五保供养户数	（户）		25289	42580	34018	33656	33366	32941	32088
城镇社区服务情况									
城镇社区服务设施数	（个）	1033	2872	3462	3420	4169	4124	4100	4138
城镇社区服务从业人员	（人）	7767	45409	5561	22195	30408	28906	28641	28961
城镇便民、利民服务网点数	（个）	4809	7255	11756	14809	7658	3358	3358	
社会团体机构情况									
年末实有社团数	（个）	721	1061	1727	7351	7122	6823	6080	7163
# 地级社团机构数		274	333	400	481	512	534	558	618

注：2007 年及以后社会救济城镇低保失业人员为登记失业人员、彩票募捐单位数为福利彩票发行单位数；2016 年起城乡临时救济人次数改为城乡临时救助人次数，且临时救助不分城镇农村；2017 年起不再统计社会福利企业单位数和职工人数；2018 年起不再统计救助类单位数和职工人数、老龄事业单位数和职工人数以及城镇便民、利民服务网点数。

18-10　社会福利事业基本情况

（2018 年）

指　　标	院数（个）	年末职工人数（人）	年末床位（张）	年末在院人员（人）
总　计	**234**	**3614**	**48392**	**26074**
社会福利院	5	127	1201	763
社会福利医院	2	265	650	646
农村五保供养服务机构	154	1908	31025	18816
养老公寓等各类养老机构	73	1314	15516	5849

18-11　主要年份自然灾害情况

指　　标	1990	1995	2000	2005	2014	2015	2016	2017	2018
受灾面积（千公顷）	**383.43**	**303.98**	**463.18**	**48.19**	**267.40**	**65.74**	**13.01**	**19.71**	**220.73**
# 旱灾	88.93	54.88	359.45		230.00				
水灾	249.43	22.52	26.50	19.42			6.78	5.81	
风雹灾	27.13	133.67	54.57	4.67	12.40	40.86	5.89	13.90	207.79
霜冻	7.47	34.33	22.66		25.00	24.88	0.34		12.94
病虫	60.43	28.49							
成灾面积（千公顷）	**317.05**	**235.20**	**256.01**	**31.13**	**112.70**	**33.15**	**4.64**	**9.44**	**119.23**
# 旱灾	32.39	45.87	188.57		104.60				
水灾	205.88	17.54	19.67	12.93			1.31	4.96	
风雹灾	21.69	103.36	33.77	2.64	8.00	22.21	3.12	4.48	106.36
霜冻	5.53	25.67	14.00			10.94	0.21		12.87
病虫	54.54	19.06							
因灾损失情况									
经济损失总值（万元）		86146	18448	155890	88952	82976	10399	19040	288863
死亡人口（人）	22	8	7				1	1	11
减产粮食（万吨）	39.03	35.95	52.07	22.65					
死亡大牲畜（头）	893	424	4	15			5	11	860
倒塌房屋（间）	45814	5289	2841	6972	3	174	115	19	1836
损坏房屋（间）	52870	15521	6498	24183	62	724	1336	328	13886
成灾人口（万人）	**353.58**	**238.83**	**370.96**	**139.66**	**369.20**	**72.93**	**29.55**	**27.67**	**240.15**
因灾缺粮人口（万人）	123.33	123.64	119.82	65.12				8.99	
因灾缺粮数量（吨）	67360	81778	51168	13681					
得到国家救济人次数（人次）	**1087266**	**764550**	**328076**	**96080**	**400000**	**102678**	**36809**	**34467**	

18-12 职工基本养老保险情况

单位：人

年份	在职职工人数	企业	事业、机关	其他	离休、退休退职人员数	企业	事业、机关	其他
1987	377943	377943			65317	65317		
1988	500278	500278			82466	82466		
1989	576379	572999		3380	93430	93430		
1990	580996	574437		6559	95435	95435		
1991	635907	626848		9059	100668	100668		
1992	593063	592998		65	105992	105992		
1993	464939	464939			97979	97979		
1994	606073	605999		74	119593	119593		
1995	601093	601020		73	121249	121249		
1996	588555	588482		73	128265	128265		
1997	779430	589567	189790	73	168099	135144	32955	
1998	759978	567398	191890	690	180354	143652	36702	
1999	745830	573526	168664	3640	184275	151910	32307	58
2000	691112	558247	121154	11711	188876	161900	26733	243
2001	692144	535201	112134	44809	193605	170241	23195	169
2002	673307	498608	87419	87280	200480	181011	19217	252
2003	661950	471888	64099	125963	207514	190284	16455	775
2004	633583	410727	55236	167620	217615	199374	15991	2250
2005	654863	602574	52289		227905	211607	16298	
2006	713907	661822	52085		237805	221466	16339	
2007	769214	714570	54644		259488	240812	18676	
2008	824778	770052	54726		273659	254314	19345	
2009	886247	832302	53945		287908	268259	19649	
2010	928684	875018	53666		300249	280125	20124	
2011	1005339	951248	54091		313181	292477	20704	
2012	1015065	539611	64686	475454	312400	268869	31891	43531
2013	1081964	560531	64696	521433	521433	322510	28224	50068
2014	1142559	578912	54253	563647	348609	288718	21682	59891
2015	1164834	594646	63441	570188	364916	294873	33215	70034
2016	1238177	616418	61939	559820	413964	300700	34461	78803
2017	1344829	633675	158527	552627	474083	307433	78249	88401
2018	1425545	676816	166568	582161	515330	319103	95002	101225

18-13　农村养老保险基本情况

年　份	基金积累（万元）	当年保费收入（万元）	当年参保人数（万人）	总参保人数（万人）	当年领取人数（万人）
1992	610	570	3.24	3.24	0.01
1993	1668	1090	8.52	11.76	0.04
1994	4014	2163	14.32	26.08	0.10
1995	9051	3556	18.16	44.24	0.11
1996	11660	1558	16.89	61.13	0.13
1997	13238	1327	7.47	68.60	0.14
1998	14367	670	1.35	69.95	0.15
1999	14899	322	0.60	70.55	0.18
2000	14960	180	0.20	70.75	0.20
2001	14963	165	0.16	70.91	0.23
2002	15160	162	0.56	71.47	0.36
2003	15375	149	0.14	71.61	0.56
2004	15625	236	0.25	71.86	0.70
2005	15887	385	0.18	72.04	0.86
2006	17041	1290	0.38	72.03	1.03
2007	20155	3154	0.18	73.22	1.25
2008	22517	3012	4.68	77.33	1.40
2009	30314	8646	28.80	95.69	1.92
2010	80886	52488	119.67	215.37	88.21
2011	123331	35626	5.31	220.69	97.32
2012	161707	35415		203.38	107.29
2013	196674	33621	208.52	327.03	118.51
2014	229825	33342	198.87	317.31	118.44
2015	279490	49155	193.86	318.03	124.17
2016	363006	79833	194.70	322.02	127.32
2017	435696	76447	193.08	322.54	129.46
2018	510517	77229	191.14	326.01	134.87

18-14 婚姻登记和离婚情况

年 份	登记结婚（对）	初 婚（人）	再 婚（人）	离婚数（对）	结婚离婚比（%）
1985	52770	104502	1038	669	1.27
1986	49855	98120	1590	419	0.84
1987	61529	121365	1653	571	0.93
1988	55849	110225	1473	652	1.17
1989	54392	106673	2111	665	1.22
1990	68904	135874	1934	442	0.64
1991	64793	127810	1777	495	0.76
1992	64821	127488	2154	646	1.00
1993	58176	114149	2203	907	1.56
1994	66369	130332	2406	877	1.32
1995	65505	127837	2173	1056	1.61
1996	57001	111626	2376	862	1.51
1997	54954	107133	2775	1196	2.18
1998	56604	109832	3376	1699	3.00
1999	55743	108213	3273	1424	2.55
2000	55664	106774	4438	1514	2.72
2001	48820	93764	3708	1729	3.54
2002	45622	87011	4113	3459	7.58
2003	46016	88199	3695	2342	5.09
2004	51629	96765	6493	5051	9.80
2005	53419	98829	8009	6085	11.39
2006	62626	118172	7080	7131	11.39
2007	68003	127551	8455	8658	12.73
2008	78814	149336	8292	9614	12.20
2009	93612	172923	14301	10261	10.96
2010	101907	193626	10188	11101	10.89
2011	117345	214029	20661	12820	10.93
2012	127280	240760	13800	14269	11.21
2013	119843	221051	18635	17802	14.85
2014	107098	190617	23579	18952	17.70
2015	98203	167832	28582	21889	22.29
2016	98590	163391	33789	25186	25.55
2017	87555	140659	34447	37349	42.66
2018	82394	127150	37628	28688	34.82

主要统计指标解释

医院 指名称为医院,设有固定床位、能收容病人住院并能为病人提供医疗、护理服务的医疗机构。包括县及县以上医院、农村乡卫生院、其他医院三部分。按所属性质分为卫生部门、工业及其他部门,集体经济单位三类。其中县及县以上医院按业务性质分为综合医院和专科医院。

卫生技术人员 指包括执业(助理)医师、注册护士、药师(士)、检验及影像技师(士)、卫生监督员和见习医(药、护、技)师(士)等卫生专业人员。不包括从事管理工作的卫生技术人员(如院长、副院长、党委书记等)。

医生 指经卫生部门审查合格,从事医疗工作的专业人员。分为中医医生和西医医生。包括卫生技术人员中的中医师、西医师、中西医结合高级医师、中医士、西医士和其他中医。

卫生机构床位 指年底固定实有床位数,包括正规床、简易床、监护床、超过半年加床、正在消毒和修理床位、因扩建或大修而停用床位。不包括产科新生儿床、接产室待产床、库存床、观察床、临时加床和病人家属陪侍床。

执业(助理)医师 指取得医师执业证书且实际从事临床工作的人员,不含取得医师执业证书但实际从事管理工作的人员。

社会福利事业单位 指集中收养社会孤、老、残、幼的机构。包括由民政部门管理的社会福利院、儿童福利院、精神病人福利院和城镇集体办的福利院,以及农村集体举办的敬老院。

社会福利事业单位收养人数 包括民政部门管理的和城镇及农村集体举办的社会福利事业单位中收养的老人、少年儿童、缺乏生活自理能力的残疾人员和精神病人。

社会福利企业单位 指以安置城镇有一定劳动能力的盲、聋、哑和肢体残疾人员就业为目的,享受国家减免税待遇的国有或集体经济性质的企业。包括福利工厂、福利商业服务业、假肢厂和安置农场等单位。

十九、文化和体育

CULTURE AND SPORTS

版面负责人：卢川川
编　　　辑：唐彦君

统计执法监督检查办法

第三十三条 统计执法监督检查机构应当及时组织召开会议，对案件进行讨论审理，确定统计违法行为性质和处理决定，报统计机构负责人审查。对情节复杂或者重大违法行为给予较重的行政处罚，应当集体讨论决定。

在审理过程中发现统计违法事实不清、证据不足或者程序错误的，应当责成统计执法监督检查机构或者执法检查人员及时补充或者重新调查。

第三十四条 统计违法案件审理终结，应当分别以下情况作出处理：

（一）违反统计法律法规规章证据不足，或者统计违法事实情节轻微，依法不应追究法律责任的，即行销案；

（二）违反统计法律法规规章事实清楚、证据确凿的，依法作出处理；

（三）违反统计法律法规规章和国家统计规则、政令，应当给予处分的，移送任免机关或者纪检监察机关处理；

（四）违反统计法律法规规章和国家统计规则、政令，被认定为统计严重失信的，按照国家有关规定进行公示和惩戒；

（五）涉嫌违反其他法律法规规定的，移交有关行政机关处理；

第三十五条 统计违法事实清楚、证据确凿，依法决定予以行政处罚的，应当在作出行政处罚决定前，制作《统计行政处罚决定告知书》，向处罚对象告知给予行政处罚的事实、理由、依据和处罚对象依法享有的权利。处罚对象对处罚决定进行陈述、申辩，提出不同意见时，统计执法监督检查机构应当认真听取。处罚对象提出新的事实、理由和证据，统计执法监督检查机构应当进行复核，复核成立的，予以采纳。

19–1　文化事业情况

单位：个

年　份	公办文化馆　站	公　共图书馆	公共图书馆藏　　书（千册）	博物馆	新华书店	电影放映单　　位	#电影院影剧院	电影观众人　　数（万人次）
1982	105	7		1	9	640	57	20436
1983	105	7		2	7	690		22886
1984	112	7	1022	2	7	877	62	25755
1985	112	7	1085	4	7	919	58	20157
1986	101	7	1036	4	7	903	56	21078
1987	101	7	1079	5	7	892	55	22545
1988	101	7	1097	6	7	777	54	
1989	101	7	1128	8	7	781	54	17437
1990	101	7	1182	8	10	767	62	17802
1991	118	7	1240	9	7	641	75	16496
1992	113	7	1375	9	7	579	80	10317
1993	113	7	1398	9	14	567	77	2251
1994	125	7	1432	9	14	553	70	382
1995	113	7	1464	10	7	408	76	1092
1996	113	7	1476	10	7	433	94	1243
1997	113	7	1473	10	7	445	126	1296
1998	113	7	1509	10	7	324	132	1676
1999	113	7	1520	10	7	327	132	832
2000	85	7	1565	10	7	310	103	608
2001	86	7	1587	10	7	196	95	438
2002	86	7	1639	10	7	196	94	366
2003	114	7	1501	10	7	192	90	324
2004	127	7	1533	11	7	96	96	382
2005	127	7	1533	11	7	57	57	425
2006	125	7	1518	13	7	21	8	50
2007	125	7	1542	11	7	24	9	34
2008	126	7	1626	14	7	22	6	30
2009	130	7	1691	16	68	6	4	77
2010	157	7	2698	17	68	6		79
2011	157	8	2416	21	68	6	6	81
2012	157	8	6935	21	68	6	6	81
2013	158	8	8186	21	68	18	6	89
2014	158	8	5304	21	68	22	6	91
2015	158	8	5544	21	68	29	6	311
2016	158	8	3296	21	68	35	1	538
2017	158	8	3725	21	68	45	1	765
2018	169	8	3865	21	68	49	1	810

注：2009、2010 年新华书店为全社会口径，与往年不可比；2009、2010 年电影放映单位为市文化局备案单位数。

19-2 主要年份广播、电视事业情况

指 标	1990	1995	2000	2005	2010	2014	2015	2016	2017	2018
广播电视台 （座）	1	8	1	7	8	8	8	8	8	8
广播事业										
发射台及转播台(中波) （座）	1	2	2	2	2	2	2	2	2	2
发射机功率(中波) （部/千瓦）	3/21	4/22	4/31	2/31	5/65	2/36	2/36	2/36	2/36	9/36
节目 （套）	2	10	9	9	10	11	11	11	11	9
平均每日播音时间 （小时）	18	92	97	139	189	207	189	191	183	164
广播人口覆盖率 （%）	93	88.3	100	100	100	100	100	100	100	100
制作节目时间 （小时）	1323	8235	20754	32913	50415	50114	45847	47620	44783	42939
# 新闻节目	193	1249	1317	4125	7075	7280	4903	5106	5921	5106
文艺节目	379	3869	9595	5427	28159	24298	29816	26518	25612	21827
教育节目	183	26	96		1126	1806	1092	1108	1269	206
电视事业										
发射台及转播台 （座）	6	1	8		8	8	8	8	8	8
发射机功率(全部) （部/千瓦）	20/19.55	28/50.20	30/53.25		33/60.55	33/60.56	33/60.56	33/60.56	33/60.56	45/61.75
节目 （套）	1	8	8	10	11	11	11	11	11	11
平均每周播出时间 （小时）	83	444	572	1019	1134	202	189	193	186	184
电视人口覆盖率 （%）	77	99.3	98.7	100	100	100	100	100	100	100
制作节目时间 （小时）	307	3509	3694	13696	11160	19767	19605	19316	15799	12693
# 新闻节目	75	387	555	2827	3196	2359	2720	2631	2539	2096
文艺节目	62	485	518	2242	2051	2301	2383	2269	1875	1204
教育节目		13	9		639	1596	1501	1561	1631	1330
有线电视用户 （万户）		12.66	25.52	80.70	218.11	271.36	264.79	263.77	122.43	123.83
有线电视入户率 （%）					78.30	98.50	95.30	95.00	43.95	44.53
县级广播电视台 （座）			6	6	7	7	7	7	7	7
数字电视用户 （万户）					43.80	163.25	156.42	157.90	97.20	104.25

注：1998 年及以后广播电台、电视台数根据省广播电视厅要求只统计地市级，县级电台、电视台合并统计为广播电视台。

19-3 主要年份体育事业基本情况

指 标	1990	1995	2000	2005	2010	2014	2015	2016	2017	2018
体育设施 （所）										
体育场	1	1	7	2	13	41	41	41	41	41
体育馆	1	1		1	12	15	15	15	15	15
游泳馆		1	3	2	9	27	27	29	31	31
体育教育										
体育运动学校 （所）	1	1	1	1	1	1	1	1	1	1
普通业余体校 （所）	6	6	12	14	1	10	12	13		5
在校学生数 （人）	350	680	1506	2603	1617	2437	1709	1703		1717
体委系统职工人数 （人）	289	295	411		352	509	575	394	541	540
注册运动员			1556	2612	3555	2053	2431	2721	2721	2925
专职教练员	82	79	130	206	49	128	109	115	132	144
专职文化教师	31	42	46	204	89	74	65	65	30	50
科技人员	2	2	6	8	2	4	10	7	8	11
医务人员	4	4	2	8	1	3	3	3	3	1
管理人员	83	79	141	264	123	150	142	91	141	140
其他	87	89	86	216	88	150	246	113	168	194
等级运动员 （人）	135	200	1120		110	264	159	192	219	186
# 一级	5	50	65		6	25	47	35	21	41
二级	130	150	320	329	104	239	112	157	198	145
等级裁判员 （人）	44	72	1106		448	2639	1966	2242	2279	1218
# 一级	6	17	162		54	756	714	778	815	864
二级	38	25	295	190	394	1486	1246	1464	1464	1464
三级		30	638			397	6			
各级体委举办运动会情况										
运动会次数 （次）	65	85	110			30	15	8		7
参加运动会的运动员人数（万人）	0.6	0.96	12			1.5	0.4	5.1		5.16
获国内外奖章(牌)										
金质奖章(牌) （枚）	5	7		11	104	235	21	36	161	104
银质奖章(牌) （枚）	2	5			66	122	8	1	114	80
铜质奖章(牌) （枚）	6	4			98.5	131	10	5	149	105
体彩情况										
体育彩票销售点个数 （个）					1000	1043	1118	1050	1100	1050
年从业人员数 （人）					2000	1565	2200	2100	2000	2100
体育彩票发行额 （万元）					1149	1352		1554	844	1666
体彩全年销售额 （亿元）					5.36	10.30	9.02	9.47	12.33	12.77
百万以上大奖个数 （个）					6	4		7	3	7

注：一、二级运动员 2001 年以后为当年新晋升数；2007、2008 年奖章数为省级以上比赛奖牌数（含国际性比赛）；2008 年部分指标由于统计口径变化，数据相应调整。等级裁判员为当年新增数；2013 年数据依照全国第六次体育场地普查数据。

主要统计指标解释

文化事业机构　指从事专业文化工作和为专业文化工作服务的独立建制的单独核算的单位。不包括这些单位另外举办独立核算的其他机构和各部门的业余文化组织。

公共图书馆　文化部门举办的面向社会服务的独立的图书馆。不包括文化馆的图书室。

电视人口覆盖率　指电视覆盖人口与总人口的比率。电视覆盖人口是指能够用普通电视接收机、室外天线在离地面四米高处，在晚上收看电视，并且收视效果能达到图像基本稳定、清晰，能看清人物的形象、动作的地区内的人口数。计算公式为：

$$\text{电视人口覆盖率}(\%)=\frac{\text{年末电视覆盖人口数}}{\text{年末总人口数}}\times 100\%$$

广播人口覆盖率　指广播覆盖人口与总人口的比率。广播覆盖(或中波覆盖)人口是指能够用普通收音机在中午收听中波广播节目，并且收听效果能达到听清完整的节目内容的地区的人口数，包括只能收听外省中波广播的人口数在内。计算公式为：

$$\text{广播人口覆盖率}(\%)=\frac{\text{年末广播覆盖人口数}}{\text{年末总人口数}}\times 100\%$$

等级运动员人数　指经考核正式批准授予等级运动员称号的人数。运动员等级分为国际级运动健将、运动健将、一级运动员、二级运动员、三级运动员、少年级运动员。

等级裁判员人数　指经考核正式批准授予等级裁判员称号的人数。裁判员等级分为国际裁判、国家级裁判、一级裁判、二级裁判、三级裁判。

体育场　指有400米跑道(中心含足球场)，有固定道牙，跑道6条以上，并有固定看台的室外田径场地。以看台容纳观众人数分：甲级25000人以上，乙级15000–25000人，丙级5000–15000人，丁级5000人以下。。

体育馆　指有固定看台，可供篮球、排球、羽毛球、乒乓球、体操等项目比赛活动用的室内运动场地。以看台容纳观众人数分：甲级6000人以上，乙级4000–6000人，丙级2000–4000人，丁级2000人以下。

二十、公共管理及其他

PUBLIC MANAGEMENT AND OTHERS

版面负责人：卢川川

编　　　辑：唐彦君

统计执法监督检查办法

第三十六条 县级以上人民政府统计机构作出对法人或者其他组织5万元以上罚款，对个体工商户作出2000元以上罚款的行政处罚决定前,应当告知处罚对象有要求举行听证的权利。处罚对象要求听证的,作出处罚决定的统计机构应当依法组织听证。

处罚对象应当在收到《统计行政处罚决定告知书》3日内向作出处罚决定的统计机构提出听证要求,作出处罚决定的统计机构应当在听证的7日前通知处罚对象举行听证的时间和地点。

听证由统计机构指定的非本案执法检查人员主持,处罚对象认为主持人与本案有直接利害关系的,有权申请回避。举行听证时,执法检查人员提出处罚对象违法的事实、证据和处罚建议,处罚对象进行申辩和质证。听证应当制作笔录,笔录应当交处罚对象审核无误后签字或者盖章。

听证结束后,统计机构依照本办法第三十四条作出处罚决定。

第三十七条 统计违法行为应当给予行政处罚的,依法作出处罚决定,制作《统计行政处罚决定书》。《统计行政处罚决定书》应当载明下列事项：

(一)处罚对象的名称或者姓名、地址；

(二)违反统计法律法规规章的事实和证据；

(三)统计行政处罚的种类和依据；

(四)统计行政处罚的履行方式和期限；

(五)不服统计行政处罚决定,申请行政复议或者提起行政诉讼的途径和期限；

(六)作出统计行政处罚决定的统计机构名称和作出决定的日期。

统计行政处罚决定书必须盖有作出统计行政处罚决定的统计机构的印章。

20-1 主要年份律师、公证、调解工作情况

单位:件

项　　目	1990	1995	2000	2005	2010	2015	2016	2017	2018
律师工作									
律师事务所（个）	14	36	44	59	86	116	126	132	138
律师（人）	151	224	543	736	999	1462	1602	1772	2063
# 专职律师	123	143	247	650	976	1381	1531	1691	1825
# 女性	27	31	31	93	164	362	444	503	569
兼职律师	7	52	25	15	23	30	32	31	31
聘任担任常年法律顾问的单位(处)	507	1659	1494	1347	1664	4668	5121	4203	9322
民事诉讼代理	784	1755	4026	6045	9483	38432	43415	47700	41782
经济诉讼代理	348	1157	2065	1712	4306	16545	20710	20817	23650
刑事辩护	1281	1145	1850	1662	2320	3569	4182	4495	6052
行政诉讼代理	22	103	242	102	518	40	81	66	260
非诉讼法律事务	159	1269	1107	1154	2232	24589	26150	15899	18521
涉外法律事务	29	3	5	11					16
解答法律咨询	7748	15459	32156	45350	25210	99989	113084	102791	108974
代写法律事务文书	1192	2577	3132	5195	2930	2451	3506	4524	5633
公证工作									
公证处（个）	8	10	12	12	13	15	11	11	11
公证人员（人）	59	56	76	87	111	132	127	119	127
# 公证员	30	38	52	50	56	60	50	53	51
公证员助理	13	7	24	30	28	40	34	40	52
办理公证文书	20702	23006	44501	60805	58572	30912	42281	37359	25957
人民调解工作									
专职司法助理人员（人）	215	183	182	388			533		
人民调解委员会（个）	4648	4595	4800	3212	3185	3211	3109	3105	3143
调解人员（人）	94920	116844	98456	73216	35494	10224	9892	6836	5939
调解民事纠纷	32719	31160	25562	16449	32621	30809	36708	122943	129932

注:调解人员 2008 年及以后不包括调解信息员。

20-2 国内外公证文书分类

（2018 年）

分类	办证件数(件)
合 计	**37803**
合同(协议)	874
继承	7081
# 小额继承	2841
委托	9846
声明	2376
赠与	143
遗嘱	132
现场监督	85
婚姻状况、亲属关系、收养关系	1613
出生、生存、死亡	1208
身份、经历、学历、学位、职务、职称	458
有无违法犯罪记录	1625
公司章程	1
保全证据	1917
证书、执照	106
签名、印鉴	4348
文本相符	2050
赋予强制执行效力	232
执行证书	166
抵押登记	93
提存	2
保管	
其他	3447

20-3 主要年份调解民间纠纷分类

分　类	调解纠纷(件)							
	1995	2000	2010	2014	2015	2016	2017	2018
合　计	**31160**	**25562**	**32621**	**39383**	**35898**	**36708**	**122943**	**129932**
婚姻家庭	10805	10143	8860	11323	10072	7693	28103	27758
婚　姻	4136	3870			10072	6053	22483	22207
继　承	1179	1327				393	843	845
赡养扶养	2892	2466				726	2191	2165
其　他	2598	2480				521	2586	2541
房屋、宅基地	4815	2706	3703	3981	3232	3020	7807	7471
合　同	2848	3039	2003	2169	1548	1208	3785	4463
工地承包			2696	1965	1360	2282	4221	4232
邻　里	6169	3548	8877	11164	12313	11701	45725	52514
损害赔偿	1832	2225	3562	4142	3485	2776	8824	9142
其　他	4691	3901	2920	4639	3888	8028	24478	24352

20-4 政治协商会议徐州市委员会历届委员人数

届　次	委员总数（人）	中国共产党代表（人）	占代表总数比重（%）	少数民族代表（人）	占代表总数比重（%）
一届(1955 年 7 月)	83	6	7.2	1	1.2
二届(1957 年 5 月)	130	10	7.7	2	1.5
三届(1959 年 12 月)	170	12	7.1	5	2.9
四届(1961 年 5 月)	190	12	6.3	5	2.6
五届(1963 年 11 月)	190	12	6.3	4	2.1
六届(1966 年 2 月)	210	12	5.7	5	2.4
七届(1981 年 4 月)	357	18	5.0	10	2.8
八届(1983 年 12 月)	456	21	4.6	11	2.4
九届(1988 年 1 月)	461	20	4.3	11	2.4
十届(1993 年 3 月)	459	22	4.8	13	2.8
十一届(1998 年 1 月)	460	26	5.7	13	2.8
十二届(2003 年 1 月)	480	21	4.4	8	1.7
十三届(2008 年 1 月)	558	24	4.3	8	1.4
十四届(2012 年 6 月)	576	23	4.0	11	1.9
十五届(2017 年 2 月)	574	29	5.1	12	2.1

20-5 妇联组织情况

单位：个

年 份	各级妇联总计	#镇、街道级	基层妇代会总计	#农村	机关及事业单位妇委会数	各类妇女联谊组织数
1988	229	218				
1989	236	218			7	
1990	236	218			7	
1991	236	218			7	1
1992	236	218			7	1
1993	236	218	3775	3429	7	1
1994	236	217	3775	3429	7	1
1995	238	217	3778	3429	10	2
1996	233	221	3820	3440	10	2
1997	230	218	3754	3430	11	2
1998	231	219	4101	3430	71	6
1999	235	223	4097	3430	71	6
2000	169	157	3527	3062	71	6
2001	176	164	2727	2255	72	6
2002	176	164	2727	2255	76	6
2003	181	169	2616	2264	92	6
2004	174	162	2617	2295	92	6
2005	166	154	2842	2295	393	322
2006	164	152	2980	2294	396	216
2007	167	155	2853	2262	290	234
2008	167	155	2619	2271	320	30
2009	167	155	2776	2257	281	23
2010	167	155	1649	2250	316	13
2011	167	155	2672	2318	282	43
2012	168	156	2678	2238	320	70
2013	168	156	2678	2234	320	70
2014	173	161	2690	2192	313	70
2015	173	161	2696	2192	379	145
2016	2356	163	2181	2079	404	2331
2017	2867	163	2692	2267	430	2369
2018	2885	163	2692	2267	430	2387

注：从2016年起，各级妇联和各类妇女联谊组织个数包含市、县、镇（街道）和机关、企业、事业单位等基层妇联组织数，与往年不可比。

20-6 交通事故发生情况

年份	交通事故发生数（起）	交通事故死伤人数（人）	#死亡人数	每十万人交通事故发生数（起）	每起交通事故死伤人数(人)
1984	518	520	156	7.4	1.0
1985	541	501	156	7.6	0.9
1986	529	576	199	7.4	1.1
1987	1999	1631	448	27.5	0.8
1988	1382	787	342	18.6	0.6
1989	1139	825	291	15.0	0.7
1990	1104	887	235	13.7	0.8
1991	1374	1071	289	16.8	0.8
1992	1436	1316	320	17.4	0.9
1993	1475	1398	337	17.8	0.9
1994	1601	1365	339	19.1	0.9
1995	1383	1396	351	16.3	1.0
1996	1107	1167	319	12.9	1.1
1997	1094	1253	319	12.6	1.1
1998	1063	1271	360	12.1	1.2
1999	775	1095	326	8.8	1.4
2000	3557	3700	773	39.7	1.0
2001	2099	2407	518	23.3	1.1
2002	1730	2100	459	19.2	1.2
2003	1569	1993	458	17.3	1.3
2004	1506	1824	521	16.5	1.2
2005	1289	1619	487	13.9	1.3
2006	1123	1431	448	12.0	1.3
2007	1007	1336	373	10.7	1.3
2008	1038	1425	374	11.0	1.4
2009	969	1343	371	10.1	1.4
2010	852	1140	357	8.8	1.3
2011	733	994	364	8.6	1.4
2012	839	1084	350	9.8	1.3
2013	914	1154	348	10.7	1.3
2014	913	1154	348	10.6	1.3
2015	912	1152	347	10.5	1.3
2016	900	1136	341	10.4	1.3
2017	902	1135	344	10.3	1.3
2018	885	1131	342	10.1	1.3

20–7 主要年份火灾事故发生情况

年 份	火灾发生数（起）	火灾死伤人数（人）	#死亡人数	直接经济损失（万元）	平均每起火灾损失（元）
1985	118	35	11	47.72	4044
1990	284	21	5	205.80	7246
1991	142	19	7	122.40	8620
1992	162	24	6	223.04	13768
1993	108	81	23	192.45	17819
1994	140	53	20	271.71	19408
1995	185	75	13	345.42	18671
1996	204	34	8	394.36	19331
1997	903	33	15	449.65	4980
1998	841	55	23	307.41	3655
1999	799	60	11	289.74	3626
2000	477	54	10	293.10	6144
2001	540	32	11	217.59	4029
2002	656	35	15	185.83	2833
2003	671	19	8	381.82	5690
2004	821	38	15	368.34	4486
2005	1102	29	17	460.84	4181
2006	883	17	11	322.06	3647
2007	1123	20	17	408.91	3641
2008	1033	9	6	342.31	3314
2009	896	11	7	572.56	6390
2010	856	10	7	448.95	5245
2011	763	9	9	387.80	5083
2012	717	10	7	565.36	7885
2013	2141	18	10	1480.43	6914
2014	2157	23	14	2425.38	11244
2015	2417	23	14	2081.34	8611
2016	1954	5	5	1459.10	7467
2017	1838	7	5	1777.42	9670
2018	1180	9	6	1617.04	13703

20–8 火灾事故发生情况

（2018 年）

项 目	合 计	按事故发生程度分			按事故发生地区分
		特大	重大	一般	市区
火灾发生数 （起）	1180			1180	321
死伤人数 （人）	9			9	6
#死亡人数	6			6	3
直接经济损失 （万元）	1617.04			1617.04	324.51
平均每起火灾损失 （元）	13703			13703	10109

主要统计指标解释

律师 指受聘参加法律顾问处工作，担任法律顾问、刑(民)事代理人、刑事辩护人，办理非诉讼事件、解答法律询问、代定法律事务文书等主要从事律师业务的专职法律工作者和兼职律师。

公证人员 指在国家公证机关依法办理公证事务的司法人员。包括公证员、助理公证员和在公证处工作的其他人员。

办理公证文书 指公证处在一定时期内办结的公证文书件数。公证文书系按司法部门规定或批准的格式制作。包括国内公证和涉外公证两部分。其中国内公证分为经济合同公证和民事法律关系公证两大类。

调解人员 在人民调解委员会担负调解民间一般民事纠纷和轻微违法行为所引起的纠纷的工作人员。包括调解委员会的委员和调解小组的调解员。

调解民间纠纷 指调解委员会依照法律规定，根据自愿原则，用说服教育的方法调解民间发生的有关民事权利和义务的争执，促成当事双方达到协议的谅解，解决纠纷。包括婚姻家庭纠纷，财产权益纠纷等。不包括法院受理调解的民事案件数。

二十一、县(市)社会经济(1978-2018)

SOCLAL ECONOMIC OF COUNTIES(CITIES)

版面负责人：卢川川　卓卫华　李跃东
顾元林　李　燕　张　虹
王廷宝　徐　康　徐　勇

编　　辑：马　萍　王　楠　闫礼建
董志娟　唐子午　秦伟伟
殷溪晨　柏　慧　柳　震
李银浩

统计执法监督检查办法

第三十八条　县级以上人民政府统计机构应当在《统计行政处罚决定书》作出后7日内送达处罚对象。处罚对象应当在送达回执上签字盖章，并注明签收日期。处罚对象拒绝接收的，应当在其他人员见证下，由送达人员、见证人员在送达回执上签字并注明理由，将《统计行政处罚决定书》留置；处罚对象不能接收的，应当在其他人员见证下，由送达人员、见证人员在送达回执上签字并注明理由。

邮寄送达的，应当通过中国邮政挂号寄送。

第三十九条　统计行政处罚决定作出后，处罚对象应当在统计行政处罚决定的期限内予以履行。处罚对象对统计行政处罚决定不服，申请行政复议或者提起行政诉讼的，统计行政处罚不停止执行。

统计执法监督检查机构应当及时掌握统计行政处罚的执行情况。

第四十条　立案查处的统计违法行为，应当在立案后3个月内处理完毕；因特殊情况需要延长办理期限的，应当按规定报经批准，但延长期限不得超过3个月。

第四十一条　统计违法事实清楚并有法定依据，对法人或者其他组织予以警告或者警告并处1000元以下罚款行政处罚的，可以适用简易处罚程序，当场作出统计行政处罚决定。

第四十二条　统计违法行为处理决定执行后，应当及时结案。

结案应当撰写结案报告，报送所属人民政府统计机构负责人同意，予以结案。

第四十三条　县级以上人民政府统计机构在查处统计违法案件时，认为对有关国家工作人员应当给予处分处理的，应当按照有关规定提出处分处理建议，并将案件材料和处分处理建议移送具有管辖权的任免机关或者纪检机关、监察机关、组织（人事）部门。

第四十四条　立案查处和执法检查的典型、严重统计违法案件，应当按照有关规定予以曝光。

对具有严重统计造假弄虚作假情形的，应当依法认定为统计上严重失信，按照有关规定予以公示和惩戒。

21-1 历年地区生产总值

（当年价格） 单位:亿元

年　份	丰　县	沛　县	铜山区	睢宁县	新沂市	邳州市
1978	1.72	2.04	2.07	2.12	2.21	2.42
1979	1.99	2.24	2.66	2.21	2.24	2.82
1980	2.32	2.54	2.73	2.69	2.38	3.11
1981	2.42	2.80	3.14	2.91	2.62	3.23
1982	3.04	3.39	3.79	3.41	2.82	3.73
1983	3.53	3.78	4.57	3.61	3.55	4.93
1984	4.14	4.85	5.27	4.90	4.27	5.69
1985	3.87	5.88	6.16	5.30	5.02	6.46
1986	4.48	6.36	7.19	5.58	5.80	7.99
1987	4.86	7.11	8.75	5.70	6.85	8.94
1988	5.37	8.96	9.67	6.26	8.46	11.29
1989	7.06	8.59	11.23	6.88	9.49	12.04
1990	7.51	9.37	12.13	8.49	10.10	13.55
1991	9.28	13.18	13.53	9.46	11.42	14.70
1992	9.77	15.56	16.38	11.45	12.69	17.10
1993	12.42	20.16	21.79	15.28	18.85	20.75
1994	14.61	27.27	32.37	22.07	28.50	29.79
1995	16.36	36.23	45.67	29.53	32.51	34.59
1996	17.13	42.99	50.37	32.59	36.50	38.94
1997	17.91	46.12	55.55	30.29	39.51	44.48
1998	19.47	51.59	60.70	32.69	43.30	50.71
1999	22.78	56.36	64.65	34.31	44.53	55.96
2000	26.28	60.15	70.91	36.61	38.91	62.68
2001	30.40	68.00	77.75	41.35	43.66	69.05
2002	34.91	76.41	86.21	47.03	47.96	76.46
2003	40.50	86.57	99.00	53.20	54.24	88.07
2004	48.89	104.75	117.39	54.04	64.55	102.26
2005	57.94	125.22	147.69	64.26	83.02	128.93
2006	68.58	150.82	181.08	78.12	103.83	161.98
2007	81.08	179.50	229.31	95.58	129.32	198.55
2008	102.43	218.89	290.58	129.93	168.66	257.13
2009	120.15	249.98	338.11	151.15	195.53	298.46
2010	150.58	301.60	462.75	200.10	241.20	366.39
2011	190.61	376.98	570.57	252.36	301.37	448.86
2012	228.73	431.30	647.60	302.45	350.16	513.49
2013	300.73	503.80	749.73	360.16	412.22	610.68
2014	341.63	564.96	835.27	419.97	473.54	684.48
2015	370.33	605.84	900.42	451.89	507.63	731.71
2016	405.19	665.03	974.81	497.38	562.06	804.14
2017	456.94	756.32	1085.30	560.07	644.26	917.65
2018	460.14	762.62	1090.66	577.30	653.32	920.66

注:1993-2004 年为按 2004 年经济普查调整修订数据;2006-2008 年数据是全国第二次经济普查调整修订后的数据; 2013 年数据根据全国第三次经济普查调整结果进行了修订。

21-2 历年地区生产总值指数

（按可比价格计算、以 1978 年为 100）

年　份	丰　县	沛　县	铜山区	睢宁县	新沂市	邳州市
1978	100.0	100.0	100.0	100.0	100.0	100.0
1979	99.0	95.5	110.3	90.8	89.5	99.9
1980	114.1	107.5	113.7	109.2	93.8	108.5
1981	117.5	117.6	128.3	115.8	101.1	110.1
1982	140.8	138.1	150.4	129.6	105.9	122.6
1983	161.0	151.6	181.0	134.8	129.7	159.3
1984	181.9	188.0	200.2	174.3	151.6	175.9
1985	158.6	210.8	209.6	173.2	165.0	189.4
1986	170.4	219.0	226.2	178.9	180.5	215.1
1987	171.9	228.4	256.3	173.1	195.7	224.0
1988	167.7	254.6	289.7	169.6	221.8	241.7
1989	199.1	221.2	249.8	169.8	240.8	238.1
1990	202.1	224.3	261.3	195.9	254.7	248.8
1991	241.7	304.8	283.8	212.9	277.1	269.7
1992	245.3	347.5	359.3	249.7	312.3	308.0
1993	274.5	376.0	395.6	283.9	360.7	363.7
1994	326.4	418.9	447.0	343.5	445.8	432.1
1995	378.0	517.8	596.3	401.6	465.9	523.7
1996	408.6	577.3	647.6	425.6	515.3	573.5
1997	455.6	665.6	736.3	435.9	563.7	543.1
1998	506.2	752.1	832.8	471.6	635.3	608.8
1999	569.5	843.1	934.4	509.3	688.7	679.4
2000	632.1	936.7	1047.5	547.0	739.7	754.8
2001	704.8	1041.6	1153.3	618.1	828.5	841.6
2002	787.3	1172.8	1287.1	685.5	927.1	943.4
2003	866.0	1322.9	1455.7	760.9	1043.0	1069.8
2004	976.0	1504.1	1669.7	858.3	1185.9	1227.1
2005	1107.8	1729.7	1928.5	974.2	1361.4	1422.2
2006	1275.1	2006.5	2250.6	1120.3	1575.1	1659.7
2007	1469.9	2321.0	2604.9	1290.7	1816.0	1920.2
2008	1678.6	2664.5	2993.0	1474.0	2077.5	2204.4
2009	1916.9	3056.2	3439.0	1690.7	2385.0	2532.9
2010	2183.8	3508.5	3941.0	1937.5	2740.1	2904.7
2011	2476.7	4003.3	4504.6	2204.8	3136.0	3314.3
2012	2816.0	4559.8	5148.8	2506.9	3578.2	3781.6
2013	3182.1	5138.9	5807.6	2835.3	4505.5	4273.2
2014	3551.2	5724.7	6481.3	3175.5	5028.1	4773.2
2015	3920.5	6325.8	7135.9	3508.9	5561.1	5269.6
2016	4230.2	6901.4	7706.8	3807.2	6083.8	5727.9
2017	4540.6	7493.8	8258.1	4100.3	6610.1	6209.6
2018	4676.9	7763.5	8547.1	4280.7	6894.3	6426.9

21-3 历年地区生产总值指数

（按可比价格计算、以上年为100）

年份	丰县	沛县	铜山区	睢宁县	新沂市	邳州市
1978						
1979	99.0	95.5	110.3	90.8	89.5	99.9
1980	115.3	112.6	103.1	120.3	104.8	108.6
1981	103.0	109.4	112.8	106.0	107.8	101.5
1982	119.8	117.4	117.2	111.9	104.7	111.4
1983	114.3	109.8	120.3	104.0	122.5	129.9
1984	113.0	124.0	110.6	129.3	116.9	110.4
1985	87.2	112.1	104.7	99.4	108.8	107.7
1986	107.4	103.9	107.9	103.3	109.4	113.6
1987	100.9	104.3	113.3	96.8	108.4	104.1
1988	97.6	111.5	113.0	98.0	113.3	107.9
1989	118.7	86.9	86.2	100.1	108.6	98.5
1990	101.5	101.4	104.6	115.4	106.5	104.5
1991	119.6	135.9	108.6	108.7	113.0	108.4
1992	101.5	114.0	126.6	117.3	111.1	114.2
1993	111.9	108.2	110.1	113.7	122.7	118.1
1994	118.9	111.4	113.0	121.0	123.6	118.8
1995	115.8	123.6	133.4	116.9	104.5	121.2
1996	108.1	111.5	108.6	106.0	110.6	109.5
1997	111.5	115.3	113.7	102.4	109.4	89.9
1998	111.1	113.0	113.1	108.2	112.7	112.1
1999	112.5	112.1	112.2	108.0	108.4	111.6
2000	111.0	111.1	112.1	107.4	107.4	111.1
2001	111.5	111.2	110.1	113.0	112.0	111.5
2002	111.7	112.6	111.6	110.9	111.9	112.1
2003	110.0	112.8	113.1	111.0	112.5	113.4
2004	112.7	113.7	114.7	112.8	113.7	114.7
2005	113.5	115.0	115.5	113.5	114.8	115.9
2006	115.1	116.0	116.7	115.0	115.7	121.2
2007	115.3	115.7	115.7	115.2	115.3	115.7
2008	114.2	114.8	114.9	114.2	114.4	114.9
2009	114.2	114.7	114.9	114.7	114.8	135.5
2010	113.9	114.8	114.6	114.6	114.9	114.7
2011	113.4	114.1	114.3	113.8	114.4	114.1
2012	113.7	113.9	114.3	113.7	114.1	114.1
2013	113.0	112.7	112.8	113.1	113.2	113.0
2014	111.6	111.4	111.6	112.0	111.6	111.7
2015	110.4	110.5	110.1	110.5	110.6	110.4
2016	107.9	109.1	108.0	108.5	109.4	108.7
2017	107.3	108.6	107.2	107.7	108.6	108.4
2018	103.0	103.6	103.5	104.4	104.3	103.5

21–4　历年人均地区生产总值

（当年价格）　　单位:元

年　份	丰　县	沛　县	铜山区	睢宁县	新沂市	邳州市
1978	215	254	234	224	310	213
1979	246	274	299	232	313	246
1980	284	307	306	280	330	269
1981	294	332	347	300	359	277
1982	363	292	411	347	381	315
1983	417	429	488	364	474	410
1984	486	546	557	490	562	367
1985	451	660	645	526	653	524
1986	518	700	750	550	746	641
1987	557	777	903	557	872	707
1988	608	951	975	603	1058	874
1989	785	879	1113	649	1248	913
1990	805	916	1147	767	1289	985
1991	960	1241	1217	817	1398	1025
1992	997	1445	1464	973	1612	1234
1993	1250	1846	1938	1287	2094	1415
1994	1451	2299	2862	1845	3150	2013
1995	1611	2880	4003	2447	3577	2320
1996	1677	3169	4387	2679	3941	2598
1997	1718	3427	4819	2471	4177	2960
1998	1845	3834	5221	2647	4515	3375
1999	2149	4263	5529	2776	4718	3691
2000	2403	4776	6044	2917	4075	4066
2001	2770	5465	6592	3221	4511	4429
2002	3179	6302	7293	3648	4949	4888
2003	3698	7328	8379	4108	5646	5774
2004	4811	8991	9926	4130	6723	6892
2005	5745	10928	13207	4856	9001	8766
2006	6784	13091	16303	6616	11038	10903
2007	7994	15789	20789	8193	13941	13542
2008	10226	19402	26603	11285	18439	17531
2009	12130	22322	31289	13328	21480	20616
2010	15454	26727	41317	18498	26360	25186
2011	19867	33335	50293	24366	32861	30972
2012	24021	38633	58873	29427	38443	35736
2013	31709	45271	67791	35177	45414	41799
2014	36086	50772	77674	41087	52195	47761
2015	39124	54394	86123	44210	55891	51015
2016	42739	59604	93025	48556	61765	55960
2017	48084	67634	103101	54529	70623	63690
2018	48380	68137	103449	56149	71577	63824

21-5 历年年末总人口

单位:万人

年 份	丰 县	沛 县	铜山区	睢宁县	新沂市	邳州市
1978	80.53	81.07	135.85	95.06	71.53	114.30
1979	81.10	82.03	136.27	95.71	71.85	114.92
1980	81.78	83.46	137.36	96.22	72.38	115.81
1981	83.00	85.64	139.90	97.56	73.38	117.58
1982	84.21	87.43	142.58	98.95	74.48	119.51
1983	84.94	88.88	143.99	99.74	75.22	120.89
1984	85.50	88.59	145.73	100.48	76.31	122.79
1985	86.13	89.66	146.90	101.07	77.25	124.07
1986	86.68	90.93	147.97	101.96	78.28	125.51
1987	87.62	92.20	150.68	102.96	79.38	127.47
1988	89.08	96.18	154.90	104.84	80.69	130.89
1989	90.78	99.28	160.13	107.03	82.36	132.96
1990	95.78	105.36	170.35	114.40	88.37	142.22
1991	97.61	107.16	172.16	117.23	89.44	144.71
1992	98.51	108.15	172.38	118.26	89.74	146.06
1993	99.39	109.29	173.29	119.15	90.33	147.32
1994	100.67	111.84	128.56	120.09	90.62	148.59
1995	101.51	112.66	129.90	121.21	91.13	149.60
1996	102.14	113.32	130.30	122.12	94.10	150.11
1997	104.28	113.62	131.34	123.08	95.05	150.45
1998	105.57	115.16	132.77	124.25	96.15	150.02
1999	106.04	115.79	133.00	122.96	94.59	152.74
2000	109.38	118.13	128.34	128.06	96.34	155.59
2001	109.74	118.48	128.90	128.71	97.22	156.25
2002	109.80	118.92	128.94	129.09	96.58	156.56
2003	109.51	119.50	128.80	129.93	95.55	158.04
2004	110.24	120.34	129.19	131.76	96.48	161.43
2005	111.03	120.48	119.60	132.89	97.47	163.96
2006	112.11	121.74	120.72	134.04	99.06	165.46
2007	113.30	123.59	120.47	132.89	99.11	168.66
2008	114.03	123.80	122.11	132.51	100.31	169.70
2009	114.58	125.81	124.21	132.91	101.95	171.93
2010	116.49	127.94	129.27	133.12	104.01	178.62
2011	115.08	127.12	131.07	135.46	104.70	178.63
2012	116.62	128.66	134.51	137.35	107.15	179.86
2013	118.23	128.91	137.06	140.74	109.66	182.95
2014	120.05	130.63	131.56	143.58	111.89	185.89
2015	120.67	130.92	131.36	144.28	112.66	187.49
2016	121.41	130.74	132.26	144.16	113.56	193.87
2017	120.97	129.92	132.07	144.00	112.93	193.76
2018	121.48	129.81	133.15	144.10	113.21	194.36

21-6 历年年末农业人口

单位：万人

年　份	丰　县	沛　县	铜山区	睢宁县	新沂市	邳州市
1978	78.34	76.75	132.80	92.61	68.32	111.00
1979	78.77	77.47	133.36	93.08	68.45	111.23
1980	79.32	78.39	134.26	93.45	68.85	112.03
1981	80.39	79.99	136.72	94.61	69.69	113.56
1982	81.40	81.42	139.37	95.74	70.66	115.27
1983	81.98	82.04	140.96	96.45	71.22	116.55
1984	82.29	81.39	142.46	96.95	72.01	118.15
1985	82.28	81.39	143.21	97.13	72.49	118.85
1986	82.64	82.12	143.88	97.90	73.27	120.38
1987	83.13	82.80	145.43	98.59	74.26	122.01
1988	83.61	85.46	145.78	98.90	74.88	123.42
1989	84.68	87.23	148.35	99.98	75.10	124.39
1990	89.28	92.58	156.87	106.85	80.56	132.65
1991	90.74	92.83	156.98	109.39	81.11	134.64
1992	91.28	93.41	155.94	110.19	81.06	135.39
1993	91.78	94.01	155.17	110.64	80.98	136.11
1994	92.77	95.73	116.63	111.30	80.90	136.69
1995	93.12	95.89	116.09	111.74	80.68	136.36
1996	93.22	95.88	115.72	112.30	82.85	135.79
1997	94.82	95.57	115.94	112.93	83.21	135.14
1998	95.62	96.11	117.04	113.70	83.40	134.10
1999	95.75	95.95	116.88	112.04	81.24	135.60
2000	94.02	96.88	111.68	111.56	77.95	121.74
2001	93.62	97.27	110.92	111.67	76.27	120.89
2002	93.48	97.42	110.85	111.68	75.92	121.32
2003	90.54	87.09	101.09	113.29	75.80	124.46
2004	88.15	87.56	101.00	110.86	76.35	121.62
2005	88.40	87.48	94.56	109.91	77.14	121.72
2006	89.47	88.69	95.92	110.95	78.13	122.92
2007	90.20	94.09	91.06	109.99	79.70	125.60
2008	80.75	93.64	91.82	110.26	80.89	126.45
2009	65.10	81.04	85.55	110.68	82.30	127.49
2010	65.22	79.67	83.65	100.83	43.69	129.62
2011	50.45	54.62	52.69	60.95	46.11	68.45
2012	50.49	52.54	51.87	60.03	43.88	47.43
2013	49.20	52.01	24.96	55.02	41.94	47.16
2014	48.63	53.69	21.70	55.32	42.53	47.08
2015	72.30	67.38	64.87	55.80	61.02	88.82
2016	72.77	61.77	65.41	55.18	61.38	91.68
2017	72.07	60.09	64.47	54.91	59.55	90.41
2018	68.26	58.01	64.43	54.61	55.99	89.53

注：2015 年起，城乡人口划分与往年不可比。

21–7 历年人口出生率

单位:‰

年 份	丰 县	沛 县	铜山区	睢宁县	新沂市	邳州市
1978	18.96	19.40	15.94	15.36	16.94	14.67
1979	13.03	15.91	13.58	12.35	12.34	11.93
1980	17.51	25.44	22.86	17.35	15.19	17.48
1981	16.88	19.30	21.51	14.19	18.08	16.79
1982	15.41	17.87	20.46	14.64	17.58	18.05
1983	13.44	12.81	16.46	12.05	14.46	15.63
1984	12.52	16.54	14.42	11.71	15.99	15.28
1985	11.79	11.50	12.50	9.99	14.91	12.86
1986	13.25	13.34	13.48	11.14	16.98	13.72
1987	15.89	15.08	16.52	12.02	16.30	15.33
1988	19.13	44.33	25.48	13.18	19.01	22.87
1989	21.83	31.63	31.69	15.49	19.22	18.90
1990	19.77	23.92	28.08	17.19	18.90	18.50
1991	21.24	19.90	18.31	26.21	16.72	20.93
1992	13.20	13.29	12.22	14.08	11.52	12.77
1993	13.78	15.92	12.37	10.76	10.08	11.26
1994	16.73	22.94	14.20	10.78	9.26	10.96
1995	12.67	10.68	10.75	9.90	8.29	8.75
1996	10.64	9.28	8.88	10.85	12.57	7.92
1997	23.83	8.28	13.83	10.74	9.03	7.77
1998	13.64	9.60	13.54	8.88	8.23	9.67
1999	9.49	7.73	8.32	7.49	8.00	8.44
2000	35.54	24.04	13.86	18.66	13.15	15.28
2001	7.74	8.17	7.85	6.96	8.10	8.47
2002	7.31	7.17	8.72	7.04	6.65	9.59
2003	6.45	8.92	8.85	13.76	6.91	13.18
2004	15.74	11.69	9.18	19.10	15.70	22.63
2005	13.07	9.23	14.50	14.01	15.32	19.52
2006	15.24	15.58	14.68	15.03	16.50	17.92
2007	20.13	21.01	18.86	14.67	22.31	32.02
2008	17.09	18.93	20.62	13.85	21.24	23.21
2009	17.34	19.14	20.67	14.30	16.24	30.79
2010	26.31	24.14	18.09	15.69	23.33	26.77
2011	19.17	18.51	26.52	25.46	20.70	9.13
2012	21.96	19.75	23.79	21.26	25.64	15.78
2013	20.44	20.75	24.69	26.43	25.69	18.46
2014	21.55	20.45	19.05	25.67	23.61	18.30
2015	14.07	14.71	14.74	16.05	18.03	14.30
2016	12.71	14.04	13.60	12.88	13.21	37.68
2017	14.48	18.39	15.37	16.17	14.92	14.85
2018	13.10	13.16	12.83	13.87	14.78	13.61

注:各县(市、区)出生人口中包含往年补报出生人口(下同)。

21-8 历年人口自然增长率

单位:‰

年 份	丰 县	沛 县	铜山区	睢宁县	新沂市	邳州市
1978	13.44	14.30	10.35	9.50	10.82	9.11
1979	7.55	11.13	8.16	6.60	6.36	6.52
1980	11.53	17.81	15.24	9.61	8.65	11.07
1981	11.76	14.10	15.00	9.05	11.86	11.88
1982	10.71	13.13	15.66	9.54	12.50	13.12
1983	8.55	7.72	11.59	7.16	9.38	11.13
1984	7.09	11.01	9.23	6.31	10.98	10.75
1985	6.62	6.81	7.29	5.20	9.96	8.31
1986	8.08	8.74	8.47	6.63	11.93	9.17
1987	10.76	10.73	11.38	7.49	11.36	11.06
1988	13.77	39.92	20.19	8.80	13.80	18.23
1989	16.48	27.40	27.02	11.28	14.38	14.61
1990	15.14	19.70	23.08	12.51	13.70	14.27
1991	17.07	15.42	13.00	20.70	11.60	15.66
1992	8.16	8.65	6.60	8.67	6.36	7.34
1993	8.93	11.42	6.93	5.20	4.79	5.94
1994	11.43	18.14	8.44	5.44	4.06	5.55
1995	7.83	6.42	5.97	5.02	3.42	3.63
1996	5.82	4.90	2.96	5.67	8.25	2.46
1997	19.26	4.42	7.81	5.55	4.93	2.84
1998	9.09	6.17	8.04	3.82	3.52	5.47
1999	5.69	4.80	2.86	3.22	4.18	5.04
2000	30.15	18.83	7.50	14.38	9.06	11.18
2001	4.37	4.29	4.14	4.03	4.99	5.32
2002	3.51	4.27	4.63	4.18	0.68	5.71
2003	2.85	5.47	2.97	10.06	4.67	9.29
2004	10.18	6.84	4.32	14.54	11.13	17.91
2005	10.58	5.92	11.83	12.22	13.91	17.33
2006	10.82	12.64	10.66	12.40	14.86	11.60
2007	11.82	14.06	-2.70	-6.91	1.37	17.24
2008	7.01	1.66	11.93	-2.16	11.50	9.56
2009	5.54	15.37	16.11	2.85	14.97	17.57
2010	17.19	16.66	2.84	5.89	17.79	21.40
2011	11.59	13.53	20.97	20.80	12.32	-3.36
2012	18.85	14.49	19.98	14.48	22.78	8.51
2013	13.97	16.17	21.24	25.13	23.69	15.78
2014	16.32	18.33	15.77	21.97	21.95	16.14
2015	8.76	7.77	6.14	10.98	10.72	10.21
2016	9.22	9.20	10.30	2.88	11.77	35.71
2017	3.37	0.61	3.01	5.79	-0.05	3.78
2018	8.51	6.97	8.82	8.48	8.35	8.49

注:2007年及以后死亡人口中含有往年未销户人口。

21-9 历年从业人员

单位:万人

年份	丰县	沛县	铜山区	睢宁县	新沂市	邳州市
1978	34.29	32.05	57.76	40.84	29.23	45.71
1979	31.55	31.76	57.82	40.14	29.59	45.20
1980	32.83	34.16	59.44	41.92	30.15	46.46
1981	34.33	36.01	61.67	43.22	30.45	47.78
1982	35.75	38.04	62.54	44.42	32.74	50.07
1983	36.00	39.20	64.85	44.83	32.37	51.67
1984	38.19	41.00	68.5	46.10	34.02	53.93
1985	39.44	41.72	70.57	48.16	34.37	56.64
1986	39.98	43.2	72.07	49.64	36.18	57.70
1987	41.69	43.83	72.48	52.21	37.06	60.27
1988	43.18	46.23	75.02	53.25	38.46	63.87
1989	44.02	47.28	77.43	54.45	40.58	65.20
1990	46.85	49.73	80.08	57.42	42.66	69.25
1991	47.98	50.97	81.50	59.21	42.76	73.44
1992	48.65	51.39	82.72	58.40	43.12	74.17
1993	49.49	49.25	81.91	60.03	43.78	74.98
1994	50.34	49.81	61.46	59.55	46.18	75.89
1995	50.75	48.46	58.56	60.95	47.23	76.59
1996	51.22	49.64	58.67	61.28	47.74	77.50
1997	51.60	51.42	59.47	61.14	48.41	77.99
1998	50.93	51.45	58.22	61.28	47.10	77.72
1999	51.69	50.24	58.01	62.73	45.86	78.83
2000	52.03	55.75	55.60	63.62	44.79	73.71
2001	54.01	55.21	54.10	61.92	44.68	73.05
2002	54.02	52.73	52.44	57.15	41.37	70.88
2003	53.77	51.74	50.23	52.69	39.82	71.03
2004	53.43	51.85	52.51	52.91	42.30	71.13
2005	58.09	56.39	52.48	66.72	48.65	78.77
2006	58.74	57.52	54.37	68.38	48.67	80.73
2007	58.97	58.55	59.13	71.12	50.47	82.55
2008	59.71	57.01	62.28	72.85	50.10	84.93
2009	61.30	58.18	64.69	73.32	52.43	87.41
2010	62.76	60.80	68.38	73.09	55.57	89.61
2011	66.17	62.09	70.40	72.63	58.19	90.26
2012	66.58	62.61	70.80	72.92	59.09	90.55
2013	56.05	66.25	65.33	59.66	54.05	77.19
2014	56.31	66.55	65.63	59.93	54.30	77.54
2015	55.69	64.54	56.11	62.88	55.27	87.75
2016	55.78	64.77	56.27	62.89	55.35	87.79
2017	55.41	64.41	55.79	62.46	55.13	87.37
2018	55.02	64.05	55.19	61.98	54.98	87.00

注:从业人员口径发生变化,2012 年以前是全社会口径,2013 年起改为劳动力抽样调查推算数。

21-10 历年在岗职工人数

单位：万人

年 份	丰 县	沛 县	铜山区	睢宁县	新沂市	邳州市
1978	2.72	3.46	4.44	3.30	3.11	3.89
1979	2.72	2.86	4.02	3.31	3.23	3.68
1980	2.95	3.66	4.58	3.73	3.58	3.76
1981	3.21	3.86	4.82	3.89	3.55	3.89
1982	3.29	4.04	5.03	3.86	3.61	3.99
1983	3.29	4.00	5.04	3.97	3.53	3.97
1984	3.61	4.37	5.52	4.00	4.12	5.02
1985	3.77	4.52	5.39	4.28	4.06	4.62
1986	3.71	4.97	5.56	4.48	4.27	4.73
1987	3.86	4.90	5.68	4.83	4.41	5.13
1988	4.25	5.41	5.84	5.21	4.70	6.40
1989	4.32	5.14	5.92	5.15	4.86	5.99
1990	4.73	5.24	6.14	5.14	4.91	6.14
1991	4.84	5.55	6.46	5.42	4.86	6.41
1992	4.80	5.79	6.69	5.44	4.91	6.44
1993	5.00	6.15	7.16	5.10	5.47	6.81
1994	5.15	6.05	6.49	5.39	5.56	7.00
1995	5.22	6.04	7.00	5.45	5.87	6.89
1996	4.99	6.53	7.53	5.63	5.99	7.36
1997	5.03	6.32	7.51	5.56	6.03	7.42
1998	3.86	5.61	7.11	4.65	5.14	6.64
1999	3.76	5.40	6.76	4.48	5.12	6.70
2000	3.80	5.06	6.41	4.31	4.94	6.41
2001	3.41	4.84	6.03	4.03	4.94	6.27
2002	3.28	4.44	5.46	3.58	4.73	5.93
2003	3.13	4.44	5.17	3.41	4.77	5.56
2004	3.03	4.03	5.04	3.44	4.88	5.17
2005	3.11	4.14	4.82	3.51	4.90	5.24
2006	3.25	4.17	5.17	3.66	5.11	5.36
2007	3.62	4.12	5.25	3.73	4.86	5.44
2008	3.67	4.07	5.63	3.84	4.97	5.85
2009	3.76	4.04	5.39	4.06	4.89	6.15
2010	3.84	3.99	5.48	4.16	4.95	6.23
2011	3.99	3.85	5.52	4.34	5.29	6.47
2012	4.07	4.05	5.70	4.54	5.73	6.38
2013	8.11	11.38	18.39	7.69	7.85	11.66
2014	8.26	11.46	17.21	8.14	8.25	10.94
2015	8.49	11.79	16.64	7.62	9.02	10.08
2016	8.37	12.44	14.99	7.64	8.68	9.95
2017	8.22	10.27	14.88	6.92	8.84	10.34
2018	6.11	9.69	11.04	6.04	6.72	9.32

21-11 历年乡村劳动力

单位:万人

年 份	丰 县	沛 县	铜山区	睢宁县	新沂市	邳州市
1978	31.57	28.59	53.32	37.54	26.12	41.82
1979	28.79	28.81	53.80	36.82	26.36	41.49
1980	29.84	30.36	54.86	38.00	23.54	42.69
1981	31.02	31.92	56.85	39.21	26.81	43.88
1982	32.43	33.96	57.51	40.53	29.10	46.06
1983	32.68	35.14	59.81	40.80	28.80	46.69
1984	34.55	36.52	62.98	41.99	29.83	48.88
1985	35.64	37.14	65.18	43.77	30.17	51.98
1986	36.24	38.13	66.51	45.04	31.78	52.92
1987	37.79	33.80	66.81	47.24	32.55	55.08
1988	38.89	40.73	69.18	47.95	33.66	57.40
1989	39.65	41.91	71.51	49.20	34.74	59.13
1990	42.07	44.27	73.94	52.15	36.78	63.04
1991	43.02	45.21	75.04	53.64	37.79	66.95
1992	43.76	45.35	75.87	52.78	37.90	67.63
1993	44.26	42.65	74.71	54.73	37.63	67.98
1994	44.96	43.06	54.86	53.90	39.66	68.63
1995	45.19	41.80	51.46	55.18	39.96	69.01
1996	45.85	42.33	51.00	55.11	40.03	69.44
1997	46.43	44.21	51.93	57.54	41.46	71.06
1998	46.62	44.34	51.13	58.26	41.51	71.06
1999	46.48	42.43	50.41	56.71	39.35	70.01
2000	46.59	47.84	48.33	57.68	38.16	66.55
2001	49.04	47.79	47.62	56.29	37.61	65.64
2002	49.90	48.73	48.73	59.33	38.33	69.56
2003	50.87	49.61	46.87	60.18	38.31	68.66
2004	51.50	50.24	50.37	61.48	39.55	70.30
2005	53.24	49.99	45.83	61.64	40.36	68.75
2006	53.48	50.40	46.73	62.76	40.37	68.76
2007	51.38	49.74	49.91	63.96	40.40	69.76
2008	51.53	47.26	51.46	64.38	40.36	69.71
2009	52.00	47.61	52.62	63.66	41.72	69.70
2010	52.81	49.46	54.41	62.83	43.43	69.50
2011	54.36	49.64	55.42	60.87	43.71	67.65
2012	55.77	52.33	58.63	62.11	47.46	72.40
2013	54.14	49.89	55.42	59.28	46.63	68.22
2014	53.18	48.94	51.65	59.97	45.46	67.02
2015	53.21	49.25	52.20	59.83	44.38	66.22
2016	53.11	49.57	52.77	59.72	44.42	65.49
2017	53.07	50.02	52.41	59.66	44.56	64.13
2018	52.85	50.70	52.00	59.60	44.52	62.94

21-12 历年固定资产投资

单位：万元

年 份	丰 县	沛 县	铜山区	睢宁县	新沂市	邳州市
1978	846	381	932	257	721	927
1979	830	575	1394	468	1040	1036
1980	654	795	1817	1054	810	844
1981	456	552	1226	577	726	613
1982	811	956	2377	637	846	1134
1983	640	1255	2114	538	1137	1485
1984	572	2036	1871	863	946	1530
1985	1016	1917	4021	1034	1609	2983
1986	5058	8509	30918	6564	16901	6136
1987	6794	9879	26961	8976	18966	26902
1988	8435	11978	31727	10496	23567	14313
1989	6587	11901	35441	8836	24988	30930
1990	9373	12345	38817	10194	30595	15335
1991	14560	16841	52059	11899	34845	17397
1992	19873	19901	71959	15199	36754	41934
1993	30578	30026	94013	45751	46133	55851
1994	46867	42717	141040	62722	66874	84525
1995	63137	79776	190435	82607	92935	88830
1996	80677	94540	238234	91157	94616	163509
1997	86698	113573	239240	84216	91756	116662
1998	96895	112588	211505	76037	129451	137538
1999	109440	144693	214600	102185	155269	165504
2000	125324	159146	229307	110264	129970	195998
2001	142671	175018	260666	132805	173082	227638
2002	172107	208096	295093	175419	197020	258616
2003	247625	310271	395956	240029	236778	383732
2004	323756	480920	537958	301340	461986	523462
2005	310470	607311	717791	325584	608550	950910
2006	413310	750129	1050982	402385	785000	1082000
2007	505000	1001518	1469954	508178	922500	1465814
2008	516480	1138254	1819519	617000	1184300	1816780
2009	650120	1586504	2397838	1058325	1583500	2602000
2010	901750	2140020	3351370	1345338	2101912	3349981
2011	1039371	2372031	3473398	1247240	2207210	3213528
2012	1273340	2923210	4267923	1532206	2706367	3938766
2013	1449732	3312973	4869369	1747941	3075835	4490608
2014	1801402	4090561	5665406	2185526	3862929	5459584
2015	2158322	4870889	6755075	2697732	4736939	6526898
2016	2511004	5603481	7834538	3204884	5500480	7631214
2017	2797603	6244538	8660972	3599716	5965297	8370098
2018						

注：2011年起不再统计全社会固定资产投资，统计口径改为500万元以上固定资产投资。

21-13 历年财政收入

单位:万元

年 份	丰 县	沛 县	铜山区	睢宁县	新沂市	邳州市
1978	1326	1612	1831	1839	1491	1625
1979	962	1417	1611	1538	1377	1498
1980	1003	1322	1818	1604	1546	1608
1981	1014	1400	2251	1879	1617	1615
1982	1341	1751	3609	1820	1800	2123
1983	1441	2008	4025	2029	1736	2156
1984	1503	2132	4841	2285	1954	2489
1985	1852	2829	5401	2692	2375	2941
1986	2195	2944	6336	2960	2622	3400
1987	2509	3517	6316	3275	3045	3726
1988	2853	4465	7737	3778	3819	4264
1989	2483	4552	11609	3769	3434	3927
1990	2831	5227	12021	3879	3721	4309
1991	3004	5928	12122	3672	4151	4375
1992	3570	6579	12551	3886	4431	4963
1993	5331	9350	16627	5212	7367	7462
1994	7851	13335	18225	7574	10702	11575
1995	12054	18003	23454	11252	12468	15183
1996	14308	21534	30026	14002	15125	19222
1997	15559	26208	34911	14259	16772	22055
1998	16586	28004	38507	15360	18204	24271
1999	17620	30039	43062	16906	19410	26726
2000	17886	33018	48118	16330	20605	29060
2001	18508	36320	55685	18008	24463	34442
2002	19662	44582	62452	21137	27284	42168
2003	25318	50609	76398	26139	33342	56998
2004	27724	63601	92668	29502	40227	80058
2005	35221	85008	116500	35016	50576	95826
2006	49318	120271	156800	47073	75278	131022
2007	59755	157645	185086	55122	89561	150777
2008	81671	203279	236725	78109	114918	188589
2009	122515	261124	295654	115424	153260	253046
2010	169252	353923	387417	183819	236023	307900
2011	252468	481652	568925	282610	346516	463876
2012	305518	539131	663088	337728	404448	525325
2013	365891	579056	778290	406591	457312	583166
2014	438794	649830	859746	482701	529191	653571
2015	513049	705687	950743	560283	584543	731382
2016	433177	700806	856028	554716	620801	735946
2017	349195	715508	893843	553491	639803	772925
2018	456426	788639	946621	617761	859784	820426

注:2007 年及以后财政收入及支出中不包括基金性收入和支出,与往年不可比(下同)。

21-14 历年财政支出

单位：万元

年份	丰县	沛县	铜山区	睢宁县	新沂市	邳州市
1978	1590	1314	2088	1680	1447	1684
1979	2018	1675	2529	1840	1531	2237
1980	1667	1709	2315	1973	1479	2125
1981	1693	1724	2174	1951	1522	2160
1982	1896	2182	3082	2127	2016	2371
1983	2429	2554	3416	2629	2256	2858
1984	2840	3802	3706	2738	2531	3153
1985	2742	3950	4536	2940	2682	3488
1986	3653	5073	5628	4067	3538	4495
1987	4290	5118	6212	4199	3975	4661
1988	5181	6501	7952	5170	5187	5465
1989	5924	7687	10851	6605	6168	6678
1990	6896	8989	13543	7252	6811	7556
1991	7614	9556	15276	7886	7771	8476
1992	7586	9506	15621	8056	8303	9014
1993	10265	13261	16591	10324	10355	10811
1994	12891	13324	16611	12675	11454	14275
1995	16217	18621	20332	16013	14375	16403
1996	20248	21725	27532	19392	17820	21464
1997	24032	25682	32493	21162	19223	24898
1998	26558	27162	35526	23762	21683	29529
1999	26651	29588	39390	26580	24986	34094
2000	29667	31180	40284	26386	28064	36627
2001	35393	36889	44391	33568	34858	42889
2002	37866	45020	50338	39808	39122	49543
2003	45639	53456	62569	46134	48682	66217
2004	55325	67373	78394	54676	58307	84928
2005	72979	88488	107780	77545	79123	113430
2006	91672	116118	145418	96865	99903	143508
2007	116415	168273	162830	117449	113104	173183
2008	157929	203316	224738	167227	157278	237026
2009	208700	271959	285893	217116	221451	311689
2010	276883	360103	382972	284511	303498	411118
2011	403976	507852	521982	423914	431830	534465
2012	476067	611756	616370	482555	547278	679840
2013	541357	672191	824175	571385	617017	777384
2014	627100	731506	945903	675628	684991	886240
2015	747200	923535	1077401	788948	825003	1034275
2016	709000	948558	1080029	802093	918229	1100768
2017	650058	890877	1119644	831154	930036	1105205
2018	700000	1033358	1198133	871916	994996	1207673

21-15 历年常用耕地面积

（年底数）　　单位：千公顷

年　份	丰　县	沛　县	铜山区	睢宁县	新沂市	邳州市
1978	89.29	83.81	159.38	103.04	84.12	118.23
1979	89.07	83.64	158.77	102.47	84.04	117.75
1980	88.30	83.03	157.90	102.43	83.76	117.66
1981	87.80	82.87	157.07	102.27	83.73	117.60
1982	87.76	82.73	156.29	102.22	83.55	117.57
1983	88.00	82.67	156.00	102.00	83.33	117.33
1984	88.03	82.46	155.15	102.08	83.49	117.23
1985	88.01	81.19	154.73	102.03	83.48	117.01
1986	88.01	81.12	151.88	102.03	83.35	116.53
1987	87.93	80.86	151.32	101.95	83.21	116.32
1988	87.81	80.77	150.63	101.91	82.54	115.79
1989	87.63	80.73	149.94	101.89	82.32	115.73
1990	87.61	80.62	148.89	101.82	82.15	114.83
1991	87.51	80.45	148.33	101.25	82.10	114.67
1992	86.01	80.38	147.53	100.79	81.63	114.16
1993	86.00	80.20	146.79	100.52	81.55	112.86
1994	85.85	79.97	115.52	100.09	81.42	112.45
1995	85.85	77.97	115.38	99.92	81.07	111.88
1996	85.68	77.91	115.15	99.62	80.47	111.44
1997	76.65	77.44	117.47	100.79	79.37	122.66
1998	76.60	77.03	117.40	100.67	80.65	122.83
1999	76.64	77.05	117.66	100.63	80.14	122.48
2000	76.70	77.22	115.99	100.63	80.57	121.37
2001	76.25	77.13	116.05	100.10	79.90	121.16
2002	76.41	76.93	116.31	100.05	79.85	121.17
2003	76.10	76.72	113.19	100.08	79.70	112.70
2004	76.09	76.56	108.97	100.08	79.57	111.84
2005	76.28	76.44	109.43	100.08	79.37	111.39
2006	75.34	75.92	109.31	99.84	79.02	112.38
2007	75.51	75.80	109.37	99.76	79.00	111.79
2008	75.72	75.48	106.52	100.00	78.76	110.68
2009	75.67	73.57	105.10	99.40	78.64	111.86
2010	75.67	75.51	109.52	97.46	78.43	111.96
2011	79.58	81.09	106.53	103.47	80.41	116.31
2012	79.75	80.92	107.02	103.41	80.23	116.33
2013	79.57	80.90	106.91	103.30	80.30	116.30
2014	79.57	81.20	106.85	103.42	80.33	116.32
2015	79.52	81.30	106.81	103.49	80.16	116.60
2016	79.49	81.57	106.50	103.39	80.22	116.42
2017	80.31	81.54	106.07	103.92	80.32	116.58
2018	81.03	81.74	106.10	105.32	80.35	116.64

21-16 历年农业机械总动力

（年底数）　　单位：万千瓦

年 份	丰 县	沛 县	铜山区	睢宁县	新沂市	邳州市
1978	12.44	12.95	23.21	11.44	10.47	13.70
1979	12.86	14.47	26.21	12.64	14.28	14.87
1980	15.96	15.65	29.45	14.10	15.65	16.74
1981	16.77	17.27	30.82	16.04	17.15	18.35
1982	18.95	19.29	35.35	18.84	18.47	22.39
1983	20.59	21.80	40.13	20.18	20.05	25.99
1984	24.02	23.91	49.46	21.56	19.99	29.12
1985	25.74	24.32	56.19	22.93	19.91	30.07
1986	27.61	25.54	60.61	25.00	21.27	34.61
1987	30.40	28.50	72.00	26.84	22.76	36.96
1988	32.50	29.16	86.62	28.11	23.23	38.18
1989	34.39	27.70	93.14	26.25	23.44	39.96
1990	30.27	34.42	93.52	25.27	23.15	39.81
1991	30.49	34.29	72.86	25.19	22.34	40.40
1992	28.09	33.17	65.23	24.79	22.66	36.61
1993	29.56	32.81	63.29	25.59	22.73	34.90
1994	29.51	32.73	39.84	25.89	23.66	33.58
1995	30.34	34.52	36.93	23.55	24.74	29.72
1996	31.80	35.32	36.37	24.55	25.02	31.54
1997	44.92	40.34	54.86	26.98	29.97	38.24
1998	47.90	41.96	58.19	29.92	32.61	41.47
1999	50.58	43.30	72.20	31.33	36.55	46.83
2000	57.51	65.59	70.67	45.85	41.18	57.97
2001	58.11	67.20	71.06	48.66	43.09	65.02
2002	57.81	68.52	73.14	50.93	44.58	70.80
2003	59.37	69.07	73.85	53.43	46.42	75.55
2004	59.98	70.25	73.95	55.83	46.62	78.06
2005	60.44	74.62	67.30	60.02	49.76	83.15
2006	61.66	78.44	70.46	65.01	53.91	88.34
2007	62.13	79.94	71.50	66.99	56.71	94.46
2008	66.25	82.31	91.90	82.07	60.40	96.80
2009	69.13	84.10	93.90	86.26	65.84	101.40
2010	69.93	85.65	96.20	89.37	69.03	104.10
2011	73.80	89.13	98.79	96.96	72.61	111.13
2012	76.77	92.41	98.76	103.00	77.18	116.04
2013	77.83	95.94	98.92	106.30	81.13	113.25
2014	80.27	97.80	199.44	111.80	94.93	116.02
2015	81.73	100.09	102.63	117.99	105.08	117.34
2016	82.84	102.08	111.65	122.05	115.86	118.52
2017	83.05	103.60	113.50	123.06	121.99	127.91
2018	83.93	104.60	116.10	120.65	124.03	128.44

21–17 历年农林牧渔业总产值

（当年价格）　　单位：万元

年　份	丰　县	沛　县	铜山区	睢宁县	新沂市	邳州市
1978	15810	18382	31848	18356	18265	24491
1979	20724	19705	42217	18880	18612	28479
1980	23182	21854	37976	23603	18598	31461
1981	24163	24754	37987	26421	21157	34168
1982	29770	27695	47763	33934	26418	38514
1983	35419	33163	60996	35885	33330	43581
1984	43388	40732	66347	47968	37414	55344
1985	41474	42583	75225	49402	41786	59884
1986	45200	55998	85209	51449	50860	76645
1987	52613	62592	94380	51600	63375	83140
1988	64426	73268	146023	54879	78355	110264
1989	69328	73819	147659	66570	87884	110596
1990	78230	91721	163381	80470	94180	128027
1991	91766	93687	175889	89271	104601	135059
1992	91465	91402	209745	102009	119878	142777
1993	131067	122049	257302	135878	154151	171199
1994	180928	197257	320311	217635	213544	292885
1995	239818	247827	399924	269129	256031	384102
1996	280443	324758	454553	317969	293759	461242
1997	256802	333973	384232	296479	285292	426967
1998	266865	348366	401055	282536	303556	450727
1999	279736	354591	381167	278597	312216	459072
2000	300605	363461	400294	273376	321307	486340
2001	320867	381637	431471	289274	339682	516544
2002	342465	405504	460307	314341	360180	552480
2003	366826	422362	405606	325021	308914	580636
2004	414977	483373	478627	399044	380824	599434
2005	355373	566218	464871	389692	414548	695374
2006	395859	594072	501253	413557	446353	779016
2007	437125	651825	541433	442820	507574	830250
2008	530887	673930	599778	519253	503328	882368
2009	580693	751617	670996	665887	615434	991811
2010	649355	903156	684373	787066	694783	1100101
2011	775231	1090245	856960	950728	806247	1327479
2012	886899	1207167	981564	1046895	916229	1494402
2013	1027733	1352225	1152242	1182998	1028666	1628505
2014	1232193	1501940	1286776	1342580	1175475	1873621
2015	1371308	1618628	1452086	1463121	1281589	2054161
2016	1479144	1738438	1546741	1586230	1360946	2233015
2017	1628580	1921838	1703707	1754373	1500399	2474180
2018	1713287	2031377	1762787	1846054	1539180	2671927

21-18 历年粮食产量

单位:万吨

年份	丰县	沛县	铜山区	睢宁县	新沂市	邳州市
1978	24.82	29.08	51.50	30.57	31.47	36.94
1979	28.59	33.87	60.73	32.04	36.83	41.14
1980	30.81	32.71	63.44	37.69	38.98	44.22
1981	31.30	35.49	69.80	45.39	41.40	49.93
1982	35.09	36.30	68.95	52.62	45.55	53.33
1983	42.13	49.79	95.67	57.79	55.16	65.35
1984	49.19	56.51	103.18	64.08	58.77	71.22
1985	49.41	48.94	94.84	62.97	54.68	67.14
1986	51.27	55.30	105.80	66.17	57.32	72.59
1987	45.11	54.20	100.12	68.25	58.89	74.99
1988	38.92	52.38	94.04	59.29	52.50	71.34
1989	43.55	55.97	104.71	68.58	54.27	75.44
1990	43.72	55.69	107.60	67.29	51.54	71.20
1991	48.70	55.82	108.48	66.88	55.30	74.62
1992	46.11	55.63	111.70	68.27	55.47	79.67
1993	50.15	59.30	105.65	60.79	54.54	74.86
1994	46.64	52.62	72.63	61.02	50.61	70.92
1995	51.24	58.58	76.75	63.66	54.20	76.10
1996	52.24	62.25	79.94	69.76	54.29	78.25
1997	53.44	62.50	82.56	73.80	56.55	81.10
1998	44.19	51.91	75.87	64.62	49.79	73.00
1999	54.93	56.89	81.88	73.62	50.74	75.66
2000	40.34	45.60	56.63	53.92	39.00	64.57
2001	38.25	44.43	54.17	51.53	37.55	65.30
2002	38.06	45.22	48.88	49.49	37.69	60.38
2003	23.83	36.22	33.28	39.70	25.74	36.80
2004	43.17	47.35	51.32	58.48	35.07	62.03
2005	38.08	48.19	53.30	53.68	36.80	60.65
2006	42.77	48.03	61.58	65.47	41.98	60.30
2007	40.03	46.29	65.43	61.34	49.12	66.11
2008	43.91	51.76	65.43	74.67	52.94	69.93
2009	49.43	55.62	71.37	84.29	59.93	73.75
2010	46.01	58.11	79.20	85.31	62.67	75.88
2011	51.10	59.89	81.61	88.51	63.58	79.50
2012	52.89	61.17	84.22	91.62	65.68	82.77
2013	51.76	58.99	83.33	85.03	62.68	78.74
2014	53.49	60.71	78.94	90.98	65.97	80.85
2015	52.99	61.63	79.32	92.03	65.95	80.64
2016	52.54	60.27	79.37	92.78	66.06	80.75
2017	55.29	62.32	81.08	93.92	69.62	82.34
2018	55.18	63.12	84.03	93.74	70.44	80.69

注:2006年数据根据农普资料进行了调整。

21-19 历年棉花产量

单位:万吨

年 份	丰 县	沛 县	铜山区	睢宁县	新沂市	邳州市
1978	0.25	0.37	0.73	0.64	0.07	0.41
1979	0.32	0.31	0.60	0.41	0.01	0.35
1980	0.71	0.73	1.22	1.00	0.01	0.79
1981	0.63	0.75	1.26	0.93	0.01	0.75
1982	1.15	1.07	1.73	0.94		0.80
1983	1.43	1.25	2.33	1.28		1.04
1984	2.33	1.40	2.56	1.68		1.36
1985	1.45	1.04	1.97	1.06		1.53
1986	1.77	0.77	1.63	0.76		1.31
1987	2.05	1.09	1.94	0.85		1.56
1988	1.94	1.18	2.55	1.15	0.04	1.97
1989	1.25	0.30	1.23	0.72	0.03	1.16
1990	1.62	0.42	1.51	0.84	0.01	1.18
1991	1.98	0.86	2.36	1.05		1.70
1992	1.00	0.41	1.81	0.98		1.26
1993	1.12	0.55	1.74	0.60		0.78
1994	0.80	0.32	1.04	0.71		1.10
1995	1.01	0.55	1.54	0.85		1.69
1996	0.90	0.61	1.25	0.68		1.17
1997	0.80	0.40	0.86	0.68		1.20
1998	0.71	0.23	1.02	0.57		1.07
1999	0.36	0.09	0.71	0.39		0.70
2000	1.53	0.26	1.24	0.62		1.12
2001	1.66	0.47	1.43	1.02		1.80
2002	1.71	0.49	1.16	1.10		1.51
2003	1.45	0.31	0.78	0.58		1.03
2004	2.31	1.02	1.65	0.99		1.95
2005	0.95	0.39	0.84	0.62		1.04
2006	1.05	0.31	0.54	0.37		0.78
2007	1.60	0.52	0.63	0.34		0.86
2008	1.68	0.45	0.81	0.25		0.86
2009	1.61	0.42	0.80	0.14		0.77
2010	1.10	0.34	0.79	0.21		0.68
2011	1.30	0.38	0.71	0.17		0.70
2012	1.54	0.39	0.74	0.15		0.74
2013	1.62	0.46	0.70	0.16		0.58
2014	1.69	0.16	0.63	0.14		0.52
2015	1.58	0.17	0.47	0.11		0.17
2016	1.02	0.40	0.39	0.09		0.07
2017	1.13	0.29	0.32	0.05		0.06
2018	0.56	0.22	0.13	0.05		0.04

21-20　历年油料产量

单位:万吨

年　份	丰　县	沛　县	铜山区	睢宁县	新沂市	邳州市
1978	0.11	0.08	0.35	0.19	0.73	0.12
1979	0.17	0.12	0.32	0.29	0.99	0.18
1980	0.28	0.23	0.50	0.44	1.37	0.33
1981	0.41	0.24	0.67	0.96	2.20	0.56
1982	0.44	0.21	0.83	2.63	2.67	0.77
1983	0.27	0.11	0.53	1.86	2.49	0.43
1984	0.30	0.26	0.52	1.69	1.92	0.41
1985	0.79	0.74	1.41	3.67	3.09	0.79
1986	1.00	0.78	1.29	3.75	3.05	0.76
1987	0.68	0.61	1.28	4.53	2.71	0.80
1988	0.36	0.46	0.40	0.61	2.67	0.31
1989	0.44	0.47	0.50	0.87	2.34	0.38
1990	0.51	0.57	0.57	0.62	2.08	0.41
1991	0.49	0.60	0.70	1.18	2.53	0.82
1992	0.50	0.43	0.66	0.97	2.21	0.75
1993	0.62	0.50	0.86	1.44	3.14	0.57
1994	0.68	0.40	0.45	2.15	4.04	1.33
1995	0.63	0.55	0.35	1.42	3.91	1.22
1996	0.68	0.70	0.32	0.96	2.75	0.70
1997	0.86	0.75	0.36	1.22	3.83	0.58
1998	1.18	1.01	0.23	2.11	4.03	0.61
1999	1.73	1.07	1.00	3.43	5.79	0.78
2000	2.68	1.44	1.40	5.28	7.65	1.21
2001	3.50	1.46	1.13	4.83	8.78	2.54
2002	2.20	1.60	1.42	5.52	9.09	1.92
2003	1.12	0.86	0.93	3.01	2.78	1.09
2004	1.56	0.81	1.78	4.73	8.67	1.97
2005	0.60	0.62	1.19	3.33	8.43	1.62
2006	0.70	0.68	0.95	2.20	6.11	1.33
2007	0.68	0.35	0.96	1.75	5.76	1.60
2008	0.62	0.36	0.73	1.95	5.40	1.47
2009	0.61	0.40	0.68	2.06	7.04	1.49
2010	0.51	0.24	0.64	1.60	7.44	1.48
2011	0.47	0.20	0.68	1.58	6.57	1.76
2012	0.47	0.20	0.69	1.66	5.83	1.63
2013	0.45	0.27	0.56	1.46	5.51	1.50
2014	0.48	0.26	0.49	1.49	6.23	1.47
2015	0.51	0.28	0.51	2.04	6.26	1.42
2016	0.44	0.24	0.56	3.07	7.54	1.40
2017	0.43	0.38	0.56	3.14	6.70	1.39
2018	0.42	0.29	0.44	3.03	6.90	1.02

21-21　历年肉类总产量

单位：万吨

年　份	丰　县	沛　县	铜山区	睢宁县	新沂市	邳州市
1978						
1979						
1980						
1981						
1982						
1983						
1984						
1985	1.71	1.83	2.65	2.53	2.39	2.81
1986	1.79	1.70	2.86	2.88	2.40	2.36
1987	2.52	1.68	3.58	2.72	2.49	3.01
1988	2.78	2.27	4.33	3.25	2.72	3.05
1989	2.83	2.27	4.48	3.17	2.58	3.38
1990	3.03	2.61	5.12	3.56	2.86	4.13
1991	3.66	2.86	5.37	3.65	2.90	4.54
1992	3.98	2.96	6.09	4.14	3.16	5.10
1993	4.45	3.49	7.32	4.99	3.64	5.30
1994	4.55	3.81	6.56	6.17	4.93	6.23
1995	5.03	4.67	8.15	7.25	5.32	7.67
1996	7.48	6.32	9.16	8.92	5.15	8.98
1997	3.14	5.19	4.78	6.06	5.29	6.20
1998	4.76	5.67	4.55	4.82	5.58	7.26
1999	4.35	5.49	5.06	4.06	5.01	6.84
2000	4.56	6.30	5.63	3.97	6.20	7.45
2001	5.10	6.87	5.79	4.36	6.89	8.06
2002	5.23	6.94	6.03	5.32	6.11	8.26
2003	5.60	6.94	6.61	5.34	6.30	8.81
2004	5.63	7.15	6.82	6.22	6.30	9.38
2005	6.32	8.17	6.40	7.06	6.86	10.17
2006	4.29	11.36	7.14	6.43	7.34	10.56
2007	4.23	9.90	6.42	5.48	5.89	8.83
2008	7.86	11.94	7.30	7.22	7.80	13.36
2009	10.57	12.67	8.74	9.24	9.88	17.48
2010	12.01	17.61	10.23	11.04	12.70	20.42
2011	13.32	19.54	11.49	12.91	12.63	19.55
2012	15.14	19.49	12.47	15.57	14.92	20.43
2013	16.19	18.55	11.09	14.34	13.28	20.62
2014	15.93	18.96	10.59	14.93	13.89	21.08
2015	16.72	19.38	10.41	14.17	12.91	20.68
2016	13.85	17.55	9.89	12.15	11.68	19.93
2017	13.80	17.62	9.75	10.39	10.33	16.86
2018	6.52	13.54	9.95	8.83	10.87	15.78

21-22 历年邮电业务总量

单位：万元

年 份	丰 县	沛 县	铜山区	睢宁县	新沂市	邳州市
1978	53	66	72	65	67	72
1979	56	74	70	70	78	73
1980	63	79	80	76	84	82
1981	68	88	89	82	97	94
1982	69	92	95	82	101	97
1983	74	100	107	87	106	99
1984	81	113	107	98	110	114
1985	93	130	122	112	126	128
1986	97	148	128	119	148	142
1987	108	165	128	138	162	163
1988	131	199	153	176	199	216
1989	139	213	172	193	217	222
1990	325	483	206	430	477	480
1991	386	529	593	544	543	596
1992	511	763	774	752	840	829
1993	722	1207	1154	1008	1259	1227
1994	1356	1750	1398	1598	1834	2090
1995	2200	2594	2335	2575	3405	3354
1996	2994	3779	3735	3464	4087	4463
1997	4520	5628	4880	5169	5614	6272
1998	5851	6986	1084	6756	7227	8534
1999	6981	9140	1164	8144	8275	10724
2000	10487	14645	1638	10763	13269	17517
2001	10308	12875	2010	11297	11784	16573
2002	10742	13486	2488	11767	11986	16611
2003	12905	15924	9207	13946	14313	19077
2004	6234	8340	11043	7227	7245	10789
2005	7235	9905	5233	8630	9111	12756
2006	10181	13059	14502	11904	11399	16508
2007	26922	37403	45696	33023	33868	49353
2008	30719	38781	58462	37780	39634	56284
2009	40988	51202	46242	46782	44708	59252
2010	56228	69137	58455	60394	60718	79485
2011	42916	55635	55410	49128	50933	65536
2012	51983	64783		57971	57155	74320
2013	153394	192013		183881	166383	235569
2014	149084	186814		188957	171454	227140
2015	165129	200653		205099	188432	240449
2016	193859	222595		269623	249448	299179
2017	142061	164419		202066	223788	222121
2018	338921	398492		480852	503071	491694

注：2006 年及以前邮电业务总量中电信业务总量以电信业务收入代替；2011 年 -2016 年邮电业务总量按 2010 年价格计算；2017 年起电信业务总量使用“2015 年电信业务不变单价”计算，与往年不可比。

21-23 历年年末固定电话用户

单位:户

年 份	丰 县	沛 县	铜山区	睢宁县	新沂市	邳州市
1978	992	2044		1517	1391	1716
1979	1110	2130		1563	1483	1809
1980	1186	2130		1674	1705	1881
1981	1250	2162		1729	1774	1898
1982	1229	2237		1799	2132	1863
1983	1152	2374		1815	2253	1917
1984	1224	2500		1907	2508	2076
1985	1353	2744		2028	2833	2310
1986	1462	3122		2167	2965	2348
1987	1547	3579		2304	3288	2611
1988	1800	4141		2625	3650	2946
1989	1961	5059		3189	4060	3418
1990	2256	6011		3659	4316	3791
1991	2848	6767		4779	4953	4502
1992	3133	8601		5393	7452	5845
1993	3627	11141		6763	9206	7883
1994	6910	16834		10704	11529	11767
1995	12173	22799		16219	20675	22594
1996	21588	33719		29817	39309	34371
1997	36893	53963		40811	54080	48738
1998	49871	70380		61097	75566	82685
1999	44267	59464		52052	58453	70343
2000	65944	81326		73890	80146	100162
2001	94810	106240		106927	98699	134368
2002	124422	140187		134598	129540	175820
2003	165988	187204	198979	177939	168802	229143
2004	208672	239275	282600	228993	209109	293284
2005	239468	275750	295707	273883	257232	353097
2006	248726	288165	270251	298558	266937	372969
2007	242158	235777	272056	297598	270527	353257
2008	220611	230571	241018	270364	237400	312135
2009	145540	167392	180008	199079	160805	202749
2010	137603	157466	173708	188348	150520	190971
2011	140462	197216	239038	187160	207733	221426
2012	100803	146045	161416	155666	132020	154129
2013	100036	146919	170089	155292	133787	157783
2014	88545	146269	154977	146843	120367	144323
2015	82152	113449	133088	128151	100704	130520
2016	79027	99583	121435	115086	91685	113514
2017	72952	90954	113004	110607	85811	108390
2018	65510	75410	93262	91041	75910	91781

21-24 历年社会消费品零售总额

单位:万元

年 份	丰 县	沛 县	铜山区	睢宁县	新沂市	邳州市
1978	5581	6587	11569	7448	6594	7799
1979	6981	8136	12704	9037	7842	10096
1980	8962	9357	13144	10741	8968	12282
1981	10167	10934	14478	11616	10625	13140
1982	11883	12036	16486	12343	12169	14186
1983	12191	13541	18637	13945	13490	15083
1984	14000	16071	21802	16575	14216	17547
1985	18465	19762	27613	21199	18869	22883
1986	20579	22168	32365	23307	22833	26869
1987	23555	26658	37441	25849	25821	29582
1988	28620	31213	43827	30628	30630	35904
1989	31599	33343	44445	31893	31650	38837
1990	32267	32521	42464	31685	32118	40060
1991	32403	34096	49490	31180	32383	41918
1992	34881	35409	53118	32751	34459	46422
1993	41004	50429	67999	38870	42663	54945
1994	54011	61581	64651	51600	58291	68552
1995	74978	85502	85414	63669	77231	86774
1996	91807	104356	110087	72042	90872	111463
1997	105186	119155	129757	77511	102264	125514
1998	115033	128715	135971	76110	110139	130665
1999	123018	137866	151757	78839	119568	144046
2000	134526	156215	164494	82276	131226	163492
2001	153120	173339	182109	93115	147012	189651
2002	173596	191614	200440	127452	163521	214305
2003	168067	185347	191502	140192	178210	237918
2004	190284	347448	281052	233373	228244	295771
2005	218489	401302	322648	268379	262708	342503
2006	253188	465918	374434	310894	304810	399337
2007	294141	545168	438068	362246	355990	469111
2008	374000	701000	575000	460000	455000	619000
2009	429748	807965	664348	528884	523198	713333
2010	508844	921280	871283	629654	613273	843942
2011	613797	1094873	1024992	757458	738148	1003705
2012	685764	1244249	1164333	852198	831300	1140613
2013	782456	1419689	1329669	974063	947691	1302580
2014	1180588	1921264	1902559	1396217	1357182	1978977
2015	1333593	2172181	2151033	1585544	1537144	2235452
2016	1510427	2455868	2421203	1795788	1745581	2534109
2017	1641058	2670633	2632940	1951066	1899894	2755662
2018	1807789	2944640	2900447	2153197	2094823	3035638

注:2004 及 2009 年数据为经济普查调整数。

21-25 历年进出口总额

单位:万美元

年 份	丰 县	沛 县	铜山区	睢宁县	新沂市	邳州市
1978						
1979						
1980						
1981						
1982						
1983						
1984						
1985						
1986						
1987						
1988						
1989						
1990		8		6	6	
1991		10		8	8	
1992	34	13		8	8	
1993	85	14	338	10	10	23
1994	42	23	31	11	11	322
1995	27	300	249	28	28	311
1996	197	762	1375	45	45	961
1997	653	1150	3683	231	231	706
1998	965	1276	3667	87	87	733
1999	370	2803	2490	89	89	674
2000	431	479	2260	194	194	864
2001	317	220	2945	267	267	1193
2002	341	285	4098	530	530	2988
2003	637	395	5129	560	560	4718
2004	1078	648	6710	789	789	10183
2005	1474	1172	6240	3207	3207	14823
2006	2820	1789	6733	6819	6819	25423
2007	3200	2726	10892	10968	10968	35162
2008	4035	3975	13642	8499	8499	40221
2009	3796	4579	10242	5697	5697	41446
2010	7272	8611	15351	20323	20323	66931
2011	11144	28753	32847	35640	35640	101286
2012	17117	37646	56047	72170	72170	144313
2013	18257	26715	77734	71846	71846	73142
2014	16556	34851	86207	47506	47506	87554
2015	9983	31786	60458	55620	55620	94725
2016	14581	33040	37207	73116	73116	103161
2017	157143	325279	495313	363090	454582	791845
2018	538336	451804	941432	510284	818996	1012360

注:自2017年起进出口总额为人民币口径,单位万元。

21-26 历年出口总额

单位:万美元

年 份	丰 县	沛 县	铜山区	睢宁县	新沂市	邳州市
1978						
1979						
1980						
1981						
1982						
1983						
1984						
1985						
1986						
1987						
1988						
1989						
1990		8		6	30	
1991		10		8	20	
1992	34	13		8	0	
1993	85	14	338	10	54	23
1994	42	23	31	11	65	322
1995	27	300	249	28	241	311
1996	197	762	1375	45	870	961
1997	653	1150	2697	231	1295	706
1998	965	1276	3099	67	1592	733
1999	370	2803	1448	55	435	674
2000	431	479	1743	180	1429	864
2001	317	211	2310	162	950	1193
2002	341	285	3268	224	1429	2988
2003	637	395	3911	402	2252	4718
2004	910	648	5411	321	3531	10183
2005	1305	595	4852	1067	4107	14745
2006	2299	1298	5084	1837	4680	25323
2007	3061	2685	8599	1718	6952	33854
2008	3796	3542	10484	1393	13060	37504
2009	3270	3634	7572	1381	9906	39032
2010	6405	8238	11810	10492	15449	64123
2011	10392	28383	27458	22524	22546	97937
2012	17078	36914	51791	48893	25074	140206
2013	17128	25933	71981	47421	38851	65695
2014	16205	33596	73789	29202	22758	72499
2015	9945	31210	50571	40938	20847	82024
2016	12611	31502	30257	61370	29846	91605
2017	113165	314621	446144	295680	344643	727233
2018	246950	431338	895590	448447	734003	953841

注:自 2017 年起出口总额为人民币口径,单位万元。

21-27 历年实际利用外资

单位:万美元

年份	丰县	沛县	铜山区	睢宁县	新沂市	邳州市
1978						
1979						
1980						
1981						
1982						
1983						
1984						
1985						
1986						
1987						
1988						
1989						
1990		58				10
1991		61	19		143	
1992	531	62	154	29	44	52
1993		142		127	528	150
1994	112	330	552	47	711	265
1995	23	316	1734	659	1067	70
1996	520	878	1544	604	608	820
1997	42	632	878	253	717	118
1998	426	759	1294	91	762	280
1999	377	821	1624	10	143	15
2000	3477	5240	3448	1164	453	464
2001	1843	1345	2360	881	913	784
2002	1518	1840	2458	1242	1828	2586
2003	2129	3110	3817	1750	1945	4030
2004	701	2037	3254	1998	2859	4811
2005	453	793	3709	1698	914	3337
2006	669	1813	3006	385	1197	3940
2007	119	955	4279	1310	1930	3910
2008	482	2394	6073	1134	1326	3012
2009	1098	1981	8080	2667	2604	6653
2010	3548	8186	5013	5351	4214	4227
2011	4240	10677	16287	10472	6599	16734
2012	6889	17022	10225	12932	18450	17991
2013	13288	9444	20099	11177	6240	25193
2014	10016	7174	22040	12239	3390	18803
2015	5093	8306	6524	10609	661	18802
2016	4121	13038	14924	11068	9993	18344
2017	7332	17282	22732	9899	17281	20308
2018	8019	19424	36301	13688	27169	23352

21-28 历年金融机构存款余额

（年底数） 单位:万元

年 份	丰 县	沛 县	铜山区	睢宁县	新沂市	邳州市
1978	1837	3136	5345		2316	3106
1979	2399	3284	4902		3120	3100
1980	2875	4200	9832		4069	1961
1981	5022	6940	14116	4877	5027	6553
1982	5088	7023	20008	4838	6008	6372
1983	6797	10208	22421	6141	7317	8638
1984	8901	14301	29211	8842	8902	13061
1985	9533	15979	27026	8953	7778	12967
1986	14755	23518	36338	13134	13392	18106
1987	21314	31463	42162	15096	16638	23157
1988	33930	50916	101302	26576	24604	38244
1989	41592	54235	101385	30909	28825	45297
1990	45540	72942	130105	30578	37086	51235
1991	58389	91595	163671	43924	44799	63715
1992	68038	109118	191854	56667	53151	76573
1993	82111	138413	235212	69903	65805	98074
1994	101203	177476	227397	89463	84266	133823
1995	126259	228300	299449	108597	114259	170289
1996	160051	282481	397126	129704	144377	212096
1997	184294	334381	466258	155819	172473	265491
1998	202842	375402	479798	176429	189829	290241
1999	214309	399968	447114	195967	200851	327727
2000	234947	435149		232361	211738	376325
2001	267706	515503		277154	238487	416461
2002	313444	591085		328267	286770	465173
2003	342292	650666	782659	376152	339602	531812
2004	381379	766597	1005189	450926	401685	640338
2005	464517	894761	1227538	541638	459154	714438
2006	579389	1022218	1448235	648257	542146	832182
2007	685879	1160059	1673637	748577	634831	965045
2008	818346	1449307	2102891	874589	762853	1117426
2009	1012609	1802697	2713274	1203225	1022393	1412470
2010	1237618	2105658	3500298	1552054	1367829	1777676
2011	1456157	2464859	3757705	1868564	1580320	2053286
2012	1744220	2929076		2155969	1800078	2514837
2013	2058711	3231849		2446515	2181317	2976061
2014	2398365	3365344		2827866	2353682	3463384
2015	2973594	3788786		3299813	2658207	4117882
2016	3541443	4541010		4018965	3869686	5253351
2017	3833062	5125386		4841221	4444041	6018152
2018	4409677	5545112		5585677	4709802	6440412

21-29 历年金融机构贷款余额

（年底数）　　单位:万元

年 份	丰 县	沛 县	铜山区	睢宁县	新沂市	邳州市
1978	5797	5147	7531		6539	7389
1979	6557	6056	507		9046	8416
1980	8608	8320	11041		11117	5693
1981	10657	10164	14552	14950	12047	12502
1982	11838	11047	18971	16873	12806	13666
1983	14961	14973	23631	18659	15731	17608
1984	22800	20272	33537	26554	20597	23621
1985	23955	21811	30849	26556	21967	24260
1986	23619	25493	34318	30139	25202	28473
1987	30051	34615	43078	35710	27659	35065
1988	40078	42129	72414	42454	33682	45529
1989	42760	48419	30092	45644	39567	51291
1990	54344	60156	97147	48158	47492	63296
1991	68054	75465	122990	65786	60662	78020
1992	71953	87955	137975	72499	70518	82859
1993	83172	104424	165564	81590	82763	93846
1994	101478	123824	172538	101536	99263	119778
1995	122433	156109	229780	119301	116298	146597
1996	139456	199805	288921	127800	144036	165083
1997	162500	270044	340406	154744	194145	210939
1998	177176	290329	389318	174750	214116	228154
1999	185233	300287	356499	169663	211732	232973
2000	172863	290188		143036	192087	221341
2001	186201	302386		158528	200594	358097
2002	186511	317655		175184	208252	416690
2003	196355	378965	541456	193408	243692	461613
2004	180528	372238	586723	201152	269633	500891
2005	190997	344037	630614	217166	275663	495003
2006	245075	357974	721496	271389	353228	567831
2007	238736	347166	873131	312390	435818	619833
2008	289367	346410	990968	369949	539993	679753
2009	466892	520922	1471172	593081	842694	975664
2010	638501	706312	2075650	808866	1067845	1241637
2011	848770	892845	2426655	982607	1304818	1498377
2012	966398	1087704		1172305	1571333	1889226
2013	1146818	1417916		1392059	1862149	2260353
2014	1280908	1573277		1693980	2020852	2713875
2015	1474972	1873874		1926127	2218496	3195690
2016	1773131	2225951		2243856	2463821	3661281
2017	2118672	2690136		2816990	2800329	4275196
2018	2404360	3155727		3282101	3328841	4881429

21-30 历年各类专业技术人员

单位:万人

年 份	丰 县	沛 县	铜山区	睢宁县	新沂市	邳州市
1978	0.24	0.21	0.32	0.16	0.18	0.25
1979	0.27	0.24	0.35	0.18	0.20	0.27
1980	0.29	0.27	0.39	0.21	0.23	0.30
1981	0.32	0.30	0.43	0.24	0.26	0.33
1982	0.36	0.33	0.47	0.27	0.29	0.36
1983	0.39	0.38	0.52	0.30	0.32	0.39
1984	0.43	0.42	0.57	0.34	0.36	0.43
1985	0.44	0.44	0.65	0.41	0.31	0.51
1986	0.45	0.49	0.68	0.44	0.38	0.50
1987	0.55	0.51	0.77	0.52	0.45	0.57
1988	0.65	0.63	0.79	0.63	0.53	0.66
1989	0.78	0.81	0.93	0.87	0.66	0.84
1990	0.82	0.82	0.98	0.91	0.68	0.89
1991	0.97	0.94	1.08	0.92	0.72	0.99
1992	1.00	0.93	1.18	0.98	0.77	0.85
1993	1.01	1.04	1.29	1.04	0.86	1.08
1994	1.01	1.16	1.12	1.04	0.88	1.12
1995	1.18	1.50	1.57	1.29	1.00	1.28
1996	1.40	1.56	1.70	1.43	1.43	1.29
1997	1.53	1.81	1.76	1.65	1.58	1.77
1998	1.58	2.00	1.83	1.79	1.69	2.05
1999	1.62	2.05	1.87	1.81	1.74	2.23
2000	1.67	2.16	1.95	1.86	1.91	2.39
2001	1.67	2.06	1.93	1.88	1.89	2.57
2002	1.71	2.04	1.86	1.76	1.94	2.46
2003	1.63	2.05	1.87	1.80	1.77	2.38
2004	1.40	2.87	1.88	1.80	1.65	2.10
2005	1.51	1.92	2.13	1.79	2.09	2.60
2006	1.83	3.30	2.59	1.83	2.57	3.29
2007	1.84	3.31	2.59	1.84	2.58	3.30
2008	2.27	2.51	2.25	2.60	3.39	2.55
2009	2.27	2.52	2.25	2.61	3.40	2.56
2010	2.53	2.74	2.65	2.74	3.76	2.79
2011	3.17	3.98	4.77	3.98	3.84	4.52
2012	3.29	4.08	4.88	4.09	3.96	4.71
2013	3.54	4.28	5.13	4.32	4.17	5.10
2014	3.83	4.45	5.86	4.50	4.35	5.38
2015	4.00	5.50	4.60	4.60	4.90	5.40
2016	4.13	5.61	4.73	4.72	5.03	5.60
2017	4.90	6.10	5.57	5.02	5.29	6.10
2018	5.30	6.50	5.93	5.42	5.70	6.55

注:2013年及以后各类专业技术人员口径调整,仅含国有、集体口径,不再是全社会口径。

21-31 历年普通中学在校学生

单位:万人

年 份	丰 县	沛 县	铜山区	睢宁县	新沂市	邳州市
1978	9.57	5.64	7.31	5.54	4.21	6.52
1979	8.45	5.28	6.34	5.00	4.02	5.48
1980	7.69	4.32	5.74	4.61	3.80	4.40
1981	4.28	4.18	5.45	3.88	3.16	3.60
1982	4.05	3.75	5.45	3.52	3.09	3.51
1983	3.73	3.61	5.71	3.39	3.13	4.01
1984	3.71	3.65	6.18	3.57	3.06	4.08
1985	4.00	3.88	6.77	3.95	3.47	4.44
1986	4.16	4.16	6.98	4.24	3.57	5.31
1987	4.16	4.28	6.90	4.11	3.43	5.18
1988	3.94	4.32	6.73	3.84	3.31	5.10
1989	3.90	4.50	6.96	3.82	3.23	5.15
1990	3.69	4.15	7.45	3.72	3.02	5.15
1991	3.20	3.79	7.71	3.48	3.22	5.50
1992	3.31	3.89	7.74	3.61	3.38	5.51
1993	3.41	4.20	7.89	3.76	3.51	5.84
1994	4.06	5.49	6.56	4.20	3.57	6.73
1995	4.72	6.30	7.29	4.85	3.95	7.80
1996	5.28	7.05	8.18	5.66	4.49	7.67
1997	5.84	7.00	8.76	6.10	5.15	7.08
1998	6.25	7.22	9.53	6.73	5.70	7.67
1999	6.65	7.65	9.04	7.23	6.14	8.96
2000	7.14	8.06	8.21	7.82	5.89	10.85
2001	7.59	8.51	8.21	8.94	7.72	12.15
2002	8.20	9.45	9.53	10.24	8.84	13.94
2003	8.83	10.69	11.30	11.62	9.71	15.86
2004	9.42	11.49	11.92	12.62	9.97	15.80
2005	9.69	11.78	10.26	12.54	9.48	15.18
2006	10.17	11.34	10.29	12.21	8.83	13.94
2007	10.47	10.63	9.60	11.55	7.93	12.64
2008	10.12	9.93	8.28	10.95	6.93	11.27
2009	8.99	8.57	7.01	10.00	5.78	10.02
2010	7.94	7.17	5.85	8.95	4.72	9.00
2011	6.72	5.97	4.68	8.34	4.08	8.20
2012	5.80	5.25	4.35	7.42	3.85	7.94
2013	4.87	3.94	4.23	6.29	3.40	7.04
2014	4.45	3.72	4.12	5.73	3.20	6.87
2015	4.18	3.58	4.12	5.05	3.13	6.90
2016	4.27	3.74	4.37	4.72	3.58	7.49
2017	4.38	4.16	5.17	4.79	4.52	8.58
2018	4.69	4.92	5.70	5.17	5.73	9.91

21–32 历年小学在校学生

单位：万人

年 份	丰 县	沛 县	铜山区	睢宁县	新沂市	邳州市
1978	8.85	13.91	21.36	14.47	12.32	16.60
1979	9.72	13.61	21.67	14.57	12.34	18.80
1980	9.99	12.86	22.34	14.11	12.50	17.17
1981	12.75	12.67	21.26	12.96	11.61	16.29
1982	12.09	12.15	20.58	12.59	10.68	15.52
1983	11.97	11.82	19.96	13.21	10.55	16.82
1984	11.67	11.59	19.65	12.45	10.27	16.84
1985	11.29	11.14	19.63	12.23	9.72	16.38
1986	10.92	10.82	18.67	12.15	9.32	16.10
1987	10.57	11.18	17.41	11.84	9.28	15.53
1988	10.38	11.48	16.93	11.50	9.10	14.51
1989	10.55	11.75	16.84	11.30	9.21	14.30
1990	10.40	12.66	16.87	12.19	9.58	15.03
1991	11.35	14.01	17.80	13.15	10.00	15.45
1992	11.56	14.31	18.73	13.78	10.59	16.51
1993	11.76	14.34	19.56	13.90	11.41	17.61
1994	12.30	14.79	15.04	15.05	12.46	19.09
1995	12.73	15.32	15.94	16.43	13.51	21.12
1996	13.24	15.94	16.51	17.50	14.72	24.18
1997	13.86	16.69	17.46	19.13	15.79	27.42
1998	14.38	17.41	17.98	20.29	16.00	27.95
1999	14.56	17.96	17.77	20.33	14.89	27.29
2000	14.69	17.82	18.29	20.17	13.92	25.05
2001	14.90	17.68	17.16	19.32	12.89	22.25
2002	14.55	16.46	15.51	17.96	11.43	19.39
2003	13.53	14.73	13.37	16.04	9.60	16.15
2004	12.24	12.70	11.01	13.95	7.97	13.47
2005	10.83	10.59	8.09	12.27	7.00	11.78
2006	9.63	8.73	6.89	10.97	6.21	11.21
2007	8.32	7.42	5.90	9.88	5.78	10.70
2008	7.11	6.78	5.36	8.62	4.96	10.68
2009	6.43	6.37	5.22	7.60	4.88	11.17
2010	6.34	6.53	5.53	7.19	5.37	11.87
2011	6.50	6.98	6.30	7.54	6.25	12.82
2012	6.81	7.70	7.31	7.85	7.44	14.18
2013	7.02	7.75	8.56	7.24	8.55	14.58
2014	7.81	8.96	10.09	8.17	10.09	16.53
2015	8.52	10.02	11.57	9.44	11.42	18.19
2016	8.93	10.76	12.70	10.26	12.21	19.18
2017	9.33	11.36	13.30	10.82	12.32	19.32
2018	9.50	11.52	13.00	11.31	12.07	19.08

21-33 历年卫生机构数

单位:个

年 份	丰 县	沛 县	铜山区	睢宁县	新沂市	邳州市
1978	50	28	46	15	51	44
1979	50	28	46	15	51	46
1980	51	57	98	58	62	70
1981	59	66	102	69	67	76
1982	64	66	105	69	65	76
1983	64	71	96	71	77	74
1984	67	70	96	72	76	73
1985	71	70	101	74	77	73
1986	74	70	96	73	62	72
1987	74	70	92	74	62	73
1988	74	70	102	66	63	73
1989	74	79	102	70	69	77
1990	74	79	111	70	65	77
1991	74	79	149	72	65	77
1992	74	77	132	72	68	78
1993	82	109	144	72	68	82
1994	82	109	123	71	68	82
1995	82	109	123	71	68	82
1996	82	109	123	69	67	83
1997	82	109	123	69	67	84
1998	94	169	136	67	67	86
1999	86	69	61	56	47	86
2000	85	80	72	68	50	111
2001	91	89	65	56	40	101
2002	85	102	73	30	46	94
2003	152	125	71	22	51	91
2004	192	217	66	29	50	149
2005	192	192	63	29	60	149
2006	159	192	64	29	62	149
2007	154	188	63	28	187	149
2008	144	67	63	27	61	96
2009	177	66	63	37	60	138
2010	194	70	90	51	64	136
2011	530	487	498	647	440	807
2012	521	506	497	629	439	778
2013	515	598	515	623	447	739
2014	559	613	511	650	468	773
2015	558	608	511	608	480	767
2016	554	612	507	596	483	768
2017	550	614	470	597	478	773
2018	551	624	526	594	459	779

注:2011 年及以后卫生机构数包括村卫生室。

21-34 历年卫生技术人员

单位:万人

年 份	丰 县	沛 县	铜山区	睢宁县	新沂市	邳州市
1978	0.11	0.12	0.14	0.14	0.12	0.14
1979	0.10	0.13	0.14	0.14	0.12	0.18
1980	0.10	0.13	0.13	0.14	0.13	0.16
1981	0.10	0.13	0.15	0.14	0.13	0.12
1982	0.11	0.13	0.15	0.14	0.13	0.15
1983	0.11	0.13	0.15	0.14	0.14	0.14
1984	0.11	0.13	0.17	0.14	0.14	0.15
1985	0.12	0.14	0.19	0.14	0.14	0.16
1986	0.12	0.15	0.20	0.14	0.15	0.17
1987	0.12	0.15	0.20	0.15	0.14	0.17
1988	0.14	0.16	0.23	0.15	0.14	0.18
1989	0.14	0.18	0.24	0.16	0.16	0.18
1990	0.15	0.19	0.26	0.17	0.16	0.18
1991	0.16	0.21	0.29	0.18	0.17	0.20
1992	0.17	0.21	0.31	0.19	0.18	0.23
1993	0.18	0.33	0.32	0.19	0.19	0.24
1994	0.18	0.35	0.26	0.19	0.20	0.29
1995	0.19	0.36	0.27	0.19	0.20	0.31
1996	0.19	0.37	0.27	0.19	0.20	0.34
1997	0.19	0.38	0.28	0.21	0.21	0.40
1998	0.19	0.39	0.28	0.21	0.22	0.40
1999	0.19	0.38	0.28	0.21	0.22	0.43
2000	0.19	0.37	0.28	0.20	0.22	0.47
2001	0.20	0.37	0.27	0.20	0.22	0.48
2002	0.18	0.35	0.27	0.19	0.21	0.48
2003	0.19	0.33	0.28	0.19	0.16	0.47
2004	0.20	0.34	0.27	0.19	0.18	0.48
2005	0.18	0.31	0.26	0.19	0.21	0.46
2006	0.19	0.32	0.27	0.19	0.22	0.47
2007	0.20	0.33	0.25	0.19	0.22	0.48
2008	0.22	0.32	0.25	0.20	0.23	0.47
2009	0.22	0.32	0.26	0.19	0.24	0.47
2010	0.22	0.34	0.28	0.22	0.27	0.46
2011	0.23	0.36	0.29	0.24	0.29	0.53
2012	0.34	0.38	0.30	0.28	0.34	0.56
2013	0.38	0.43	0.33	0.31	0.37	0.56
2014	0.39	0.47	0.36	0.34	0.41	0.63
2015	0.42	0.49	0.38	0.46	0.46	0.69
2016	0.46	0.54	0.41	0.49	0.48	0.72
2017	0.46	0.55	0.41	0.49	0.50	0.79
2018	0.50	0.59	0.71	0.49	0.54	1.01

21-35 历年医疗卫生机构床位数

单位:万张

年　份	丰　县	沛　县	铜山区	睢宁县	新沂市	邳州市
1978	0.06	0.10	0.15	0.11	0.10	0.10
1979	0.06	0.11	0.15	0.12	0.11	0.11
1980	0.06	0.11	0.15	0.12	0.11	0.10
1981	0.08	0.11	0.15	0.12	0.11	0.10
1982	0.08	0.11	0.15	0.13	0.11	0.10
1983	0.08	0.11	0.15	0.13	0.11	0.09
1984	0.08	0.11	0.15	0.11	0.11	0.10
1985	0.08	0.10	0.16	0.11	0.12	0.10
1986	0.08	0.12	0.16	0.11	0.12	0.10
1987	0.09	0.11	0.16	0.11	0.11	0.10
1988	0.10	0.11	0.17	0.11	0.12	0.10
1989	0.10	0.11	0.17	0.11	0.12	0.10
1990	0.10	0.11	0.17	0.11	0.13	0.10
1991	0.10	0.12	0.17	0.12	0.13	0.10
1992	0.11	0.13	0.18	0.12	0.12	0.11
1993	0.10	0.17	0.18	0.12	0.12	0.13
1994	0.11	0.17	0.15	0.11	0.11	0.12
1995	0.10	0.17	0.15	0.11	0.12	0.13
1996	0.10	0.17	0.15	0.12	0.12	0.12
1997	0.10	0.17	0.14	0.11	0.11	0.12
1998	0.11	0.17	0.15	0.12	0.11	0.13
1999	0.10	0.20	0.14	0.11	0.12	0.15
2000	0.10	0.20	0.14	0.11	0.12	0.16
2001	0.10	0.20	0.14	0.11	0.13	0.15
2002	0.10	0.19	0.14	0.12	0.12	0.14
2003	0.10	0.19	0.13	0.12	0.12	0.15
2004	0.11	0.19	0.14	0.12	0.12	0.15
2005	0.11	0.20	0.14	0.12	0.13	0.15
2006	0.11	0.21	0.15	0.12	0.14	0.15
2007	0.11	0.23	0.14	0.12	0.15	0.18
2008	0.15	0.25	0.16	0.13	0.14	0.19
2009	0.18	0.26	0.17	0.15	0.18	0.21
2010	0.20	0.29	0.21	0.18	0.17	0.25
2011	0.23	0.32	0.24	0.24	0.17	0.32
2012	0.33	0.38	0.27	0.29	0.25	0.41
2013	0.36	0.41	0.28	0.35	0.28	0.45
2014	0.40	0.45	0.28	0.36	0.31	0.49
2015	0.40	0.45	0.30	0.39	0.31	0.54
2016	0.41	0.49	0.34	0.45	0.35	0.57
2017	0.41	0.52	0.36	0.46	0.39	0.63
2018	0.39	0.56	0.57	0.45	0.38	0.75

21-36 历年职工平均工资

单位:元

年 份	丰 县	沛 县	铜山区	睢宁县	新沂市	邳州市
1978	403	381	442	364	472	471
1979	503	454	464	451	496	501
1980	584	547	598	551	564	565
1981	609	548	581	541	571	587
1982	640	596	608	578	621	625
1983	635	606	616	576	641	634
1984	870	902	936	786	971	861
1985	943	1101	960	914	995	941
1986	1106	1072	1134	1079	1106	1124
1987	1164	1141	1160	1132	1217	1174
1988	1541	1487	1416	1355	1517	1590
1989	1558	1520	1568	1551	1549	1480
1990	1691	1647	1751	1700	1787	1653
1991	1725	1837	1838	1742	1928	1777
1992	2159	2118	1961	2042	2243	2047
1993	2676	2328	2339	2328	2638	2506
1994	3422	3081	3464	3203	3841	3755
1995	4071	3890	4442	3964	4580	3964
1996	4789	4411	5379	4416	5151	5035
1997	4719	5111	5997	4193	5024	4832
1998	5625	6108	6678	5148	5974	5972
1999	6264	6687	7260	5476	6533	6382
2000	6669	7234	7862	5693	7047	7002
2001	7200	7765	8441	5868	7519	7560
2002	7568	8202	9012	7331	7998	8085
2003	8254	8838	9708	8242	8313	8659
2004	9455	9950	10938	8987	9525	9485
2005	11220	11950	13235	10658	11659	11625
2006	12530	13688	15604	11984	13423	13412
2007	14406	16128	18725	13825	15855	15746
2008	17389	18688	21845	17136	18483	18722
2009	20791	22166	25393	20694	22156	22168
2010	24090	25786	30525	22993	26061	26130
2011	29872	30713	36726	26606	31986	30633
2012	34189	35433	40977	31094	35337	35535
2013	35951	44659	44758	34836	38647	40092
2014	41980	46251	46321	37683	45212	42793
2015	45126	48454	49664	44057	48540	50108
2016	49302	52247	51606	45877	51464	55182
2017	53797	59005	55218	52687	54632	56692
2018	58041	65322	60296	58485	59490	59371

21-37 历年城乡居民储蓄存款余额

（年底数） 单位:万元

年　份	丰　县	沛　县	铜山区	睢宁县	新沂市	邳州市
1978	586	624	1507	539	632	734
1979	1336	898	2432	777	1101	937
1980	1615	1810	3539	1512	1649	1603
1981	2382	2559	4856	2133	2130	2326
1982	2958	3404	7008	2539	2681	3036
1983	4103	5190	12165	3434	3964	4214
1984	6131	7736	17268	5428	4794	6706
1985	8368	10594	21242	6057	5823	7973
1986	12708	16225	30893	8861	8585	12290
1987	16501	23200	41731	11992	11733	16771
1988	21174	32136	52867	15390	14500	22296
1989	25950	41532	70538	19006	18521	26550
1990	34202	56573	94683	25825	25157	35367
1991	43926	72169	117328	32366	31235	44820
1992	49950	86495	139644	41025	37116	55914
1993	66718	113260	178720	55765	47034	76298
1994	80922	142420	167956	76328	63093	103133
1995	99477	184149	223857	90917	87749	136143
1996	123305	232008	275204	107658	108385	169884
1997	147178	278504	313763	126611	125355	201070
1998	165461	314558	344175	147203	136191	220552
1999	177192	347884	322766	161323	140484	244637
2000	198535	374997		190522	159261	274035
2001	229579	416814		227229	186972	313571
2002	264249	474533		268767	222142	345541
2003	289921	535110	660774	308658	261334	402443
2004	330664	611413	778962	372365	310294	492403
2005	395565	710275	896873	457046	362101	583793
2006	479684	786261	1030057	532538	404096	648887
2007	544418	863847	1197030	592255	463567	736551
2008	659610	1065308	1526967	719016	559798	890588
2009	764610	1222173	1509486	857904	611631	1030206
2010	924204	1439169		1065322	710413	1195898
2011	1038767	1615171	1946720	1281978	978517	1355304
2012	1292601	1918117		1525560	1240984	1677574
2013	1560756	2214804		1807558	1398079	2082612
2014	1902973	2523432		2142900	1690732	2544222
2015	2251179	2893774		2516866	1926070	3021499
2016	2517502	3243499		2856726	2178744	3613507
2017	2690210	3457738		3115436	2465755	3924299
2018	2924224	3681271		3381521	2673487	4172362

注:2015年起居民储蓄调整为住户存款,与往年不可比。

21-38 历年农民人均收入

单位：元

年　份	丰　县	沛　县	铜山区	睢宁县	新沂市	邳州市
1978	84	131	120	54	72	55
1979	121	149	176	56	77	64
1980	117	170	205	74	163	76
1981	129	193	268	109	199	92
1982	144	215	342	164	282	123
1983	307	373	377	325	308	257
1984	419	425	478	379	424	345
1985	422	428	412	316	356	345
1986	412	451	522	378	426	427
1987	454	498	567	369	443	476
1988	462	578	646	460	535	576
1989	491	682	785	448	624	639
1990	504	613	832	519	610	648
1991	595	739	873	559	729	783
1992	669	758	982	638	760	815
1993	777	919	1142	761	890	893
1994	1067	1170	1451	1022	1291	1259
1995	1545	1751	2038	1513	1764	1706
1996	2162	2362	2770	2121	2301	2360
1997	2561	2852	3202	2427	2643	2604
1998	2807	3109	3428	2551	2857	2847
1999	3003	3241	3590	2661	3016	3001
2000	3129	3365	3748	2664	2814	3121
2001	3034	3544	3943	2850	2959	3295
2002	3479	3735	3780	3050	3123	3475
2003	3611	3880	3930	3163	3231	3613
2004	4027	4325	4402	3465	3613	4004
2005	4026	4550	4920	3845	4025	4477
2006	4537	5143	5591	4314	4516	5088
2007	5104	5831	6340	4849	5076	5770
2008	5724	6593	7167	5452	5698	6526
2009	6369	7342	7988	6077	6340	7267
2010	7258	8378	9173	7022	7231	8331
2011	8642	10001	10934	8384	8634	9931
2012	9783	11351	12421	9541	9808	11282
2013	10957	12725	13924	10686	10979	12635
2014	11757	13249	15100	11600	12140	12846
2015	12850	14441	16459	12656	13281	14028
2016	14026	15791	17970	13822	14526	15321
2017	15335	17269	19634	15130	15886	16725
2018	16725	18799	21395	16546	17325	18207

注：2013 年及之前为农民人均纯收入，自 2014 年起为农民人均可支配收入。

21-39 历年农民人均消费支出

单位:元

年 份	丰 县	沛 县	铜山区	睢宁县	新沂市	邳州市
1978	71		109		65	
1979	85		148		71	
1980	116		160		148	
1981	175		221		177	
1982	211		239		225	
1983	253	210	272	247	289	223
1984	294	272	311	278	350	247
1985	363	343	353	269	347	285
1986	398	362	390	334	424	353
1987	418	415	443	370	400	448
1988	500	511	544	386	450	447
1989	585	611	622	423	590	598
1990	565	510	575	425	537	550
1991	663	622	536	497	530	603
1992	526	579	582	546	512	684
1993	594	955	690	499	606	679
1994	864	938	927	891	1039	992
1995	917	1227	1040	1073	1361	1192
1996	1455	1699	1610	1325	1344	1467
1997	1605	1714	1943	1555	1393	1311
1998	1586	1576	1258	1466	1538	1227
1999	1685	1603	1459	1286	1496	1258
2000	1468	1741	1384	1429	1358	1583
2001	1596	1913	1582	1395	1453	1381
2002	1912	2296	1674	1588	1552	1311
2003	1933	2510	1881	1648	1915	1361
2004	2230	2110	2200	1861	1862	1257
2005	3082	3282	2961	2567	2501	2630
2006	3118	3666	3515	2932	3145	3027
2007	3461	4695	4311	3432	3565	3528
2008	4085	5318	4807	3746	3756	4218
2009	4695	5814	4957	4079	3951	4761
2010	5306	6572	5513	4436	4651	4937
2011	6288	7587	6496	4987	5766	5188
2012	7095	8558	7149	5616	6481	5866
2013	8325	7207	7858	6190	7141	6969
2014	7641	8682	8066	7292	8201	7990
2015	8296	9473	8927	8054	9025	8674
2016	9277	10573	10000	9064	10101	9699
2017	10032	11491	11024	9884	11015	10580
2018	10696	12263	11756	10625	11781	11353

注:2013 年及之前为农民人均生活消费支出,自 2014 年起为农民人均消费支出。

21-40 县(市)社会经济主要指标

(2018年)

指标	丰县	沛县	铜山区	睢宁县	新沂市	邳州市
人口、就业及土地面积						
年末户籍人口 (万人)	121.48	129.81	133.15	144.10	113.21	194.36
年平均人口(户籍)	121.23	129.86	132.61	144.05	113.07	194.06
当年出生人口 (人)	15883	17096	17016	19975	16713	26413
当年死亡人口	5563	8044	5321	7762	7270	9931
年末户籍户数 (万户)	32.65	37.41	35.40	33.44	31.36	46.52
从业人员 (万人)	55.02	64.05	55.19	61.98	54.98	87.00
第一产业	16.27	18.35	17.53	18.55	14.81	24.21
第二产业	20.25	23.51	18.51	22.63	20.09	31.69
第三产业	18.50	22.19	19.15	20.80	20.09	31.10
年末城镇单位从业人员 (人)	66525	106723	119544	64041	86455	96608
按国民经济行业分						
第一产业(农林牧渔业)	101	6816	4703		193	
第二产业	34143	58940	83256	34687	51911	48018
第三产业	32281	40967	31585	29354	34351	48590
按登记注册类型分						
#国有单位	29154	41611	29945	35566	27605	46171
城镇集体单位	2808	8069	4188	3393	3631	730
港澳台商投资单位	1873	1365	1907	7013	1130	1904
外商投资单位	840	976	1588	750	3685	3639
在岗职工人数	61089	96892	110373	60383	67232	93180
在岗职工平均人数	63888	96241	109006	55849	65575	92724
私营企业从业人员	93149	170452	139998	198286	214792	156594
个体从业人员	102414	77253	114412	127523	102614	197215
年末城镇登记失业人员数	1657	2554	2859	1985	2433	3802
行政区域土地面积 (平方公里)	1450	1806	1871	1769	1592	2085
综合经济						
地区生产总值 (亿元)	460.14	762.62	1090.66	577.30	653.32	920.66
第一产业	86.85	104.11	88.88	96.40	73.82	132.32
第二产业	182.69	332.87	519.60	235.56	261.91	364.44
#工业	138.16	222.25	475.91	172.48	219.41	305.58
第三产业	190.60	325.64	482.19	245.34	317.59	423.90
人均地区生产总值(按常住人口计算)	48380	68137	103449	56149	71577	63824
地区生产总值指数(上年=100)	103.0	103.6	103.5	104.4	104.3	103.5
第一产业	102.6	102.0	102.0	102.5	102.0	102.8
第二产业	99.5	100.0	100.5	102.0	100.8	99.8
#工业	98.3	91.2	100.8	100.7	99.2	98.7
第三产业	107.3	108.5	107.8	107.6	108.0	107.5
人均地区生产总值	102.9	103.5	103.4	104.3	104.2	103.4

21-40 续表 1 (2018 年)

指 标		丰 县	沛 县	铜山区	睢宁县	新沂市	邳州市
商品房销售							
商品房销售面积	（万平方米）	88.58	120.82	140.91	142.23	135.57	174.88
#住宅		84.32	109.08	134.19	127.42	130.56	156.92
财政、金融、保险							
财政总收入	（亿元）	45.64	78.86	94.66	61.78	85.98	82.04
公共财政预算收入		28.10	56.21	65.13	41.74	52.38	58.78
#税收收入		23.57	43.99	50.85	32.78	41.75	45.89
#增值税		13.94	15.41	18.81	14.57	15.67	16.62
营业税		0.14	0.03		0.05	0.07	0.08
企业所得税(40%)		1.19	3.13	4.29	1.47	2.67	2.71
个人所得税(40%)		0.60	0.96	2.15	1.50	8.64	0.78
公共财政预算支出		70.00	103.34	119.81	87.19	99.50	120.77
#一般公共服务		4.66	7.15	9.77	7.39	7.26	10.28
科学技术		1.18	3.10	4.68	1.87	2.13	1.91
教育		13.54	17.62	19.61	12.37	18.16	34.30
文化体育与传媒		0.44	1.18	0.46	0.45	0.42	2.33
社会保障和就业		10.40	10.11	13.70	11.36	7.92	14.14
医疗卫生		8.03	10.11	10.13	10.25	7.32	12.21
节能环保		0.98	3.71	5.27	1.72	2.62	2.38
城乡社区事务		7.22	18.20	15.79	17.69	33.74	16.35
农林水事务		10.20	17.35	19.54	11.71	10.38	11.86
交通运输		2.36	2.77	1.93	4.32	0.95	3.70
住房保障		2.97	1.58	4.55	2.12	2.45	1.07
年末金融机构各项存款余额		440.97	554.51		558.57	470.98	644.04
#住户存款		292.42	368.13		338.15	267.35	417.24
年末金融机构各项贷款余额		240.44	315.57		328.21	332.88	488.14
保费收入		13.53	20.23		14.35	13.14	16.84
财产险		4.47	4.41		5.13	5.00	6.36
人寿险		9.07	15.82		9.21	8.14	10.48
赔款和给付		4.49	6.15		4.61	3.92	5.31
财产险		2.90	3.01		2.79	2.95	3.39
人寿险		1.59	3.14		1.82	0.97	1.91
农业							
乡村户数	（万户）	25.48	24.25	28.30	25.05	20.71	33.04
乡村人口数	（万人）	100.08	94.32	100.85	103.21	80.55	124.83
乡村从业人数		52.85	50.7	52.00	59.60	44.52	62.94
#农林牧渔业		21.47	16.47	19.47	22.92	17.75	19.61

21-40 续表 2 （2018 年）

指 标	丰 县	沛 县	铜山区	睢宁县	新沂市	邳州市
农林牧渔业总产值(当年价) （万元）	1713287	2031377	1762787	1846054	1539180	2671927
农业	1243282	1280247	1096341	1045995	775794	1738929
林业	12612	11695	18027	47639	57537	47137
牧业	385913	538444	498283	613673	422693	651183
渔业	12371	76914	85607	63734	208810	98766
农林牧渔服务业	59109	124077	64529	75013	74346	135912
农作物总播种面积 （千公顷）	153.44	157.75	184.25	186.78	192.73	229.08
# 粮食作物	98.43	99.27	132.13	146.42	104.5	123.69
粮食总产量 （万吨）	55.18	63.12	84.03	93.74	70.44	80.69
油料产量	0.42	0.29	0.44	3.03	6.90	1.02
棉花产量	0.56	0.22	0.13	0.05		0.04
肉类总产量	6.52	13.54	9.95	8.83	10.87	15.78
# 猪肉	4.13	4.71	5.85	5.25	6.76	6.67
牛肉	0.11	0.09	0.17	0.12	0.12	0.02
羊肉	0.59	0.19	0.20	0.50	0.11	0.03
水产品产量(万吨)	0.29	1.82	2.86	2.22	5.88	2.53
规模以上工业、建筑业						
规模以上工业企业单位数 （个）	291	415	364	259	310	451
内资企业	273	406	348	241	293	427
港澳台商投资企业	8	5	6	12	5	9
外商投资企业	10	4	10	6	12	15
建筑企业单位数(个)	46	90	57	39	56	64
建筑企业期末从业人员(万人)	4.44	9.63	11.70	3.79	5.80	7.18
建筑业总产值(亿元) （亿元）	144.13	368.76	149.02	228.50	144.31	191.15

21-40　续表 3　　　　（2018 年）

指　　标		丰　县	沛　县	铜山区	睢宁县	新沂市	邳州市
交通运输、邮电通信、电力							
公路里程	（公里）	1858	2410	2435	2511	2711	3210
# 等级公路		1850	2410	2377	2407	2388	2907
# 高速公路		33	34	159	64	112	39
公路客运量	（万人）	452.70	374.30		876.50	698.59	640.71
公路货运量	（万吨）	1903.74	2714.80		2231.77	1443.53	2847.38
民用汽车拥有量	（辆）	120318	126408	207024	138297	87557	148997
# 私人汽车拥有量		115524	118484	196776	129732	81011	142501
邮政局所数	（处）	26	29	36	32	30	43
邮电业务总量	（亿元）	33.89	39.85		48.09	50.31	49.17
# 邮政业务总量		3.36	3.57		7.27	13.39	5.69
邮政业务收入		2.24	2.13		3.31	3.55	3.36
电信业务收入		5.39	6.47	6.63	7.30	6.68	7.76
固定电话用户	（万户）	6.55	7.54	9.33	9.10	7.59	9.18
移动电话年末用户		81.57	99.81	96.81	97.30	88.43	123.42
# 3G 以上移动电话用户		60.81	75.61	74.97	72.79	65.81	89.83
互联网宽带接入用户		24.78	29.15	28.93	29.59	27.65	36.24
全年用电量	（亿千瓦时）	24.10	40.86	41.21	23.27	34.49	30.56
# 工业用电		13.38	27.97	24.78	9.79	23.78	14.42
城乡居民生活用电		6.66	7.31	8.75	7.04	5.90	9.03
批发零售贸易、外经							
社会消费品零售总额	（亿元）	180.78	294.46	290.04	215.32	209.48	303.56
批发和零售业		166.86	270.23	264.35	199.84	189.37	281.86
住宿和餐饮业		13.92	24.23	25.69	15.48	20.11	21.70
进出口总额	（亿元）	53.83	45.18	94.14	51.03	81.90	101.24
# 出口总额		24.69	43.13	89.56	44.84	73.40	95.38
外商投资项目个数	（个）	14	17	51	21	28	34
协议注册外资	（亿美元）	1.78	3.87	10.73	2.29	6.63	9.18
实际使用外资		0.80	1.94	3.63	1.37	2.72	2.34

注：此表中的公路货运量为营业性口径(下同)。

21-40 续表 4 （2018 年）

指　　标	丰　县	沛　县	铜山区	睢宁县	新沂市	邳州市
市政公用事业、环境保护(城市)						
供水综合生产能力(包括自备水源)（万立方米）	8	10		15	10	14
供水总量（万立方米）	1908	1961		1472	2487	2567
售水量	1690	1751		1250	2227	2133
#居民生活用水	903	1174		1053	1719	1265
公共汽(电)车运营车辆数（辆）	387	627		150	281	400
公共汽(电)车客运总量（万人次）	695	1186		445	899	3896
出租汽车数（辆）	302	626		598	458	536
煤气(人工煤气、天然气)供气总量（万立方米）	3030	2928		2000	6983	8422
#家庭用量	1750	2641		1490	1250	1988
液化石油气供气总量（吨）	5960	1501		6235	6561	2266
#家庭用量	474	1400		6200	5904	2230
道路面积（万平方米）	555	915		539	707	622
排水管道长度（公里）	359	795		287	662	684
绿化覆盖面积（公顷）	1614	2428		1944	2447	2616
#建成区绿化覆盖面积	1286	2160		1415	1582	2122
绿地面积	1454	2313		1653	2083	2063
#建成区绿地覆盖面积	1174	2123		1316	1507	1924
公园绿地面积	388	522		387	389	574
污水处理厂数（座）	1	2		2	2	2
垃圾处理站数（个）	2	2		2	1	1
生活垃圾无害化处理率（%）		100.0		100.0	100.0	100.0
污水处理厂集中处理率	88.7	91.2	91.5	88.9	90.8	88.5
自然保护区面积（公顷）			14930		22591	4230
工业废水排放量（万吨）	137	350	149	259	444	100
工业废气排放量（亿立方米）	43.88	285.60	1077.46	11.63	344.18	301.87
工业二氧化硫排放量（吨）	428	4956	3807	7	943	4172
工业氮氧化物排放量	779	3062	16244	24	4863	2753
工业烟(粉)尘排放量	974	991	3392	124	2146	3659
一般工业固体废物综合利用率（%）	79.9	99.3	98.1	57.4	89.8	99.7

21-40 续表 5 (2018 年)

指 标	丰 县	沛 县	铜山区	睢宁县	新沂市	邳州市
教育、科技、卫生						
学校总数 (个)						
# 中等职业教育学校	1	2	2	2	1	2
普通中学	39	44	42	48	37	56
小学	109	117	129	113	113	203
在校学生总数 (万人)						
# 中等职业教育学校	0.52	0.49	0.81	1.20	0.63	1.33
普通中学	4.69	4.92	5.70	5.17	5.73	9.91
小学	9.50	11.52	13.00	11.31	12.07	19.08
专任教师总数 (人)						
# 中等职业教育学校	302	500	484	286	157	293
普通中学	4576	3959	4788	4206	3790	7059
小学	4645	5533	4849	6210	4621	10742
幼儿园数 (个)	108	100	118	133	148	124
在园幼儿数 (万人)	3.84	3.91	5.08	3.80	3.57	5.39
各类专业技术人员数 (万人)	5.30	6.50	5.93	5.42	5.70	6.55
专利申请受理量 (件))	1703	1279	5219	2241	2433	1474
# 发明	757	623	3041	774	1280	746
专利申请授权量	944	431	1925	1270	763	720
# 发明	50	32	500	164	262	142

21-40　续表 6　（2018 年）

指　　标		丰　县	沛　县	铜山区	睢宁县	新沂市	邳州市
剧场、影剧院数	（个）	4	8	5	5	4	5
公共图书馆		1	1	1	1	1	1
公共图书馆图书总藏量	（千册、千件）	229.71	386.54	366.63	440.45	491.57	584.03
卫生机构数	（个）	551	624	526	594	459	779
# 医院		4	16	17	12	12	21
卫生院		25	24	24	24	20	32
卫生机构床位数	（张）	3927	5632	5668	4471	3817	7493
# 医院		1758	3577	3392	2403	2574	4298
卫生院		2119	1904	2101	1768	1090	2653
卫生技术人员	（人）	5017	5941	7141	4860	5443	10064
# 执业（助理）医师		2233	2607	2909	1922	2347	3411
注册护士		2084	2491	3252	2117	2317	4841
人民生活							
在岗职工工资总额	（亿元）	37.08	62.87	65.73	32.66	39.01	55.05
在岗职工平均工资	（元）	58041	65322	60296	58485	59490	59371
全体居民人均可支配收入		21748	25513	30024	21878	23482	25965
工资性收入		12779	14317	19237	9494	13080	14361
经营净收入		5529	5861	6408	8490	5320	6179
财产净收入		822	1402	1185	1575	1398	1326
转移净收入		2619	3933	3194	2319	3682	4100
人均生活消费支出		14472	15712	18373	10625	15072	14422
食品烟酒		4416	4427	5971	3415	4952	4332
衣着		1141	1403	1838	686	1385	1110
居住		2460	3390	2094	2161	2958	3002
生活用品及服务		1133	1100	1130	611	1080	1029
交通通信		1694	2275	2528	1055	1657	1918
教育文化娱乐		2586	1782	3437	1923	2155	1772
医疗保健		746	946	1185	672	645	955
其他用品和服务		295	389	190	103	240	305
人均期末拥有房屋面积	（平方米）	51	48	71	67	52	43
人均现住房建筑面积		50	46	51	64	51	43
城镇居民人均可支配收入	（元）	27277	32336	37818	27718	29633	33796
工资性收入		18681	19146	25128	13741	18016	20287
经营净收入		3236	4942	5767	9276	4685	5096
财产净收入		1408	2651	1922	2995	2409	2390
转移净收入		3952	5598	5001	1706	4523	6025

21-40 续表 7 （2018 年）

指 标	丰 县	沛 县	铜山区	睢宁县	新沂市	邳州市
人均生活消费支出	18629	19216	24351	14936	18360	17520
食品烟酒	5465	5326	7515	4726	5933	5276
衣着	1604	1859	2702	1176	1850	1409
居住	3114	4284	2211	3547	3810	3875
生活用品及服务	1481	1229	1609	800	1362	1270
交通通信	2180	2521	3592	1207	1882	2079
教育文化娱乐	3477	2237	4796	2707	2645	2006
医疗保健	850	1219	1525	606	587	1161
其他用品和服务	458	541	401	167	291	447
人均期末拥有房屋面积 （平方米）	49	47	77	75	55	43
人均现住房建筑面积	48	43	49	71	54	43
农村居民人均可支配收入 （元）	16725	18799	21395	16546	17325	18207
工资性收入	7417	9565	12541	5617	8143	8489
经营净收入	7613	6766	7150	7772	5954	7253
财产净收入	289	173	359	278	387	272
转移净收入	1407	2295	1345	2879	2841	2193
人均生活消费支出	10696	12263	11756	10625	11781	11353
食品烟酒	3462	3542	4240	3415	3968	3396
衣着	721	953	854	686	922	813
居住	1867	2511	1949	2161	2105	2137
生活用品及服务	817	973	582	611	798	789
交通通信	1253	2033	1327	1055	1432	1759
教育文化娱乐	1776	1334	1892	1923	1665	1541
医疗保健	652	678	800	672	702	752
其他用品和服务	147	239	112	103	189	166
人均期末拥有房屋面积 （平方米）	54	49	66	59	48	42
人均现住房建筑面积	54	48	54	58	48	42
城乡居民基本养老保险参保人数 （万人）	46.19	45.88		48.24	38.08	65.77
城镇职工基本养老保险参保人数	11.52	13.91		13.48	11.09	17.50
城镇职工基本医疗保险参保人数	7.50	10.59	9.73	7.45	9.43	13.53
城乡居民基本医疗保险参保人数	97.43	105.08	113.89	119.77	87.71	153.31
失业保险参保人数	4.20	8.46	6.99	5.32	5.77	8.66
工伤保险参保人数	3.28	6.91	6.80	5.24	5.47	6.95
生育保险参保人数	3.10	4.63	5.80	5.48	5.19	5.80
提供住宿的各类社会服务机构数 （个）	17	27	44	22	34	31
提供住宿的各类社会服务机构床位数(张)	5013	6435	6593	5370	5260	7895
社会治安						
刑事案件立案数 （件）	765	732	1079	862	826	939
罪犯人数 （人）	943	1029	1433	1017	1145	1117
火灾事故死亡人数 （人）	1			1		
火灾损失金额 （万元）	222	218	170	61	186	197

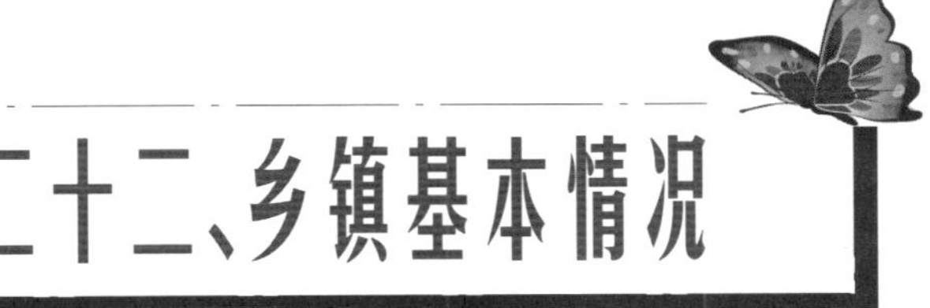

二十二、乡镇基本情况

BASIC CONDITIONS OF COUNTRY AND TOWN

版面负责人：顾元林

编　　辑：秦伟伟

统计执法监督检查办法

第五章　法律责任

第四十五条　县级以上人民政府统计机构负责人、执法检查人员及其相关人员在统计执法监督检查中有下列行为之一的，由统计机构予以通报，由任免机关或者纪检监察机关给予处分：

（一）包庇、纵容统计违法行为；

（二）瞒案不报，压案不查；

（三）未按规定受理、核查、处理统计违法举报；

（四）未按法定权限、程序和要求开展统计执法监督检查，造成不良后果；

（五）违反保密规定，泄露举报人或者案情；

（六）滥用职权，徇私舞弊；

（七）其他违纪违法行为。

第四十六条　县级以上人民政府统计机构负责人、执法检查人员及其相关人员在统计执法监督检查中，违反有关纪律的，依纪依法给予处分。

第四十七条　县级以上人民政府统计机构负责人、执法检查人员及其相关人员泄露在检查过程中知悉的国家秘密、商业秘密、个人信息资料和能够识别或者推断单个调查对象身份的资料，依纪依法给予处分。

第六章　附　　则

第四十八条　本办法自公布之日起施行。

22-1 分镇主要经济指标

（2018 年）

乡　　镇	乡镇行政区域面积（公顷）	城镇建成区面积（公顷）	#绿化面积	居委会数（个）	村委会数（个）	户籍户数（派出所户籍统计数）（户）	户籍人口（派出所户籍统计数）（人）
贾汪区							
老矿街道	4145	1043	429	19		20157	61537
大泉街道	3765	460	140	2	5	13709	45833
大吴街道	3840	560	323	11	6	14985	55879
潘安湖街道	3030	360	225	2	6	8197	28598
茱萸山街道	4638	90	40		6	4974	20769
青山泉镇	6647	796	442	5	11	16915	55368
紫庄镇	6668	810	268	4	15	17721	69878
塔山镇	9468	605	172	3	20	18905	80084
汴塘镇	10080	362	90		17	16364	60219
江庄镇	7496	275	85		11	9253	36413
徐州经济技术开发区							
大黄山街道	4300	400	138	7	12	15725	63930
大庙街道	6663	375	214	3	15	19892	78094
徐庄镇	13259	378	76		22	21484	76749
丰　县							
中阳里街道	990	95	49	17		41526	112357
凤城街道	8773	182	104	12	11	18634	70665
孙楼街道	6608	220	75		19	17927	59514
首羡镇	12232	65	11		33	24772	96319
顺河镇	9404	432	173		22	14495	58651
常店镇	8187	963	340		27	19805	68839
欢口镇	10751	980	253		27	24451	100598
师寨镇	8518	170	67		28	16614	67891
华山镇	10100	660	279		25	25311	86920
梁寨镇	8680	450	192		20	16723	66578
范楼镇	11610	158	58		31	22086	83143
宋楼镇	12214	310	105		32	24717	95110
大沙河镇	8631	450	160		19	16088	61511
王沟镇	12621	300	38		31	26615	106312
赵庄镇	9100	519	235		18	18619	73798
沛　县							
沛城街道	6240	1382	191	23	7	55728	161156
大屯街道	5430	585	283	15	10	19362	66788
汉源街道	3403	1314	441	11	3	9879	38572
汉兴街道	5310	92	33	19		13455	49057
龙固镇	5302	586	269	14	9	18985	67854
杨屯镇	5165	380	128	12	9	15956	62172
胡寨镇	4594	210	13	4	11	10432	41543
魏庙镇	6202	248	147	3	14	16831	58464
五段镇	4977	125	16	3	14	13712	51620
张庄镇	11200	819	310	8	24	26255	95188
张寨镇	10634	115	12	3	26	23459	93782
敬安镇	9600	611	190	8	18	19083	66899
河口镇	8257	135	42	2	16	17086	61665
栖山镇	8951	70	21	4	18	18683	66871
鹿楼镇	12540	195	23	2	22	21812	79795
朱寨镇	7900	205	31	2	20	18731	66978
安国镇	10294	630	305	8	23	23163	95305

22-1　续表 1　（2018 年）

乡　镇	乡镇行政区域面积（公顷）	城镇建成区面积（公顷）	#绿化面积	居委会数（个）	村委会数（个）	户籍户数（派出所户籍统计数）（户）	户籍人口（派出所户籍统计数）（人）
铜山区							
拾屯街道办事处	1406	401	52		5	4915	15620
桐山街道办事处	5260	626	50	8	4	29011	80164
沿湖街道办事处	3400	40	8		4	3741	13045
新区街道办事处	6450			5	7	13886	48794
三堡镇街道办事处	3540	140	52	4	2	7153	24935
何桥镇	7400	270	75		15	14025	53187
黄集镇	8340	520	90		18	17284	65152
马坡镇	6900	240	28		12	12638	52125
郑集镇	6710	435	151		10	12503	48056
柳新镇	9606	615	253		19	20668	78499
刘集镇	8360	722	62		15	18634	69819
大彭镇	7600	305	10	1	14	16686	65205
汉王镇	6393	302	95		9	11951	47535
棠张镇	8060	495	190		17	15373	58590
张集镇	14800	410	50	1	19	24276	86648
房村镇	13600	230	32		20	19262	75338
伊庄镇	8565	243	21		15	11673	47410
单集镇	13210	225	18		21	17622	70649
利国镇	7769	330	110		13	19218	55973
大许镇	12917	410	105		23	20558	87163
茅村镇	8324	225	108		13	19706	74720
柳泉镇	10520	190	28	1	17	16993	64390
睢宁县							
睢城街道	10242	4462	512	28		56214	221002
金城街道	6398	2500	866	13		11824	54377
睢河街道	4261	1664	289	11	1	10335	44542
王集镇	13152	573	81	6	22	18706	80502
双沟镇	9530	548	146	4	16	14662	62403
岚山镇	11850	833	9	3	17	19781	78088
李集镇	6298	542	288	4	11	13642	58697
桃园镇	9489	475	7	4	21	16793	73716
官山镇	12528	484	13	8	16	19994	86143
高作镇	4171	280	53	5	8	9366	39880
沙集镇	6518	659	169	4	13	14205	63716
凌城镇	9365	510	265	6	19	18224	84002
邱集镇	14079	452	57	5	28	25097	112034
古邳镇	10666	945	400	6	20	18056	74423
姚集镇	16780	1800	48	7	29	23091	102812
魏集镇	13000	2400	4	6	20	18053	76964
梁集镇	12134	273	41	6	11	14759	62935
庆安镇	11571	386	106	6	16	17540	70771

22-1 续表 2 （2018 年）

乡　　镇	乡镇行政区域面积（公顷）	城镇建成区面积（公顷）	#绿化面积	居委会数（个）	村委会数（个）	户籍户数（派出所户籍统计数）（户）	户籍人口（派出所户籍统计数）（人）
新沂市							
新安街道	8295	6473	1100	30	4	76056	215846
北沟街道	4164	1118	224	12		14602	51199
墨河街道	7281	4198	1310	10		16161	58882
唐店街道	5953	1660	584	5	4	10336	43261
瓦窑镇	6203	296	82		12	10456	40667
港头镇	6810	210	141	7	4	12817	46233
合沟镇	6734	445	146		20	15311	63581
草桥镇	10122	898	379	1	16	19643	73648
窑湾镇	11636	481	226	1	21	18570	67064
棋盘镇	15770	803	385		26	24320	88266
马陵山镇	9528	406	168		16	14902	58966
新店镇	11199	704	90		15	14045	52473
邵店镇	5849	418	155		14	9863	40805
时集镇	13887	185	68		18	14104	57105
高流镇	12189	510	158		14	14630	64539
阿湖镇	12527	1050	335		18	16835	66016
双唐镇	9484	400	130		14	9921	41206
邳州市							
东湖街道	3410	301	182	4	3	7071	32211
运河街道	7831	4087	457	15	12	79761	275617
戴圩街道	8000	1539	702	5	19	20453	90234
炮车街道	5700	2013	96	3	12	18494	62555
邳城镇	9028	196	110	1	22	19412	84538
官湖镇	8888	870	190		27	26464	116120
四户镇	8156	555	45		17	13472	57992
宿羊山镇	9013	446	36	1	24	18482	83794
八义集镇	10562	284	34	1	25	20049	87187
土山镇	7015	425	230		21	15019	59351
碾庄镇	12088	596	184	1	27	21668	95899
港上镇	6470	401	112	3	19	15483	73116
邹庄镇	7351	690	81	1	16	12232	68051
占城镇	8900	206	39		18	13605	49665
新河镇	11800	367	24		19	14736	60108
八路镇	6700	210	38		14	11298	48145
铁富镇	12447	1080	413		30	30100	132220
岔河镇	7088	124	33		12	10296	51072
陈楼镇	4340	280	26		17	12176	53080
邢楼镇	9684	233	31		18	14932	61044
戴庄镇	6845	270	98		16	12766	58610
车辐山镇	9488	413	30		16	13990	63512
燕子埠镇	7700	120	15		16	7527	36019
赵墩镇	12081	562	142	1	27	21875	94860
议堂镇	5442	350	135	3	12	9430	38950

22-1 续表 3 （2018 年）

乡　　镇	一般公共预算收入（万元）	一般公共预算支出（万元）	年末资产总额（万元）	年末负债总额（万元）
贾汪区				
老矿街道	4744	4731	1152	738
大泉街道	25476	3187	21707	6164
大吴街道	6749	1682	7890	6742
潘安湖街道	7663	4584	5065	795
茱萸山街道	1902	2156	325	571
青山泉镇	26214	17121	2567	1249
紫庄镇	6110	5675	3042	4653
塔山镇	6367	6892	3232	16674
汴塘镇	1229	1529	2833	7190
江庄镇	1817	1277	27230	21654
徐州经济技术开发区				
大黄山街道	48511	11934	7446	2293
大庙街道	80725	14337	5203	1239
徐庄镇	1902	14046	10441	8724
丰　县				
中阳里街道	10138	2181	3870	3326
凤城街道	186762	99587	235984	226870
孙楼街道	6182	6182	9745	
首羡镇	7400	7400	16729	15975
顺河镇	9662	7791	13670	9623
常店镇	4808	7532	3710	
欢口镇	15180	8955	647	210
师寨镇	6193	5792	15960	895
华山镇	13028	8512	8410	3426
梁寨镇	13504	10098	26080	25791
范楼镇	11935	9543	10796	8038
宋楼镇	17318	7969	13706	16479
大沙河镇	8271	6577	13843	14011
王沟镇	8908	6484	21983	22048
赵庄镇	12540	5708	2533	2240
沛　县				
沛城街道	40676	40294	2285	2925
大屯街道	44735	48751	20500	17270
汉源街道	4535	4613	3010	2662
汉兴街道	381	371	1826	17563
龙固镇	29125	29348	9859	1385
杨屯镇	25167	2209	43796	
胡寨镇	11164	11164	2600	2030
魏庙镇	6900	8977	20981	1005
五段镇	10705	4933	1294	1018
张庄镇	13585	17134	19352	3686
张寨镇	10016	12098	4439	15856
敬安镇	27449	33777	10501	8030
河口镇	6594	9651	6753	4837
栖山镇	11013	11013	12731	10029
鹿楼镇	8982	11140	12192	14407
朱寨镇	9879	11309	5461	11938
安国镇	21433	24021	17100	16769

22-1　续表 4　　（2018 年）

乡　镇	一般公共预算收入（万元）	一般公共预算支出（万元）	年末资产总额（万元）	年末负债总额（万元）
铜山区				
拾屯街道办事处	2950	2950	1169	599
桐山街道办事处	132511	11492	51943	99230
沿湖街道办事处	2250	1502	1533	4701
新区街道办事处	5331	5331	3007	2724
三堡镇街道办事处	9043	4713	11791	3053
何桥镇	3398	3741	5735	
黄集镇	6369	5590	3264	3381
马坡镇	3734	3714	6094	7488
郑集镇	10672	9653	2736	20914
柳新镇	24900	7616	39220	26090
刘集镇	8484	6561	7022	11027
大彭镇	9477	7510	6168	6825
汉王镇	10970	13535	26739	11588
棠张镇	8251	5382	7187	7065
张集镇	7747	6465	18590	32208
房村镇	4658	4825	11428	19224
伊庄镇	4400	4400	3500	15970
单集镇	2546	5492	11067	23287
利国镇	30522	19814	71157	83382
大许镇	4210	4269	5131	3463
茅村镇	11368	6849	42837	63100
柳泉镇	12914	11206	16795	11876
睢宁县				
睢城街道	91993	21471	79587	71700
金城街道		858	316	368
睢河街道	19867	20809	34898	23995
王集镇	4952	1055	2175	12549
双沟镇	19649	19257	8630	7645
岚山镇	10321	7605	14937	15288
李集镇	27836	25760	18019	11773
桃园镇	10785	8645	23847	24418
官山镇	12827	11295	12250	25064
高作镇	12615	10020	21479	21425
沙集镇	13819	12603	14861	8705
凌城镇	12193	12193	7750	7329
邱集镇	8248	5758	2873	2873
古邳镇	13493	13493	6542	5228
姚集镇	8014	8014	22802	22025
魏集镇	10606	11727	11383	10051
梁集镇	8453	6228	7208	6171
庆安镇	9500	6120	1950	5120

22-1 续表 5 （2018 年）

乡 镇	一般公共预算收入（万元）	一般公共预算支出（万元）	年末资产总额（万元）	年末负债总额（万元）
新沂市				
新安街道	49522	25112	16366	16025
北沟街道	13566	1356	472	6133
墨河街道	5819	3581	512	
唐店街道	13661	12896	4853	1821
瓦窑镇	11463	7950	1521	1026
港头镇	5552	5131	1952	932
合沟镇	11951	9027	6660	5224
草桥镇	7111	7111	1680	921
窑湾镇	7124	13945	19726	16320
棋盘镇	10411	10411	3675	15
马陵山镇	5491	6139	3960	2679
新店镇	6300	7099	3020	4002
邵店镇	7622	7850	4893	2822
时集镇	7438	7050	3816	
高流镇	10817	10209	21261	1222
阿湖镇	9557	8732	8013	14737
双唐镇	7975	10483	4925	4570
邳州市				
东湖街道	32498	32498	6888	6780
运河街道	75276	33239	5351	1899
戴圩街道	42989	42321	7356	3810
炮车街道	65167	38167	6520	6000
邳城镇	8400	3027	6078	2754
官湖镇	45786	45786	10460	5064
四户镇	9903	8869	1549	628
宿羊山镇	15524	16958	5334	5817
八义集镇	10218	10218	3476	128
土山镇	9165	9165	603	4055
碾庄镇	28452	22864	6584	4952
港上镇	8341	11693	2783	2912
邹庄镇	9866	9641	1252	580
占城镇	5398	4956	1935	2261
新河镇	7619	9072	9766	13751
八路镇	6037	5915	1324	1029
铁富镇	39210	21120	15120	6600
岔河镇	10254	7168	3609	1281
陈楼镇	2291	2282	7301	5169
邢楼镇	9578	9578	4413	896
戴庄镇	5250	5800	5350	300
车辐山镇	11368	11368	3736	3355
燕子埠镇	7863	6154	1450	1450
赵墩镇	11212	10356	2542	1013
议堂镇	20380	20373	3360	2680

22-1 续表 6 （2018 年）

乡　　镇	工业企业单位数（个）	#规模以上工业企业单位数	工业总产值（万元）	#规模以上工业总产值
贾汪区				
老矿街道	33	1	28137	3684
大泉街道	40	4	65195	39629
大吴街道	199	25	336408	197108
潘安湖街道	26	7	48710	33752
茱萸山街道	10		500	
青山泉镇	144	39	481562	373856
紫庄镇	174	13	563098	534610
塔山镇	147	10	263846	246124
汴塘镇	149		32282	
江庄镇	30	5	356420	308660
徐州经济技术开发区				
大黄山街道	145	29	1856654	1757971
大庙街道	216	34	856910	598600
徐庄镇	81	8	69775	55924
丰　县				
中阳里街道	1520	13	1195231	921564
凤城街道	864	57	2225807	1790591
孙楼街道	1300	21	466325	143720
首羡镇	821	19	1131580	174107
顺河镇	780	9	622300	258040
常店镇	371	21	424550	141316
欢口镇	1588	19	662333	164899
师寨镇	552	15	863539	78915
华山镇	1125	35	298040	215612
梁寨镇	452	11	279314	253129
范楼镇	786	9	156977	91906
宋楼镇	1810	21	710275	345342
大沙河镇	721	11	239874	142484
王沟镇	213	17	398914	369116
赵庄镇	726	8	544836	138939
沛　县				
沛城街道	770	13	272341	190918
大屯街道	486	46	2896429	2029586
汉源街道	33	1	5426	5000
汉兴街道	38		56625	
龙固镇	351	23	1096126	967859
杨屯镇	737	58	959040	334567
胡寨镇	112	3	178692	12489
魏庙镇	155	2	1044321	745695
五段镇	622	20	346051	59321
张庄镇	149	10	257150	56284
张寨镇	116	4	121560	69560
敬安镇	685	4	132749	20830
河口镇	453	7	573264	368439
栖山镇	632	9	813904	45000
鹿楼镇	157	25	768826	655009
朱寨镇	130	16	157448	54306
安国镇	106	28	136998	105824

22-1　续表 7

（2018 年）

乡　镇	工业企业单位数（个）	# 规模以上工业企业单位数	工业总产值（万元）	# 规模以上工业总产值
铜山区				
拾屯街道办事处	42	6	58104	44695
桐山街道办事处	193	4	3426	2947
沿湖街道办事处	4	1	87636	84012
新区街道办事处	520	92	4359506	4272319
三堡镇街道办事处	186	24	893937	701524
何桥镇	38	4	45137	11562
黄集镇	92	5	51253	44461
马坡镇	199	12	183498	154211
郑集镇	107	18	315607	286810
柳新镇	268	42	2287850	1916110
刘集镇	80	15	134526	97480
大彭镇	242	16	343567	131870
汉王镇	96	1	124672	4680
棠张镇	419	28	228105	200623
张集镇	950	28	545433	335000
房村镇	368	4	486428	10452
伊庄镇	75	8	101100	89150
单集镇	253	4	245391	216869
利国镇	109	22	1756180	1594708
大许镇	413	7	135200	70128
茅村镇	216	22	109013	76321
柳泉镇	489	19	566760	315700
睢宁县				
睢城街道	847	28	1598751	1412340
金城街道	155	56	976315	880099
睢河街道	216	41	385986	382136
王集镇	91	3	94441	26358
双沟镇	75	17	65302	43064
岚山镇	142	4	189011	42977
李集镇	242	12	338230	181770
桃园镇	158	13	132583	100341
官山镇	142	9	257932	140606
高作镇	254	2	78620	13412
沙集镇	578	21	331587	241281
凌城镇	116	10	386540	229810
邱集镇	175	10	138325	105771
古邳镇	203	4	150021	92563
姚集镇	194	6	82891	75035
魏集镇	343	6	118093	63770
梁集镇	105	4	127302	18033
庆安镇	117	16	756230	701250

22-1　续表 8　　（2018 年）

乡　镇	工业企业单位数（个）	# 规模以上工业企业单位数	工业总产值（万元）	# 规模以上工业总产值
新沂市				
新安街道	340	20	3278995	2999000
北沟街道	258	14	752216	603872
墨河街道	139	0	247500	
唐店街道	111	24	1147624	1042649
瓦窑镇	218	14	256236	98850
港头镇	43	14	68750	61443
合沟镇	183	14	85271	62152
草桥镇	195	16	1041424	781331
窑湾镇	198	6	561623	81687
棋盘镇	280	18	1355222	1228085
马陵山镇	135	7	103011	23237
新店镇	46	16	127781	97767
邵店镇	75	14	152431	81232
时集镇	171	21	272012	152657
高流镇	60	16	189124	160133
阿湖镇	389	20	264520	134210
双唐镇	255	21	214578	181010
邳州市				
东湖街道	20	6	19423	18546
运河街道	753	13	1294286	1143281
戴圩街道	463	34	3020510	2478110
炮车街道	235	42	1792438	1632229
邳城镇	11	6	79330	78970
官湖镇	970	65	1562658	728290
四户镇	70	15	35470	28810
宿羊山镇	298	17	874712	435621
八义集镇	658	3	382004	25648
土山镇	187	13	950739	883435
碾庄镇	336	31	2947240	2405428
港上镇	22	4	48070	21346
邹庄镇	65	8	296110	246310
占城镇	65	1	205680	134310
新河镇	38	10	586983	564125
八路镇	162	4	134981	70154
铁富镇	142	20	1667750	1511231
岔河镇	232	5	862412	657028
陈楼镇	629	21	1150183	968713
邢楼镇	83	1	159600	119600
戴庄镇	7	3	33515	31864
车辐山镇	270	10	374282	342681
燕子埠镇	100	9	198574	19062
赵墩镇	142	19	713560	574673
议堂镇	229	15	140698	119594

22-1 续表 9 （2018 年）

乡　　镇	建筑业企业单位数（个）	建筑业总产值（万元）	住宿餐饮业企业个数（个）	商品交易市场个数（个）	商品交易市场交易额（万元）	亿元以上商品交易市场（万元）
贾汪区						
老矿街道	18	112516	18	3	24352	
大泉街道	3	30637	9	2	22448	
大吴街道	3	2883		3	85616	
潘安湖街道	2	10071	3	1	1728	
茱萸山街道			2			
青山泉镇	1	1542	1	2	9356	
紫庄镇	1	3252	1	2	16425	
塔山镇	3	37478	1	5	56134	
汴塘镇	3	2186	3	3	566	
江庄镇	3	810	28	2	18541	
徐州经济技术开发区						
大黄山街道	4	454154		1	6150	
大庙街道	8	4621	3	2	24020	
徐庄镇				5	8400	
丰　县						
中阳里街道	38	892011	46	8	462596	
凤城街道	8	99736	9	4	51447	
孙楼街道	2	3210	1	1	12120	
首羡镇	4	4512	9	4	39145	
顺河镇	4	69392	2	5	38410	17850
常店镇	16	16395	2	3	17320	
欢口镇	3	4920	2	3	56496	46327
师寨镇	2	5993		2	14278	
华山镇	12	39351	84	5	55110	50286
梁寨镇	5	91039	11	4	48931	
范楼镇			30	3	46521	
宋楼镇	4	27180		4	31580	
大沙河镇	2	5375		2	23159	
王沟镇			1	2	21911	
赵庄镇	2	1795	6	2	34950	
沛　县						
沛城街道	52	255619	85	8	105523	
大屯街道	5	58690	6	8	268901	
汉源街道			4	1	10861	
汉兴街道				2	18925	
龙固镇	8	19852	2	1	53856	
杨屯镇	4	26632	2	4	67602	44550
胡寨镇	2	11598		1	4961	
魏庙镇	2	46385	3	7	1421	
五段镇	1	32324	8	2	2551	
张庄镇	1	31856		3	89843	
张寨镇	5	28965		4	19050	
敬安镇	1	3210	2	3	31056	
河口镇	2	2985		2	27460	27460
栖山镇	1	27890		3	4620	
鹿楼镇	1	33546	2	2	25654	
朱寨镇				4	85	
安国镇	1	7710	13	3	69125	

22-1 续表 10 （2018 年）

乡 镇	建筑业企业单位数（个）	建筑业总产值（万元）	住宿餐饮业企业个数（个）	商品交易市场个数（个）	商品交易市场交易额（万元）	亿元以上商品交易市场（万元）
铜山区						
拾屯街道办事处				2	880	
桐山街道办事处	23	980709	44	2	9302	
沿湖街道办事处	16	26776	1	1	8756	
新区街道办事处	24	812320	14			
三堡镇街道办事处	9	12879	2	4	18320	
何桥镇	31	10275		4	14526	
黄集镇	6	5412	5	4	21458	
马坡镇	11	15551	2	3	2264	
郑集镇	10	18476	6	2	923	
柳新镇	7	43612	16	6	351500	
刘集镇	1	6250	1	4	28550	
大彭镇	19	16729	4	3	15221	
汉王镇	27	66597	7	2	14029	
棠张镇	30	6100	10	3	74010	
张集镇	3	1840	2	2	8426	
房村镇	27	2497	77	6	28642	
伊庄镇	3	796	3	5	372	
单集镇	8	66524		4	30118	
利国镇	2	3920	16	2	227183	
大许镇			10	4	41012	
茅村镇	7	123800	25	2	45	
柳泉镇	1	5500	26	3	30941	13849
睢宁县						
睢城街道	42	901235	132	15	2184528	
金城街道	6	102565	6	2	28250	19113
睢河街道	9	13052	4	1	2012	
王集镇			1	10	102765	
双沟镇	1	26503	3	3	28243	25287
岚山镇	1	7313		8	42472	
李集镇			5	6	20010	
桃园镇	5	5215	7	5	36584	
官山镇				4	12630	
高作镇	9	5669		1	1317	
沙集镇	15	5532	55	2	45139	
凌城镇	1	8982	1	3	35860	17892
邱集镇			10	5	36155	
古邳镇	4	22150	90	3	22563	
姚集镇	4	3180	30			
魏集镇	9	15423		3	44843	10422
梁集镇	3	31892		14	10446	
庆安镇			27	7	32560	

22-1　续表 11　（2018 年）

乡　镇	建筑业企业单位数（个）	建筑业总产值（万元）	住宿餐饮业企业个数（个）	商品交易市场个数（个）	商品交易市场交易额（万元）	亿元以上商品交易市场（万元）
新沂市						
新安街道	87	161456	108	15	1842890	1829890
北沟街道	11	9031	17	3	522845	51993
墨河街道	3	6958	13	6	22793	
唐店街道	3	16242	58	5	42362	
瓦窑镇	12	19955	6	5	92868	67328
港头镇	5	18756	27	5	2607	
合沟镇	8	6103	43	4	4306	
草桥镇	12	73608	6	6	48886	
窑湾镇	4	11468	38	8	59876	
棋盘镇	3	3659	7	8	1626	
马陵山镇	3	1012	16	2	9375	
新店镇	13	2747	17	4	31324	
邵店镇	7	53247	6	2	83254	12368
时集镇	5	75440	7	3	6652	
高流镇	14	4015	6	4	34942	
阿湖镇	6	10211	9	6	264123	235742
双唐镇	10	8028	5	6	59186	
邳州市						
东湖街道	29	96325	12	6	3844	
运河街道	114	724852	75	23	340171	
戴圩街道	17	69773	2	3	13541	
炮车街道	1	2600	9	3	38800	
邳城镇	1	1707	3	3	4120	
官湖镇	6	275936	1	6	762340	
四户镇			7	7	1740	
宿羊山镇	10	84117	47	5	11241	
八义集镇	2	18294	4	5	19299	
土山镇	3	40932	6	6	7599	
碾庄镇	3	658	6	5	221456	
港上镇	1	1277	10	4	2252	
邹庄镇	1	1244	30	6	1506	
占城镇	1	5955	2	3	5009	
新河镇			1	2	2232	
八路镇	2	1062	2	3	985	
铁富镇	3	21122	13	9	512000	
岔河镇	44	28560	4	4	10757	
陈楼镇	1	1038	1	5	16315	
邢楼镇	1	3300		8	15800	
戴庄镇				3	21360	
车辐山镇			12	2	3158	
燕子埠镇			2	2	9986	
赵墩镇	3	1557	1	6	1994	
议堂镇			2	1	1850	

22-1 续表 12 （2018 年）

乡 镇	50平方米以上超市个数（个）	幼儿园、托儿所个数（个）	小学校数（个）	小学专任教师数（人）	小学在校学生数（人）	图书馆、文化站个数（个）	剧场、影剧院个数（个）	体育场馆个数（个）
贾汪区								
老矿街道	18	6	6	329	3989	1		
大泉街道	20	12	4	420	7710	7	1	1
大吴街道	41	20	7	290	5755	1	1	1
潘安湖街道	32	8	3	219	2296	8		
茱萸山街道	27	4	4	96	1476	6		9
青山泉镇	37	19	5	271	3516	1	1	1
紫庄镇	101	15	7	231	5200	1		
塔山镇	147	17	7	339	6398	2		
汴塘镇	28	14	5	178	3186	1		
江庄镇	98	7	4	130	2100	1	1	
徐州经济技术开发区								
大黄山街道	50	14	3	222	3916	12		
大庙街道	41	21	7	521	7864	1	1	1
徐庄镇	139	9	10	420	7023	1		1
丰 县								
中阳里街道	115	41	6	494	10021	2	3	
凤城街道	115	6	5	214	13745	1		
孙楼街道	141	9	4	121	2248	3		
首羡镇	15	9	10	216	4775	1		1
顺河镇	136	7	6	208	2823	1	1	
常店镇	140	13	6	180	2670	1		
欢口镇	122	14	9	311	6150	1	1	2
师寨镇	136	12	7	187	3724	1		
华山镇	232	13	10	325	8706	2	1	1
梁寨镇	119	14	10	293	3162	2	1	1
范楼镇	162	12	9	278	4500	1		
宋楼镇	201	18	8	298	5960	1		
大沙河镇	111	3	6	223	3127	1		
王沟镇	178	11	10	335	3651	1		
赵庄镇	141	9	8	243	3306	1	1	2
沛 县								
沛城街道	131	45	9	1037	24922	1	2	2
大屯街道	95	53	10	336	4560	1	3	1
汉源街道	47	19	4	421	9966	6	1	
汉兴街道	50	6				15		
龙固镇	116	25	7	181	3484	1		
杨屯镇	71	5	5	217	6010	1	1	1
胡寨镇	29	10	6	186	1436	1		
魏庙镇	26	22	5	196	4835	1		1
五段镇	25	15	6	237	4031	1	1	
张庄镇	77	29	14	323	6748	1	1	
张寨镇	121	29	11	396	6982	1		
敬安镇	76	25	7	209	4223	1	1	2
河口镇	93	30	7	193	3872	1		
栖山镇	60	29	9	194	3545	1		
鹿楼镇	150	26	10	253	3774	1		
朱寨镇	40	18	5	247	3172	1		
安国镇	124	29	8	279	6481	1		

22-1　续表 13　　　　　　　　　　　　（2018 年）

乡　镇	50 平方米以上超市个数（个）	幼儿园、托儿所个数（个）	小学校数（个）	小学专任教师数（人）	小学在校学生数（人）	图书馆、文化站个数（个）	剧场、影剧院个数（个）	体育场馆个数（个）
铜山区								
拾屯街道办事处	10	3	2	61	708	3		
桐山街道办事处	20	36	3	343	9100	7	3	1
沿湖街道办事处	6	2	1	53	1294	2		1
新区街道办事处	87	20	5	162	5166	8		
三堡镇街道办事处	46	10	3	126	3454	1		
何桥镇	120	18	1	155	4234	1		3
黄集镇	60	15	7	187	3483	3	1	2
马坡镇	48	19	8	167	4628	1		1
郑集镇	15	24	8	192	5338	11		
柳新镇	14	40	9	296	6785	1	1	
刘集镇	110	14	10	221	6038	1		1
大彭镇	66	20	8	250	6544	1	1	4
汉王镇	83	18	5	145	3284	1		
棠张镇	58	5	7	221	6308	1	1	1
张集镇	60	28	15	343	8504	21		
房村镇	142	33	6	250	3923	9		3
伊庄镇	60	15	5	182	2930	15		1
单集镇	57	12	10	209	4628	1		3
利国镇	8	21	7	348	6695	5		1
大许镇	40	24	11	251	6739	1		4
茅村镇	103	40	8	278	7201	17		1
柳泉镇	61	14	6	201	4395	18	1	3
睢宁县								
睢城街道	542	52	14	1397	23863	28	5	1
金城街道	62	15	6	271	5217	13		
睢河街道	128	12	3	380	8000	12	1	1
王集镇	59	9	10	238	6014	1		
双沟镇	46	7	8	225	6356	1	1	2
岚山镇	57	23	13	250	4964	1		
李集镇	26	7	5	231	4859	1	1	1
桃园镇	88	5	9	231	5121	1		1
官山镇	110	14	8	155	4873	1		
高作镇	44	4	2	144	2105	1		1
沙集镇	73	17	6	164	2933	18		
凌城镇	178	9	7	249	5104	1		1
邱集镇	122	20	10	244	5413	1	1	
古邳镇	60	17	17	187	4052	27		
姚集镇	146	9	14	209	3890	1		1
魏集镇	75	11	5	210	2778	22		
梁集镇	136	11	5	312	6248	1	1	1
庆安镇	65	26	10	374	4910	1		

22-1 续表 14 （2018 年）

乡　　镇	50 平方米以上超市个数（个）	幼儿园、托儿所个数（个）	小学校数（个）	小学专任教师数（人）	小学在校学生数（人）	图书馆、文化站个数（个）	剧场、影剧院个数（个）	体育场馆个数（个）
新沂市								
新安街道	500	75	11	803	11630	4	4	2
北沟街道	71	6	4	352	5412	1	1	
墨河街道	38	19	7	257	4525	1		
唐店街道	144	21	3	186	4856	1		1
瓦窑镇	70	8	4	175	4436	2		
港头镇	61	10	5	218	4927	1	1	1
合沟镇	42	20	8	209	5292	1		
草桥镇	265	27	9	337	5900	10	1	1
窑湾镇	270	15	7	266	5124	22		
棋盘镇	95	19	10	377	7436	1	1	1
马陵山镇	210	17	7	197	5656	1		
新店镇	116	10	8	204	4702	1	1	
邵店镇	59	7	6	139	3430	1	1	1
时集镇	102	13	9	253	6694	1		
高流镇	40	10	7	290	6185	1		
阿湖镇	115	21	9	285	6841	1		
双唐镇	52	10	7	214	4183	1		
邳州市								
东湖街道	24	21	5	315	14924	7	2	1
运河街道	251	29	17	1304	35417	10	3	4
戴圩街道	157	32	9	570	12223	1		
炮车街道	6	20	6	250	5189	1		2
邳城镇	7	14	9	135	3890	1		
官湖镇	470	37	13	540	15510	1	2	1
四户镇	6	9	5	170	5903	1	1	
宿羊山镇	83	29	8	336	8119	1	1	1
八义集镇	64	24	13	399	6589	19	1	1
土山镇	121	6	7	270	3976	1	1	2
碾庄镇	7	29	16	372	9242	1		1
港上镇	83	12	8	216	5123	2		
邹庄镇	44	13	9	256	3995	1		1
占城镇	56	10	7	174	3199	18		
新河镇	47	15	8	183	4760	1	1	1
八路镇	5	14	6	234	2235	14		4
铁富镇	8	29	26	592	13920	1		3
岔河镇	5	7	7	176	3886	1	1	1
陈楼镇	21	14	8	298	4974	1		
邢楼镇	80	25	5	204	5599	1		
戴庄镇	48	20	9	254	6579	17		1
车辐山镇	98	25	7	248	9130	18		
燕子埠镇	75	19	6	141	3287	11		
赵墩镇	108	37	12	517	11587	21		
议堂镇	40	8	6	179	2650	17		

22-1 续表 15 （2018 年）

乡　镇	医疗卫生机构个数（个）	医疗卫生机构床位数（张）	执业（助理）医师数（人）	各种社会福利收养性单位数（个）	各种社会福利收养性单位床位数（张）	城乡居民基本养老保险参保人数（人）	城乡居民基本医疗保险参保人数（人）	城乡居民最低生活保障人数（人）
贾汪区								
老矿街道	5	350	110	6	866	3307	27491	465
大泉街道	2	150	66	1	80	13591	30530	374
大吴街道	4	126	123	1	150	22635	42380	230
潘安湖街道	8	81	16			7612	23441	96
茱萸山街道	6	50	12	2	35	17672	17672	281
青山泉镇	16	239	139	2	165	31582	48265	380
紫庄镇	2	120	110	1	160	44278	56524	148
塔山镇	2	120	71	2	310	38292	66935	1156
汴塘镇	1	140	62	2	185	27473	54874	930
江庄镇	13	80	70	1	148	20516	36201	715
徐州经济技术开发区								
大黄山街道	2	60	27			18443	44520	484
大庙街道	2	460	139	1	150	19900	62805	507
徐庄镇	2	50	48	5	350	39250	62826	2158
丰　县								
中阳里街道	19	1122	492			13329	70019	1863
凤城街道	40	151	152	1	200	31547	60952	1054
孙楼街道	22	240	67	2	200	13168	47930	804
首羡镇	35	290	133	1	118	37356	82258	1804
顺河镇	24	246	120	1	220	14495	37797	364
常店镇	2	215	125	2	309	27291	57242	1426
欢口镇	29	121	128	1	330	23110	82611	2048
师寨镇	30	138	76	2	264	16570	53908	1269
华山镇	30	165	106	2	340	21422	75488	1805
梁寨镇	30	212	112	1	320	31197	62731	1453
范楼镇	40	160	66	2	230	40125	67052	1206
宋楼镇	34	229	159	1	346	32920	88860	962
大沙河镇	21	132	64	1	130	29543	56221	694
王沟镇	33	149	117	1	270	22514	88374	1364
赵庄镇	46	130	79	1	278	16329	72031	1335
沛　县								
沛城街道	46	2592	2195	3	359	17812	140783	1872
大屯街道	29	362	240	2	337	27580	55160	1080
汉源街道	17	140	120	1	10	14286	29886	204
汉兴街道	19	199	39	1	10	17326	28452	470
龙固镇	22	295	61	1	100	17859	58168	1085
杨屯镇	24	230	65	1	60	18865	54525	1114
胡寨镇	17	178	81	2	74	15342	35169	454
魏庙镇	18	203	41	1	149	23310	57021	1402
五段镇	18	200	117	1	80	9485	51351	932
张庄镇	29	100	71	2	160	43516	80352	1174
张寨镇	35	306	136	2	220	41100	86798	1794
敬安镇	25	300	52	1	203	17231	51845	854
河口镇	26	240	137	2	130	28259	57132	1040
栖山镇	26	265	146	1	245	28500	54790	1035
鹿楼镇	31	315	125	1	155	34567	60286	2564
朱寨镇	27	276	96	1	172	31367	55008	1103
安国镇	32	390	163	1	112	25984	62719	1506

22-1 续表 16 （2018 年）

乡 镇	医疗卫生机构个数（个）	医疗卫生机构床位数(张)	执业(助理)医师数（人）	各种社会福利收养性单位数（个）	各种社会福利收养性单位床位数(张)	城乡居民基本养老保险参保人数(人)	城乡居民基本医疗保险参保人数(人)	城乡居民最低生活保障人数（人）
铜山区								
拾屯街道办事处	5	20	13			5520	6315	65
桐山街道办事处	15	340	38	6	120	12385	25750	520
沿湖街道办事处	4	50	15	1	20	3420	13045	132
新区街道办事处	14	15	32			20578	23334	844
三堡镇街道办事处	7	50	45	3	410	12716	23066	120
何桥镇	1	50	62	1	178	24857	44494	853
黄集镇	1	68	50	2	260	35126	53327	353
马坡镇	1	38	60	4	265	19708	45224	1455
郑集镇	1	272	71	1	209	26448	43089	486
柳新镇	1	79	62	5	179	30224	72870	740
刘集镇	23	65	67			32994	61050	1103
大彭镇	19	191	38	1	109	31176	58892	342
汉王镇	11	111	82	3	62	19140	40666	625
棠张镇	1	90	66	1	120	27268	52165	682
张集镇	2	200	126	2	190	65000	73924	650
房村镇	2	125	70	5	330	28647	70482	376
伊庄镇	2	58	41	2	305	22150	40310	500
单集镇	2	170	50	4	450	17810	60511	966
利国镇	15	115	61	3	270	26795	53266	308
大许镇	3	320	226	8	778	47425	71821	1017
茅村镇	1	100	91	1	76	26442	61890	399
柳泉镇	14	56	52	3	164	34531	50749	637
睢宁县								
睢城街道	71	1289	981	1	310	27153	220816	7569
金城街道	22	374	124	2	192	23603	48083	1187
睢河街道	17	48	26	4	180	15463	37533	628
王集镇	18	250	95	2	230	37633	74012	1152
双沟镇	21	220	50	1	240	28532	59975	2040
岚山镇	52	682	63	3	41	35783	75677	1148
李集镇	17	180	43	1	267	29457	47904	1535
桃园镇	32	110	36	3	190	35576	61811	1111
官山镇	32	145	49	1	90	39790	71994	1132
高作镇	2	120	35	1	96	10770	35958	768
沙集镇	24	53	32	1	145	30664	55831	1063
凌城镇	29	195	168	2	310	32302	66019	1144
邱集镇	3	300	122	2	215	52257	99890	1860
古邳镇	30	315	88	3	226	37850	62921	1789
姚集镇	40	465	81	3	310	46352	92316	699
魏集镇	2	130	62	1	400	44445	58524	1673
梁集镇	31	351	159	2	230	42987	59795	1375
庆安镇	39	405	198	1	198	39520	65120	3451

22-1 续表 17 （2018 年）

乡 镇	医疗卫生机构个数（个）	医疗卫生机构床位数（张）	执业（助理）医师数（人）	各种社会福利收养性单位数（个）	各种社会福利收养性单位床位数（张）	城乡居民基本养老保险参保人数（人）	城乡居民基本医疗保险参保人数（人）	城乡居民最低生活保障人数（人）
新沂市								
新安街道	77	2780	1300	5	237	24899	70119	7260
北沟街道	11	169	131	4	180	14206	41532	943
墨河街道	22	92	39	1	70	25806	42298	2288
唐店街道	17	128	122	2	185	12102	39583	1511
瓦窑镇	20	104	73	1	123	11433	38012	2982
港头镇	15	90	48	1	150	24052	38796	861
合沟镇	21	182	106	2	90	17956	48091	2723
草桥镇	20	231	105	2	239	23183	66778	818
窑湾镇	26	128	56	1	230	24845	54956	2089
棋盘镇	35	320	208	2	295	26851	65219	1264
马陵山镇	17	166	75	2	270	16245	48516	1919
新店镇	17	181	100	1	181	11911	40882	1229
邵店镇	15	155	63	1	140	7562	36508	1120
时集镇	20	94	97	2	251	37750	48740	1210
高流镇	27	124	62	1	225	19739	61432	1150
阿湖镇	24	108	89	3	255	13818	56252	1426
双唐镇	16	148	128	1	125	11260	36650	1004
邳州市								
东湖街道	18	455	118	1	131	7328	28367	495
运河街道	11	1243	2236	2	60	99101	156068	5802
戴圩街道	29	792	46	2	385	41139	77269	2795
炮车街道	16	170	95	2	152	18890	51132	3200
邳城镇	23	240	58	1	93	36921	80701	1508
官湖镇	39	395	182	1	90	34640	110264	1847
四户镇	1	55	38	1	28	24880	44003	898
宿羊山镇	29	299	168	1	161	31426	71025	1663
八义集镇	31	311	273	2	315	27007	70623	1880
土山镇	23	416	229	1	182	28102	41731	1943
碾庄镇	27	292	259	2	376	44598	90035	1796
港上镇	1	42	60	1	120	28557	58366	848
邹庄镇	25	70	88	1	50	28721	51366	1533
占城镇	21	100	92	1	69	22935	39253	2006
新河镇	2	104	112	1	150	30395	51496	1157
八路镇	15	151	35	1	128	23969	43618	2016
铁富镇	33	390	132	1	195	71210	131100	2435
岔河镇	15	160	32	1	186	885	44127	653
陈楼镇	14	30	140	1	43	22985	46374	653
邢楼镇	18	136	72	1	100	24473	52780	1087
戴庄镇	1	60	32	1	152	13977	36791	568
车辐山镇	17	171	98	1	262	17384	53156	1422
燕子埠镇	16	48	30	1	141	8590	26210	2806
赵墩镇	31	113	72	2	85	38722	80211	2482
议堂镇	18	181	75	1	120	15120	35680	1568

22-1 续表 18 （2018 年）

乡 镇	自来水用水户数（户）	管道燃气用户数（户）	金融机构网点数（个）	公园及休闲健身广场个数（个）	生活垃圾月均清运量（吨）
贾汪区					
老矿街道	22416	12017	12	7	2000
大泉街道	13100		6	7	1200
大吴街道	14168	10630	5	14	
潘安湖街道	8076	3347	2	10	
茱萸山街道	4634	820		9	430
青山泉镇	15915	4015	7	7	
紫庄镇	14661		4	1	450
塔山镇	12787		6	30	800
汴塘镇	13835	7388	3		835
江庄镇	9100		3	18	
徐州经济技术开发区					
大黄山街道	15720	6000	3	18	1600
大庙街道	32508	1976	6	18	
徐庄镇	16043		5	40	1000
丰 县					
中阳里街道	20016	7841	15	5	
凤城街道	7297	13987	5	2	
孙楼街道	13000		2	1	1000
首羡镇	23154		6	2	
顺河镇	12978		2	1	600
常店镇	9000	11550	3	10	600
欢口镇	21180		6	3	1972
师寨镇	13539		4	1	440
华山镇	23170		4	2	1268
梁寨镇	14758		3	3	
范楼镇	6573		4	2	916
宋楼镇	23100		4	1	1136
大沙河镇	13112		4	2	836
王沟镇	21757		4		722
赵庄镇	16436		3	5	2055
沛 县					
沛城街道	44075	44187	29	45	886
大屯街道	18210	15120	7	6	450
汉源街道	19898	6198	5	3	1400
汉兴街道	8752	240	2	1	922
龙固镇	9761		3	9	1120
杨屯镇	15812		3	1	1092
胡寨镇	9238		2	3	560
魏庙镇	12728		4	1	769
五段镇	10865		2	3	1050
张庄镇	24010		5	1	1028
张寨镇	17456		5	1	650
敬安镇	13921		3	3	1200
河口镇	7051		3	2	486
栖山镇	14469		3	1	210
鹿楼镇	16602		3	4	673
朱寨镇	13220		4		615
安国镇	22057		5	2	167

22-1 续表 19 （2018 年）

乡　　镇	自来水用水户数（户）	管道燃气用户数（户）	金融机构网点数（个）	公园及休闲健身广场个数（个）	生活垃圾月均清运量（吨）
铜山区					
拾屯街道办事处	3326		1		195
桐山街道办事处	42461	20173	15	5	4444
沿湖街道办事处	3672		1	32	280
新区街道办事处	12710	1930	1	4	
三堡镇街道办事处	6398		4	20	735
何桥镇	11856		3	23	500
黄集镇	16357		3	38	
马坡镇	12465		2	1	
郑集镇	8683		3	24	1316
柳新镇	13510	19315	6	12	570
刘集镇	6543		5	20	1292
大彭镇	14600		3	38	1160
汉王镇	10885		3	21	
棠张镇	15350		4	2	1500
张集镇	15027	13010	3	20	2500
房村镇	6914		4	10	1163
伊庄镇	10940		3	10	215
单集镇	9602		4	6	
利国镇	18769	17814	7	13	2330
大许镇	12363		3	4	1132
茅村镇	19210		5	44	1980
柳泉镇	16902		4	3	500
睢宁县					
睢城街道	63541	8612	46	22	
金城街道	12501	2490	2	21	579
睢河街道	8773		1	14	350
王集镇	12514		5	2	1354
双沟镇	9874		4	6	5028
岚山镇	15537		6	24	
李集镇	12832		3	3	
桃园镇	15863		5	1	1208
官山镇	17775		4	1	998
高作镇	8736	142	3	1	540
沙集镇	11450		4	2	1320
凌城镇	16052		3	2	
邱集镇	21829	17825	4	1	
古邳镇	12963		3	26	
姚集镇	20180		4	1	890
魏集镇	14039		5	1	879
梁集镇	10124	83	4	1	490
庆安镇	13120		4	1	

22-1　续表 20　（2018 年）

乡　　镇	自来水用水户数（户）	管道燃气用户数（户）	金融机构网点数（个）	公园及休闲健身广场个数（个）	生活垃圾月均清运量（吨）
新沂市					
新安街道	77600	58430	75	8	1152
北沟街道	11435		5	1	426
墨河街道	14283		2	1	462
唐店街道	9895		2	1	372
瓦窑镇	9402		2	15	1481
港头镇	10282		2	12	552
合沟镇	12259	4136	2	2	299
草桥镇	17236	1366	4	6	800
窑湾镇	13454		6	2	421
棋盘镇	18315	14520	5	2	8126
马陵山镇	12031		3	3	1450
新店镇	11601		4	5	808
邵店镇	9078		3	10	231
时集镇	12942		5	1	750
高流镇	14950		4	1	720
阿湖镇	16551		4	5	1645
双唐镇	9730		3	2	400
邳州市					
东湖街道	5871	4001	6	3	
运河街道	75112	59026	86	31	
戴圩街道	14010	4535	8	6	
炮车街道	14522	800	2	2	
邳城镇	18080		3	3	
官湖镇	25480	3000	6	3	350
四户镇	9658		1	10	
宿羊山镇	13577		4	1	
八义集镇	16751		4	2	
土山镇	15019		5	4	
碾庄镇	20986		6	4	
港上镇	10574		4	4	632
邹庄镇	10250		3	23	8650
占城镇	10331		2	18	
新河镇	12400		4	19	416
八路镇	10502	5324	2	14	
铁富镇	21200		8	2	
岔河镇	7853		1	4	
陈楼镇	11627		5	13	630
邢楼镇	13500		2	1	33
戴庄镇	12045		2	19	500
车辐山镇	11224		2	1	
燕子埠镇	7802		2		
赵墩镇	19335		5	1	
议堂镇	8203		4	15	25

22-2　分镇主要经济指标排序(2018年)

行政区域面积

排序	乡　镇	绝对量(公顷)	排序	乡　镇	绝对量(公顷)	排序	乡　镇	绝对量(公顷)
1	睢宁县姚集镇	16780	44	新沂市马陵山镇	9528	87	邳州市八路镇	6700
2	新沂市棋盘镇	15770	45	睢宁县桃园镇	9489	88	贾汪区紫庄镇	6668
3	铜山区张集镇	14800	46	邳州市车辐山镇	9488	89	大庙街道	6663
4	睢宁县邱集镇	14079	47	新沂市双塘镇	9484	90	贾汪区青山泉镇	6647
5	新沂市时集镇	13887	48	贾汪区塔山镇	9468	91	丰县孙楼街道办事处	6608
6	铜山区房村镇	13600	49	丰县顺河镇	9404	92	睢宁县沙集镇	6518
7	徐州经济技术开发区徐庄镇	13259	50	睢宁县凌城镇	9365	93	邳州市港上镇	6470
8	铜山区单集镇	13210	51	丰县赵庄镇	9100	94	铜山区新区街道办事处	6450
9	睢宁县王集镇	13152	52	邳州市邳城镇	9028	95	金城街道办事处	6398
10	睢宁县魏集镇	13000	53	邳州市宿羊山镇	9013	96	铜山区汉王镇	6393
11	铜山区大许镇	12917	54	沛县栖山镇	8951	97	睢宁县李集镇	6298
12	丰县王沟镇	12621	55	邳州市占城镇	8900	98	沛县沛城街道办事处	6240
13	沛县鹿楼镇	12540	56	邳州市官湖镇	8888	99	新沂市瓦窑镇	6203
14	睢宁县官山镇	12528	57	丰县凤城街道办事处	8773	100	沛县魏庙镇	6202
15	新沂市阿湖镇	12527	58	丰县梁寨镇	8680	101	新沂市唐店街道办事处	5953
16	邳州市铁富镇	12447	59	丰县大沙河镇	8631	102	新沂市邵店镇	5849
17	丰县首羡镇	12232	60	铜山区伊庄镇	8565	103	邳州市炮车街道办事处	5700
18	丰县宋楼镇	12214	61	丰县师寨镇	8518	104	邳州市议堂镇	5442
19	新沂市高流镇	12189	62	铜山区刘集镇	8360	105	沛县大屯街道办事处	5430
20	睢宁县梁集镇	12134	63	铜山区黄集镇	8340	106	沛县汉兴街道办事处	5310
21	邳州市碾庄镇	12088	64	铜山区茅村镇	8324	107	沛县龙固镇	5302
22	邳州市赵墩镇	12081	65	新沂市新安街道办事处	8295	108	铜山街道办事处	5260
23	岚山镇	11850	66	沛县河口镇	8257	109	沛县杨屯镇	5165
24	邳州市新河镇	11800	67	丰县常店镇	8187	110	沛县五段镇	4977
25	新沂市窑湾镇	11636	68	邳州市四户镇	8156	111	茱萸山街道	4638
26	丰县范楼镇	11610	69	铜山区棠张镇	8060	112	沛县胡寨镇	4594
27	睢宁县庆安镇	11571	70	邳州市戴圩街道办事处	8000	113	邳州市陈楼镇	4340
28	沛县张庄镇	11200	71	沛县朱寨镇	7900	114	徐州经济技术开发区大黄山街道	4300
29	新沂市新店镇	11199	72	邳州市运河街道办事处	7831	115	睢宁县睢河街道办事处	4261
30	丰县欢口镇	10751	73	铜山区利国镇	7769	116	睢宁县高作镇	4171
31	睢宁县古邳镇	10666	74	邳州市燕子埠镇	7700	117	新沂市北沟街道办事处	4164
32	沛县张寨镇	10634	75	铜山区大彭镇	7600	118	贾汪老矿街道	4145
33	邳州市八义集镇	10562	76	贾汪区江庄镇	7496	119	贾汪区大吴街道	3840
34	铜山区柳泉镇	10520	77	铜山区何桥镇	7400	120	贾汪大泉街道	3765
35	沛县安国镇	10294	78	邹庄镇	7351	121	铜山区三堡街道办事处	3540
36	睢宁县睢城街道办事处	10242	79	新沂市墨河街道办事处	7281	122	邳州市东湖街道办事处	3410
37	新沂市草桥镇	10122	80	邳州市岔河镇	7088	123	沛县汉源街道办事处	3403
38	丰县华山镇	10100	81	邳州市土山镇	7015	124	铜山沿湖街道办事处	3400
39	贾汪区汴塘镇	10080	82	铜山区马坡镇	6900	125	贾汪区潘安湖街道	3030
40	邳州市邢楼镇	9684	83	邳州市戴庄镇	6845	126	铜山拾屯街道	1406
41	铜山区柳新镇	9606	84	新沂市港头镇	6810	127	中阳里街道	990
42	沛县敬安镇	9600	85	新沂市合沟镇	6734			
43	睢宁县双沟镇	9530	86	铜山区郑集镇	6710			

22-2 续表

一般公共预算收入

排序	乡　　镇	（万元）	排序	乡　　镇	（万元）	排序	乡　　镇	（万元）
1	丰县凤城街道办事处	186762	44	范楼镇	11935	87	邵店镇	7622
2	铜山街道办事处	132511	45	瓦窑镇	11463	88	新河镇	7619
3	睢宁县睢城街道办事处	91993	46	茅村镇	11368	89	时集镇	7438
4	大庙街道	80725	47	车辐山镇	11368	90	首羡镇	7400
5	邳州市运河街道办事处	75276	48	赵墩镇	11212	91	窑湾镇	7124
6	邳州市炮车街道办事处	65167	49	胡寨镇	11164	92	草桥镇	7111
7	新安街道办事处	49522	50	栖山镇	11013	93	魏庙镇	6900
8	大黄山街道	48511	51	汉王镇	10970	94	大吴街道	6749
9	邳州市官湖镇	45786	52	高流镇	10817	95	河口镇	6594
10	大屯街道办事处	44735	53	桃园镇	10785	96	黄集镇	6369
11	戴圩街道办事处	42989	54	五段镇	10705	97	塔山镇	6367
12	沛城街道办事处	40676	55	郑集镇	10672	98	新店镇	6300
13	铁富镇	39210	56	魏集镇	10606	99	师寨镇	6193
14	东湖街道办事处	32498	57	棋盘镇	10411	100	孙楼街道办事处	6182
15	利国镇	30522	58	岚山镇	10321	101	紫庄镇	6110
16	龙固镇	29125	59	岔河镇	10254	102	八路镇	6037
17	碾庄镇	28452	60	八义集镇	10218	103	墨河街道办事处	5819
18	李集镇	27836	61	中阳里街道办事处	10138	104	港头镇	5552
19	敬安镇	27449	62	张寨镇	10016	105	马陵山镇	5491
20	青山泉镇	26214	63	四户镇	9903	106	占城镇	5398
21	大泉街道	25476	64	朱寨镇	9879	107	新区街道办事处	5331
22	杨屯镇	25167	65	邹庄镇	9866	108	戴庄镇	5250
23	柳新镇	24900	66	顺河镇	9662	109	王集镇	4952
24	安国镇	21433	67	邢楼镇	9578	110	常店镇	4808
25	议堂镇	20380	68	阿湖镇	9557	111	老矿街道	4744
26	睢河街道办事处	19867	69	庆安镇	9500	112	房村镇	4658
27	双沟镇	19649	70	大彭镇	9477	113	汉源街道办事处	4535
28	宋楼镇	17318	71	土山镇	9165	114	伊庄镇	4400
29	宿羊山镇	15524	72	三堡街道办事处	9043	115	大许镇	4210
30	欢口镇	15180	73	鹿楼镇	8982	116	马坡镇	3734
31	沙集镇	13819	74	王沟镇	8908	117	何桥镇	3398
32	唐店街道办事处	13661	75	刘集镇	8484	118	拾屯街道	2950
33	张庄镇	13585	76	梁集镇	8453	119	单集镇	2546
34	北沟街道办事处	13566	77	邳城镇	8400	120	陈楼镇	2291
35	梁寨镇	13504	78	港上镇	8341	121	沿湖街道办事处	2250
36	古邳镇	13493	79	大沙河镇	8271	122	徐庄镇	1902
37	华山镇	13028	80	棠张镇	8251	123	茱萸山街道	1902
38	柳泉镇	12914	81	邱集镇	8248	124	江庄镇	1817
39	官山镇	12827	82	姚集镇	8014	125	汴塘镇	1229
40	高作镇	12615	83	双塘镇	7975	126	汉兴街道办事处	381
41	赵庄镇	12540	84	燕子埠镇	7863	127	金城街道办事处	
42	凌城镇	12193	85	张集镇	7747			
43	合沟镇	11951	86	潘安湖街道	7663			

PROCESS INVESTIGATION OF WELL-OFF SOCIETY

版面负责人：卢川川
编　　　辑：唐彦君

防范和惩治统计造假、弄虚作假督察工作规定

中共中央办公厅、国务院办公厅(厅字〔2018〕77号)

第一条 为了构建防范和惩治统计造假、弄虚作假督察机制,推动各地区各部门严格执行统计法律法规,确保统计数据真实准确,根据《关于深化统计管理体制改革提高统计数据真实性的意见》、《统计违纪违法责任人处分处理建议办法》等有关规定和《中华人民共和国统计法》、《中华人民共和国统计法实施条例》等法律法规,制定本规定。

第二条 统计督察必须坚持以习近平新时代中国特色社会主义思想为指导,全面贯彻党的十九大和十九届二中、三中全会精神,牢固树立政治意识、大局意识、核心意识、看齐意识,坚持和加强党的全面领导,坚持稳中求进工作总基调,坚持新发展理念,紧扣我国社会主要矛盾变化,按照高质量发展的要求,围绕统筹推进“五位一体”总体布局和协调推进“四个全面”战略布局,聚焦统计法定职责履行、统计违纪违法现象治理、统计数据质量提升,注重实效、突出重点、发现问题、严明纪律,维护统计法律法规权威,推动统计改革发展,为经济社会发展做好统计制度保障。

第三条 根据党中央、国务院授权,国家统计局组织开展统计督察,监督检查各地区各部门贯彻执行党中央、国务院关于统计工作的决策部署和要求、统计法律法规、国家统计政令等情况。

第四条 国家统计局负责统筹、指导、协调、监督统计督察工作,主要职责是制定年度督察计划,批准督察事项,审定督察报告,研究解决督察中存在的重大问题。国家统计局统计执法监督局承担统计督察日常工作。

国家统计局通过组建统计督察组开展统计督察工作,统计督察组设组长、副组长,实行组长负责制,副组长协助组长开展工作。

徐州市高水平全面建成小康社会统计监测指标情况

指　　标		目标	2017 年实现值	2018 年实现值	2018 年实现程度
经济发展					**75.7**
人均 GDP(2010 年不变价)	(元)	≥58000	69022	71547	100
地区经济发展差异系数	(—)	≤0.45	0.28	0.26	100
服务业增加值占 GDP 比重	(%)	≥56	47.2	49.0	87.5
常住人口城镇化率		≥60	63.76	65.10	100
互联网普及率指数		=100	100	100	100
科技进步贡献率		≥60	55.3	56.2	93.7
研究与试验发展(R&D)经费投入强度		≥2.5	2.0	2.03	81.2
战略性新兴产业增加值占 GDP 比重		≥15	5.83	3.55	23.7
高技术产品出口额占出口总额比重		≥30	3.95	3.00	10.0
服务贸易占对外贸易比重		≥16	11.3	8.8	55.0
人民生活					**98.0**
居民人均可支配收入(2010 年不变价)	(元)	≥25000	21011	22392	89.6
城镇登记失业率	(%)	≤5	1.82	1.78	100
恩格尔系数		≤30	30.1	30.0	100
城乡居民收入比	(以农村为 1)	≤2.7	1.86	1.84	100
城乡居民家庭人均住房面积达标率	(%)	≥60	55.0	58.5	97.5
公共交通服务指数		=100	100	100	100
平均预期寿命	(岁)	≥77.34	77.57	77.78	100
劳动年龄人口平均受教育年限	(年)	≥10.8	10.55	10.65	98.6
每千人口执业(助理)医师数	(人)	≥2.5	2.61	2.93	100
每千老年人口养老床位数	(张)	≥35	38	39	100
基本社会保险参保率指数	(%)	=100	100	100	100
单位 GDP 生产安全事故死亡率(2010 年不变价)	(人 / 亿元)	≤0.078	0.060	0.050	100
制造业产品质量合格率	(%)	≥94.8	81.9	87.4	92.2
三大攻坚					**99.2**
政府负债率	(%)	≤40	8.78	11.35	100
规模以上工业企业资产负债率		≤60	49.73	52.91	100
农村贫困人口数(现行标准)	(万人)	0	0	0	100
主要污染物排放指数	(%)	=100	90.9	94.8	94.8
污水集中处理指数		=100	99.1	99.7	99.7
生活垃圾处理指数		=100	100	100	100
民主法治					**100**
基层民主参选率	(%)	≥92	93.1	93.1	100
每万人拥有社会组织数	(个)	≥6.5	7	8	100
人民陪审员参审率	(%)	≥78	85.54	85.12	100
每万人拥有律师数	(人)	≥2.3	2.29	2.48	100
文化建设					**87.1**
文化及相关产业增加值占 GDP 比重	(%)	≥5	3.61	3.68	73.6
人均公共文化财政支出	(元)	≥220	129.69	107.48	48.9
“三馆一站”覆盖率	(%)	≥120	123.94	124.24	100
广播电视综合人口覆盖率		≥99	100	100	100
行政村(社区)综合性文化服务中心覆盖率		≥95	40.69	100	100
城乡居民文化娱乐服务支出占家庭消费支出比重		≥4.2	5.6	5.8	100
资源环境					**96.0**
单位 GDP 建设用地使用面积(2010 年不变价)	(公顷 / 亿元)	≤53	41.21	39.72	100
单位 GDP 用水量(2010 年不变价)	(立方米 / 万元)	≤80	69.8	65.1	100
单位 GDP 能耗(2010 年不变价)	(吨标准煤 / 万元)	≤0.605	0.45	0.36	100
地级及以上城市空气质量优良天数比率	(%)	≥80	48.2	56.2	70.3
地表水达到或好于Ⅲ类水体比例		≥70	66.7	83.3	100
森林覆盖率		≥23.04	27.87	28.06	100
城市建成区绿地率		≥38.9	41.07	40.85	100
一般工业固体废物综合利用率		≥73	99.49	99.61	100
农村自来水普及率		≥80	97.6	99.8	100
农村卫生厕所普及率		≥85	93.12	95.25	100
综合实现程度	(%)				**92.2**

注：自 2018 年起省、市小康监测采用全国小康社会统计监测指标体系。

指标解释及计算方法

人均 GDP 人均 GDP 是指一定时期内按常住人口平均计算的 GDP。GDP 按 2010 年不变价计算。资料来源:市统计局。计算公式:

人均 GDP=GDP／年平均常住人口。

地区经济发展差异系数 全省层面是指各设区市人均 GDP 的差异系数，即 13 个设区市人均 GDP 的标准差与均值之间的比率。资料来源:市统计局。计算公式:

地区经济发展差异系数 =13 个设区市人均 GDP 标准差／13 个设区市人均 GDP 均值×100%。

服务业增加值占 GDP 比重 指当年第三产业增加值与 GDP 的百分比。资料来源:市统计局。计算公式:

服务业增加值占 GDP 比重＝第三产业增加值／GDP×100%。

常住人口城镇化率 指一个地区城镇常住人口占该地区常住总人口的比重。资料来源:市统计局。计算公式:

常住人口城镇化率＝年末城镇常住人口／年末常住总人口×100%。

互联网普及率指数 通过固定宽带家庭普及率和移动宽带用户普及率合成得出。固定宽带家庭普及率是指使用固定宽带家庭的比例；移动宽带用户普及率是指使用移动宽带人的比例。资料来源:市通管办。计算公式:

互联网普及率指数 =(固定宽带家庭普及率／70+ 移动宽带用户普及率／85)×100／2。

科技进步贡献率 指除资金投入、劳动力投入两大因素之外,科技进步对经济增长速度的贡献率。资料来源:市科技局。计算方法主要采用生产函数法。

研究与试验发展(R&D)经费投入强度 指全社会研究与试验发展(R&D)经费支出和国内生产总值的比率。研究与试验发展(R&D)是指在科学技术领域,为增加知识总量以及运用这些知识去创造新的应用而进行的系统的、创造性的活动,包括基础研究、应用研究和试验发展三类活动。资料来源:市统计局。计算公式:

研究与试验发展经费投入强度＝全社会研究与试验发展(R&D)经费支出／国内生产总值×100%。

战略性新兴产业增加值占 GDP 比重 指当年战略性新兴产业增加值占 GDP 的百分比。新兴产业包括新能源产业、新材料产业、生物技术和新医药产业、节能环保产业、新一代信息技术、软件和服务外包产业、物联网和云计算产业、新能源汽车产业、智能电网产业、高端装备制造产业、海洋工程装备产业。资料来源:市统计局。计算公式:

战略性新兴产业增加值占 GDP 比重＝战略性新兴产业增加值／GDP×100%。

高技术产品出口额占出口总额比重 即高新技术产品出口额占出口总额比重,指一定时期(通常为一年)高新技术产品出口额占同期出口总额的比重。资料来源:市商务局。计算公式:

高新技术产品出口占出口总额比重＝高新技术产品出口额／出口总额×100%。

服务贸易占对外贸易比重 指服务贸易进出口额占对外贸易进出口额的比重。服务贸易又称劳务贸易,指国与国之间互相提供服务的经济交换活动。服务贸易有广义与狭义之分,狭义的服务贸易是指一国以提供直接服务活动形式满足另一国某种需要以取得报酬的活动。广义的服务贸易既包括有形的活动，也包括服务提供者与使用者在没有直接接触下交易的无形活动。服务贸易一般情况下都是指广义的。资料来源:市商务局。计算公式:

服务贸易占对外贸易比重＝服务贸易进出口额／(服务贸易进出口额＋货物贸易进出口额)×100%。

居民人均可支配收入 指城乡居民在一定时期内获得的可用于最终消费支出和储蓄的总和，即可以用来自由支配的收入与人口数之比。可支配收入既包括现金，也包括实物收入。指标值按 2010 年价格计算。资料来源:徐州调查队。

城镇登记失业率 指城镇登记失业人数占城镇从业人数与城镇登记失业人数之和的百分比。城镇登记失业人员是指非农业户口人口(含城市规划区内的被征地农民)在劳动年龄(16 周岁至退休年龄)内,有劳动能力,无业而要求就业,并在当地就业服务机构进行求职登记的人员。资料来源：市人社局。计算公式:

城镇登记失业率＝城镇登记失业人数／(城镇从业人数＋城镇登记失业人数)×100%。

恩格尔系数 指食品支出总额占个人消费支出总额的比重。资料来源:徐州调查队。计算公式:

恩格尔系数＝食品支出总额／个人消费支出总额×100%。

城乡居民收入比 指城镇居民与农村居民人均可支配收入的比值。资料来源:徐州调查队。计算公式:

城乡居民收入比＝城镇居民人均可支配收入／农村居民人均可支配收入。

城乡居民家庭人均住房面积达标率 根据城镇居民家庭人均住房面积达标率和农村居民家庭人均住房面积达标率 2 项指标加权合成。资料来源:徐州调查队。计算公式:

城镇居民家庭人均住房面积达标率：指城镇居民家庭人均现住房建筑面积达到 33.3 平方米的人口所占比例。计算现有住房建筑面积时以房屋产权证或租赁证为准。建筑面积可按使用面积乘以 1.33 计算得出。

农村居民家庭人均住房面积达标率：指农村居民家庭人

均现住房(钢筋混凝土结构或砖混材料、砖木砖瓦结构)用于生活居住的建筑面积达到 44.3 平方米或使用面积 33.3 平方米的人口所占比例。计算现有住房建筑面积时以房屋产权证或租赁证为准。

公共交通服务指数 根据城市每万人口拥有公共交通车辆(标台)和行政村客运班车通达率 2 项指标加权合成。资料来源:市交通局。计算公式:

公共交通服务指数 = 城市每万人口拥有公共交通车辆 / 14 × 城镇人口比重 + 建制村通客车率 / 95 ×(1- 城镇人口比重)。

平均预期寿命 指假若当前的分年龄死亡率保持不变,同一时期出生的人预期能继续生存的平均年数。计算人均期望寿命方法:对同时出生的一批人进行追踪调查,分别记下他们在各年龄段的死亡人数直至最后一个人的寿命结束,根据这一批人活到各种不同年龄的人数来计算人口的平均寿命。用这批人的平均寿命来假设一代人的平均寿命即为平均预期寿命。资料来源:市卫健委。

劳动年龄人口平均受教育年限 指一定时期全国劳动年龄人口(16~59 岁人口)人均接受学历教育(包括成人学历教育,不包括各种非学历培训)的年数。资料来源:市统计局。计算公式:

劳动年龄人口平均受教育年限 = $\sum PiEi / P$

式中 P 为本地区 16~59 岁人口,Pi 为具有 i 种文化程度的人口数, ∑i 为具有 i 种文化程度的人口受教育年数系数,i 则根据我国的学制确定。

每千人口执业(助理)医师数 指一个地区平均每千名常住人口拥有的在岗执业(助理)医师数。资料来源:市卫健委。计算公式:

每千人拥有医生数 = 年末在岗执业(助理)医师数 / 年末常住人口 × 1000。

每千老年人口养老床位数 指每千名老人平均拥有的各类养老床位数。资料来源:市民政局。计算公式:

每千老年人口养老床位数 = 行政区域内各类养老床位总数 / 60 周岁以上常住人口数 × 1000。

基本社会保险参保率指数 是通过基本养老保险覆盖率和城乡医保参保率合成得出。基本社会保险主要包括基本养老保险、基本医疗保险、失业保险、工伤保险和生育保险等五项,其中基本养老保险、基本医疗保险最为重要,所以在计算基本社会保险覆盖率时只计算基本养老保险和基本医疗保险的覆盖率。资料来源:市人社局、市医疗保障局。计算公式:

基本社会保险参保率指数 =(基本养老保险覆盖率 / 90+ 城乡医保参保率 / 95)/ 2。

单位 GDP 生产安全事故死亡率 表示每生产亿元国内生产总值(GDP),因生产安全事故造成的死亡人数的比率(小数点后统一保留三位小数)。生产安全事故死亡人数,全省按所有行业事故总数统计,设区市只统计工矿商贸、道路运输、农业机械事故三大项。GDP 按 2010 年不变价计算。资料来源:市应急管理局、市统计局。计算公式:

单位 GDP 生产安全事故死亡率 = 生产安全事故死亡人数 / GDP。

制造业产品质量合格率 指按照规定的方法、程序和标准实施质量抽样检测,判定为质量合格的样品数占全部抽样样品数的百分比。资料来源:市市场监督管理局。计算公式:

制造业产品质量合格率 = 判定为质量合格的样品数 / 全部抽样样品数 × 100%。

政府负债率 指政府债务与 GDP 的比值。资料来源:市财政局。计算公式:

政府负债率 = 政府债务 / GDP × 100%。

规模以上工业企业资产负债率 指规模以上工业企业负债与资产的比值。资料来源:市统计局。计算公式:

规模以上工业企业资产负债率 = 总负债 / 总资产 × 100%。

农村贫困人口数(现行标准) 按照国家现行标准进行统计。资料来源:市农业农村局(市政府扶贫办)。

主要污染物排放指数 由化学需氧量排放指数、氨氮排放指数、二氧化硫排放指数、氮氧化物排放指数四种污染物排放指数合成得出。资料来源:市生态环境局。计算公式:

主要污染物排放指数 =(化学需氧量排放指数 + 氨氮排放指数 + 二氧化硫排放指数 + 氮氧化物排放指数)/ 4。

污水集中处理指数 通过城市污水集中处理率和县城污水集中处理率合成得出。资料来源:市水务局、市住建局。计算公式:

污水集中处理指数 =(城市污水集中处理率 / 95+ 县城污水集中处理率 / 85)/ 2。

生活垃圾处理指数 通过城市生活垃圾无害化处理率和对生活垃圾进行处理的行政村比例合成得出。资料来源:市城管局。计算公式:

生活垃圾处理指数 =(城市生活垃圾无害化处理率 / 95+ 对生活垃圾进行处理的行政村比例 / 90)/ 2。

基层民主参选率 指基层组织参加投票的选民与选民总数的比例。资料来源:市民政局。计算公式:

基层民主参选率 = 基层组织参加投票的选民 / 选民总数 × 100%。

每万人拥有社会组织数 指平均每万人口中拥有社会组织的数量。社会组织包括社会团体、民办非企业单位、基金会等。资料来源:市民政局。计算公式:

每万人拥有社会组织数 = 社会组织总数 / 年末常住人口 × 10000。

人民陪审员参审率 指人民陪审员参审案件数占一审普通程序案件数的比重。资料来源:市中级人民法院。

每万人口拥有律师数 指平均每万人口中拥有律师工作人员的数量,包括全职律师和兼职律师。资料来源:市司法局。计算公式:

每万人口拥有律师数 = 律师工作人员 / 年末常住人口 × 10000。

文化及相关产业增加值占 GDP 比重 指一定时期内文

化产业部门生产的增加值与GDP的百分比，文化产业是指从事文化产品生产和提供文化服务的经营性行业。资料来源：市统计局。计算公式：

文化产业增加值占GDP比重=文化产业增加值/GDP×100%。

人均公共文化财政支出 指按一定时期内平均常住人口计算的包含文化体育与传媒在内的公共文化财政支出。资料来源：市财政局。计算公式：

人均公共文化财政支出=一般公共预算中文化体育与传媒支出/年平均常住人口。

"三馆一站"覆盖率 是反映图书馆、博物馆、文化馆在县级行政区划，文化站在乡镇行政区划的覆盖情况。其中，"三馆一站"包括公共图书馆、博物馆、文化馆、文化站；县级行政区划包括市辖区、县级市、县、自治县；乡镇级区划包括镇、乡级、街道办事处。资料来源：市文广旅局。计算公式：

"三馆一站"覆盖率=(三馆机构数/县级区划数+文化站机构数/乡镇级区划数)×25%。

广播电视综合人口覆盖率 指根据原国家广电总局制定的《广播电视人口覆盖率统计技术标准和方法》进行统计调查的，在对象区内能接收到由中央、省、地市或县通过无线、有线或卫星等各种技术方式转播的各级广播或电视节目的人口数占对象区总人口数的百分比。资料来源：市文广旅局。计算公式：

广播电视综合人口覆盖率=(广播节目综合人口覆盖率+电视节目综合人口覆盖率)/2。

其中，广播(或电视)节目综合人口覆盖率=广播(或电视)节目综合覆盖人口/对象区内的总人口数×100%。

行政村(社区)综合性文化服务中心建成率 指建成综合性文化服务中心的行政村(社区)数占行政村(社区)总数百分比。资料来源：市文广旅局。计算公式：

行政村(社区)综合性文化服务中心建成率=建成综合性文化服务中心的行政村(社区)数/行政村(社区)总数×100%。

. 城乡居民文化娱乐服务支出占家庭消费支出比重 指一定时期内城乡居民文化娱乐消费支出占家庭消费支出的比重。文化娱乐消费支出是指居民家庭用于文化娱乐用品和服务方面的日常消费支出。家庭消费支出指居民用于家庭日常生活的全部支出，包括食品、衣着、家庭设备用品及服务、医疗保健、交通和通讯、娱乐教育文化服务、居住、杂项商品和服务等八大类。资料来源：徐州调查队。计算公式：

城乡居民文化娱乐服务支出占家庭消费支出比重=居民文化娱乐服务支出/居民家庭消费支出×100%。

单位GDP建设用地使用面积 指年末建设用地总量与GDP的比值。GDP按2010年不变价计算。资料来源：市自然资源和规划局、市统计局。计算公式：

单位GDP建设用地占用=年末建设用地总量/GDP。

单位GDP用水量 指一定时期内(通常为一年)，每生产万元国内生产总值(GDP)的用水总量。GDP按2010年不变价计算。资料来源：市水务局、市统计局。计算公式：

单位GDP用水量=用水总量/GDP。

单位GDP能耗 指一定时期内能源消费总量与GDP的比值。GDP按2010年不变价计算。资料来源：市统计局。计算公式：

单位GDP能耗=能源消费总量/GDP。

地级及以上城市空气质量优良天数比率 指空气质量类别为优或者良的天数占全年有效监测总天数的比例。按照国家《环境空气质量标准》(GB 3095-2012)、《环境空气质量指数(AQI)技术规定(试行)》(HJ 633-2012)、《环境空气质量评价技术规范(试行)》(HJ 663-2013)评价各城市空气质量类别，监测评价项目包括SO_2、NO_2、CO、O_3、PM10、PM2.5六项。资料来源：市生态环境局。计算公式：

空气质量优良天数比率=空气质量类别为优或良的天数/全年有效监测天数×100%。

地表水达到或好于Ⅲ类水体比例 指地表水质达到Ⅰ、Ⅱ、Ⅲ类的省考断面数占到监测省考断面总数的比例。省考断面以《关于下达"十三五"水环境质量考核目标的通知》(苏环委办〔2016〕5号)确定的380个地表水环境质量考核断面为基础。资料来源：市生态环境局。计算公式：

地表水达到或好于Ⅲ类水体比例=地表水质达到或好于Ⅲ类以上地表水省考断面数/监测省考断面总数×100%。

森林覆盖率 指以行政区域为单位的森林面积占区域土地总面积的百分比。资料来源：市自然资源和规划局。

城市建成区绿地率 指报告期末建成区内绿地面积占建成区面积的百分比。绿地面积指报告期末用作园林和绿化的各种绿地面积。包括公园绿地、生产绿地、防护绿地、附属绿地和其他绿地的面积。建成区指城市行政区内实际已成片开发建设、市政公用设施和公共设施基本具备的区域。资料来源：市住建局。计算公式：

城市建成区绿地率=城市建成区绿地面积/城市建成区面积×100%。

一般工业固体废物综合利用率 指一般工业固体废物综合利用量占一般固体废物产生量与综合利用往年贮存量之和的百分率。资料来源：市生态环境局。计算公式：

一般工业固体废物综合利用率=工业固体废物综合利用量/(工业固体废物产生量+综合利用往年贮存量)×100%。

农村自来水普及率 即农村供水入户率，反映区域供水通达乡镇范围内区域供水入户状况。资料来源：市水务局。计算公式：

农村供水入户率=区域供水通达乡镇范围内使用区域供水的户数/乡镇域范围内总户数×100%。

农村卫生厕所普及率 指使用各种类型卫生厕所的农户数占农村总户数的百分比。农村卫生厕所：指有完整下水道系统的水冲式、三格式粪池式、净化沼气池式、多瓮漏斗式公厕以及粪便及时清理并进行高温堆肥无害化处理的非水冲式厕所。资料来源：市卫健委。计算公式：

农村卫生厕所普及率=使用卫生厕所农户数/农村总户数×100%。

江苏省市、县主要经济指标(2018年) 附录二

MAJOR ECONOMIC INDICATORS OF CITIES AND COUNTIES OF JIANGSU

版面负责人：卢川川
编　　　辑：陈　蓉

防范和惩治统计造假、弄虚作假督察工作规定

第五条 统计督察对象是与统计工作相关的各地区、各有关部门。重点是各省、自治区、直辖市党委和政府主要负责同志和与统计工作相关的领导班子成员，必要时可以延伸至市级党委和政府主要负责同志和与统计工作相关的领导班子成员；国务院有关部门主要负责同志和与统计工作相关的领导班子成员；省级统计机构和省级政府有关部门领导班子成员。

第六条 对省级党委和政府、国务院有关部门开展统计督察的内容包括：

（一）贯彻落实党中央、国务院关于统计改革发展各项决策部署，加强对统计工作组织领导，指导重大国情国力调查，推动统计改革发展，研究解决统计建设重大问题等情况；

（二）履行统计法定职责，遵守执行统计法律法规，严守领导干部统计法律底线，依法设立统计机构，维护统计机构和人员依法行使统计职权，保障统计工作条件，支持统计活动依法开展等情况；

（三）建立防范和惩治统计造假、弄虚作假责任制，问责统计违纪违法行为，建立统计违纪违法案件移送机制，追究统计违纪违法责任人责任，发挥统计典型违纪违法案件警示教育作用等情况；

（四）应当督察的其他情况。

对市级及以下党委和政府、地方政府有关部门，可以参照上述规定开展统计督察。

江苏省市、县主要经济指标

（2018 年）

市(县)名称	土地面积（平方公里）	年末户籍人口（万人）	当年出生人口（人）	当年死亡人口（人）	年末总户数（万户）	年末常住人口（万人）	人口密度（人/平方公里）	从业人员（万人）	第一产业	第二产业	第三产业
南京市	**6587**	**696.94**	**78750**	**41507**	**246.44**	**843.62**	**1281**	**462.60**	**42.60**	**146.20**	**273.80**
无锡市	**4627**	**497.21**	**42117**	**36939**	**169.20**	**657.45**	**1421**	**388.20**	**15.80**	**213.60**	**158.80**
江阴市	987	125.95	9990	9227	38.19	165.18	1674	99.33	4.69	60.68	33.96
宜兴市	1997	108.13	8508	8987	37.46	125.61	629	74.13	7.95	40.17	26.01
徐州市	**11765**	**1044.77**	**139514**	**53436**	**280.98**	**880.20**	**748**	**483.10**	**119.90**	**170.20**	**193.00**
丰　县	1450	121.48	15883	5563	32.65	95.05	656	55.02	16.27	20.25	18.50
沛　县	1806	129.81	17096	8044	37.41	111.88	619	64.05	18.35	23.51	22.19
睢宁县	1769	144.10	19975	7762	33.44	102.80	581	61.98	18.55	22.63	20.80
新沂市	1592	113.21	16713	7270	31.36	91.19	573	54.98	14.81	20.09	20.09
邳州市	2085	194.36	26413	9931	46.52	144.21	692	87.00	24.21	31.69	31.10
常州市	**4372**	**382.20**	**33964**	**27437**	**134.91**	**472.86**	**1082**	**282.20**	**29.40**	**137.40**	**115.40**
溧阳市	1535	79.04	6709	6112	26.45	76.33	497	49.90	11.56	24.31	14.03
苏州市	**8657**	**703.55**	**68487**	**49004**	**230.92**	**1072.17**	**1238**	**692.30**	**21.70**	**405.80**	**264.80**
常熟市	1276	106.80	6932	9259	32.25	151.58	1188	104.42	3.64	63.06	37.72
张家港市	987	92.94	7077	7047	32.33	126.06	1277	77.15	4.07	45.70	27.38
昆山市	932	90.32	12524	4836	30.92	166.59	1787	116.90	1.59	73.42	41.89
太仓市	810	49.40	3516	4092	15.80	71.92	888	45.82	2.44	26.41	16.97
南通市	**10549**	**762.52**	**52870**	**69915**	**285.34**	**731.00**	**693**	**455.00**	**83.70**	**211.60**	**159.70**
海安县	1183	92.73	5966	8994	34.09	86.45	731	53.85	10.36	28.40	15.00
如东县	2791	102.08	5622	10099	36.63	97.85	351	61.40	12.31	30.51	19.00
启东市	1715	111.04	6588	10353	46.02	95.00	554	66.38	15.42	29.06	22.00
如皋市	1576	141.97	11144	12866	44.57	124.17	788	73.35	16.66	34.30	22.00
海门市	1144	99.59	6682	9599	38.70	90.47	791	64.04	14.08	30.99	19.00
连云港市	**7615**	**534.34**	**75031**	**34690**	**145.92**	**452.00**	**594**	**250.50**	**77.70**	**81.70**	**91.10**
东海县	2037	124.62	21043	7972	29.73	97.10	477	56.59	18.41	18.03	20.14
灌云县	1538	103.74	12450	6519	26.45	80.83	525	47.85	18.37	13.08	16.39
灌南县	1028	81.92	9729	5602	22.21	63.72	620	36.44	14.96	11.09	10.39

续表 1　　　　（2018 年）

市(县)名称	土地面积（平方公里）	年末户籍人口（万人）	当年出生人口（人）	当年死亡人口（人）	年末总户数（万户）	年末常住人口（万人）	人口密度（人 / 平方公里）	从业人员（万人）			
									第一产业	第二产业	第三产业
淮安市	**10030**	**561.33**	**50200**	**36900**	**166.64**	**492.50**	**491**	**285.10**	**76.90**	**89.90**	**118.30**
涟水县	107	16.00	9400	6700	30.68	84.98	7979	48.68	16.93	11.67	20.07
盱眙县	106	79.82	6600	5000	21.61	65.70	6186	38.60	11.60	12.78	14.22
金湖县	106	34.90	2800	2400	12.44	33.29	3132	19.30	5.44	6.64	7.22
盐城市	**16931**	**824.73**	**81607**	**53253**	**269.69**	**720.00**	**425**	**431.80**	**95.90**	**158.50**	**177.40**
响水县	1474	62.36	7341	3541	16.90	49.70	337	27.45	7.03	9.88	10.54
滨海县	1950	122.57	13702	5929	34.66	93.00	477	55.10	14.71	19.12	21.27
阜宁县	1439	112.28	11831	7456	35.25	82.54	574	50.07	13.47	17.56	19.04
射阳县	2606	95.18	8134	6582	30.99	87.85	337	55.67	14.07	19.71	21.89
建湖县	1157	78.42	8328	3901	28.70	72.45	626	42.84	9.36	16.96	16.52
东台市	3176	109.81	8684	9043	38.48	97.04	306	63.70	14.15	23.26	26.29
扬州市	**6591**	**458.83**	**33665**	**33886**	**147.82**	**453.10**	**687**	**267.10**	**39.40**	**120.40**	**107.30**
宝应县	1462	88.76	5601	6482	26.97	75.90	519	42.12	10.28	18.82	13.00
仪征市	902	56.03	4188	4188	18.39	57.06	633	39.65	7.77	18.41	13.00
高邮市	1922	80.82	6249	7244	25.23	74.30	387	46.12	10.05	21.49	15.00
镇江市	**3840**	**270.78**	**22326**	**21966**	**101.65**	**319.64**	**832**	**194.80**	**21.90**	**85.10**	**87.80**
丹阳市	1047	80.63	6038	6572	27.86	98.97	945	63.75	5.71	32.95	25.09
扬中市	327	28.25	3346	2302	10.63	34.39	1052	21.76	1.31	11.40	9.05
句容市	1378	58.90	4963	5078	22.86	62.76	455	39.40	9.42	15.22	14.76
泰州市	**5787**	**503.39**	**42299**	**42578**	**166.30**	**463.57**	**801**	**275.50**	**55.70**	**111.90**	**107.90**
兴化市	2395	155.67	14053	12660	50.66	124.38	519	73.90	21.70	25.70	26.50
靖江市	656	65.88	6128	5187	21.05	68.48	1045	40.70	6.20	20.60	13.90
泰兴市	1170	117.88	8836	10276	39.29	107.22	917	63.50	14.70	25.90	22.90
宿迁市	**8524**	**591.26**	**75666**	**47307**	**151.52**	**492.59**	**578**	**282.70**	**84.30**	**101.10**	**97.30**
沭阳县	2299	198.28	27646	12468	49.74	156.72	682	94.23	26.86	36.63	30.74
泗阳县	1378	106.79	10993	7601	27.08	84.75	615	49.40	18.18	16.06	15.16
泗洪县	2694	109.58	13688	10029	29.32	89.88	334	48.66	16.80	16.42	15.44

续表 2　　(2018 年)

市(县)名称	在岗职工人数(万人)	# 国有单位	# 城镇集体单位	# 港澳台商投资单位	# 外商投资单位	私营企业就业人员(万人)	个体就业人员(万人)	乡村就业人员(万人)	# 农林牧渔业
南京市	**200.49**	**39.75**	**1.70**	**10.38**	**25.23**	**396.75**	**123.93**	**112.68**	**21.46**
无锡市	**101.63**	**14.74**	**1.54**	**15.18**	**28.25**	**291.99**	**79.31**	**112.16**	**15.20**
江阴市	22.41	3.13	0.61	5.04	4.26	72.03	23.53	36.02	3.95
宜兴市	13.32	2.66	0.24	1.50	0.99	64.84	9.79	36.14	7.89
徐州市	**79.60**	**30.06**	**2.85**	**3.25**	**2.21**	**143.21**	**105.97**	**356.40**	**126.28**
丰　县	6.11	2.50	0.27	0.19	0.08	9.31	10.24	52.85	21.47
沛　县	9.69	3.57	0.64	0.13	0.10	17.05	7.73	50.70	16.47
睢宁县	6.04	3.47	0.26	0.70	0.07	19.83	12.75	59.60	22.92
新沂市	6.72	2.63	0.35	0.11	0.37	21.48	10.26	44.52	17.75
邳州市	9.32	4.40	0.07	0.19	0.36	15.66	19.72	62.94	19.61
常州市	**66.43**	**12.90**	**2.11**	**12.36**	**11.11**	**184.19**	**72.94**	**127.37**	**22.54**
溧阳市	6.33	2.16	0.19	0.65	0.63	25.30	9.64	32.14	7.64
苏州市	**280.60**	**28.05**	**4.18**	**53.36**	**116.28**	**489.84**	**171.59**	**171.58**	**21.02**
常熟市	24.65	2.91	0.57	7.55	7.30	55.19	23.23	38.38	3.42
张家港市	25.11	3.11	0.48	1.44	4.09	63.95	19.88	31.77	3.12
昆山市	68.61	4.23	0.88	16.92	37.48	81.94	34.46	20.92	1.60
太仓市	13.86	1.95	0.34	1.97	6.34	30.36	8.33	15.19	2.69
南通市	**198.27**	**16.65**	**2.20**	**10.85**	**13.59**	**227.89**	**101.74**	**297.53**	**60.23**
海安县	32.44	1.81	0.07	1.00	1.33	19.56	9.91	47.44	7.62
如东县	15.22	1.97	0.28	1.19	1.04	22.92	7.42	47.99	10.51
启东市	20.11	2.08	0.19	1.54	1.37	32.91	16.05	60.75	12.96
如皋市	27.30	2.11	0.08	1.24	2.01	26.01	13.20	48.73	11.10
海门市	35.91	1.76	0.28	2.07	1.55	35.85	11.43	37.18	6.63
连云港市	**43.02**	**13.88**	**1.21**	**1.79**	**2.92**	**54.39**	**43.96**	**177.46**	**74.93**
东海县	4.72	2.29	0.22	0.25	0.25	9.59	11.13	43.48	18.68
灌云县	3.65	1.80	0.34	0.07	0.07	5.80	7.59	38.76	19.71
灌南县	4.90	1.40	0.16	0.05	0.28	4.61	5.73	31.08	14.05

续表 3　　（2018 年）

市(县)名称	在岗职工人数（万人）	#国有单位	#城镇集体单位	#港澳台商投资单位	#外商投资单位	私营企业就业人员（万人）	个体就业人员（万人）	乡村就业人员（万人）	#农林牧渔业
淮安市	**42.43**	**0.35**	**0.03**	**0.15**	**0.12**	**90.57**	**58.15**	**211.87**	**84.60**
涟水县	6.10	0.04	0.01	0.02	0.01	12.09	8.21	49.82	20.29
盱眙县	3.39	0.04	0.01	0.02	0.01	11.13	7.81	34.25	13.48
金湖县	2.77	0.03	0.00	0.01	0.01	8.73	2.93	13.18	4.45
盐城市	**73.70**	**19.81**	**1.56**	**2.48**	**4.89**	**156.79**	**63.57**	**298.13**	**104.61**
响水县	4.01	1.82	0.19	0.11	0.03	6.57	4.41	21.73	8.79
滨海县	7.32	2.00	0.06	0.15	0.07	13.76	5.94	43.36	15.53
阜宁县	7.57	1.40	0.15	0.07	0.46	20.32	7.69	36.28	14.03
射阳县	5.65	2.17	0.15	0.35	0.24	11.38	5.99	34.56	12.04
建湖县	6.75	1.70	0.24	0.08	0.06	12.04	5.51	30.07	9.01
东台市	9.16	1.91	0.30	0.72	0.79	34.77	8.43	48.50	18.70
扬州市	**89.99**	**17.66**	**1.44**	**4.98**	**5.46**	**140.08**	**61.87**	**180.59**	**32.15**
宝应县	10.84	1.77	0.19	0.76	0.40	16.29	7.99	40.87	10.05
仪征市	6.48	1.33	0.01	0.15	1.19	13.64	7.79	23.08	3.13
高邮市	9.81	1.62	0.33	0.58	0.25	23.65	9.48	36.83	8.80
镇江市	**36.02**	**10.90**	**0.92**	**3.70**	**7.23**	**111.63**	**55.48**	**100.24**	**19.87**
丹阳市	6.55	1.90	0.26	0.79	1.68	42.27	16.41	36.58	6.29
扬中市	4.95	1.24	0.15	0.13	1.96	18.55	3.75	13.64	1.90
句容市	6.42	2.10	0.25	1.67	0.44	12.62	11.26	26.58	7.13
泰州市	**105.15**	**13.01**	**1.60**	**4.50**	**4.76**	**127.36**	**63.89**	**215.26**	**41.51**
兴化市	8.37	2.35	0.26	0.13	0.73	19.19	15.39	60.65	19.33
靖江市	12.69	1.89	0.32	0.33	0.65	21.21	8.20	31.03	4.93
泰兴市	24.03	2.68	0.37	0.36	1.12	25.28	16.75	56.91	8.34
宿迁市	**42.07**	**8.11**	**0.17**	**4.94**	**1.37**	**97.60**	**67.41**	**222.07**	**83.63**
沭阳县	7.39	1.69	0.08	0.95	0.31	44.65	16.98	78.89	26.80
泗阳县	4.86	1.29	0.01	0.35	0.07	12.76	11.88	40.60	13.99
泗洪县	5.73	1.78	0.02	0.12	0.30	12.27	11.59	38.31	20.29

续表 4　　（2018 年）

市(县)名 称	地区生产总 值(亿元)	第一产业	第二产业	#工业	第三产业	人均地区生产总值(按常住人口计算,元)	地区生产总值指数(上年=100)	三次产业结构(%) 第一产业	第二产业	第三产业
南京市	**12820.40**	**273.42**	**4721.61**	**4055.14**	**7825.37**	**152886**	**108.0**	**2.1**	**36.9**	**61.0**
无锡市	**11438.62**	**125.07**	**5464.01**	**5009.33**	**5849.54**	**174270**	**107.4**	**1.1**	**47.8**	**51.1**
江阴市	3806.18	36.98	2071.91	1990.78	1697.29	230538	107.0	1.0	54.4	44.6
宜兴市	1713.28	50.61	890.31	764.41	772.36	136473	108.0	2.9	52.0	45.1
徐州市	**6755.23**	**631.39**	**2812.02**	**2329.18**	**3311.82**	**76915**	**104.2**	**9.4**	**41.6**	**49.0**
丰　县	460.14	86.85	182.69	138.16	190.60	48380	103.0	18.9	39.7	41.4
沛　县	762.62	104.11	332.87	222.25	325.64	68137	103.6	13.7	43.6	42.7
睢宁县	577.30	96.40	235.56	172.48	245.34	56149	104.4	16.7	40.8	42.5
新沂市	653.32	73.82	261.91	219.41	317.59	71577	104.3	11.3	40.1	48.6
邳州市	920.66	132.32	364.44	305.58	423.90	63824	103.5	14.4	39.6	46.0
常州市	**7050.27**	**156.25**	**3263.29**	**2951.35**	**3630.73**	**149275**	**107.0**	**2.2**	**46.3**	**51.5**
溧阳市	935.51	51.06	453.97	379.67	430.48	122626	108.0	5.5	48.5	46.0
苏州市	**18597.47**	**213.99**	**8933.28**	**8240.37**	**9450.20**	**173765**	**106.8**	**1.2**	**48.0**	**50.8**
常熟市	2400.23	39.90	1230.01	1161.97	1130.00	158334	106.8	1.7	51.2	47.1
张家港市	2720.18	30.63	1423.68	1352.35	1266.00	216023	106.7	1.1	52.3	46.5
昆山市	3832.06	31.62	2074.53	1951.17	1726.00	230270	107.2	0.8	54.1	45.0
太仓市	1330.72	34.98	675.47	631.33	620.00	185465	106.8	2.6	50.8	46.6
南通市	**8427.00**	**397.77**	**3947.88**	**3283.23**	**4081.35**	**115320**	**107.2**	**4.7**	**46.8**	**48.4**
海安县	993.00	61.41	467.40	388.17	464.19	114798	108.1	6.2	47.1	46.7
如东县	952.29	75.22	439.13	373.47	437.94	97232	107.5	7.9	46.1	46.0
启东市	1063.33	72.04	505.34	400.55	485.95	111823	107.4	6.8	47.5	45.7
如皋市	1120.48	69.39	534.36	447.12	516.73	90031	107.3	6.2	47.7	46.1
海门市	1249.00	58.80	609.51	506.51	580.69	137958	108.0	4.7	48.8	46.5
连云港市	**2771.70**	**325.57**	**1207.39**	**961.89**	**1238.74**	**61332**	**104.7**	**11.7**	**43.6**	**44.7**
东海县	494.42	73.46	207.78	176.92	213.18	50916	104.9	14.9	42.0	43.1
灌云县	375.00	69.15	159.06	119.46	146.79	46374	104.0	18.4	42.4	39.1
灌南县	352.99	57.24	162.12	140.07	133.63	55397	104.0	16.2	45.9	37.9

续表 5　　（2018 年）

市(县)名称	地区生产总值(亿元)	第一产业	第二产业	#工业	第三产业	人均地区生产总值(按常住人口计算,元)	地区生产总值指数(上年=100)	三次产业结构(%) 第一产业	第二产业	第三产业
淮安市	**3601.25**	**358.70**	**1508.11**	**1268.00**	**1734.44**	**73204**	**106.5**	**10.0**	**41.9**	**48.2**
涟水县	476.00	62.39	183.93	152.51	229.95	56065	106.6	13.1	38.6	48.3
盱眙县	441.00	59.39	173.78	140.95	208.17	67236	106.5	13.5	39.4	47.2
金湖县	296.00	37.04	111.51	98.61	147.74	89109	106.5	12.5	37.7	49.9
盐城市	**5487.08**	**573.40**	**2436.45**	**2090.05**	**2477.23**	**75987**	**105.5**	**10.5**	**44.4**	**45.1**
响水县	349.86	42.82	173.91	158.20	133.13	70112	108.1	12.2	49.7	38.1
滨海县	475.42	63.45	193.75	161.54	218.22	50994	105.3	13.3	40.8	45.9
阜宁县	482.83	58.88	210.42	154.39	213.53	58271	105.3	12.2	43.6	44.2
射阳县	536.61	87.67	196.71	179.63	252.23	60875	105.6	16.3	36.7	47.0
建湖县	561.68	50.17	238.93	202.84	272.58	77196	105.6	8.9	42.5	48.5
东台市	878.68	99.03	356.12	313.65	423.53	90084	105.6	11.3	40.5	48.2
扬州市	**5466.17**	**273.34**	**2623.24**	**2283.60**	**2569.59**	**120944**	**106.7**	**5.0**	**48.0**	**47.0**
宝应县	630.46	71.79	282.24	230.35	276.00	83032	107.0	11.4	44.8	43.8
仪征市	673.94	23.84	347.49	306.19	303.00	118401	107.0	3.5	51.6	45.0
高邮市	669.02	77.71	291.33	232.32	300.00	89970	108.0	11.6	43.5	44.8
镇江市	**4050.00**	**138.40**	**1976.60**	**1804.00**	**1935.00**	**126906**	**103.1**	**3.4**	**48.8**	**47.8**
丹阳市	1250.25	48.56	631.07	605.88	570.62	126736	102.8	3.9	50.5	45.6
扬中市	542.00	18.36	273.24	261.17	250.40	157742	105.0	3.4	50.4	46.2
句容市	571.10	46.41	264.19	233.10	260.50	91077	105.5	8.1	46.3	45.6
泰州市	**5107.63**	**280.05**	**2434.01**	**2119.00**	**2393.57**	**109988**	**106.7**	**5.5**	**47.6**	**46.9**
兴化市	905.13	124.85	339.92	291.71	440.36	72422	104.5	13.7	37.6	48.7
靖江市	1002.05	24.44	492.51	442.32	485.10	146061	107.1	2.4	49.2	48.4
泰兴市	1050.34	60.42	490.63	430.64	499.29	97697	107.2	5.8	46.7	47.5
宿迁市	**2750.72**	**300.84**	**1279.54**	**1080.78**	**1170.34**	**55906**	**106.8**	**10.9**	**46.5**	**42.5**
沭阳县	825.45	97.35	373.98	332.51	354.11	52704	106.8	11.8	45.3	42.9
泗阳县	479.22	61.22	236.25	196.39	181.75	56602	106.9	12.8	49.3	37.9
泗洪县	478.95	69.99	203.20	170.70	205.76	53303	106.9	14.6	42.4	43.0

续表 6 （2018 年）

市(县)名称	农林牧渔业总产值（亿元）（现价）	农作物总播种面积（千公顷）	#粮食作物	粮食总产量（万吨）	油料产量（万吨）	棉花产量（吨）	肉类总产量（万吨）	水产品产量（万吨）	农业机械总动力（万千瓦）
南京市	**489.47**	**270.05**	**151.38**	**106.92**	**3.34**	**1418**	**4.86**	**16.60**	**231.62**
无锡市	**226.19**	**145.37**	**84.34**	**56.80**	**0.48**		**2.00**	**12.23**	**96.33**
江阴市	67.57	34.75	19.94	13.06	0.12		0.47	2.59	26.66
宜兴市	89.36	82.26	55.17	37.71	0.33		1.25	8.18	48.26
徐州市	**1211.96**	**1178.48**	**765.66**	**484.48**	**12.32**	**10317**	**69.90**	**16.87**	**736.85**
丰　县	171.33	153.44	98.43	55.18	0.42	5616	6.52	0.29	83.93
沛　县	203.14	157.75	99.27	63.12	0.29	2176	13.54	1.82	104.60
睢宁县	184.61	186.78	146.42	93.74	3.03	502	8.83	2.23	120.65
新沂市	153.92	192.73	104.50	70.44	6.90		10.87	5.88	124.03
邳州市	267.19	229.08	123.69	80.69	1.02	408	15.78	2.53	128.44
常州市	**293.80**	**181.19**	**109.51**	**78.15**	**1.57**	**166**	**8.28**	**14.01**	**143.71**
溧阳市	94.71	80.19	61.96	45.57	1.13	166	2.13	4.61	55.91
苏州市	**410.09**	**217.79**	**124.47**	**87.92**	**0.59**	**139**	**3.85**	**19.56**	**148.07**
常熟市	75.09	58.93	33.06	22.96	0.19	50	0.65	2.51	31.70
张家港市	59.78	52.32	33.56	22.60	0.21	17	0.56	1.33	30.15
昆山市	56.87	19.55	12.62	9.25	0.05	22	0.04	2.94	17.93
太仓市	66.97	37.25	18.94	13.19	0.13	50	1.55	1.19	21.12
南通市	**761.23**	**784.63**	**535.36**	**336.90**	**20.89**	**7860**	**45.61**	**81.13**	**413.93**
海安县	156.71	167.16	140.86	97.92	2.42	1312	10.81	30.24	94.56
如东县	144.81	132.12	81.24	32.10	5.50	1402	5.40	33.12	63.36
启东市	120.57	144.14	101.46	67.26	2.36	41	12.47	2.59	87.54
如皋市	106.35	110.65	50.94	24.62	5.07	4752	3.97	5.08	39.48
海门市	125.32	102.15	79.39	61.85	0.99		7.77	4.59	69.96
连云港市	**636.65**	**623.95**	**505.77**	**364.03**	**8.35**	**80**	**22.85**	**72.85**	**616.02**
东海县	144.43	204.15	163.08	116.32	3.53		5.91	6.84	163.82
灌云县	138.70	143.44	120.03	86.87	0.06		4.87	5.62	128.95
灌南县	106.69	108.03	86.70	63.59	0.10		3.35	3.89	132.21

续表 7

（2018 年）

市（县）名称	农林牧渔业总产值（亿元）（现价）	农作物总播种面积（千公顷）	#粮食作物	粮食总产量（万吨）	油料产量（万吨）	棉花产量（吨）	肉类总产量（万吨）	水产品产量（万吨）	农业机械总动力（万千瓦）
淮安市	**662.58**	**804.08**	**681.06**	**482.26**	**5.57**	**68**	**24.05**	**26.10**	**634.92**
涟水县	123.22	170.22	138.78	93.25	2.62		4.29	1.70	126.15
盱眙县	108.87	165.47	149.98	103.82	0.68	68	5.97	8.12	127.10
金湖县	69.55	81.85	75.41	56.48	0.43		1.09	4.49	80.50
盐城市	**1183.89**	**1365.78**	**983.15**	**704.31**	**13.10**	**800**	**73.80**	**119.75**	**703.79**
响水县	80.23	114.71	85.20	60.17	1.12		5.12	6.73	76.86
滨海县	120.66	161.71	129.12	96.46	1.67	140	8.72	9.92	89.36
阜宁县	120.25	166.64	125.65	94.26	1.08		15.43	7.45	85.77
射阳县	196.81	195.57	155.53	112.61	0.76	460	7.92	22.49	106.83
建湖县	100.27	110.58	96.55	71.50	1.13	50	5.38	10.34	65.76
东台市	219.54	243.89	146.64	100.05	3.23	150	14.10	18.51	97.86
扬州市	**514.02**	**476.54**	**396.09**	**287.36**	**3.88**	**62**	**16.07**	**39.61**	**278.31**
宝应县	132.73	132.53	114.75	86.88	0.82		3.79	14.80	60.96
仪征市	47.22	49.00	39.22	27.49	0.41	18	1.92	0.75	41.72
高邮市	148.83	136.34	116.50	84.88	1.20		5.00	16.90	73.52
镇江市	**245.94**	**200.93**	**153.30**	**107.30**	**3.25**	**643**	**6.80**	**9.57**	**149.50**
丹阳市	83.85	76.18	65.01	46.13	0.60		2.76	4.12	38.25
扬中市	28.93	15.99	10.73	7.86	0.10		0.64	0.80	14.03
句容市	78.81	62.84	42.65	29.30	1.95	619	1.28	2.65	57.61
泰州市	**484.36**	**530.22**	**385.99**	**287.11**	**8.73**	**472**	**23.88**	**38.92**	**284.02**
兴化市	221.02	206.16	166.36	126.79	2.43	314	5.20	29.80	124.58
靖江市	42.73	50.27	40.09	29.05	0.35		3.05	1.00	27.93
泰兴市	101.55	131.35	85.76	63.17	3.30		8.35	2.44	62.95
宿迁市	**559.37**	**741.48**	**598.76**	**401.02**	**3.96**	**477**	**27.99**	**26.16**	**605.18**
沭阳县	184.80	253.25	184.69	127.12	1.49		8.60	1.82	214.30
泗阳县	117.18	118.46	95.43	62.69	0.69	12	4.45	8.38	106.19
泗洪县	138.72	198.49	175.55	113.53	1.44	444	5.59	9.80	162.40

续表 8 （2018 年）

市(县)名 称	规模以上工业企业个数（个）	从业人员年平均人数（万人）	房地产开发投资（亿元）	商品房销售面积（万平方米）	#住宅
南京市	**2352**	**61.45**	**2354.17**	**1220.73**	**982.65**
无锡市	**5258**	**114.95**	**1314.86**	**1378.35**	**1255.54**
江阴市	1730	38.69	223.90	330.19	288.27
宜兴市	1024	14.97	100.22	136.36	120.86
徐州市	**2461**	**45.19**	**716.43**	**1253.45**	**1160.67**
丰 县	291	3.25	32.09	88.58	84.32
沛 县	415	4.20	61.83	120.82	109.08
睢宁县	259	3.92	47.44	142.23	127.42
新沂市	310	4.37	46.27	135.57	130.56
邳州市	451	5.64	73.35	174.88	156.92
常州市	**4248**	**80.29**	**595.89**	**815.01**	**673.23**
溧阳市	385	7.02	60.86	117.21	112.32
苏州市	**9851**	**275.48**	**2557.91**	**1994.13**	**1788.30**
常熟市	1373	29.63	220.66	169.31	147.05
张家港市	1197	25.33	211.70	280.75	252.60
昆山市	2100	78.43	397.01	397.40	359.14
太仓市	1002	18.56	160.72	127.86	109.79
南通市	**5220**	**88.40**	**759.52**	**1731.53**	**1570.45**
海安县	983	13.14	31.95	184.00	156.00
如东县	733	10.23	86.79	105.00	100.00
启东市	501	12.60	50.01	285.00	277.00
如皋市	870	14.56	67.19	157.00	129.00
海门市	683	10.87	53.81	152.00	140.00
连云港市	**1508**	**20.67**	**341.52**	**562.62**	**532.47**
东海县	290	3.01	25.23	73.90	64.85
灌云县	96	1.09	19.21	40.66	39.31
灌南县	137	2.51	24.04	104.91	101.70

注：工业企业相关指标为规模以上口径。

续表 9　　　　（2018 年）

市(县)名称	规模以上工业企业个数（个）	从业人员年平均人数（万人）	房地产开发投资（亿元）	商品房销售面积（万平方米）	#住宅
淮安市	**2192**	**28.67**	**312.02**	**937.25**	**830.94**
涟水县	257	4.86	17.69	134.50	111.20
盱眙县	296	3.59	30.01	109.50	100.40
金湖县	307	2.88	9.90	42.50	34.52
盐城市	**2925**	**43.45**	**454.94**	**915.09**	**811.45**
响水县	163	1.94	9.95	30.74	29.71
滨海县	207	4.21	25.73	61.33	55.13
阜宁县	221	6.08	37.14	92.67	87.47
射阳县	317	2.88	43.26	56.34	52.83
建湖县	385	5.08	16.80	58.38	50.89
东台市	523	5.78	54.18	109.06	87.07
扬州市	**2870**	**52.54**	**620.98**	**746.17**	**665.41**
宝应县	452	10.10	33.39	78.67	77.83
仪征市	437	6.11	74.25	76.29	68.02
高邮市	583	9.20	68.90	118.81	102.67
镇江市	**2044**	**34.49**	**355.99**	**512.74**	**471.75**
丹阳市	703	14.44	75.50	110.54	91.24
扬中市	343	5.64	20.32	46.99	44.07
句容市	246	5.11	92.99	160.20	154.32
泰州市	**3002**	**47.77**	**345.07**	**694.26**	**629.12**
兴化市	537	5.34	32.12	67.60	58.91
靖江市	492	9.21	57.11	89.35	80.11
泰兴市	638	10.30	114.21	194.40	183.24
宿迁市	**1760**	**30.11**	**253.04**	**722.88**	**668.70**
沭阳县	612	8.25	55.06	182.24	161.91
泗阳县	240	3.96	52.82	149.92	143.86
泗洪县	287	3.69	37.75	112.95	102.73

续表 10　　（2018 年）

市(县)名称	社会消费品零售总额(亿元)	#批发和零售业	进出口总额(亿美元)	#出口总额	实际使用外资(亿美元)
南京市	**5832.46**	**5262.20**	**654.91**	**378.79**	**38.53**
无锡市	**3672.70**	**3382.76**	**934.44**	**567.81**	**36.91**
江阴市	949.29	895.18	242.46	142.64	9.51
宜兴市	667.27	636.63	42.34	34.33	4.63
徐州市	**3102.00**	**2849.06**	**117.44**	**97.08**	**18.98**
丰　县	180.78	166.86	8.14	3.73	0.80
沛　县	294.46	270.23	6.83	6.52	1.94
睢宁县	215.32	199.84	7.71	6.78	1.37
新沂市	209.48	189.37	12.38	11.09	2.72
邳州市	303.56	281.86	15.30	14.41	2.34
常州市	**2613.19**	**2357.28**	**343.86**	**250.72**	**24.22**
溧阳市	356.82	318.48	11.47	9.98	3.01
苏州市	**5746.90**	**5034.59**	**3541.14**	**2068.31**	**45.25**
常熟市	824.92	750.07	252.59	172.98	4.87
张家港市	605.87	508.60	364.67	175.18	3.95
昆山市	1021.77	832.07	891.40	580.52	7.27
太仓市	338.44	290.51	145.70	67.31	4.40
南通市	**3088.77**	**2817.63**	**385.91**	**254.53**	**25.81**
海安县	324.93	280.18	18.56	15.31	3.38
如东县	377.66	357.34	61.00	20.63	3.01
启东市	376.94	342.36	29.57	23.09	3.08
如皋市	404.27	358.01	37.15	30.26	4.57
海门市	399.36	365.78	30.50	26.78	3.26
连云港市	**1121.31**	**958.07**	**95.47**	**41.59**	**6.03**
东海县	211.88	177.46	4.73	3.89	0.99
灌云县	143.49	121.02	2.04	1.84	0.21
灌南县	112.08	93.78	1.96	1.48	0.83

注：徐州市各市(县)进出口总额、出口总额美元口径为按当年平均汇率折算所得。

续表 11　　（2018 年）

市(县)名称	社会消费品零售总额（亿元）	#批发和零售业	进出口总额（亿美元）	#出口总额	实际使用外资（亿美元）
淮安市	**1239.66**	**1116.28**	**50.10**	**33.67**	**11.82**
涟水县	143.48	131.77	3.33	2.97	1.30
盱眙县	134.41	118.47	1.63	1.40	1.24
金湖县	104.44	92.94	5.44	5.17	1.35
盐城市	**1778.74**	**1579.65**	**95.49**	**60.31**	**9.13**
响水县	77.69	71.80	6.62	6.01	0.58
滨海县	130.93	117.80	5.46	4.70	0.55
阜宁县	134.70	125.44	3.81	3.13	0.35
射阳县	190.02	168.36	4.73	2.73	0.61
建湖县	157.14	122.24	3.88	3.69	0.38
东台市	290.10	258.77	9.52	8.68	0.90
扬州市	**1557.03**	**1371.94**	**119.93**	**85.42**	**12.20**
宝应县	181.72	163.48	11.25	8.83	0.70
仪征市	129.57	113.54	17.08	6.56	1.40
高邮市	191.15	161.57	4.94	4.48	0.93
镇江市	**1360.92**	**1174.93**	**118.39**	**79.80**	**8.68**
丹阳市	358.74	318.29	32.06	27.83	1.62
扬中市	166.52	133.14	7.15	6.23	1.03
句容市	167.54	148.15	6.88	6.00	1.10
泰州市	**1282.87**	**1100.09**	**147.30**	**95.31**	**15.07**
兴化市	203.63	42.42	7.31	7.04	1.12
靖江市	204.07	48.31	28.31	20.11	0.90
泰兴市	237.05	65.87	52.06	31.35	3.69
宿迁市	**833.82**	**713.67**	**36.01**	**27.17**	**3.77**
沭阳县	233.54	159.42	7.92	7.04	0.92
泗阳县	119.00	106.79	4.88	4.69	0.56
泗洪县	124.67	116.07	2.18	1.71	0.56

续表 12　　　　（2018 年）

市(县)名称	一般公共预算收入(亿元)	#税收收入	一般公共预算支出(亿元)	年末金融机构各项存款余额(亿元)	#住户存款	年末金融机构各项贷款余额(亿元)	公路里程(公里)	#等级公路	公路客运量(万人)
南京市	**1470.02**	**1242.49**	**1532.72**	**33740.63**	**6914.84**	**28402.34**	**10632**	**10571**	**8278**
无锡市	**1012.28**	**860.51**	**1055.94**	**15568.68**	**5511.59**	**11971.55**	**7576**	**7576**	**5179**
江阴市	254.04	223.01	230.48	3594.67	1250.90	3007.56	2433	2433	406
宜兴市	120.01	102.05	140.70	2068.53	1085.59	1586.91	2402	2402	602
徐州市	**526.21**	**416.77**	**880.86**	**7107.39**	**3604.84**	**4912.47**	**16611**	**15798**	**9960**
丰　县	28.10	23.57	70.00	440.97	292.42	240.44	1858	1850	453
沛　县	56.21	43.99	103.34	554.51	368.13	315.57	2410	2410	374
睢宁县	41.74	32.78	87.19	558.57	338.15	328.21	2511	2407	877
新沂市	52.38	41.75	99.50	470.98	267.35	332.88	2711	2388	699
邳州市	58.78	45.89	120.77	644.04	417.24	488.14	3210	2907	641
常州市	**560.33**	**489.38**	**594.82**	**9798.55**	**3841.90**	**7533.42**	**9331**	**9331**	**4087**
溧阳市	66.29	57.99	87.17	1121.24	542.72	899.92	2624	2624	771
苏州市	**2119.99**	**1929.54**	**1952.71**	**28560.45**	**9168.45**	**26546.23**	**12173**	**12173**	**29123**
常熟市	211.06	184.32	183.12	3279.58	1341.80	2552.14	2501	2501	3253
张家港市	233.43	210.00	211.99	2928.72	1113.37	2368.85	1619	1619	2886
昆山市	387.89	356.01	318.49	4674.94	1356.05	3441.40	1692	1692	3733
太仓市	155.06	139.52	132.59	1570.01	593.31	1499.35	1341	1341	2578
南通市	**606.19**	**503.98**	**877.18**	**12001.61**	**6287.26**	**8811.69**	**19005**	**19005**	**6807**
海安县	61.71	51.64	112.49	1386.21	785.50	1059.14	2466	2466	564
如东县	57.55	48.05	119.18	1192.69	698.07	698.82	2867	2867	1002
启东市	72.31	59.64	95.23	1386.69	874.19	943.68	3652	3652	453
如皋市	70.01	59.20	107.69	1292.72	826.76	883.68	3458	3458	402
海门市	71.01	56.82	102.71	1515.63	883.29	1066.98	2563	2563	447
连云港市	**234.31**	**187.45**	**419.57**	**3218.79**	**1420.02**	**2921.36**	**11909**	**11909**	**4290**
东海县	23.00	17.76	66.75	410.40	271.13	333.00	2858	2858	880
灌云县	22.33	16.42	56.57	320.06	177.02	244.12	2607	2607	378
灌南县	22.50	18.63	53.41	270.20	133.24	215.51	1823	1823	560

续表 13 （2018 年）

市(县)名称	一般公共预算收入(亿元)	#税收收入	一般公共预算支出(亿元)	年末金融机构各项存款余额(亿元)	#住户存款	年末金融机构各项贷款余额(亿元)	公路里程(公里)	#等级公路	公路客运量(万人)
淮安市	**247.27**	**203.49**	**486.77**	**3638.01**	**1605.25**	**3303.44**	**13436**	**12845**	**5995**
涟水县	21.50	18.46	62.98	392.51	215.31	257.17	2586	2356	1352
盱眙县	18.01	14.50	54.97	391.86	212.71	319.79	2733	2732	1429
金湖县	22.03	19.19	40.78	280.71	157.04	236.07	1506	1410	1162
盐城市	**381.00**	**305.06**	**840.08**	**6177.28**	**3171.33**	**4887.74**	**20550**	**20333**	**6428**
响水县	25.35	20.54	61.54	229.27	128.56	195.76	1804	1804	302
滨海县	28.94	22.58	81.00	376.67	227.90	334.95	2272	2264	812
阜宁县	27.70	21.62	86.52	470.49	323.39	278.50	1972	1970	401
射阳县	26.36	21.76	85.11	485.94	339.10	346.07	2605	2411	641
建湖县	28.32	22.67	87.34	481.12	332.80	339.09	1826	1816	666
东台市	56.70	45.70	115.34	827.46	593.29	509.08	3316	3316	641
扬州市	**340.03**	**272.11**	**563.39**	**5997.55**	**2860.65**	**4630.51**	**9730**	**9363**	**3094**
宝应县	27.59	22.06	71.76	561.85	328.52	378.10	1971	1863	394
仪征市	50.92	44.04	66.03	655.11	331.46	452.44	1578	1578	282
高邮市	36.80	31.80	74.19	637.67	399.83	429.51	2188	2154	692
镇江市	**301.50**	**241.24**	**408.41**	**5042.97**	**2161.07**	**4450.60**	**7255**	**7255**	**2965**
丹阳市	61.40	52.80	91.65	1112.43	659.05	1069.03	2267	2267	631
扬中市	32.77	28.00	42.03	624.92	303.70	489.97	837	837	299
句容市	50.00	44.70	69.80	817.07	353.38	906.04	2557	2557	528
泰州市	**357.15**	**285.80**	**532.36**	**6119.38**	**2876.63**	**4784.04**	**9954**	**9953**	**6057**
兴化市	39.41	32.24	105.50	867.99	589.98	559.92	2890	2889	1246
靖江市	65.71	54.05	81.15	1023.73	536.82	876.49	1359	1359	968
泰兴市	74.51	62.69	96.34	1091.14	518.81	840.93	2236	2236	1640
宿迁市	**206.20**	**173.20**	**433.54**	**2746.69**	**1344.78**	**2563.61**	**10565**	**10183**	**4762**
沭阳县	47.00	37.64	109.80	632.53	393.75	552.63	2878	2625	
泗阳县	25.46	20.46	67.13	396.36	243.74	426.35	1751	1726	
泗洪县	26.03	20.96	74.97	354.11	243.90	363.01	2388	2388	

续表 14　　（2018 年）

市(县)名称	公路货运量(万吨)	民用汽车拥有量(万辆)	全社会用电量(亿千瓦时)	#工业用电	邮电业务总量(亿元)	固定电话用户(万户)	移动电话年末用户(万户)	国际互联网用户(万户)
南京市	**14995**	**258.24**	**606.40**	**331.27**	**847.75**	**201.17**	**1284.06**	**451.98**
无锡市	**15761**	**192.17**	**732.81**	**551.49**	**613.43**	**137.82**	**964.07**	**333.18**
江阴市	3228	48.34	277.96	240.84	74.35	26.48	216.29	69.67
宜兴市	1627	29.95	104.94	78.00	36.26	20.95	151.60	49.67
徐州市	**21164**	**136.64**	**352.05**	**219.91**	**446.90**	**94.55**	**903.74**	**290.45**
丰　县	1904	12.03	24.10	13.38	33.89	6.55	81.57	24.78
沛　县	2715	12.64	40.86	27.97	39.85	7.54	99.81	29.15
睢宁县	2232	13.83	23.27	9.79	48.09	9.10	97.30	29.59
新沂市	1444	8.76	34.49	23.78	50.31	7.59	88.43	27.65
邳州市	2847	14.90	30.56	14.42	49.17	9.18	123.42	36.24
常州市	**13068**	**133.76**	**489.72**	**373.05**	**391.74**	**102.50**	**653.93**	**236.76**
溧阳市	2985	16.16	94.31	79.13	10.75	15.91	87.47	18.52
苏州市	**14787**	**387.02**	**1562.49**	**1227.77**	**1376.56**	**255.51**	**1783.19**	**588.15**
常熟市	1536	47.27	191.76	157.24	67.00	31.84	206.31	75.70
张家港市	1917	40.16	313.83	284.66	14.00	23.55	175.72	70.93
昆山市	1615	64.32	253.47	194.47	48.00	40.66	309.14	116.49
太仓市	1562	23.97	107.24	86.84	11.00	15.48	106.53	39.39
南通市	**13746**	**167.27**	**433.31**	**295.86**	**454.08**	**135.54**	**813.49**	**292.05**
海安县	1587	15.81	52.85	39.40	17.66	21.17	88.22	36.01
如东县	647	18.93	59.08	43.27	15.69	17.28	91.80	31.37
启东市	2545	19.80	37.73	22.61	15.53	25.44	101.05	36.83
如皋市	923	26.59	60.32	40.32	19.49	22.37	128.48	43.53
海门市	2139	20.44	45.06	29.44	32.97	20.89	105.98	38.34
连云港市	**9965**	**63.58**	**178.51**	**106.52**	**231.65**	**57.80**	**447.53**	**150.90**
东海县	2080	14.34	26.83	14.33	8.52	8.11	94.66	31.29
灌云县	1252	9.29	13.56	5.00	5.55	7.09	68.00	20.63
灌南县	547	6.20	28.19	20.07	2.14	5.58	54.58	16.68

续表 15　　（2018 年）

市(县)名称	公路货运量(万吨)	民用汽车拥有量(万辆)	全社会用电量(亿千瓦时)	#工业用电	邮电业务总量(亿元)	固定电话用户(万户)	移动电话年末用户(万户)	国际互联网用户(万户)
淮安市	**6671**	**57.80**	**186.59**	**115.97**	**227.12**	**41.67**	**458.63**	**151.61**
涟水县	594	9.66	18.69	9.26	1.05	4.45	74.44	20.78
盱眙县	1769	6.02	19.49	10.23	0.67	3.18	58.00	18.47
金湖县	1487	3.41	13.14	8.37	0.56	2.88	23.68	11.14
盐城市	**5885**	**96.58**	**320.93**	**212.54**	**313.23**	**69.11**	**685.78**	**228.56**
响水县	275	5.53	46.14	38.84	4.39	2.75	43.61	14.51
滨海县	1128	10.04	29.16	18.60	8.39	6.60	70.19	21.18
阜宁县	255	8.73	26.16	15.82	7.61	5.21	70.08	21.78
射阳县	825	10.71	25.62	14.47	8.16	6.11	78.68	22.28
建湖县	272	7.49	24.11	14.59	7.50	5.30	65.18	20.81
东台市	1074	12.58	42.28	28.77	11.09	9.98	90.62	29.98
扬州市	**7634**	**77.10**	**248.99**	**165.64**	**268.35**	**94.63**	**508.49**	**181.10**
宝应县	608	7.92	23.21	13.63	30.25	12.41	64.65	20.82
仪征市	1131	9.52	45.74	37.57	30.34	12.43	62.43	20.24
高邮市	989	9.57	40.74	29.11	34.83	14.50	73.90	24.70
镇江市	**8058**	**61.18**	**255.24**	**183.42**	**185.18**	**60.32**	**355.61**	**133.31**
丹阳市	1835	19.66	84.92	65.88	53.83	14.64	100.81	35.15
扬中市	490	6.67	19.30	12.85	18.77	7.18	38.84	14.52
句容市	1209	6.66	30.76	16.99	27.67	9.34	56.15	20.55
泰州市	**3041**	**76.82**	**286.14**	**205.74**	**229.66**	**79.90**	**470.90**	**166.11**
兴化市	478	14.15	67.48	51.65	59.22	15.19	104.02	37.55
靖江市	363	14.41	43.58	30.28	43.80	15.73	76.86	29.45
泰兴市	660	15.67	68.83	52.07	55.64	20.03	103.16	40.22
宿迁市	**4476**	**61.66**	**192.05**	**123.84**	**259.47**	**33.53**	**464.57**	**147.71**
沭阳县		18.28	54.51	35.19	94.86	10.87	148.04	44.04
泗阳县		9.75	28.88	17.02	36.11	6.59	79.78	24.19
泗洪县		8.38	24.12	12.20	35.94	4.15	85.00	24.53

续表 16 （2018 年）

市(县)名称	普通中学在校学生(万人)	小学在校学生(万人)	普通中学专任教师(人)	小学专任教师(人)	专利申请受理量(件)	专利申请授权量(件)	公共图书馆(个)	公共图书馆图书总藏量(千册、千件)	卫生机构床位数(张)	卫生技术人员(人)	# 执业(助理)医师
南京市	**24.52**	**42.21**	**24468**	**27542**	**99020**	**44081**	**14**	**7528**	**54992**	**84097**	**31560**
无锡市	**23.29**	**39.84**	**20905**	**21652**	**62681**	**35255**	**8**	**8527**	**46970**	**54733**	**21004**
江阴市	5.94	9.79	5572	4625	10065	4881	1	2796	8952	10851	4402
宜兴市	4.19	6.37	4249	3850	7187	3830	1	758	6402	8528	3278
徐州市	**45.57**	**95.58**	**36253**	**47692**	**25951**	**11247**	**8**	**3865**	**58588**	**67412**	**25776**
丰　县	4.69	9.50	4576	4645	1703	944	1	230	3927	5017	2233
沛　县	4.92	11.52	3959	5533	1279	431	1	387	5632	5941	2607
睢宁县	5.17	11.31	4206	6210	2241	1270	1	440	4471	4860	1922
新沂市	5.73	12.07	3790	4621	2433	763	1	492	3817	5443	2347
邳州市	9.91	19.08	7059	10742	1474	720	1	584	7493	10064	3411
常州市	**17.90**	**30.45**	**14982**	**15985**	**41858**	**23334**	**7**	**5335**	**26649**	**34856**	**14087**
溧阳市	2.75	3.95	2760	2441	2050	1285	1	469	3780	4772	2053
苏州市	**36.05**	**78.13**	**31301**	**41868**	**135862**	**75837**	**11**	**23735**	**68921**	**85188**	**32852**
常熟市	4.82	8.21	3947	4867	8037	4373	1	2669	8497	9984	4202
张家港市	4.74	8.81	3889	4974	10958	5658	1	2405	9721	9753	3914
昆山市	5.74	14.80	4136	7008	24685	16703	1	2839	7522	12601	5027
太仓市	2.35	4.89	1977	2566	8399	4182	1	1301	4070	4789	1947
南通市	**24.11**	**34.62**	**24484**	**20793**	**52799**	**24578**	**10**	**6796**	**44126**	**48041**	**19852**
海安县	2.68	3.25	3334	2342	8243	4552	1	392	5530	4962	2164
如东县	2.39	3.03	2772	2266	3349	1032	1	415	4145	4814	2155
启东市	2.84	3.83	3124	2612	3926	1906	1	542	4544	4758	1996
如皋市	4.88	6.38	4653	3656	6776	3707	2	964	6849	6776	3087
海门市	3.51	4.86	3559	2875	4804	2965	1	1645	3910	4631	2006
连云港市	**25.85**	**45.22**	**21911**	**26490**	**9538**	**5790**	**8**	**3174**	**26197**	**28847**	**12102**
东海县	6.61	12.37	5671	7370	1514	1017	1	702	4734	4601	2105
灌云县	4.28	7.06	3020	3361	1090	631	1	260	3623	4012	1759
灌南县	3.57	6.48	3102	4030	1053	700	1	194	3851	3709	1615

续表 17　　　　　　　　　　　　(2018 年)

市(县)名称	普通中学在校学生(万人)	小学在校学生(万人)	普通中学专任教师(人)	小学专任教师(人)	专利申请受理量(件)	专利申请授权量(件)	公共图书馆(个)	公共图书馆图书总藏量(千册、千件)	卫生机构床位数(张)	卫生技术人员(人)	#执业(助理)医师
淮安市	**24.34**	**35.16**	**21193**	**22563**	**17644**	**9050**	**9**	**3839**	**29417**	**34383**	**13435**
涟水县	5.25	7.55	4657	3766	1364	697	1	323	4538	4664	1935
盱眙县	3.58	5.37	2990	3243	1321	754	1	376	4029	4299	1776
金湖县	0.93	1.25	913	979	1398	802	1	339	1512	1700	703
盐城市	**30.51**	**45.42**	**27870**	**27431**	**34078**	**15932**	**11**	**4615**	**39879**	**42822**	**18753**
响水县	2.86	4.76	2488	3030	2287	1363	1	87	2756	2821	1104
滨海县	4.90	8.00	3645	4515	1366	777	1	223	4995	4379	1929
阜宁县	3.83	6.91	3227	3904	3382	1820	2	398	4334	4405	2265
射阳县	3.61	4.60	3034	3006	1766	735	1	281	4242	4689	2240
建湖县	2.93	3.76	2831	2464	2312	983	1	295	3336	3579	1708
东台市	2.95	3.61	3524	2527	3309	1299	1	300	5231	5170	2405
扬州市	**17.51**	**21.45**	**16215**	**13369**	**42792**	**22804**	**7**	**4675**	**23355**	**27508**	**11209**
宝应县	3.17	3.37	2993	2125	6013	3171	1	205	2833	4091	1591
仪征市	1.90	2.36	1825	1593	5258	3350	1	452	2690	3289	1244
高邮市	2.45	2.72	2639	1904	9055	4953	1	303	3315	4002	1505
镇江市	**10.29**	**15.35**	**10115**	**9885**	**29635**	**15348**	**9**	**3912**	**15623**	**21080**	**8200**
丹阳市	3.53	5.22	3362	3407	7109	3722	2	868	3548	4880	1998
扬中市	1.04	1.49	1078	1045	5021	2476	1	463	1426	2013	790
句容市	1.76	2.67	2006	1736	5395	2022	1	364	1884	3141	1264
泰州市	**17.48**	**22.89**	**18769**	**13867**	**35131**	**15633**	**7**	**3407**	**28275**	**29390**	**12251**
兴化市	4.04	6.93	4175	4055	4091	1807	1	273	5437	6394	2883
靖江市	2.44	2.82	2881	1913	4290	3761	1	823	4830	4897	2130
泰兴市	4.24	4.83	4935	2955	8309	1666	1	346	4954	5135	2115
宿迁市	**26.41**	**54.11**	**17920**	**26926**	**15531**	**8488**	**6**	**1705**	**28530**	**31687**	**12169**
沭阳县	8.93	18.71	5634	8869	5183	3420	1	200	8117	9020	3750
泗阳县	5.65	9.61	3317	4784	2625	893	1	360	5313	5499	2004
泗洪县	5.03	10.64	3770	5464	995	479	1	99	5106	6080	2321

续表 18 （2018 年）

市(县)名称	城镇居民人均可支配收入（元）	城镇居民人均消费支出（元）	#食品烟酒	城镇居民恩格尔系数（%）	城镇居民人均现住房建筑面积（平方米）	农村居民人均可支配收入（元）	农村居民人均消费支出（元）	#食品烟酒	农村居民恩格尔系数（%）	农村居民人均现住房建筑面积（平方米）	在岗职工平均工资（元）
南京市	**59308**	**33537**	**8489**	**25.3**	**40.1**	**25263**	**18457**	**5365**	**29.1**	**57.6**	**111071**
无锡市	**56989**	**35016**	**9559**	**27.3**	**47.8**	**30787**	**21460**	**6222**	**29.0**	**58.1**	**90284**
江阴市	63957	32187	8842	27.5	65.0	33136	21632	6187	28.6	63.0	98705
宜兴市	53891	32119	9090	28.3	49.1	27860	19432	5771	29.7	70.3	80510
徐州市	**33586**	**19463**	**5754**	**29.6**	**49.5**	**18206**	**12902**	**3978**	**30.4**	**52.8**	**71457**
丰　县	27277	18629	5465	29.3	49.0	16725	10696	3462	32.4	54.2	58041
沛　县	32336	19216	4427	27.7	43.0	18799	12263	3542	28.9	48.4	65322
睢宁县	27718	14936	4726	31.6	71.0	16546	10625	3415	32.1	58.0	58485
新沂市	29633	18360	5933	32.3	53.0	17325	11781	3968	33.7	47.5	59490
邳州市	33796	17520	5276	30.1	43.0	18207	11353	3396	29.9	42.0	59371
常州市	**54000**	**30351**	**8121**	**26.8**	**48.6**	**28014**	**19116**	**5686**	**29.8**	**69.1**	**91268**
溧阳市	49489	24221	7823	32.3	41.9	25908	19403	6523	33.6	62.4	88694
苏州市	**63481**	**37403**	**9406**	**25.2**	**45.9**	**32420**	**21587**	**5443**	**25.2**	**67.5**	**94421**
常熟市	63712	35848	9867	27.5	59.0	32820	24374	6618	27.2	74.2	95577
张家港市	64055	35491	10029	28.3	51.0	32664	21645	6055	28.0	73.3	91204
昆山市	63926	36396	9947	27.3	39.0	32916	21851	6261	28.7	63.5	82142
太仓市	63076	37187	10841	29.2	54.0	32458	22216	6731	30.3	74.9	109345
南通市	**46321**	**28259**	**7923**	**28.0**	**48.6**	**22369**	**15624**	**4468**	**28.6**	**62.0**	**79218**
海安县	44112	25681	7275	30.4	54.2	21473	17575	5386	28.7	63.2	80323
如东县	43811	24061	7325	29.8	56.5	20387	15426	4427	30.4	65.3	73315
启东市	44248	32750	9745	27.9	47.5	23687	16683	5066	29.7	64.8	80341
如皋市	43255	23825	6636	28.3	58.8	20166	14741	4378	28.6	66.7	74592
海门市	47877	29362	8309	28.3	50.0	24654	17121	4899	30.6	61.8	77612
连云港市	**32749**	**20445**	**6453**	**31.6**	**48.8**	**16607**	**11545**	**3639**	**31.5**	**51.9**	**75808**
东海县	32228	20263	6947	34.5	48.0	17291	11324	3889	34.3	58.0	66769
灌云县	27086	15493	5334	34.4	47.0	15493	10515	3427	32.6	47.2	65630
灌南县	28819	17843	6099	34.2	54.0	14826	10235	3745	36.6	66.3	57594

续表 19

（2018 年）

市(县)名称	城镇居民人均可支配收入(元)	城镇居民人均消费支出(元)	#食品烟酒	城镇居民恩格尔系数(%)	城镇居民人均现住房建筑面积(平方米)	农村居民人均可支配收入(元)	农村居民人均消费支出(元)	#食品烟酒	农村居民恩格尔系数(%)	农村居民人均现住房建筑面积(平方米)	在岗职工平均工资(元)
淮安市	**35828**	**19015**	**5450**	**28.7**	**48.0**	**17058**	**11210**	**3393**	**30.3**	**50.1**	**71472**
涟水县	29781	17557	5489	31.3	49.0	15939	9902	3108	31.4	56.2	61561
盱眙县	36178	18306	5634	30.8	51.0	17206	9354	2910	31.1	54.2	67504
金湖县	36391	21835	6623	30.3	47.0	18718	15577	4850	31.1	63.0	67639
盐城市	**35896**	**19731**	**5534**	**28.1**	**43.7**	**20357**	**14515**	**4164**	**28.7**	**49.0**	**71406**
响水县	30086	12813	3833	29.9	44.6	17020	11132	3145	28.3	55.2	68698
滨海县	31234	17131	5516	32.2	40.3	17746	12637	4517	35.7	49.3	68311
阜宁县	30074	22453	7761	34.6	35.8	18282	9608	3167	33.0	45.1	61521
射阳县	31254	24315	7728	31.8	44.0	19653	9405	3292	35.0	48.8	69905
建湖县	34873	17831	5597	31.4	44.4	20184	12443	4155	33.4	43.4	67690
东台市	38351	19505	6151	31.5	52.0	23317	14632	4695	32.1	68.7	70751
扬州市	**41999**	**23718**	**7282**	**30.7**	**46.0**	**21457**	**15848**	**4776**	**30.1**	**55.6**	**75996**
宝应县	31773	18332	6086	33.2	43.0	20119	14036	4571	32.6	47.0	69039
仪征市	42900	23163	7373	31.8	49.0	20688	15321	4727	30.9	64.0	82019
高邮市	37071	23169	7021	30.3	46.0	20140	15306	4744	31.0	58.0	66496
镇江市	**48903**	**27278**	**7537**	**27.6**	**48.6**	**24687**	**18463**	**5075**	**27.5**	**57.3**	**79608**
丹阳市	48791	25006	8107	32.4	49.0	25633	21925	6534	29.8	56.0	77831
扬中市	53675	26823	7886	29.4	59.0	28199	19342	5706	29.5	68.6	69110
句容市	47431	25468	7424	29.2	50.0	22313	17155	5093	29.7	53.5	72787
泰州市	**43452**	**25488**	**7114**	**27.9**	**54.7**	**21219**	**15576**	**4701**	**30.2**	**61.9**	**70851**
兴化市	39499	21189	6275	29.6	43.8	20066	13756	4610	33.5	42.8	62431
靖江市	46777	30329	8674	28.6	63.5	23220	19877	6043	30.4	80.7	68844
泰兴市	43104	25746	7455	29.0	68.7	21268	14059	3515	25.0	63.2	72233
宿迁市	**28281**	**17255**	**5791**	**33.6**	**45.5**	**16639**	**10948**	**3771**	**34.4**	**47.6**	**65088**
沭阳县	27993	17499	6463	36.9	45.7	16877	11608	4102	35.3	49.7	66063
泗阳县	27681	16775	5626	33.5	47.9	16648	12494	4246	34.0	46.0	57208
泗洪县	27046	16856	5849	34.7	45.0	16274	9109	3234	35.5	46.2	61184

附录三

江苏省市辖区主要经济指标(2018年)

MAJOR ECONOMIC INDICATORS OF MUNICIPAL DISTRICTS OF JIANGSU

版面负责人：卢川川
编　　辑：陈　蓉

防范和惩治统计造假、弄虚作假督察工作规定

第七条 对各级统计机构、国务院有关部门行使统计职能的内设机构开展统计督察的内容包括:

(一)贯彻落实党中央、国务院关于统计改革发展各项决策部署,完成国家统计调查任务,执行国家统计标准和统计调查制度,组织实施重大国情国力调查等情况;

(二)履行统计法定职责,遵守执行统计法律法规,严守统计机构、统计人员法律底线,依法独立行使统计职权,依法组织开展统计工作,依法实施和监管统计调查,依法报请审批或者备案统计调查项目及其统计调查制度,落实统计普法责任制等情况;

(三)执行国家统计规则,遵守国家统计政令,遵守统计职业道德,执行统计部门规章和规范性文件,落实各项统计工作部署,组织实施统计改革,加强统计基层基础建设,参与构建新时代现代化统计调查体系,建立统计数据质量控制体系等情况;

(四)落实防范和惩治统计造假、弄虚作假责任制,监督检查统计工作,开展统计执法检查,依法查处统计违法行为,依照有关规定移送统计违纪违法责任人处分处理建议或者违纪违法问题线索,落实统计领域诚信建设制度等情况;

(五)应当督察的其他情况。

对国务院有关部门行使统计职能的内设机构开展统计督察的内容还包括:依法提供统计资料、行政记录,建立统计信息共享机制,贯彻落实统计信息共享要求等情况。

对地方政府有关部门行使统计职能的内设机构,可以参照上述规定开展统计督察。

江苏省市辖区主要经济指标

（2018 年）

市辖区	年末户籍人口（万人）	出生人口（人）	死亡人口（人）	年末总户数（万户）	年末常住人口（万人）	土地面积（平方公里）	人口密度（人/平方公里）
南京市	**696.94**	**78750**	**41507**	**246.44**	**843.62**	**6587**	**1281**
玄武区	47.32	3714	2534	15.23	59.78	75	7971
秦淮区	69.05	5107	5202	26.17	99.76	49	20359
建邺区	37.89	3662	1692	12.44	48.98	83	5901
鼓楼区	92.42	6866	5900	32.15	110.96	53	20936
浦口区	74.32	11719	3494	26.01	83.86	910	922
栖霞区	51.24	6164	2714	18.07	72.75	395	1842
雨花台区	29.79	3786	1572	11.14	46.39	132	3514
江宁区	112.33	16996	5755	41.59	128.77	1563	824
六合区	93.27	9773	6335	31.97	99.57	1471	677
溧水区	44.38	5873	2957	15.75	47.33	1064	445
高淳区	44.93	5090	3352	15.92	45.47	790	576
无锡市	**497.21**	**42117**	**36939**	**169.20**	**657.45**	**4627**	**1421**
锡山区	46.17	3847	3384	14.11	70.77	399	1773
惠山区	48.91	4334	3177	15.60	71.22	325	2191
滨湖区	52.58	5202	3467	20.26	71.60	628	1140
梁溪区	78.34	6059	6400	30.50	96.15	72	13448
新吴区	37.13	4177	2297	13.07	56.92	220	2587
徐州市	**1044.77**	**139514**	**53436**	**280.98**	**880.20**	**11765**	**748**
鼓楼区	31.57	3504	1376	11.04	39.21	66	5941
云龙区	36.86	5484	1470	12.17	44.66	120	3722
贾汪区	52.27	6925	2978	13.64	43.17	612	705
泉山区	56.85	5920	2816	19.01	73.23	100	7323
铜山区	133.15	17016	5321	35.40	105.24	1871	562
常州市	**382.20**	**33964**	**27437**	**134.91**	**472.86**	**4372**	**1082**
天宁区	47.67	3825	3393	17.99	64.10	155	4140
钟楼区	43.45	3488	2940	16.47	61.85	133	4653
新北区	60.13	6809	3669	19.73	69.34	509	1363
武进区	97.04	8989	6994	34.33	145.04	1065	1362
金坛区	54.87	4144	4329	19.94	56.20	976	576
苏州市	**703.55**	**68487**	**49004**	**230.92**	**1072.17**	**8657**	**1238**
虎丘区	40.70	4766	2031	12.65	59.93	332	1805
吴中区	68.29	7862	4229	20.71	113.98	2231	511
相城区	43.49	5132	2805	13.45	73.51	490	1500

续表 1 （2018 年）

市辖区	年末户籍人口（万人）	出生人口（人）	死亡人口（人）	年末总户数（万户）	年末常住人口（万人）	土地面积（平方公里）	人口密度（人/平方公里）
姑苏区	73.48	5182	6059	28.36	95.75	83	11536
吴江区	84.08	8103	6572	26.43	130.98	1237	1059
南通市	**762.52**	**52870**	**69915**	**285.34**	**731.00**	**10549**	**693**
崇川区	53.86	4621	3456	20.18	71.89	160	4493
港闸区	19.77	1782	1835	7.78	28.98	152	1907
通州区	125.70	8889	11627	50.94	114.17	1562	731
连云港市	**534.34**	**75031**	**34690**	**145.92**	**452.00**	**7615**	**594**
连云区	13.38	1483	826	4.58	19.36	798	243
海州区	68.29	8759	4158	21.15	85.55	701	1221
赣榆区	119.97	18570	8182	34.67	96.90	1514	640
淮安市	**561.33**	**50200**	**36900**	**166.64**	**492.50**	**10030**	**491**
淮安区	23.00	10500	7600	32.48	94.95	111	8531
淮阴区	29.00	8600	6000	28.33	78.58	106	7406
清江浦区	26.00	5900	4900	19.59	65.83	109	6017
洪泽区	21.00	2900	2300	11.61	33.18	109	3047
盐城市	**824.73**	**81607**	**53253**	**269.69**	**720.00**	**16931**	**425**
亭湖区	69.52	6865	4056	23.79	68.63	800	858
盐都区	71.13	7058	5355	23.73	63.63	1015	627
大丰区	71.09	4999	5925	26.87	70.01	3008	233
扬州市	**458.83**	**33665**	**33886**	**147.82**	**453.10**	**6591**	**687**
广陵区	49.40	3856	4000	17.00	53.19	335	1588
邗江区	62.16	5223	4071	19.71	70.68	553	1278
江都区	104.47	7536	9000	34.57	101.70	1330	765
镇江市	**270.78**	**22326**	**21966**	**101.65**	**319.64**	**3840**	**832**
京口区	31.31	2359	2088	12.60	39.02	125	3122
润州区	21.26	1561	1684	8.95	25.52	124	2058
丹徒区	29.05	2310	2530	10.35	31.66	617	513
泰州市	**503.39**	**42299**	**42578**	**166.30**	**463.57**	**5787**	**801**
海陵区	42.92	3544	3160	15.62	48.11	237	2027
高港区	26.27	2569	2432	7.99	25.42	287	886
姜堰区	77.81	5199	7687	26.59	72.98	928	787
宿迁市	**591.26**	**75666**	**47307**	**151.52**	**492.59**	**8524**	**578**
宿城区	95.35	12572	8874	24.63	82.17	926	887
宿豫区	65.87	8569	7033	16.65	63.08	1108	569

续表 2

（2018 年）

市辖区	从业人员（万人）	第一产业	第二产业	第三产业	在岗职工人数（万人）	私营企业从业人员（万人）	个体从业人员（万人）
南京市	**462.60**	**42.60**	**146.20**	**273.80**	**200.49**	**396.75**	**123.93**
玄武区	39.68		1.65	38.03	18.66	15.75	6.43
秦淮区	60.80		6.10	54.70	19.40	27.73	15.47
建邺区	30.98		11.81	19.17	14.89	14.15	6.51
鼓楼区	75.90		22.22	53.68	36.80	24.82	10.66
浦口区	19.90	1.64	7.75	10.51	6.31	11.32	6.88
栖霞区	38.60	1.16	14.95	22.49	21.35	23.58	8.64
雨花台区	22.56	0.16	3.34	19.06	10.74	13.33	9.31
江宁区	76.85	6.40	35.67	34.78	30.06	43.57	29.31
六合区	31.40	5.21	13.43	12.76	5.45	11.64	8.82
溧水区	32.58	3.68	19.15	9.75	12.11	15.38	6.85
高淳区	31.05	5.70	15.70	9.65	10.34	19.97	4.52
无锡市	**388.20**	**15.80**	**213.60**	**158.80**	**101.63**	**291.99**	**79.31**
锡山区	45.39	1.53	29.84	14.02	9.84	25.56	9.81
惠山区	45.50	1.29	28.57	15.64	6.83	34.99	8.69
滨湖区	34.95	0.24	14.82	19.89	10.65	29.08	7.15
梁溪区	42.35		6.56	35.79	9.56	34.21	12.60
新吴区	46.55	0.10	32.96	13.49	29.02	31.27	7.74
徐州市	**483.10**	**119.90**	**170.20**	**193.00**	**79.60**	**143.21**	**105.97**
鼓楼区	19.16	0.28	5.88	13.00	2.44	4.13	5.28
云龙区	19.60	0.17	5.75	13.69	4.65	6.21	10.83
贾汪区	22.42	6.98	7.36	8.09	3.11	6.75	3.38
泉山区	28.20	0.27	8.30	19.63	12.03	7.44	9.82
铜山区	55.19	17.53	18.51	19.15	11.04	14.00	11.44
常州市	**282.20**	**29.40**	**137.40**	**115.40**	**66.43**	**184.19**	**72.94**
天宁区	32.41	1.67	10.40	20.34	11.06	17.00	10.28
钟楼区	29.53	0.69	10.01	18.83	6.90	15.10	10.98
新北区	43.90	2.32	23.10	18.48	14.97	34.14	12.09
武进区	89.23	7.76	51.30	30.17	18.58	67.83	21.76
金坛区	37.23	5.40	18.28	13.55	8.59	19.96	8.20
苏州市	**692.30**	**21.70**	**405.80**	**264.80**	**280.60**	**489.84**	**171.59**
虎丘区	36.95	0.49	22.47	13.99	30.32	24.42	6.92
吴中区	74.40	4.75	42.49	27.16	17.72	60.93	24.79
相城区	49.41	0.93	30.48	18.00	11.13	36.55	13.89

续表 3

（2018 年）

市辖区	从业人员（万人）	第一产业	第二产业	第三产业	在岗职工人数（万人）	私营企业从业人员（万人）	个体从业人员（万人）
姑苏区	47.68	0.02	15.82	31.84	14.21	38.43	14.39
吴江区	86.19	3.45	52.81	29.93	31.95	51.73	17.71
南通市	**455.00**	**83.70**	**211.60**	**159.70**	**198.27**	**227.89**	**101.74**
崇川区	37.16		7.04	30.00	14.44		
港闸区	16.85	0.33	9.73	7.00	7.97		
通州区	69.35	14.26	33.20	22.00	37.51	24.58	16.32
连云港市	**250.50**	**77.70**	**81.70**	**91.10**	**43.02**	**54.39**	**43.96**
连云区	7.81	0.33	2.22	5.27	4.37	1.96	2.05
海州区	40.54	7.13	12.64	20.78	8.87	11.62	10.21
赣榆区	57.47	18.31	22.36	16.80	7.58	9.53	6.37
淮安市	**285.10**	**76.90**	**89.90**	**118.30**	**42.43**	**90.57**	**58.15**
淮安区	54.46	18.68	16.89	18.89	5.17	13.18	6.15
淮阴区	45.73	14.95	14.36	16.42	4.26	11.41	8.28
清江浦区	38.48	2.69	9.12	26.67	9.57	14.55	14.29
洪泽区	19.79	5.68	6.79	7.32	2.82	8.85	4.76
盐城市	**431.80**	**95.90**	**158.50**	**177.40**	**73.70**	**156.79**	**63.57**
亭湖区	38.50	3.78	14.90	19.82	10.67	1.36	0.81
盐都区	38.80	7.32	15.13	16.35	10.59	11.71	6.05
大丰区	44.77	10.17	15.76	18.84	4.95	1.60	0.78
扬州市	**267.10**	**39.40**	**120.40**	**107.30**	**89.99**	**140.08**	**61.87**
广陵区	29.97	0.65	14.43	15.00	14.72	11.47	9.16
邗江区	37.87	0.62	15.18	22.00	15.50	22.50	10.33
江都区	59.86	9.35	27.02	23.00	22.39	33.89	10.97
镇江市	**194.80**	**21.90**	**85.10**	**87.80**	**36.02**	**111.63**	**55.48**
京口区	19.70	0.13	5.14	14.43	6.05	7.00	6.91
润州区	13.88	0.49	3.77	9.62	3.29	5.31	4.91
丹徒区	19.98	3.66	8.07	8.25	3.50	10.06	6.45
泰州市	**275.50**	**55.70**	**111.90**	**107.90**	**105.15**	**110.71**	**66.37**
海陵区	28.90	0.60	10.60	17.70	14.01	13.29	8.01
高港区	15.00	2.20	6.80	6.00	13.09	11.05	5.49
姜堰区	43.10	10.00	17.00	16.10	25.06	21.86	7.52
宿迁市	**282.70**	**84.30**	**101.10**	**97.30**	**42.07**	**97.60**	**67.41**
宿城区	45.30	11.00	15.50	18.80	7.55	9.53	12.34
宿豫区	36.12	9.75	12.60	13.77	6.17	8.84	6.28

续表 4 （2018 年）

市辖区	地区生产总值（亿元）	第一产业	第二产业	#工业	第三产业	地区生产总值指数（上年=100）	人均地区生产总值（元）
南京市	**12820.40**	**273.42**	**4721.61**	**4055.14**	**7825.37**	**108.0**	**152886**
玄武区	895.37		1.38	1.38	894.00	108.3	
秦淮区	1043.03		45.05	38.56	998.00	108.2	
建邺区	746.87		299.21	245.49	448.00	108.2	
鼓楼区	1478.37		77.67	42.22	1401.00	108.6	
浦口区	1050.11	42.28	489.71	421.54	518.00	110.5	
栖霞区	1394.62	7.57	919.23	838.89	468.00	108.4	
雨花台区	651.05	0.70	158.56	128.67	492.00	108.5	
江宁区	2163.60	65.80	1126.59	961.05	971.00	108.3	
六合区	1227.90	67.47	735.24	652.91	425.00	109.3	
溧水区	789.09	44.16	411.76	356.99	333.00	108.1	
高淳区	682.59	44.05	328.37	261.10	310.00	107.2	
无锡市	**11438.62**	**125.07**	**5464.01**	**5009.33**	**5849.54**	**107.4**	**174270**
锡山区	883.31	16.13	454.37	383.80	412.81	107.0	124902
惠山区	907.38	16.37	530.30	488.73	360.71	107.0	127495
滨湖区	1050.35	3.65	458.50	402.02	588.20	108.0	147407
梁溪区	1269.34		192.40	150.52	1076.94	107.0	132381
新吴区	1800.80	1.34	1169.94	1131.95	629.52	108.0	317573
徐州市	**6755.23**	**631.39**	**2812.02**	**2329.18**	**3311.82**	**104.2**	**76915**
鼓楼区	261.43	0.10	55.85	28.17	205.49	104.2	67034
云龙区	330.92	1.38	39.92	4.22	289.62	104.8	75183
贾汪区	330.57	25.88	150.98	142.76	153.71	104.2	76672
泉山区	624.56	0.51	82.23	36.14	541.82	106.0	85287
铜山区	1090.66	88.88	519.60	475.91	482.19	103.5	103449
常州市	**7050.27**	**156.25**	**3263.29**	**2951.35**	**3630.73**	**107.0**	**149275**
天宁区	802.47	7.82	220.88	198.20	573.77	105.0	125210
钟楼区	741.43	2.45	238.81	213.18	500.17	104.5	119934
新北区	1458.33	19.27	745.60	715.02	693.46	108.1	210528
武进区	2380.13	39.67	1292.04	1237.70	1048.42	106.8	164510
金坛区	801.93	36.02	403.46	340.62	362.45	111.1	142819
苏州市	**18597.47**	**213.99**	**8933.28**	**8240.37**	**9450.20**	**106.8**	**173765**
虎丘区	1256.27	1.85	758.82	707.19	496.00	107.0	210187
吴中区	1124.73	22.15	525.89	473.11	577.00	106.7	99126
相城区	771.06	8.51	380.10	301.39	382.00	106.7	104888

续表 5

（2018 年）

市辖区	地区生产总值（亿元）	第一产业	第二产业	#工业	第三产业	地区生产总值指数（上年 =100）	人均地区生产总值（元）
姑苏区	709.35		66.67	13.22	643.00	106.0	74222
吴江区	1925.03	43.10	986.79	924.33	895.00	107.0	147302
南通市	**8427.00**	**397.77**	**3947.88**	**3283.23**	**4081.35**	**107.2**	**115320**
崇川区	819.51	0.06	195.26	130.89	624.19	106.7	114385
港闸区	405.01	1.36	221.37	184.11	182.28	106.8	140799
通州区	1269.00	58.35	622.47	518.35	588.18	107.8	111136
连云港市	**2771.70**	**325.57**	**1207.39**	**961.89**	**1238.74**	**104.7**	**61332**
连云区	145.65	5.38	52.69	44.48	87.58	104.9	97555
海州区	364.04	18.26	97.50	77.54	248.28	105.3	52523
赣榆区	608.26	91.26	280.79	206.44	236.21	104.8	62775
淮安市	**3601.25**	**358.70**	**1508.11**	**1268.00**	**1734.44**	**106.5**	**73204**
淮安区	547.00	72.62	207.86	141.10	266.44	106.8	57629
淮阴区	535.00	75.25	224.85	193.26	234.40	106.4	68120
清江浦区	480.00	11.70	109.49	79.53	358.49	106.1	72899
洪泽区	313.00	36.91	126.20	108.49	149.70	106.6	94306
盐城市	**5487.08**	**573.40**	**2436.45**	**2090.05**	**2477.23**	**105.5**	**75987**
亭湖区	478.95	35.57	173.41	117.27	269.97	107.0	85481
盐都区	546.72	46.76	261.83	224.74	238.13	107.1	85841
大丰区	699.93	83.09	273.77	239.96	343.07	105.2	99833
扬州市	**5466.17**	**273.34**	**2623.24**	**2283.60**	**2569.59**	**106.7**	**120944**
广陵区	795.75	10.03	351.07	321.58	435.00	107.0	149873
邗江区	955.16	21.10	365.02	296.37	569.00	108.0	136481
江都区	1070.05	66.95	494.44	407.85	509.00	105.0	105476
镇江市	**4050.00**	**138.40**	**1976.60**	**1804.00**	**1935.00**	**103.1**	**126906**
京口区	475.00	1.02	124.85	100.18	349.13	103.2	120604
润州区	218.39	0.64	42.60	8.61	175.15	104.2	85646
丹徒区	417.02	19.92	216.52	202.29	180.58	102.8	133404
泰州市	**5107.63**	**280.05**	**2434.01**	**2119.00**	**2393.57**	**106.7**	**109988**
海陵区	622.02	8.47	299.21	252.73	314.34	106.5	129372
高港区	549.99	13.26	327.10	301.78	209.63	108.2	216446
姜堰区	715.58	47.47	327.91	267.77	340.20	106.8	97951
宿迁市	**2750.72**	**300.84**	**1279.54**	**1080.78**	**1170.34**	**106.8**	**55906**
宿城区	339.11	23.56	131.21	87.93	184.34		
宿豫区	302.82	29.01	167.87	147.74	105.95	107.1	

续表 6 （2018 年）

市辖区	房地产开发投资(亿元)	#住宅	一般公共预算收入(亿元)	#税收收入	一般公共预算支出(亿元)
南京市	**2354.17**	**1574.64**	**1470.02**	**1242.49**	**1532.72**
玄武区	116.51	68.88	81.16	77.58	57.18
秦淮区	115.88	43.42	90.28	83.57	84.93
建邺区	340.06	207.99	117.01	106.22	63.88
鼓楼区	166.24	83.16	117.70	109.15	91.27
浦口区	484.58	354.66	135.63	47.66	112.89
栖霞区	323.05	225.36	133.64	122.38	90.96
雨花台区	188.18	135.77	82.74	75.85	82.47
江宁区	310.93	217.67	255.06	226.19	242.22
六合区	160.63	122.49	127.55	31.10	118.12
溧水区	102.07	72.39	63.09	50.68	95.33
高淳区	41.99	38.85	31.32	28.25	67.84
无锡市	**1314.86**	**1004.57**	**1012.28**	**860.51**	**1055.94**
锡山区	169.00	132.90	86.69	75.02	82.93
惠山区	147.94	134.87	92.35	79.83	83.67
滨湖区	368.37	241.87	103.69	85.87	82.01
梁溪区	176.39	125.53	53.88	48.96	59.58
新吴区	129.04	90.63	198.64	185.01	123.88
徐州市	**716.43**	**585.31**	**526.21**	**416.77**	**880.86**
鼓楼区	38.47	27.71	19.50	18.05	13.08
云龙区	58.70	38.97	28.06	25.65	19.01
贾汪区	66.83	59.16	22.57	17.60	37.82
泉山区	159.11	138.73	37.21	35.58	25.67
铜山区	102.96	85.26	65.13	50.85	119.81
常州市	**595.89**	**460.05**	**560.33**	**489.38**	**594.82**
天宁区	105.16	79.62	54.78	49.31	28.31
钟楼区	101.09	67.78	43.63	39.45	29.88
新北区	98.67	85.51	120.87	107.20	68.87
武进区	158.51	123.73	178.48	157.80	171.06
金坛区	71.59	50.11	56.55	49.46	73.66
苏州市	**2557.91**	**2111.60**	**2119.99**	**1929.54**	**1952.71**
虎丘区	295.84	262.79	159.00	147.01	114.39
吴中区	307.30	276.89	160.61	147.91	141.74
相城区	244.27	214.11	108.50	101.98	74.14

续表 7

（2018 年）

市辖区	房地产开发投资（亿元）	#住宅	一般公共预算收入（亿元）	#税收收入	一般公共预算支出（亿元）
姑苏区	209.10	140.47	62.30	59.00	49.45
吴江区	321.59	262.96	202.90	183.60	193.06
南通市	**759.52**	**540.05**	**606.19**	**503.98**	**877.18**
崇川区	160.62	106.15	70.00	59.50	39.54
港闸区	126.91	75.24	42.04	38.85	26.09
通州区	104.87	84.04	72.25	58.50	116.16
连云港市	**341.52**	**283.64**	**234.31**	**187.45**	**419.57**
连云区	27.70	17.16	12.26	10.39	12.04
海州区	102.15	81.60	34.79	32.76	34.44
赣榆区	28.97	25.13	25.81	22.10	69.59
淮安市	**312.02**	**226.69**	**247.27**	**203.49**	**486.77**
淮安区	27.23	22.37	24.50	20.97	75.89
淮阴区	32.16	22.50	26.27	21.14	67.60
清江浦区	110.80	71.81	30.07	24.66	37.10
洪泽区	6.52	4.84	19.30	17.09	38.77
盐城市	**454.94**	**360.56**	**381.00**	**305.06**	**840.08**
亭湖区	68.49	48.95	33.93	27.26	39.39
盐都区	33.06	30.73	34.56	28.18	64.65
大丰区	38.49	30.19	55.13	44.95	91.06
扬州市	**620.98**	**455.87**	**340.03**	**272.11**	**563.39**
广陵区	110.90	77.39	35.12	32.12	30.04
邗江区	242.69	166.04	60.02	48.91	67.39
江都区	54.23	47.90	52.89	41.30	112.19
镇江市	**355.99**	**281.22**	**301.50**	**241.24**	**408.41**
京口区	38.73	31.85	21.21	18.55	17.82
润州区	69.00	52.00	13.58	11.99	16.72
丹徒区	25.12	22.17	23.11	19.49	32.70
泰州市	**345.07**	**275.37**	**357.15**	**285.80**	**532.36**
海陵区	36.49	28.55	37.73	31.76	34.71
高港区	9.79	7.95	40.95	33.07	39.78
姜堰区	43.49	31.93	37.79	31.66	71.61
宿迁市	**253.04**	**206.61**	**206.20**	**173.20**	**433.54**
宿城区	44.86	34.20	19.00	15.73	39.39
宿豫区	19.44	12.97	19.46	17.78	37.90

续表 8　　（2018 年）

市辖区	规模以上工业企业个数（个）	资产合计（亿元）	负债合计（亿元）	从业人员年平均人数（万人）
南京市	**2352**	**12632.89**	**6680.30**	**61.45**
玄武区	6	50.86	28.81	0.19
秦淮区	25	324.03	171.67	1.08
建邺区	9	583.06	221.35	1.04
鼓楼区	21	149.46	84.65	0.69
浦口区	291	1299.01	813.21	6.53
栖霞区	247	2670.02	1432.56	11.98
雨花台区	60	426.86	213.64	1.56
江宁区	749	3648.39	1939.64	20.39
六合区	421	2380.74	1101.26	9.28
溧水区	480	758.81	471.17	6.91
高淳区	247	609.54	361.22	4.76
无锡市	**5258**	**17028.44**	**8827.90**	**114.95**
锡山区	767	1329.56	648.39	13.16
惠山区	945	1247.90	750.02	12.07
滨湖区	453	782.27	318.02	7.04
梁溪区	105	347.83	172.19	1.83
新吴区	822	3999.51	1701.45	28.82
徐州市	**2461**	**6216.03**	**3288.97**	**45.19**
鼓楼区	5	6.29	3.90	0.23
云龙区	3	18.74	12.90	0.08
贾汪区	162	351.31	194.84	2.41
泉山区	18	37.23	26.78	0.23
铜山区	364	1319.35	542.49	8.42
常州市	**4248**	**9670.52**	**5424.17**	**80.29**
天宁区	401	582.47	307.25	6.44
钟楼区	309	546.12	300.80	5.41
新北区	1026	2399.39	1270.93	17.79
武进区	1665	3663.97	1908.28	33.91
金坛区	462	1305.03	832.71	9.71
苏州市	**9851**	**32073.74**	**16784.21**	**275.48**
虎丘区	743	2657.22	1332.23	25.88
吴中区	903	1689.41	867.04	19.86
相城区	742	1249.97	681.78	15.36

续表 9

（2018 年）

市辖区	规模以上工业企业个数（个）	资产合计（亿元）	负债合计（亿元）	从业人员年平均人数（万人）
姑苏区	13	78.22	26.63	0.23
吴江区	1526	3743.54	2104.53	39.80
南通市	**5220**	**9812.43**	**4713.64**	**88.40**
崇川区	83	506.09	225.20	2.70
港闸区	218	511.63	255.27	3.75
通州区	733	949.93	457.76	14.28
连云港市	**1508**	**3481.03**	**1957.80**	**20.67**
连云区	38	99.42	49.24	0.46
海州区	101	429.22	209.45	2.48
赣榆区	236	317.95	211.75	3.03
淮安市	**2192**	**2597.38**	**1270.08**	**28.67**
淮安区	308	231.53	119.46	3.71
淮阴区	292	347.73	176.01	3.23
清江浦区	120	204.20	67.53	1.89
洪泽区	261	241.56	141.33	3.01
盐城市	**2925**	**5150.22**	**3035.72**	**43.45**
亭湖区	221	211.18	134.01	0.22
盐都区	384	448.93	174.27	0.57
大丰区	429	833.16	520.52	0.68
扬州市	**2870**	**4898.00**	**2531.34**	**52.54**
广陵区	302	502.44	219.74	5.06
邗江区	435	915.79	481.32	11.13
江都区	639	872.00	496.15	12.07
镇江市	**2044**	**5019.13**	**2765.09**	**34.49**
京口区	56	357.73	226.50	1.40
润州区	13	34.46	14.63	0.31
丹徒区	201	418.38	228.22	2.91
泰州市	**3002**	**5948.08**	**3122.21**	**47.77**
海陵区	266	454.24	249.29	4.38
高港区	219	976.09	453.02	5.86
姜堰区	458	525.72	268.62	5.57
宿迁市	**1760**	**2470.17**	**1136.61**	**30.11**
宿城区	137	159.89	115.17	2.18
宿豫区	234	288.98	154.28	3.23

续表 10　　（2018 年）

市辖区	社会消费品零售总额（亿元）	进出口总额（亿美元）	#出口总额	协议注册外资（亿美元）	实际使用外资（亿美元）
南京市	**5832.46**	**654.91**	**378.79**	**98.22**	**38.53**
玄武区	804.60	85.29	29.78	4.14	2.01
秦淮区	1082.40	98.29	63.99	9.01	2.26
建邺区	240.90	13.15	10.25	1.90	2.61
鼓楼区	1003.00	57.36	38.76	5.75	2.61
浦口区	338.10	10.90	5.46	5.26	3.39
栖霞区	327.40	130.26	50.77	18.60	7.52
雨花台区	417.30	40.94	28.03	4.15	2.11
江宁区	756.50	152.26	105.21	29.38	8.42
六合区	402.50	7.57	4.43	1.57	1.35
溧水区	235.20	9.41	7.88	3.51	2.05
高淳区	224.60	9.62	7.27	5.14	1.44
无锡市	**3672.70**	**934.44**	**567.81**	**104.78**	**36.91**
锡山区	203.37	52.35	39.74	4.53	4.06
惠山区	216.15	33.51	28.82	4.54	2.26
滨湖区	308.97	29.74	22.83	32.97	2.67
梁溪区	989.03	25.97	23.64	1.82	1.02
新吴区	338.62	508.07	275.80	25.19	13.00
徐州市	**3102.00**	**117.44**	**97.08**	**57.17**	**18.98**
鼓楼区	455.49	1.74	1.70	2.30	1.74
云龙区	462.32	4.15	3.98	3.09	1.15
贾汪区	84.15	5.07	4.84	4.52	2.14
泉山区	604.42	5.31	4.92	1.41	0.81
铜山区	290.04	14.23	13.53	10.73	3.63
常州市	**2613.19**	**343.86**	**250.72**	**51.24**	**24.22**
天宁区	566.30	32.95	27.52	5.33	2.01
钟楼区	379.35	25.93	23.24	3.05	1.92
新北区	359.59	127.93	84.77	14.92	7.70
武进区	645.43	120.46	85.25	11.33	7.70
金坛区	305.70	23.80	19.05	11.68	3.00
苏州市	**5746.90**	**3541.14**	**2068.31**	**107.71**	**45.25**
虎丘区	290.34	455.58	288.27	10.39	4.35
吴中区	441.24	88.34	61.44	7.19	3.73
相城区	225.89	54.76	41.54	11.24	2.30

注：徐州市各区进出口总额、出口总额美元口径为按当年平均汇率折算所得。

续表 11 （2018 年）

市辖区	社会消费品零售总额（亿元）	进出口总额（亿美元）	#出口总额	协议注册外资（亿美元）	实际使用外资（亿美元）
姑苏区	968.84	23.47	20.64	1.10	0.06
吴江区	535.86	228.93	160.88	6.28	4.51
南通市	**3088.77**	**385.91**	**254.53**	**70.06**	**25.81**
崇川区	462.97	71.07	41.85	1.02	0.77
港闸区	157.72	26.91	21.45	3.61	1.32
通州区	405.04	37.71	31.01	11.49	3.17
连云港市	**1121.31**	**95.47**	**41.59**	**10.70**	**6.03**
连云区	86.75	20.48	6.29	0.92	0.72
海州区	297.56	10.26	8.75	1.41	0.82
赣榆区	206.41	6.23	4.99	1.63	0.95
淮安市	**1239.66**	**50.10**	**33.67**	**28.32**	**11.82**
淮安区	205.38	3.90	3.73	2.18	0.96
淮阴区	123.60	6.01	2.32	3.41	2.00
清江浦区	346.07	5.18	4.13	3.35	0.97
洪泽区	112.01	1.92	1.72	4.29	1.39
盐城市	**1778.74**	**95.49**	**60.31**	**19.85**	**9.13**
亭湖区	291.33	8.75	6.23	1.56	0.56
盐都区	196.92	10.56	4.88	2.26	1.04
大丰区	187.89	23.07	11.55	3.00	1.50
扬州市	**1557.03**	**119.93**	**85.42**	**25.15**	**12.20**
广陵区	341.31	16.11	13.96	4.19	1.01
邗江区	328.62	23.43	20.17	3.69	2.27
江都区	294.45	22.37	14.74	2.69	2.20
镇江市	**1360.92**	**118.39**	**79.80**	**9.95**	**8.68**
京口区	313.75	19.12	9.40	0.43	0.38
润州区	124.33	2.86	2.29	0.03	0.12
丹徒区	72.04	7.76	7.14	−0.27	0.18
泰州市	**1282.87**	**147.30**	**95.31**	**29.43**	**15.07**
海陵区	252.86	17.13	14.54	4.36	1.84
高港区	61.46	14.53	4.58	1.64	2.69
姜堰区	180.55	13.93	12.35	3.56	1.61
宿迁市	**833.82**	**36.01**	**27.17**	**10.57**	**3.77**
宿城区	209.10	5.10	3.89	0.34	0.28
宿豫区	66.97	6.51	5.07	2.92	0.96

续表 12　　　　（2018 年）

市辖区	普通中学在校学生（万人）	小学在校学生（万人）	专利申请受理量（件）	专利申请授权量（件）	医院个数（个）	医院床位数（张）	执业(助理)医师（人）	城镇居民人均可支配收入（元）	城镇居民人均生活消费支出（元）
南京市	**24.52**	**42.21**	**99020**	**44081**	**222**	**49448**	**31560**	**59308**	**33537**
玄武区	2.09	2.46	14029	4875	16	2727	2421	65864	46710
秦淮区	2.33	3.57	6773	3454	43	8188	5143	60306	44824
建邺区	1.37	2.34	4129	2138	11	2169	1850	57791	33775
鼓楼区	3.40	5.73	8601	3598	41	17751	8969	64918	37217
浦口区	2.07	4.85	10183	4847	4	1146	945	55005	34130
栖霞区	1.62	3.66	9366	4526	17	2366	1831	57795	39248
雨花台区	1.38	2.34	4577	2107	11	1129	952	57530	33251
江宁区	4.19	8.05	25904	12436	30	6112	3976	57474	34700
六合区	3.03	4.45	5512	1965	10	1424	1495	53427	32134
溧水区	1.55	2.53	7317	2867	8	1803	1070	52393	28814
高淳区	1.49	2.22	2629	1268	14	1742	1090	53332	31033
无锡市	**23.29**	**39.84**	**62681**	**35255**	**185**	**39743**	**21004**	**56989**	**35016**
锡山区	2.55	4.63		6140	9	1714	1442	54198	
惠山区	2.94	5.29		5178	5	1043	1446	55261	
滨湖区	1.81	3.65		5337	34	9413	3438	57014	
梁溪区	1.53	4.88		2746	62	12728	5858	54746	
新吴区	1.08	3.80		7143	16	1647	1140	55545	
徐州市	**45.57**	**95.58**	**25951**	**11247**	**161**	**41553**	**25776**	**33586**	**19463**
鼓楼区	0.33	2.77	1431	577	19	3107	2415	34704	21849
云龙区	0.29	3.94	1800	790	28	4238	1840	36090	24172
贾汪区	1.85	4.64	1138	602	6	1545	1138	33144	19964
泉山区	0.17	3.85	4012	1664	26	14661	4954	41233	28164
铜山区	5.70	13.00	5219	1925	17	3392	2909	37818	24351
常州市	**17.90**	**30.45**	**41858**	**23334**	**78**	**20927**	**14087**	**54000**	**30351**
天宁区	0.76	3.93	3917	1598	21	10290	4914	53921	30584
钟楼区	0.60	3.85	4580	1855	8	833	917	53395	30805
新北区	2.67	5.33	11551	6114	6	1222	1799	56651	31742
武进区	5.39	10.61	17330	11031	19	4269	3012	56610	30531
金坛区	1.87	2.76	2423	1444	10	2157	1392	50770	25225
苏州市	**36.05**	**78.13**	**135862**	**75837**	**206**	**58022**	**32852**	**63481**	**37403**
虎丘区	2.33	4.79	17230	8097	13	4058	1683	60692	36683
吴中区	3.02	8.29	16788	9865	29	5418	2499	65225	37596
相城区	2.05	4.88	13172	6623	15	4219	1700	58061	34222

续表 13

（2018 年）

市辖区	普通中学在校学生（万人）	小学在校学生（万人）	专利申请受理量（件）	专利申请授权量（件）	医院个数（个）	医院床位数（张）	执业（助理）医师（人）	城镇居民人均可支配收入（元）	城镇居民人均生活消费支出（元）
姑苏区		5.22	2684	1302	30	12800	6465	59161	39487
吴江区	4.56	9.74	16785	9005	13	5207	2933	63425	39752
南通市	**24.11**	**34.62**	**52799**	**24578**	**246**	**35425**	**19852**	**46321**	**28259**
崇川区	0.74	4.34	7740	2655	31	9624	4849	49802	
港闸区	0.55	1.73	6759	2756	17	2637	970	49105	
通州区	3.25	5.30	8286	3585	12	4022	2625	48138	26769
连云港市	**25.85**	**45.22**	**9538**	**5790**	**89**	**18215**	**12102**	**32749**	**20445**
连云区	0.77	1.33	858	575	10	1027	919	40399	25696
海州区	3.73	6.72	2116	969	26	6301	3522	36353	24556
赣榆区	6.25	10.52	1387	942	13	3202	2182	31954	18346
淮安市	**24.34**	**35.16**	**17644**	**9050**	**64**	**18597**	**13435**	**35828**	**19015**
淮安区	5.15	6.65	2229	1448	7	2383	2589	30936	17865
淮阴区	3.64	6.17	4083	1732	7	4161	2864	33458	18130
清江浦区	3.81	4.77	1376	916	28	4580	2806	43244	21446
洪泽区	1.37	1.72	2209	954	2	965	721	35824	15659
盐城市	**30.51**	**45.42**	**34078**	**15932**	**164**	**29155**	**18753**	**35896**	**19731**
亭湖区	1.64	4.08	2304	1082	34	7220	3450	42472	23690
盐都区	2.71	3.71	8618	4094	3	1668	1848	38755	26389
大丰区	2.16	2.76	3782	1738	24	2852	1804	36462	18890
扬州市	**17.51**	**21.45**	**42792**	**22804**	**80**	**17119**	**11209**	**41999**	**23718**
广陵区	0.56	3.29	4455	2104	20	5910	2901		
邗江区	2.14	3.67	9733	4397	20	2074	1993	47262	
江都区	3.61	4.04	7716	3789	13	3355	1975	43118	25871
镇江市	**10.29**	**15.35**	**29635**	**15348**	**50**	**11416**	**8200**	**48903**	**27278**
京口区	0.18	1.82	1975	1352	13	3432	2028	49006	29183
润州区	0.45	1.30	338	213	13	3084	1596	48144	28997
丹徒区	0.97	1.50	2304	1482	2	380	524	48151	28448
泰州市	**17.48**	**22.89**	**35131**	**15633**	**79**	**20253**	**12251**	**43452**	**25488**
海陵区	1.33	2.56	5258	2355	22	6982	2736	45083	26370
高港区	0.58	1.19	4197	2092	4	578	622	44161	27066
姜堰区	3.23	3.21	6526	2734	12	2931	1765	43637	24328
宿迁市	**26.41**	**54.11**	**15531**	**8488**	**229**	**28108**	**12169**	**28281**	**17255**
宿城区	1.93	8.18	2881	1328	47	6798	2889	31084	17913
宿豫区	1.50	5.32	2614	1451	28	3166	1205	27755	16847

附录四 淮海经济区主要经济指标(2018年)

MAJOR ECONOMIC INDICATORS OF HUAIHAI ECONOMIC ZONE

版面负责人：卢川川

编　　辑：曹　晶

防范和惩治统计造假、弄虚作假督察工作规定

第八条 统计督察主要采取以下方式进行：

（一）召开有关统计工作座谈会，听取被督察地区、部门遵守执行统计法律法规、履行统计法定职责等情况汇报；

（二）与被督察地区、部门有关领导干部和统计人员进行个别谈话，向知情人员询问有关情况；

（三）设立统计违纪违法举报渠道，受理反映被督察地区、部门以及有关领导干部统计违纪违法行为问题的来信、来电、来访等；

（四）调阅、复制有关统计资料和与统计工作有关的文件、会议记录等材料，进入被督察地区、部门统计机构统计数据处理信息系统进行比对、查询；

（五）进行遵守执行统计法律法规等情况的问卷调查，开展统计执法“双随机”抽查，赴被督察地区、部门进行实地调查了解；

（六）经国家统计局批准的其他方式。

第九条 统计督察工作一般按照以下程序进行：

（一）制定方案。国家统计局根据具体任务组建统计督察组，确定统计督察组组长、副组长、成员，明确督察组及其成员职责。统计督察组根据其职责制定实施方案，明确督察目的、对象、内容、方式、期限等。

（二）实地督察。统计督察组赴有关地区、部门督察前应当先收集了解督察对象有关统计工作的基本情况，并向被督察地区、部门送达统计督察通知书。统计督察组到达后应当向被督察地区、部门通报督察内容，严格按照督察实施方案开展督察。

（三）报告情况。统计督察组实地督察结束后应当在规定时间内形成书面督察报告以及督察意见书，经与督察对象沟通后，向国家统计局报告督察基本情况，反映发现的统计违纪违法问题，提出处理建议。

第十条 国家统计局应当及时听取统计督察组的督察情况汇报，研究提出处理意见。对涉及有关国家工作人员涉嫌统计违纪违法、应当依纪依法给予处分处理的，按照有关规定办理。

第十一条 国家统计局应当及时向被督察地区、部门反馈相关督察情况，指出有关统计工作问题，有针对性地提出整改意见，将督察意见书提供给被督察地区、部门，并将督察报告以及督察意见书移交中央纪委国家监委、中央组织部。其中，对各省、自治区、直辖市党委和政府以及国务院有关部门的督察意见应当报经党中央、国务院同意后再反馈。统计督察情况应当以适当方式向社会公开。

淮海经济区主要经济指标

（2018 年）

地　区	土地面积	年末户籍人口数	年末常住人口数	地区生产总值		第一产业增加值	
	绝对量（平方公里）	（万人）	（万人）	绝对量（亿元）	增长（%）	绝对量（亿元）	增长（%）
江苏省							
徐州市	11765	1044.77	880.20	6755.23	4.2	631.39	2.4
连云港市	7615	534.34	452.00	2771.70	4.7	325.57	2.6
淮安市	10030	561.33	492.50	3601.25	6.5	358.70	3.1
盐城市	16931	824.73	720.00	5487.08	5.5	573.40	3.2
宿迁市	8524	591.26	492.59	2750.72	6.8	300.84	3.0
山东省							
菏泽市	12239	1025.40	876.50	3078.78	7.9	301.13	2.8
聊城市	8628	644.70	607.45	3152.15	5.4	310.92	3.4
枣庄市	4564	422.56	392.73	2402.38	4.3	156.89	2.6
济宁市	11187	890.70	834.59	4930.58	5.8	491.24	2.3
泰安市	7762	572.98	564.00	3651.53	5.7	285.37	2.7
日照市	5359	306.65	293.03	2202.17	7.3	166.45	3.3
临沂市	17191	1179.00	1062.40	4717.80	7.3	369.68	3.1
德州市	10358	597.84	581.00	3380.30	6.7	320.13	2.6
安徽省							
亳州市	8521	656.83	523.70	1277.20	10.1	210.40	3.8
淮南市	5532	389.66	349.00	1133.31	4.3	122.41	3.2
蚌埠市	5951	383.94	339.20	1714.66	8.5	207.89	3.5
淮北市	2741	217.86	225.40	985.20	5.3	65.30	2.0
阜阳市	10118	1070.83	820.72	1759.49	9.5	310.68	3.5
宿州市	9939	656.56	568.14	1630.22	8.5	253.62	3.2
滁州市	13516	453.70	411.40	1801.70	9.1	220.70	3.2
六安市	15451	588.57	483.70	1288.05	7.6	196.68	2.9
河南省							
周口市	11959	1161.69	867.78	2687.22	8.2	448.97	3.4
商丘市	10704	926.17	732.53	2389.04	8.7	381.84	3.9
信阳市	18916	884.63	647.41	2387.80	8.3	446.28	3.0
开封市	6444	525.64	456.49	2002.23	7.0	273.20	3.9

续表 1

（2018 年）

地　区	第二产业增加值		# 工业增加值		第三产业增加值		人均地区生产总值（元）	地区生产总值中三次产业比重（%）
	绝对量（亿元）	增长（%）	绝对量（亿元）	增长（%）	绝对量（亿元）	增长（%）		
江苏省								
徐州市	2812.02	1.5	2329.18	1.3	3311.82	7.0	76915	9.4：41.6：49.0
连云港市	1207.39	1.9	961.89	1.7	1238.74	8.2	61332	11.7：43.6：44.7
淮安市	1508.11	4.9	1268.00	4.9	1734.44	8.8	73203	10.0：41.8：48.2
盐城市	2436.45	3.7	2090.05	4.1	2477.23	8.1	75987	10.5：44.4：45.1
宿迁市	1279.54	7.4	1080.78	7.7	1170.34	7.3	55906	10.9：46.5：46.2
山东省								
菏泽市	1570.28	6.8	1379.51	7.8	1207.37	10.9	35184	9.8：51.0：39.2
聊城市	1547.50	3.4	1443.90	4.0	1293.73	8.5	51935	9.9：49.1：41.0
枣庄市	1219.65	4.1	1072.43	4.3	1025.84	4.8	61226	6.5：50.8：42.7
济宁市	2234.24	5.1	1959.09	6.2	2205.10	7.4	58972	10.0：45.3：44.7
泰安市	1615.21	5.5	1324.97	6.3	1750.95	6.3	64714	7.8：44.2：48.0
日照市	1064.22	6.8	927.81	7.6	971.50	8.5	75329	7.6：48.3：44.1
临沂市	2028.75	7.6			2319.37	7.8	44534	7.8：43.0：49.2
德州市	1612.79	6.7	1420.95	7.4	1447.38	7.6	58252	9.5：47.7：42.8
安徽省								
亳州市	496.80	11.0	399.80	10.9	570.00	12.1	24547	16.5：38.9：44.6
淮南市	527.81	4.1	445.23	4.1	483.09	4.9	32487	10.8：46.6：42.6
蚌埠市	762.29	9.2	650.95	10.1	744.48	9.4	50662	12.1：44.5：43.4
淮北市	540.00	0.8	494.90	0.3	379.90	8.0	43962	6.6：54.8：38.6
阜阳市	737.20	10.3	639.50	11.2	711.62	11.8	21589	17.7：41.9：40.4
宿州市	600.57	9.1	500.37	10.0	776.03	10.3	28757	15.6：36.8：47.6
滁州市	930.10	10.9	810.20	11.0	650.90	9.1	43999	12.3：51.6：36.1
六安市	523.09	8.6	424.37	9.8	568.28	8.6	26731	15.3：40.6：44.1
河南省								
周口市	1212.65	8.3	1041.78	8.4	1025.59	10.8	30817	16.7：45.1：38.2
商丘市	987.64	8.7	805.80	8.7	1019.57	10.9	32673	16.0：41.3：42.7
信阳市	897.54	7.1			1043.98	12.6	36941	18.7：37.6：43.7
开封市	779.25	6.9	679.66	7.5	949.78	8.2	43936	13.7：38.9：47.4

续表 2

（2018 年）

地　区	粮食总产量		油料总产量		棉花总产量		肉类总产量		水产品产量	
	绝对量（万吨）	增长（%）	绝对量（万吨）	增长（%）	绝对量（万吨）	增长（%）	绝对量（万吨）	增长（%）	绝对量（万吨）	增长（%）
江苏省										
徐州市	484.48	−3.2	12.32	31.2	1.03	−9.6	69.90	−3.2	16.87	2.1
连云港市	364.03	−1.1	8.35	−1.2	0.01		22.85	9.2	72.85	−2.9
淮安市	482.26	持平	5.57	−0.5	0.01	1.5	24.05	0.1	26.10	4.5
盐城市	704.31	−1.3	13.10	−6.2	0.08	−6.9	73.80	1.1	119.75	−0.8
宿迁市	401.02	−0.9	3.96	17.9	0.05	34.0	27.99	6.6	26.16	0.4
山东省										
菏泽市	746.17	−2.4	22.19	0.2	8.33	22.6	83.52	2.1	9.26	−4.5
聊城市	520.84	−5.9	4.38		0.59	−64.7	64.41	−4.8	6.35	−9.2
枣庄市	172.00	1.2	8.94	1.4	0.18	5.6	19.86	−4.3	7.10	−13.2
济宁市	470.50	1.7	14.40	−11.0	4.93	35.3	58.85	−2.3	32.90	−0.3
泰安市	246.78	−2.6	20.70	−6.9	0.40	7.1	41.00	1.1	8.33	1.2
日照市	85.11	−4.9	24.86	−2.0	0.04	3.7	27.50	−1.0	53.38	−2.5
临沂市	409.20	−1.5	81.86	−4.8	0.44	−11.1	102.85	3.2	12.70	−2.3
德州市	729.97	−1.8	1.35	−19.6	2.08	31.4	80.16	−5.5	7.24	−4.7
安徽省										
亳州市	487.80	−2.6	3.90	5.1	0.20	11.8	30.00	4.8	5.10	1.8
淮南市	320.20	5.6	2.67	−5.4	0.08	−62.1	18.20	0.8	17.50	2.1
蚌埠市	277.06	−2.0	33.52	3.7	0.02	31.0	39.85	4.8	12.05	1.9
淮北市	144.18	−1.9	0.36	48.4	0.01	25.8	9.08	4.4	2.47	−10.1
阜阳市	513.42	−2.6	5.01	4.2	0.26	32.2	56.38	4.1	10.35	3.6
宿州市	430.02	−3.7	12.77	5.2	0.22	−10.5	46.11	4.6	4.39	3.7
滁州市	459.95	0.4	11.22	1.1	0.11	3.4	38.61	4.6	34.84	4.2
六安市	347.85	1.5	11.78	0.9	0.84	−1.1	37.96	7.2	22.25	8.7
河南省										
周口市	901.90	1.6								
商丘市	723.90	0.9	33.00	−18.8	1.60	−64.6	50.80	−5.1		
信阳市	568.30	2.3							25.66	−9.9
开封市	301.13	0.2	48.78	2.9	1.76	87.4	40.58	3.9		

续表 3　　（2018 年）

地　区	规模以上工业企业个数（个）	规模以上工业增加值	规模以上工业主营业务收入	规模以上工业利润总额	固定资产投资	#房地产开发投资
		增长（%）	增长（%）	增长（%）	增长（%）	增长（%）
江苏省						
徐州市	2461	-9.9	-12.7	-25.5	2.0	33.0
连云港市	1508	-6.7	-8.0	10.4	6.7	24.2
淮安市	2192	4.8	10.9	9.2	9.0	3.0
盐城市	2925	4.0	7.7	17.5	9.4	6.6
宿迁市	1760	7.8	4.3	4.2	7.0	4.1
山东省						
菏泽市	3454	7.2	6.4	7.6	8.0	4.7
聊城市		2.8	-3.2	-6.2	-4.3	11.5
枣庄市	1138	4.0	2.4	36.7	-19.8	45.0
济宁市	2811	6.1	7.4	11.2	7.1	-0.5
泰安市	1278	5.5	7.4	20.5	5.8	9.0
日照市	742	8.4	17.4	22.9	6.3	1.8
临沂市	4376	8.7	11.9	16.8	7.8	31.4
德州市	2922	7.3	7.2	15.9	7.3	25.5
安徽省						
亳州市	905	11.8	2.9	4.0	18.0	13.5
淮南市	647	4.1	8.4	4.1	2.4	14.9
蚌埠市	1103	10.3	12.8	33.1	14.0	7.4
淮北市	757	0.3	3.0	16.6	9.2	17.4
阜阳市	1816	11.6	16.7	45.9	22.1	14.2
宿州市	1323	10.1	-4.0	21.6	15.5	15.5
滁州市	1596	11.4	15.1	67.7	15.4	3.4
六安市	930	10.4	11.6	-4.9	13.4	12.3
河南省						
周口市	1295	8.2	13.7	35.1	9.7	9.5
商丘市	1357	8.7	14.0	14.9	11.2	6.9
信阳市		7.6	16.4	23.5	9.7	1.8
开封市	1163	7.7	18.0	27.8	5.8	-12.1

续表 4 （2018 年）

地 区	社会消费品零售总额		居民消费价格总指数（以上年为100）（%）	进出口总额		#进口总额		#出口总额	
	绝对量（亿元）	增长（%）		绝对量（亿美元）	增长（%）	绝对量（亿美元）	增长（%）	绝对量（亿美元）	增长（%）
江苏省									
徐州市	3102.00	7.5	102.3	117.44	50.6	20.36	38.8	97.08	53.3
连云港市	1121.31	8.3	102.3	95.51	16.3	53.98	25.4	41.53	6.3
淮安市	1239.66	7.8	102.1	50.10	8.1	16.43	0.6	33.67	12.1
盐城市	1778.74	6.8	101.9	95.49	10.4	35.19	25.1	60.31	3.3
宿迁市	833.82	7.0	102.1	36.01	22.1	8.84	13.8	27.17	25.1
山东省									
菏泽市	1811.37	9.8	101.5	514.56	25.8	360.93	45.2	153.63	–4.3
聊城市	1334.35	7.7	102.4	489.56	5.7	243.79	8.9	245.77	3.2
枣庄市	950.30	8.6	101.7	106.07	5.0	7.05	–41.4	99.02	11.2
济宁市	2288.07	8.3	102.7	426.59	3.5	205.19	18.4	221.40	–7.3
泰安市	1593.79	8.8	102.9	160.79	5.3	33.21	–4.4	127.57	8.1
日照市	774.10	7.5	102.4	895.40	–1.5	489.20	–12.5	895.40	–1.5
临沂市	2482.20	8.5	102.6	680.71	0.6	141.48	–18.8	539.23	7.3
德州市	1525.50	9.3	102.3	44.61	18.8	15.92	59.6	28.69	4.1
安徽省									
亳州市	590.00	11.6	102.0	8.30	25.4	1.20	87.4	7.20	19.1
淮南市	609.02	11.2	101.7	4.83	61.4	0.46	73.5	4.37	60.3
蚌埠市	823.46	14.3	102.2	14.80	–16.4	7.71	–7.2	7.09	–24.6
淮北市	324.48	11.6	102.2	7.18	18.1	0.56	11.6	6.62	18.7
阜阳市	962.20	14.1	101.9	13.77	24.0	1.88	29.3	11.89	23.2
宿州市	554.34	13.0	101.9	7.42	28.3	0.93	31.1	6.49	27.9
滁州市	639.06	13.5	102.0	31.03	11.8	7.91	–10.2	23.11	22.1
六安市	668.47	11.2	101.8	8.13	13.2	0.93	–17.4	7.20	18.8
河南省									
周口市	1322.57	10.7	101.7	93.70	21.6	16.10	–30.2	77.60	43.8
商丘市	1121.49	10.9	101.9	23.62	19.5	3.96	170.0	19.66	7.4
信阳市	1136.61	10.8	101.8	46.89	27.5	19.51	17.3	27.38	35.9
开封市	980.60	11.0	102.8	57.62	53.9	7.09	152.7	50.54	15.9

注;山东省、河南省各市的进出口总额、进口总额和出口总额为人民币口径,其余地区为美元口径。

续表 5

（2018 年）

地　区	实际使用外资		邮电业务总　量	年末固定电话用户（万户）	年末移动电话用户（万户）	一般公共预算收入		一般公共预算支出	
	绝对量（亿美元）	增长（%）	绝对量（亿元）			绝对量（亿元）	增长（%）	绝对量（亿元）	增长（%）
江苏省									
徐州市	18.98	14.4	446.90	94.55	903.74	526.21	4.1	880.85	6.5
连云港市	6.03	-11.0	231.65	57.80	447.53	234.31	8.0	419.23	7.1
淮安市	11.82	0.3	227.12	41.67	458.63	247.27	5.8	486.81	7.6
盐城市	9.13	15.8	313.23	69.11	685.78	381.00	4.4	845.95	12.7
宿迁市	3.77	3.7	259.47	33.53	464.57	206.20	1.3	433.73	2.2
山东省									
菏泽市	1.81	67.6	120.80	25.00	803.40	206.03	10.4	551.84	8.1
聊城市	5.25	-25.5	76.19			194.27	4.2	409.20	7.5
枣庄市	7.12	17.1	123.79	23.41	365.40	146.70	1.0	259.63	5.8
济宁市	50.21	25.2		50.20	780.60	400.02	3.7	619.70	8.8
泰安市	46.01	16.6	19.43	58.98	583.11	219.53	6.0	381.00	7.1
日照市	14.03	-67.1	49.05	19.21	287.85	159.77	13.0	259.55	11.7
临沂市	15.47	25.4				311.84	9.3	639.13	8.4
德州市	2.08	59.5		29.10	508.20	202.52	8.0	414.15	14.9
安徽省									
亳州市	9.00	15.4	102.60	20.14	394.53	112.00	18.5	343.61	5.7
淮南市	2.85	19.6	95.80	23.90	267.00	105.38	4.0	245.17	5.1
蚌埠市	13.98	-13.1	27.82	29.16	296.87	152.65	8.2	295.79	-0.6
淮北市	2.57	-61.5	15.01	15.30	194.50	70.33	16.2	166.70	9.1
阜阳市	4.12	87.9	59.80	38.60	710.40	187.14	18.7	573.80	11.3
宿州市	9.18	16.9	44.96	25.54	451.95	111.56	11.4	396.59	14.7
滁州市	13.92	13.8	128.60	33.24	359.11	199.30	9.2	404.10	6.0
六安市	5.03	14.9	36.93	27.50	363.15	205.20	11.5	412.73	10.0
河南省									
周口市	5.62	3.9	18.43	22.40		129.34	15.7	617.87	20.4
商丘市	3.85	5.7	306.62	37.63	680.21	153.66	19.3	502.83	8.6
信阳市	5.54	3.7		33.30	387.40	110.74	10.2	528.98	18.6
开封市	6.90	3.9	178.00			140.68	14.6	368.63	10.1

注：山东省各市（除菏泽市、德州市）的实际利用外资为人民币口径，其余为美元口径。

续表 6　　（2018 年）

地　区	金融机构年末存款余额（亿元）	#住户存款（亿元）	金融机构年末贷款余额（亿元）	各级各类学校数（所）	各级各类学校在校学生数（万人）	卫生机构数（个）	卫生技术人员数（人）	卫生机构床位数（张）
江苏省								
徐州市	7107.39	3604.84	4912.47	2308	194.32	4599	67412	58588
连云港市	3218.79	1420.02	2921.36	1246	103.99	2700	28847	26197
淮安市	3638.01	1605.25	3303.44	914	91.67	2229	34383	29417
盐城市	6177.28	3171.33	4887.74	1322	104.33	3211	42822	39879
宿迁市	2746.69	1344.78	2563.61	838	108.50	2394	31687	28530
山东省								
菏泽市	3893.27	2867.23	2255.47	4184	213.34	5623	53051	52075
聊城市	3489.10	2340.11	2445.29			1151	35752	33465
枣庄市	2028.19	1299.42	1342.85	1397	76.26	2583	34303	23443
济宁市	5444.67	3355.12	3488.46	3431	160.79	6937	80688	50737
泰安市	3647.68	2350.75	2354.32	1875	80.03	4423	38034	32557
日照市	2530.60	1397.47	2355.72	1044	54.16	2534	18690	15486
临沂市	6347.64	3945.60	5088.32	1058	176.34	7754	65103	64721
德州市	3436.34	2269.51	1953.13	2151	99.48	5351	33155	27021
安徽省								
亳州市	2112.70	1277.70	1662.80	2280	114.56	1890	19991	21454
淮南市	2073.87	1159.39	1435.20	1069	55.36	1437	18044	18778
蚌埠市	2113.60	1030.50	1801.95	1324	72.37	1359	19958	21076
淮北市	1475.40	799.80	937.12	435	31.55	755	11572	12592
阜阳市	4053.56	2383.48	2643.08	3079	181.10	2930	41360	44205
宿州市	2291.94	1418.30	1552.26	1968	109.50	1826	23450	23995
滁州市	2556.72	1327.90	2045.28	1040	63.13	1592	18370	19159
六安市	2680.70	1480.40	1846.90	971	68.84	2321	21309	20226
河南省								
周口市	3039.62	2460.17	1237.49	4700	216.20	7637	15989	14011
商丘市	1620.31	2181.13	1620.31	3915	180.05	7183	48180	33285
信阳市	3199.14	2380.76	1722.34	1533	139.30	4324	31804	33695
开封市	2059.48	1414.77	1498.76			3365	29100	31900

续表 7

（2018 年）

地　区	城镇化率（%）	全体居民人均可支配收入		城镇居民人均可支配收入		农村居民人均可支配收入	
		绝对量（元）	增长（%）	绝对量（元）	增长（%）	绝对量（元）	增长（%）
江苏省							
徐州市	65.10	27385	9.0	33586	8.4	18206	9.0
连云港市	62.60	25864	8.8	32749	8.1	16607	8.7
淮安市	62.40	27696	9.5	35828	8.6	17058	9.3
盐城市	64.00	29488	8.9	35896	8.4	20357	8.8
宿迁市	60.00	22918	9.1	28281	8.3	16639	9.0
山东省							
菏泽市	50.25	18858	9.5	26176	8.5	12848	9.3
聊城市	51.77	19855	9.2	27276	8.1	13492	8.7
枣庄市	58.88	24334	8.5	32001	6.9	15345	8.3
济宁市	58.85	25902	8.6	34796	7.5	16055	8.2
泰安市	61.90	27389	8.5	35196	7.5	16959	8.2
日照市	60.35	25377	9.0	33280	8.1	15785	8.6
临沂市	51.54	25545	8.6	35727	7.4	13638	8.1
德州市	57.01	20761	8.8	26562	7.8	14564	8.8
安徽省							
亳州市	41.01	18778	10.2	29711	9.1	12756	10.1
淮南市	64.11	24715	8.9	32852	8.1	12926	9.2
蚌埠市	57.22	21634	9.7	33855	8.7	15114	9.8
淮北市	65.11	24143	9.1	31959	8.1	12745	9.8
阜阳市	43.29	18671	10.0	30113	8.7	11830	10.1
宿州市	42.74	18703	10.0	30100	8.7	11941	10.0
滁州市	53.42	21701	10.0	31230	9.2	13127	9.9
六安市	46.08	18969	9.9	29070	8.8	11959	10.2
河南省							
周口市	42.82	16761	10.1	26404	8.6	11095	9.1
商丘市	43.30	18387	10.2	29996	8.7	11506	9.4
信阳市	47.55	19156	9.6	28276	8.5	12748	9.3
开封市	48.90	19985	9.3	29094	8.3	13193	8.8

企业选介(2018年) 附录五

INTRODUCTION OF ENTERPRISES

版面负责人：王廷宝　张　虹　邵明明
　　　　　　卓卫华
编　　　辑：柏　慧　刘云祥　孙　伟
　　　　　　李家平　董　方

防范和惩治统计造假、弄虚作假督察工作规定

第十二条 被督察地区、部门收到统计督察组反馈意见后，应当对存在的问题认真整改落实，并在3个月内将整改情况反馈国家统计局。国家统计局应当以适当方式监督整改落实情况。

第十三条 督察中发现统计违纪违法问题和线索的，按照《统计违纪违法责任人处分处理建议办法》有关规定办理。

第十四条 国家统计局每年年初应当向党中央、国务院报告上年度统计督察情况。

第十五条 被督察地区、部门应当支持配合统计督察工作。被督察地区、部门领导班子成员应当自觉接受统计督察监督，积极配合统计督察组开展工作。督察涉及的相关人员有义务向统计督察组如实反映情况。

第十六条 被督察地区、部门及其工作人员违反规定不支持配合甚至拒绝、阻碍和干扰统计督察工作的，应当视为包庇、纵容统计违纪违法行为，依照有关规定严肃处理。

第十七条 统计督察组应当坚持实事求是，深入调查研究，全面准确了解情况，客观公正反映问题。

统计督察工作人员应当严格遵守政治纪律、组织纪律、廉洁纪律、工作纪律等有关纪律要求，有下列情形之一的，视情节轻重，给予批评教育、组织处理或者党纪政务处分；涉嫌犯罪的，移送有关机关依法处理：

（一）对统计造假、弄虚作假问题瞒案不报、有案不查、查案不力，不如实报告统计督察情况，甚至隐瞒、歪曲、捏造事实的；

（二）泄露统计督察工作中知悉的国家秘密、商业秘密、个人信息及其工作秘密的；

（三）统计督察工作中超越权限造成不良后果的；

（四）违反中央八项规定精神，或者利用统计督察工作便利，谋取私利或者为他人谋取不正当利益的；

（五）有其他违反统计督察纪律行为的。

第十八条 国家统计局根据本规定制定具体实施办法。

第十九条 本规定由国家统计局负责解释。

第二十条 本规定自2018年8月24日起施行。

2018年徐州市贸易批发零售企业前五十强

（按销售额排序）

序号	企 业 名 称	序号	企 业 名 称
1	徐州徐工物资供应有限公司	26	徐州华东煤炭交易市场有限公司
2	徐州中晟昌贸易有限公司	27	徐州苏宁易购销售有限公司
3	江苏百事源贸易有限公司	28	徐州金源钢材贸易有限公司
4	中国石化销售有限公司江苏徐州石油分公司	29	徐州双东工贸有限公司
5	江苏省烟草公司徐州市公司	30	江苏中螺贸易有限公司
6	江苏金驹物流投资有限公司	31	江苏港达供应链管理有限公司
7	徐州工程机械集团进出口有限公司	32	徐州中央百货大楼股份有限公司
8	江苏大屯煤炭贸易有限公司	33	徐州中安矿业服务有限公司
9	徐州工程机械保税有限公司	34	徐州万兴电煤配送有限公司
10	徐州金鹰国际实业有限公司	35	徐工营销有限公司
11	徐州东方运销实业集团有限公司	36	江苏中闵物资贸易有限公司
12	江苏万邦医药营销有限公司	37	江苏闽铁商贸有限公司
13	国药控股徐州有限公司	38	徐州花厅商贸有限公司
14	徐州福森进出口有限公司	39	江苏舜华物资贸易有限公司
15	江苏恩华和信医药营销有限公司	40	徐州市五星空调器有限公司
16	上药控股徐州股份有限公司	41	丰县开啡尔商贸有限公司
17	徐州天泽国际贸易有限公司	42	青岛啤酒（徐州）淮海营销有限公司
18	江苏恒盛农业生产资料有限公司	43	徐州利星行汽车服务有限公司
19	中国石油天然气股份有限公司江苏徐州销售分公司	44	江苏晋煤宏圣煤炭物流贸易有限公司
20	江苏铁诚国际贸易有限公司	45	徐州巴特国际贸易有限公司
21	江苏恩华和润医药有限公司	46	徐州市恒利钢铁贸易有限公司
22	徐州盛美卓越电器销售有限公司	47	徐州万帮金通汽车销售服务有限公司
23	江苏马龙国华工贸股份有限公司	48	徐州中装矿用物资贸易有限公司
24	江苏点赞商贸有限公司	49	徐州朗驰汽车销售服务有限公司
25	徐州之星汽车有限公司	50	徐州金茂汽车贸易有限公司

2018年徐州市建筑企业前三十强

（按总产值排序）

序号	企 业 名 称	序号	企 业 名 称
1	江苏大汉建设实业集团有限责任公司	16	江苏汉皇安装集团有限公司
2	江苏集慧建设集团有限公司	17	睢宁县建筑工程公司
3	江苏中阳建设集团有限公司	18	徐州天利达建筑安装工程有限公司
4	江苏徐运建设(集团)有限公司	19	徐州万基工程建设有限公司
5	徐州汉源建设集团有限公司	20	江苏汉邦建设集团有限公司
6	江苏万融工程科技有限公司	21	江苏路泰建设集团有限公司
7	徐州汉韵环球建筑安装工程公司	22	徐州市贾汪区建筑工程总公司
8	江苏新成建设工程有限公司	23	江苏双信建筑工程有限公司
9	中煤第五建设有限公司	24	徐州市公路工程总公司
10	江苏宝嘉建设集团有限公司	25	江苏博大建筑安装有限公司
11	江苏陆峰建设工程有限公司	26	江苏尚艺城建筑工程有限公司
12	江苏帝邦建设工程有限公司	27	江苏俞之宏建设工程有限公司
13	江苏华天建设集团有限公司	28	徐州新光华建筑工程有限公司
14	新沂市远大建筑安装工程有限公司	29	江苏汉瑞铁路建筑工程有限公司
15	江苏兴梁建设工程有限公司	30	沛县铁路工程公司

2018年徐州市房地产企业销售前三十强
（按销售面积排序）

序号	企 业 名 称	序号	企 业 名 称
1	荣盛（徐州）房地产开发有限公司	16	新沂市城投置业有限公司
2	江苏润企万国实业有限公司	17	邳州市碧桂园房地产开发有限公司
3	徐州旭润置业有限公司	18	新苏商业（邳州）有限公司
4	徐州跃辉置业有限公司	19	徐州新宁置业有限公司
5	睢宁金以德房地产开发有限公司	20	徐州沛阳置业有限公司
6	徐州康乐房屋开发经营公司	21	中铁上海工程局新沂金唐新城建设开发有限公司
7	江苏辰华房地产开发有限公司	22	徐州市鹏辉房地产发展有限公司
8	徐州锦达利工贸有限公司	23	佳展新业（徐州）房地产开发有限公司
9	徐州天鸿置业集团有限公司	24	徐州合利房地产开发有限公司
10	江苏汇川房地产开发有限公司	25	沛县华宇房地产开发有限公司
11	邳州宝德置业有限公司	26	新沂市群冠房地产开发有限公司
12	徐州御嘉置业有限公司	27	徐州泰龙置业有限公司
13	徐州上一房地产开发有限公司	28	徐州中梁御置业有限公司
14	徐州万众置业有限公司	29	徐州安泰顺房地产开发有限公司
15	徐州港利房地产开发有限公司	30	徐州万铭置业有限公司

2018年徐州市重点耗能工业企业前百家

（按综合耗能量排序）

序号	企业名称	序号	企业名称
1	江苏中能硅业科技发展有限公司	26	徐州伟天化工有限公司
2	国华徐州发电有限公司	27	徐州牛头山铸业有限公司
3	铜山华润电力有限公司	28	铜山县利国钢铁有限公司
4	徐州矿务集团有限公司	29	徐州东兴能源有限公司
5	中新钢铁集团有限公司	30	江苏协鑫硅材料科技发展有限公司
6	大屯煤电（集团）有限责任公司	31	圣戈班（徐州）管道有限公司
7	徐州华润电力有限公司	32	徐州协鑫环保能源有限公司
8	江苏阚山发电有限公司	33	徐州工程机械集团有限公司
9	江苏晋煤恒盛化工股份有限公司	34	徐州金山桥热电有限公司
10	徐州东南钢铁工业有限公司	35	光大环保能源（邳州）有限公司
11	江苏徐塘发电有限责任公司	36	徐州天成氯碱有限公司
12	徐州中联水泥有限公司	37	徐州博丰钢铁有限公司
13	徐州华鑫发电有限公司	38	江苏鑫华半导体材料科技有限公司
14	徐州大屯洗煤厂	39	徐州金虹钢铁集团有限公司
15	维维集团股份有限公司	40	徐州市龙山制焦有限公司
16	徐州市龙山水泥有限公司	41	徐州腾达焦化有限公司
17	考伯斯（江苏）炭素化工有限公司	42	江苏新春兴再生资源有限责任公司
18	国能邳州生物发电有限公司	43	光大环保能源(沛县)有限公司
19	江苏天裕能源化工集团有限公司	44	丰县鑫源生物质环保热电有限公司
20	徐州东亚钢铁有限公司	45	徐州富山医疗制品有限公司
21	淮海中联水泥有限公司	46	徐州中兴纸业有限公司
22	沂州科技有限公司	47	徐州建滔能源有限公司
23	徐州丰成盐化工有限公司	48	徐州钛白化工有限责任公司
24	徐州泰发特钢科技有限公司	49	江苏惠众碳素制品有限公司
25	徐州宝丰特钢有限公司	50	江苏省瑞丰盐业有限公司

（按综合耗能量排序）

序号	企业名称	序号	企业名称
51	徐州徐轮橡胶有限公司	76	徐州海天石化有限公司
52	徐州宏阳新材料科技有限公司	77	新沂鲁花浓香花生油有限公司
53	沛县坑口环保热电有限公司	78	徐州天然润滑油有限公司
54	徐州众腾炭素新材料有限公司	79	江苏中烟工业有限责任公司徐州卷烟厂
55	国丰新能源江苏有限公司	80	徐州华隆热电有限公司
56	江苏久久水泥有限公司	81	江苏新奥得玻璃制品股份有限公司
57	江苏兴达钢铁集团有限公司	82	江苏诚意水泥有限公司
58	利民化工股份有限公司	83	徐州胜海机械制造科技有限公司
59	徐州利国镇北钢铁有限公司	84	徐州科建环保科技有限公司
60	徐州中泰能源科技有限公司	85	布兰肯(徐州)金属设备制造有限公司
61	江苏花厅生物科技有限公司	86	徐州斯尔克纤维科技股份有限公司
62	徐州罗特艾德环锻有限公司	87	江苏宗申车业有限公司
63	徐州建平环保热电有限公司	88	徐州荣盛达纤维制品科技有限公司
64	铜山县新汇热电有限公司	89	江苏大力神管桩有限公司
65	徐州天虹时代纺织有限公司	90	江苏江龙新能源科技有限公司
66	徐州南区热电有限责任公司	91	徐州市芭田生态有限公司
67	徐州聚成铸造科技有限公司	92	徐州天虹银联纺织有限公司
68	卡特彼勒(徐州)有限公司	93	江苏恩华药业股份有限公司
69	丰县鑫成环保热电有限公司	94	徐州天虹银丰纺织有限公司
70	徐州荣昌玻璃制品有限责任公司	95	新沂市苏欣玻璃制品有限公司
71	睢宁县永华木业有限公司	96	泰山石膏(邳州)有限公司
72	徐州卧牛山新型防水材料有限公司	97	江苏世纪天虹纺织有限公司
73	徐州鑫宇光伏科技有限公司	98	江苏众友兴和菌业科技有限公司
74	江苏伟业铝材有限公司	99	江苏柏盛家纺有限公司
75	江苏华昌铝厂有限公司	100	徐州首创水务有限责任公司

2018年徐州市其他服务业企业前五十强

（按营业收入排序）

序号	企业名称	序号	企业名称
1	中国石化管道储运有限公司	26	徐州百大劳务服务有限公司
2	中国移动通信集团江苏有限公司徐州分公司	27	邳州市东大医院有限公司
3	中国电信股份有限公司徐州分公司	28	徐州市九州生态园林股份有限公司
4	江苏连徐高速公路有限公司	29	徐州海陆通运输有限公司
5	中国邮政集团公司徐州市分公司	30	新沂市江海航运有限公司
6	中国石化集团管道储运公司	31	徐州报业传媒集团(徐州日报社)
7	徐州矿务集团总医院	32	邳州福田运输有限公司
8	徐州徐工物流有限公司	33	江苏徐工信息技术股份有限公司
9	中国联合网络通信有限公司徐州市分公司	34	江苏徐州港务(集团)有限公司
10	徐州徐工智联物流服务有限公司	35	徐州鸿安运输有限公司
11	徐州象屿供应链管理有限公司	36	徐州大屯劳动服务有限公司
12	徐州中天科尔物流有限公司	37	徐州精诚特卫保安服务有限公司
13	江苏徐工工程机械租赁有限公司	38	徐州润东汽车营销管理有限公司
14	徐州盛泰服务外包有限公司	39	江苏师范大学科技园有限公司
15	徐州仁慈医院	40	江苏中浩物流有限公司
16	徐州公路运输集团有限责任公司	41	新沂市二湾港运输有限公司
17	徐州华厦商务管理有限公司	42	中移铁通有限公司徐州分公司
18	华东管道设计研究院	43	徐州云海谷电子科技有限公司
19	徐州顺丰速运有限公司	44	徐州市万惠汇宇网络科技有限公司
20	徐州金地商都集团有限公司	45	江苏十全电子商务有限公司
21	江苏徐工广联机械租赁有限公司	46	江苏省碾庄陇海粮食储备库有限公司
22	中国铁塔股份有限公司徐州市分公司	47	徐州市观音国际机场有限公司
23	徐州中国矿大岩土工程新技术发展有限公司	48	新沂市顺通港务有限公司
24	徐州泽汇人力资源有限公司	49	徐州联航航运有限公司
25	江苏智通未来物流有限公司	50	沛县西集港

中国统计出版社有限公司最新图书简目

(仅供参考,以实际出版为准)

统计资料

中国统计年鉴　中国统计摘要　中国第三产业统计年鉴
中国第三次全国农业普查综合资料　国际统计年鉴　金砖国家联合统计手册
中国-东盟国家统计手册　中国农村统计年鉴　中国县域统计年鉴
中国农产品价格调查年鉴　中国城市统计年鉴　中国价格统计年鉴
中国贸易外经统计年鉴　中国零售和餐饮连锁企业统计年鉴　中国商品交易市场统计年鉴
大中型批发零售和住宿餐饮企业统计年鉴　中国住户调查年鉴　中国工业统计年鉴
中国环境统计年鉴　中国能源统计年鉴　中国建筑业统计年鉴
中国房地产统计年鉴　中国固定资产投资统计年鉴　中国对外直接投资统计公报
中国人口和就业统计年鉴　中国劳动统计年鉴　中国社会统计年鉴
中国科技统计年鉴　中国高技术产业统计年鉴　全国企业创新调查年鉴
中国文化及相关产业统计年鉴　2018年时间利用调查资料　中国妇女儿童状况统计资料
中国基本单位统计年鉴　中国教育统计年鉴　中国教育经费统计年鉴
中国民族统计年鉴　中国残疾人事业统计年鉴　长江经济带发展统计年鉴

省级综合统计年鉴系列

北京 天津 河北 山西 内蒙古 辽宁 吉林 黑龙江 上海 江苏 浙江 安徽 福建 江西 山东 河南 湖北 湖南 广东 广西 海南 重庆 四川 贵州 云南 西藏 陕西 甘肃 青海 宁夏 新疆 新疆生产建设兵团

市(县)级综合统计年鉴系列

滨海新区 石家庄 唐山 邯郸 保定 沧州 邢台 廊坊 承德 衡水 秦皇岛 张家口 太原 大同 阳泉 长治 晋城 朔州 晋中 运城 忻州 临汾 吕梁 呼和浩特 鄂尔多斯 包头 沈阳 大连 长春 延吉 四平 白山 通化 哈尔滨 齐齐哈尔 黑龙江垦区 上海浦东新区 南京 无锡 徐州 常州 苏州 南通 连云港 淮安 盐城 扬州 镇江 泰州 宿迁 江阴 丹阳 海门 张家港 杭州 宁波 温州 嘉兴 湖州 绍兴 金华 衢州 舟山 台州 丽水 合肥 安庆 福州 厦门 宁德 漳州 龙岩 莆田 泉州 三明 南平 南昌 九江 上饶 新余 抚州 赣州 景德镇 济南 青岛 潍坊 枣庄 潍坊 聊城 郑州 洛阳 平顶山 三门峡 南阳 商丘 信阳 济源 汝州 武汉 十堰 荆州 宜昌 荆门 咸宁 黄冈 长沙 鹰潭 广州 深圳 惠州 东莞 汕尾 湛江 肇庆 南宁 柳州 桂林 贵港 梧州 来宾 河池 防城港 海口 三亚 儋州 成都 内江 贵阳 黔南 毕节 昆明 文山 德宏 西安 延安 安康 铜川 汉中 商洛 银川 兰州 庆阳 乌鲁木齐 昌吉 阿勒泰 兵团一师、二师、三师、四师、六师、七师、八师、十师、十三师、十四师

调查年鉴系列

天津 内蒙古 上海 河南 湖北 湖南 广东 广西 重庆 四川 云南 甘肃 宁夏 南宁 贵港 昆明

统计方法应用/实用手册

Python数据分析基础（第二版）　医用多元统计分析（第三版）　中华生物统计用表
中国国民经济核算体系（2016）基础知识　国民经济核算初级教程　医学统计学手册
全国统计专业技术资格考试系列考试用书：统计业务知识（第四版修订版）　统计业务知识学习指导与习题
全国统计专业技术资格考试系列考试用书：统计相关知识（第四版）　统计相关知识学习指导与习题

统计通俗读物/统计科普图书

领导干部统计知识问答　《防范和惩治统计造假、弄虚作假督察工作规定》辅导读本
统计新媒体运营指南　统计公文知识问答　理解国民账户　中国古代统计史简编

重点图书

新中国70年　第三次全国农业普查农作物面积遥感测量图集　中国第四次经济普查年鉴
新编英汉汉英统计大词典　中国国民经济核算体系2016　国民经济行业分类注释
挑大学选专业2019—考研择校指南　挑大学选专业2019—高考志愿填报指南　中华医学统计百科全书

发行部电话：（010）63376907　63376908　63376909　同楫行书店电话：68783171　68783172
地址：北京市丰台区西三环南路甲6号　邮政编码：100073　网址：http://www.zgtjcbs.com